Egon Caesar Conte Corti

Maximilian

Egon Caesar Conte Corti

Maximilian von Mexiko

Die Tragödie eines Kaisers

Roman

K&S

Verlag Kremayr & Scheriau, Wien

Schutzumschlag: Alice Piringer unter Verwendung eines Dias aus dem
Kunsthistorischen Museum, Wien (Porträt von August Schoefft)
Gesamtherstellung: Wiener Verlag
ISBN 3 218 00319 9

INHALTSVERZEICHNIS

I

AM KAISERHOFE ZU PARIS

Madrid in den vierziger Jahren des neunzehnten Jahrhunderts. Reich und prunkvoll rauscht das gesellschaftliche Leben der höfischen Kreise der Hauptstadt Spaniens, in dem das Haus des Grafen Manuel von Teba und Montijo eine große Rolle spielt. Doch niemand ahnt, daß dieser altadelige Name bald mit kaum je erhofftem, neuem Glanze über die ganze Welt erstrahlen wird. Die Gemahlin des Grafen stammte aus adeliger schottischer Familie, die gänzlich verarmt nach Malaga eingewandert war. Ihr Vater hatte dort, um Frau und Kind erhalten zu können, eine Weinstube eröffnet, die auch der schon ältere, einäugige Graf Teba zu besuchen pflegte.

Als glühender Anhänger des ersten Napoleon kämpfte dieser spanische Grande bis zum Jahre 1814 unter dessen Fahnen und blieb auch nach der Katastrophe des Kaiserreichs seiner Schwärmerei für den großen Korsen treu. In den Kriegen war keine Zeit, sich zu verehelichen. Nun, nach Napoleons Sturze heimgekehrt, empfindet Graf Teba in der kleinen Garnisonstadt das Alleinsein besonders schwer. Da verliebt sich der alternde Mann in die ehrgeizige, sehr hübsche Tochter des Weinhändlers adeliger Abkunft, sie weiß ihn so völlig an sich zu fesseln, daß er sie seiner Familie zum Trotz zur Gattin erhebt.

Die junge Frau findet sich schnell in ihre neue Rolle. Bald wird ihr Haus eines der angesehensten und gastlichsten von Malaga. Die Gesellschaft vergißt die Vergangenheit, füllt die Salons der schönen, nunmehrigen Gräfin, und da sie Geschmack und Geist besitzt, weiß sie die Leute an sich zu fesseln, die ihr bei ihrem Aufstieg von Nutzen werden. Sie erreicht langsam fortschreitend alle ihre Ziele und schenkt ihrem Gemahl auch die ersehnten Kinder. Kurz nacheinander kommen zwei Töchter zur Welt; die jüngere, Eugenie, am 5. Mai 1826, also an jenem Tag, an dem fünf Jahre früher Napoleon I. auf St. Helena seine Augen für immer geschlossen hatte.

Im Hause Teba herrscht ein förmlicher Napoleonkult, auch die Mutter wird durch ihren Gemahl zu einer Verehrerin des Kaisers und liebt und sammelt alles, was irgendwie an die große Persönlichkeit erinnert. So wachsen die jungen Mädchen in einer Atmosphäre schwärmerischer Verehrung für Napoleon auf. Noch zu Lebzeiten des Grafen war die Familie oft am Madrider Hofe erschienen. Als er 1839 stirbt, übersiedelt die Gräfin mit ihren beiden, im Sacré Cœur in Paris erzogenen Töchtern in das Tebasche Palais nach Madrid, wo sie sich trotz ihrer bescheidenen Herkunft am Hofe und in der Gesellschaft die große Stellung zu bewahren weiß, die der Klang des altberühmten Namens ihres Gemahls ihr einräumt.

Da tritt das Glück in das Haus der Gräfin. Erst heiratet ihre ältere Tochter den Herzog von Alba, einen der vornehmsten und reichsten Kavaliere Spaniens, dann lernt die jüngere, die anmutige Eugenie, auf einer der mannigfachen Reisen mit ihrer Mutter den Prinzen Louis Napoleon kennen, der in Kürze von einem kleinen, verlachten, ewigen Thronanwärter zu einem der mächtigsten Herrscher Europas aufsteigen sollte. Eugenie ist zu ungewöhnlicher Schönheit erblüht. Große, blaue Augen blicken aus einem ebenmäßigen Gesicht von zartestem Teint, schwer legen sich die ins Rötliche spielenden Haarflechten um ihr Haupt. Ihre feingliedrige Gestalt ist von tadellosem Wuchs, und aus ihrem Wesen strahlt ein Charme, den selbst Winterhalter, der bewährte und beliebte Maler schöner Frauen, nicht ganz auf die Leinwand bannen konnte, so daß kaum eines der vielen Bilder Eugeniens ihrer Schönheit völlig gerecht wird. Zweifellos ist sie eine begabte, wenn auch nicht gerade sehr bedeutende Frau. Die Sinnlichkeit ihrer Mutter hat sie nicht voll geerbt, sie behält sich im Liebesspiel fast immer in der Hand. Dagegen ist der wilde Ehrgeiz der Mutter auf die Tochter übergegangen, und ihr ist es lieber, wenn jemand über ein Ziel hinausschießt, statt davor zurückzubleiben. Eugenie verbindet weibliche Anmut mit stark männlichen Eigenschaften. Unerschrocken und tollkühn, auch beim Reiten, verachtet sie nichts mehr als Feigheit, ist energisch und eigensinnig, aber ohne Falsch und von reinem Herzen. Die Musik sagt ihr nichts, dagegen beschäftigt sie sich viel mit guter Literatur und vor allem mit Geschichte. Dafür hatte sie schon als kleines Mädchen eine leidenschaftliche Vorliebe, die sie später als Kaiserin, die selbst Geschichte macht, nicht ablegt. Oft beschämt sie die meist herzlich ungebildete Hofgesellschaft mit historischem Wissen, aber auch mit besonderer Sprachenkenntnis, die es ihr ermöglicht, sich in den vier westlichen Hauptsprachen gut auszudrücken.

So ist die Frau, der sich im Jahre 1852 Louis Napoleon, damals noch Prinzpräsident von Frankreich, nähert. Nur noch eine kurze Spanne Zeit trennt ihn von der bald offen erstrebten Kaiserwürde; schon schallt dem Präsidenten bei Heerschauen und in den Straßen von Paris das altnapoleonische »Vive l'Empereur!« entgegen. Der ungebrochene Zauber des Namens des ersten Napoleon führt seinen Großneffen zum Diadem. Ist diesem Namen auch der Hauptanteil seines Erfolges zuzuschreiben, so kann man Louis Napoleon dennoch manche Eigenschaften nicht absprechen, die dazu beträchtlich beigetragen haben; vor allem ist er erfüllt von der Überzeugung seiner geschichtlichen Bestimmung, worin den etwas abergläubischen Prinzen auch eine mit leidenschaftlicher Empfänglichkeit hingenommene gefällige Prophezeiung bestärkt. Schon zweimal hat er vergeblich versucht, sich an die Spitze der französischen Nation zu stellen. Klar im Ausdruck, höflich und liebenswürdig, weiß er die Menschen vor den Wagen seines Glückes zu spannen. Er hat kaum etwas von seinem großen Oheim in der äußeren Erscheinung, die fliehende Stirne, ja der ganze Gesichtsausdruck deuten auf alles eher denn auf Geist, Kraft und Härte des Willens. Immerhin ragt sein Wesen zu sehr über den Durchschnitt hinaus, als daß er die ihm durch seinen Namen gegebene Chance nicht zu nützen versucht. Zu Anfang geleitet ihn das Glück, dann kommen große Versäumnisse, und während der erste Napoleon das Steuer immer selbst mit fester Hand lenkte, läßt sich der dritte vielfach von den Wogen treiben, die solch schwankes Fahrzeug einmal mit in den Strudel reißen müssen.

Louis Napoleon ist ein großer Verehrer der Frauenwelt und hat dies oft genug bewiesen, noch bevor er Frankreichs Krone auf sein Haupt setzte. Auch bei Eugenie von Montijo meint er es wohl zunächst nicht so ernst, aber die stolze Spanierin, und überdies Herrin ihrer Sinne, ist für eine Tändelei nicht zu haben. Napoleon III. verliebt sich ernstlich in das junge Mädchen und denkt daran, sie zu seiner Frau zu machen. Allerdings erst, nachdem er sich bei den verschiedensten Prinzessinnen der alten Dynastien Europas beschämende Absagen geholt. So entschließt er sich, unter Hinweis auf seine demokratische Denkungsweise, die der Liebe bei der Wahl der Gattin das erste Wort einräume, kurz nachdem er am 1. Dezember 1852 auch äußerlich und dem Titel nach das Erbe seines großen Oheims angetreten, Eugenie von Montijo zu ehelichen. Sie wird am 29. Januar 1853 seine Frau. Die alte Gräfin und ihre Tochter stehen am Ziel ihrer ehrgeizigsten Träume, und nun gilt es, die glänzende, aber schwierige Stellung auch mit Erfolg auszufüllen.

In Amerika, besonders in dessen Norden, nimmt man Louis Napoleons Emporkommen mit gemischten Gefühlen auf, verschwindet doch mit dem Antritt seiner Herrschaft eine Republik vom Schauplatz, eine Staatsform, die die Vereinigten Staaten von Nordamerika am liebsten über die ganze Welt ausgebreitet sehen mochten. Gerade erst hatten sie für die revolutionären Erhebungen der Jahre 1848 und 1849 in Europa größte Sympathie gezeigt und den ungarischen Verschwörer Ludwig Kossuth, der nach dem Neuen Kontinent ins Exil ging, mit jubelnder Begeisterung empfangen. Mit unverhohlenem Mißfallen wird der Staatsstreich des 2. Dezember 1852 als ein dem Begriff »Freiheit« widersprechender Akt vom Vertreter der Vereinigten Staaten in Paris ebenso wie von deren Regierung und Presse aufgenommen.

Napoleon III., sehr besorgt um die Anerkennung seiner usurpierten Macht, weiß dies wohl. Eben ist zu Anfang des Jahres 1856 der Feldzug gegen Rußland, die erste große kriegerische Unternehmung des dritten Napoleon, für die Westmächte glücklich beendet und seine Freude noch durch die Geburt eines Thronerben, des »Kindes von Frankreich«, erhöht, als sich in Paris ein fürstlicher Besuch ansagt, der die Grundlage zu Beziehungen von folgenschwerer Bedeutung legt. Der vierundzwanzigjährige

Bruder des Kaisers Franz Joseph von Österreich, Erzherzog Ferdinand Maximilian, gehorcht dem Auftrag, den siegreichen Napoleoniden aufzusuchen.

Der kaiserliche Prinz war am 6. Juli 1832 als der zweite Sohn des erzherzoglichen Paares Franz Karl und Sophie von Österreich im Lustschlosse Schönbrunn bei Wien geboren, also nur zwei Jahre jünger als sein Bruder Franz Joseph, der den Thron Österreichs bestieg. Beide Knaben hatten mit dem gleichen Erzieher und unter dem gleichen Stundenplan gelernt, ihre Fortschritte aber waren ziemlich verschieden. Während Franz Joseph eher mühsam lernte, ging Ferdinand Max alles leicht ein. Auch bei der sportlichen, körperlichen Ausbildung war er zunächst seinem älteren Bruder überlegen. Während dieser in seiner ersten Jugend ungern zu Pferde stieg, fand Ferdinand Max am Reiten großes Vergnügen. Je schneller und toller, um so besser. »Schritt ist Tod, Trab ist Leben, gestreckter Galopp Seligkeit«, schreibt der Erzherzog einmal in seinen Erinnerungen, »mir ist es nicht gegeben, langsam zu reiten.« Doch auch das Dahinfliegen auf der Erde im sausenden Galopp genügt ihm nicht. Er will höher hinauf, will sich in die blaue Luft, hoch oben zu den Wolken erheben. »Ich erwarte mir nur noch Außerordentliches vom Fliegen«, meint er im Jahre 1854, »und wird einmal die Luftballonhypothese zur Wirklichkeit, so werde ich mich aufs Fliegen verlegen und darin den größten konzentrierten Genuß finden.«

Nach körperlicher Bewegung in frischer Luft kehrt er um so lieber zu ernsterer Tätigkeit zurück. Der Erzherzog spielt eine Zeitlang mit Malerei und Modellieren, hat aber am meisten Talent für Schriftstellerei. Im Studium der Künste und Wissenschaften findet er, wie er selbst sagt, zeitlebens den »nie erschöpften Born alles Trostes«. Eine gewisse Verlegenheit, die ihm anfangs eigen war, legt der junge Erzherzog bald ab; insbesondere befreundeten Persönlichkeiten gegenüber kann er bestrickend herzlich, einnehmend und unterhaltend sein, so daß er oft der an seine persönliche Erscheinung geknüpften Erfolge wegen von seinem kühleren und zurückhaltenden älteren Bruder, dem Kaiser, beneidet wird.

Ferdinand Max ist zart und fein gebaut, hellblond mit blauen, offen in die Welt blickenden Augen, mit etwas fliehendem Kinn, das später durch einen sorgfältig gepflegten, in der Mitte gescheitelten, blonden Bart verdeckt wird, den Maximilian häufig zu streichen pflegt. Von eher blasser Gesichtsfarbe, bietet er 1856 alles in allem ein anmutiges Jünglingsbild, in dem ein weicher, fast frauenhafter Zug vorherrschend ist. Wie Kaiserin Eugenie männliche Eigenschaften in ausgeprägtem Maße besitzt, ohne daß ihr weibliches Gesamtbild darunter leidet, so sind bei Maximilian gewisse, bei Frauen vornehmlich ausgesprochene Züge fast vorherrschend. Das Herz spielt bei ihm eine große Rolle. Er kann Freund sein wie kein zweiter und ihm entgegengebrachte aufrichtige wie unaufrichtige Freundschaft aus dankerfülltem, ja gerührtem Herzen erwidern. Sein reich ausgeprägtes Gemüt ist ohne Falsch. Oft verleitet ihn sein Herz zu Schwäche in seinen Handlungen, Energie und Kraft sind seine starke Seite nicht, höchstens eine gewisse Zähigkeit ist ihm zuzusprechen. Zuweilen, insbesondere wenn er fühlt, daß man ihn für schwach hält, hat er gleichsam stoßweise Anwandlungen überstürzter Energie, die ihn zu unüberlegten, bald danach bedauerten Maßnahmen verleiten. Ferdinand Max neigt zum Romantischen und Schwärmerischen, freut sich an Natur, Tieren, Blumen und Früchten. Dagegen ist sein Ehrgefühl neben seinem habsburgischen Familienstolz aufs höchste entwickelt; von brennendem Ehrgeiz beseelt, strafft er sich zum Manne, von ihm durchdrungen sollte er seinen Lebensweg gehen. Sonst aber ist seine ganze Art eher ein wenig oberflächlich, etwas österreichisch gemütlich und leichtlebig, dabei aber doch aufrichtig und ehrlich. Erzherzog Max, wie man ihn kurzweg nennt, ist ein typisches Wiener Kind mit allen Vorzügen und Fehlern eines solchen. In vertrauter Gesellschaft oder in solcher, wo es zu gefallen gilt, kann er oft ein aufgeräumt witziger, gern etwas ironischer Causeur sein, der sich des Beifalls der Salons erfreut. Im Grunde genommen fühlt er sich aber in großer Gesellschaft nicht wohl; er spricht es selbst aus, daß er im Gegensatz zu den vielen, die sich in der rauschenden Menge unterhalten und in der Einsamkeit langweilen, »halb und halb« zu den wenigen gehört, die sich in den Unterhaltungen einsam fühlen und sich in der Einsamkeit Genüge tun. Aber eben nur »halb und halb«.

Anderseits gibt es auch Extreme in seiner Natur. Hat er einmal jemand Vertrauen geschenkt, so geht er darin stets zu weit. Er öffnet sein ganzes Herz, schüttet alle seine Gedanken vor dem Vertrauten aus, wird oft getäuscht und gerät ebensooft in volle Abhängigkeit von solchen Personen.

Höchst charakteristisch für Ferdinand Max ist ein kleines Kartonblättchen, auf dem er sich die von ihm einzuhaltenden Lebensregeln aufgeschrieben hat. Er trägt es stets bei sich und zieht es, wie die von starkem Gebrauch zeugenden Spuren beweisen, oft zu Rate. Die dort entwickelten guten Vorsätze gipfeln darin, daß der Geist den Körper beherrschen und in Maß und Sitte halten muß. Er will nie ein unwahres Wort sagen, mit allen freundlich und gerecht sein, sich feine Rücksichten für seine Umgebung ausdenken, dabei aber doch wenigen trauen. Kein Aberglaube, keine üble Nachrede, kein scharfes Urteil über fremde Fehler sollen ihm unterlaufen. Hält er diese weisen Regeln auch nicht immer ein, wie besonders den Punkt 12: »Im Recht eiserne Energie mit allen«, so zeigt doch die Tatsache, daß Ferdinand Max siebenundzwanzig solcher Lebensregeln für sich aufstellt, wie ernst es ihm damit ist, an sich selbst zu arbeiten und einen möglichst vollkommenen Menschen aus sich zu machen.

Dem Erzherzog war von Jugend auf eine stark ausgeprägte Arbeitslust eigen. »Nur in der Tätigkeit ist Glück«, schreibt er und meint, man solle jungen Leuten, die Überfluß an Ehrgeiz hätten, nur so bald wie möglich entwicklungsfähige Geschäfte geben, um das Feuer des Ehrgeizes in nützlich fördernder Richtung zu verwerten. Mit dieser Eigenschaft verhalte es sich freilich wie mit dem Luftballon: »Bis auf eine gewisse Höhe zu steigen, ist interessant und schön, und man gewinnt einen klaren, weiten Überblick; strebt man aber höher hinan, so schwindelt der Kopf, die Fernsicht wird umnebelt und verworren, die Luft wird zu fein, zuletzt stürzt man leicht und bricht sich das Genick.«

Maximilian hält sich also solche Schicksale vor Augen, doch ein inneres Feuer verzehrt ihn. Nicht ohne ein gewisses Gefühl von Neid kann er auf das gewaltige Tätigkeitsfeld blicken, das seinem Bruder Franz Joseph seit seiner Thronbesteigung im Jahre 1848 beschieden ist. Er will dabei mitarbeiten, gehört werden und helfen, aber das ist Franz Josephs Wunsch nicht.

In aller Freundschaft, aber im Grunde doch stets höflich abweisend, versagt der Monarch seinem Bruder die gewünschte Mitarbeit. Er duldet neben sich keinen zweiten und einen so nahen Verwandten schon gar nicht. Wiederholte Andeutungen Ferdinand Maxens werden zurückgewiesen. Das kränkt ihn, da er sehr wohl sieht, daß man ihm bloß einen nebensächlichen, mehr repräsentativen, jedenfalls aber einen Wirkungskreis einräumen will, der ihn von der Hauptstadt und damit von der Möglichkeit einer unmittelbaren Einwirkung auf die Regierungsgeschäfte fernhält. Diese Verhältnisse wecken in dem jungen Erzherzog Bitterkeit und den Wunsch, die Heimat zu verlassen, durch weite Reisen in ferne Länder seinem wissensdurstigen Geist, seinem inneren Drängen nach tätigerem Leben Nahrung zu geben.

Früh erwacht die Liebe zum Meer in dem jungen Mann; in einer Gebirgslandschaft, wo – so schön sie sein mag – die Höhen ringsum den Blick einengen, fühlt er sich nicht wohl. Wie ein Alp drücken sie auf seine das Weite, Ferne ersehnende Seele. Das Meer allein mit seiner Unendlichkeit, seinem stets wechselnden Angesicht, das bald ein Bild stillen Friedens, bald den schreckensvollen Anblick tosender Wellen bietet, lockt und reizt ihn. So wünscht er sich, Marineoffizier zu werden, und man kommt dieser seiner Vorliebe entgegen, denn seinem kaiserlichen Bruder in Wien ist dies aus tausend Gründen recht. Auf diese Weise kann er Ferdinand Max leicht von Wien fernhalten. Der Kaiser ernennt daher seinen damals erst 22jährigen Bruder 1854 zum Oberkommandanten der Kriegsmarine, und der Erzherzog unternimmt in der Folge weite Reisen im Mittelmeer. Als einmal gelegentlich eines Aufenthaltes in Spanien Ferdinand Max den Wunsch äußert, nach Andalusien und Granada zu reisen, um die Gräber seiner spanischen Ahnen zu besuchen, ereignet sich eine bezeichnende Episode. Die Umgebung des Erzherzogs will ihn davon abbringen, er aber beharrt auf seinem Willen. »Sind die Leute stützig und schwer zu etwas zu bewegen«, schreibt der Erzherzog damals in sein Tagebuch, »so bin ich noch stütziger und schwerer von meinen Vorsätzen abzubringen.« Er setzt sie auch durch, und es kommt zu der Reise. Diese Eigenschaft, auf Wünschen zu beharren, bleibt ihm sein Leben lang. Sie wird ihm zum Verhängnis.

In Granadas Königsgräbern, an den Grabstätten der spanischen Habsburger, schwelgt er im stolzen Gefühl der Altehrwürdigkeit seines Hauses. Er fühlt sich den Toten als legitimer Verwandter nahe, näher noch als die Herrscherin und die Prinzen Spaniens, und bekennt sich zu der Empfindung, daß verwandtschaftliches Gefühl noch nach Jahrhunderten ergreift. Da liegen die Reichsinsignien zur Schau gestellt. »Stolz, lüstern und doch wehmütig griff ich«, erzählt der Erzherzog, »nach dem goldenen Reif und dem einst so mächtigen Schwerte. Ein schöner, glänzender Traum wäre es für den Neffen der spanischen Habsburger, dieses zu schwingen, um den Reif zu erringen.«

Da ist mit einem Schlage der innerste Gedanke bloßgelegt; ein Zufall nur ist es, daß sein Bruder die Krone von Österreich auf sein Haupt setzen konnte, ein Zufall der Erstgeburt. Ist es nicht eine Ungerechtigkeit des Schicksals, daß er, Ferdinand Max, aus gleichem Stamme und von gleichem Adel, nur weil er zwei Jahre jünger ist, ohne Krone durchs Leben gehen soll? Den Jüngling lockt und reizt ihr verführerischer Schimmer; an die Dornen denkt er nicht, er sieht nur das Glück der hohen Aufgabe, für das Wohlergehen eines Volkes seine Persönlichkeit und sein Leben einsetzen zu können.

Doch das scheinen vergängliche Augenblicksbilder, der nüchterne Alltag verwischt sie wieder und zieht den jungen Prinzen in seine Arme. Aus dem täglichen Einerlei des Marinedienstes, dem er sich wieder mit Eifer widmet, reißt ihn der kaiserliche Befehl, nach Paris zu gehen, um die Stimmung und die Lage am napoleonischen Hofe zu erforschen.

Mit Freude unterzieht sich der junge Erzherzog dem interessanten Auftrag; am 17. Mai 1856 trifft er in Paris ein. Mit großer Neugier sieht er sich der Aufgabe gegenüber, denn er hat schon viel Köstliches über diese Parvenüdynastie und ihre aus dem Boden gestampfte Hofhaltung gehört. In dem Bewußtsein, einem der ältesten Herrschergeschlechter Europas und einem der kultiviertesten Höfe der Welt anzugehören, kommt er, von vornherein sarkastisch und ironisch eingestellt, nach Paris, und seine Berichte sind auch in diesem Sinne gefärbt. Beim Empfang am Bahnhof fängt es schon an. »Durch meine vielen Reisen«, berichtet er, »kenne ich schon die Franzosen des 19. Jahrhunderts und weiß, daß etwas Komödie zur Sache gehört; ich habe mich daher angetan in Gold und Flitter, mit einem Küraß von Orden, und an meinem Halse hing wie eine mächtige Glocke ein Vlies, in dem die Diamanten wie ein Feuerwerk sprühten und glänzten: ich war anzusehen wie ein Schlittenpferd am frohen Karnevalstage. So paßt es für den Hof der Imperatoren.«

Erzherzog Ferdinand Max betritt den phantastisch geschmückten Bahnsteig doch mit einigem Bangen. Eine so wichtige Mission hat er noch nie gehabt, und alles um ihn herum ist fremd und ungewohnt. Als ihn aber der Vetter des Kaisers, Jerôme Napoleon, in unmilitärisch angelegter Uniform, mit einem Schmerbauch, ungepflegtem, langem, schwarzem Haar, in unbeschreiblich würdeloser Art begrüßte, die an einen »abgesungenen Baß in einem italienischen Winkeltheater« erinnert, da ist alle Bangigkeit gelöst, und der Prinz aus altem Schrot und Korn geht mit Ruhe jenem »Auch-Prinzen« entgegen. Als man die Equipagen besteigen will, zeigt es sich, daß diese nach einem anderen Bahnhof gesandt waren. Mit ironischem Lächeln über die so schlecht funktionierende Hofhaltung muß sich der Erzherzog zum Warten bequemen.

Dann geht der Weg nach dem Schlosse von St. Cloud, wo das Kaiserpaar ihn erwartet. Man geleitet den Erzherzog durch eine schöne Halle zur breiten, reichen Marmortreppe des Schlosses. Nun wird er den Mann kennenlernen, der sein Schicksal bedeuten sollte.

»Ich blicke die sehr glänzende, römische Stiege hinan«, berichtet er seinem kaiserlichen Bruder nach Wien, »da steht an der Spitze oben zwischen einem Atrium von Säulen, zwischen faltenreichen, purpurnen Vorhängen, zwischen zwei riesigen Leibgardisten, umgeben von den Großen seiner Krone, Frankreichs Geschick, Europas Lenker, der Herrscher, vor dem sich die Fürsten aus Ost und West beugen, der Mann der Zeit, Ludwig Napoleon Bonaparte, als Gewählter der Nation Napoleon III., Kaiser der Franzosen. Da ist also der große Augenblick, der mir der liebste und interessanteste meiner europäischen Tour sein soll. Wie ist nun der erste Eindruck, wie das Bild vom großen Manne, das zuerst durch Aug und Ohr in meine Seele fällt? Es ist, wie wenn das Herz sich nach langer Entbehrung, von Begierden gestachelt, nach einem Glas Champagner frappé à la glace sehnt und ein solches beim ersten Zuge aus dem Kelchglase plötzlich bloß matt und lau die Kehle hinuntergurgelt. Es ist beengend, erdrückend, und meiner Seele Stolz muß sich eine Enttäuschung eingestehen.

Es ward mir flau und unheimlich: Da steht es oben auf dem Stufenberge ausgesetzt, das kleine breitschultrige Männchen mit den kurzen Beinen und dem ungeheuren Kopf, da nickt es verlegen herunter mit dem matten, unstet suchenden Blick, da schiebt es und zieht es entgegen in den goldenen Epauletten, in dem glänzenden Firlefanz mit Spaniens diamantenem Hammel auf der Brust, die O-Beine in den maßlos weiten, fahlroten, gegen unten enger zulaufenden Soldatenhosen. Da schüttelt es zitternd mit der breiten, haarigen, plumpen Hand des Gastes Rechte, da stammelt es einen Schwall unverständlicher Worte. Seltsamer Gegensatz! ... Nichts Kaiserliches ist in dieser ersten Erscheinung. Und doch, was für große Eigenschaften muß der Mann haben, daß er einen trotz seinem unglücklichen Äußeren, trotz dem gemein-französischen Typus im täglichen Umgange so bezaubert, so überzeugt, daß man, ich scheue mich nicht, es zu sagen, als sein Freund und Verehrer von ihm scheidet! Hat er ja doch Augenblicke des Enthusiasmus, der Aufregung, da selbst sein Äußeres ungemein gewinnt, da das matte Auge sich netzt und Funken sprüht, da die vorgebeugte, schwanke Gestalt sich ermannt und ein geistreich bezauberndes Lächeln halb schalkhaft und schlau, halb gutmütig und zustimmend um die feinen Mundwinkel spielt. Sein Äußeres und Inneres trägt das Gepräge der Vielseitigkeit, das seinen Charakter zum herrschenden machte; in ihm rollt das heiße Blut Frankreichs und Italiens, gekühlt und gemäßigt durch holländische Zutat und deutsche und englische Erziehung. Seine scharfen Züge, die große Adlernase sind italienisch, auch der große Kopf und der mitunter blitzschnelle, schiefe Blick, der feine Mund und das listige Lächeln. Die kurzen Füße sind französisch, das fahle Blau des Auges, die mattgelbe, ja farblose Haut, der plumpe Oberkörper, die breite Hand sind holländisch, der oft gemütliche Ausdruck, das biedere, freundliche Wesen ist deutsch, das in Ruhe gemessene, kalt mutige, verschlossene Wesen ist englische Erziehung. Im täglichen Umgange hat er von jeder dieser Nationen das Angenehme, den leichten, neckischen Witz des Franzosen, des Welschen Feinheit und fesselnden Hang zum Abenteuerlichen, ja Abergläubischen, des Deutschen warme Innigkeit und Anerkennung für offenes, gerades Wesen, des Engländers Freimut und Komfort in der Lebensart. Er hat viel gelernt und abgelauscht und hat sich gut in aller Herren Ländern ausgeprägt.

Seine gräßliche Verlegenheit an dem Tage meiner Ankunft tut mir weh, ich suche ihr durch ein lebhaftes Gespräch abzuhelfen, aber es geht nicht, es dauert bis zum anderen Morgen, bis zu unserer ersten langen, intimen Unterredung.

Er führt mich gleich zur Kaiserin. Auch hier ist der erste Moment leider eine halbe Enttäuschung. Er ist der schönen Frau auch ungünstig; noch vom schweren Wochenbett ermattet, liegt sie müde auf einem Ruhebett im sonst halbfinsteren Salon, von einer Lampe grell beleuchtet. Sie hat ihr gold-rötliches Haar schief gescheitelt, keck sitzt eine Rose nach spanischer Art nächst dem winzigen Ohr. Eine Wolke von himmelblauer Seide und köstlichen Spitzenmassen hüllen den Körper ein, in der Linken liegt der Fächer, die unentbehrliche Waffe spanischer Koketterie. Scheu beugt sie sich aus ihrem Wolkenthron vor, und herzhaft greife ich nach der schönen, feinen, schmalen Rechten, um sie zu küssen. Das gefällt ihr, sie scheint es sich in ihrer Bescheidenheit nicht erwartet zu haben. Diesen Zug von Demut habe ich oft noch bei ihr und ihrem kaiserlichen Gemahl Gelegenheit zu betrachten; ein feiner, entwaffnender, ja bezaubernder Takt scheint für ihre plötzlich entstandene Stellung um Verzeihung bitten zu wollen. Lächelnd bemerkt sie bei der Erzählung, sie habe mich im Jahre 51 als Gräfin Teba in Cadiz gesehen: ›C'était encore avant mon avancement.‹ Als ich die schöne Frau in späteren Tagen mit Diamanten bedeckt, das funkelnde Diadem in den goldenen Haaren, die wallende ätherische Krinoline um die schöne Gestalt, sehe, als sie mit majestätischem Zögern, eine Sonne, in die glänzende Gesellschaft tritt, da ist sie ganz Kaiserin, ganz große Dame vom Fuß bis zum Scheitel, eine Erscheinung von Liebreiz und Würde, wie man sie selten sieht. Sie hat das mit unserer Kaiserin gemein, daß ihr die Würde angeboren, nicht angekünstelt ist und daß sie eine Physiognomie hat, dergleichen sich in der Welt nicht wiederfindet. Das herrliche Haar, goldblond, leicht ins Rötliche spielend, das blaue, warme, sinnliche Auge, die blendende Haut stammen aus Albion, das lange Oval, die wie in einer Kamee fein und scharf geschnittenen Züge, der kleine, schön gezeichnete Mund mit den Perlenzähnen, der schlanke Hals, die stolze Gestalt, der schwebende Gang sind echt und andalusisch. Aus nordischer Frische und Glanz, aus des Südens Schimmer und Reiz entstand die phantastische Perle, der schönste, lieblichste Schmuck in Napoleons Krone. Wie Eugenie in ihrer Erscheinung den Hof veredelt und läutert, so ist sie durch ihren inneren Wert, durch ihr zartes Wesen, durch ihre Frömmigkeit und durch ihren Wohltätigkeitsinn der einzige Schutzengel, das versöhnende Prinzip in Frankreichs höheren Regionen. Was ihre Physiognomie unwiderstehlich macht und was auf jeden einen tiefen Eindruck hervorbringt, ist der wehmütige, zum Herzen gehende Zug, der um ihre Augen lagert und sich in den von der Stirne abwärts sinkenden Bögen der Augenbrauen äußert. Es gibt dem Antlitz einen Ausdruck der sanften Melancholie, der sich mit der Heiterkeit der übrigen Züge wundersam paart.«

Der erste Eindruck, den Erzherzog Ferdinand Max vom französischen Kaiserpaare erhält, wird in der Folge vertieft und geläutert. Am Abend des Ankunftstages findet ihm zu Ehren ein so großartig und imponierend wie möglich angelegtes Galadiner statt. Die Tafel im dunkelgrün ausgeschlagenen Speisesaal ist glänzend beleuchtet und mit riesigen Aufsätzen, vielarmigen schweren Silberleuchtern und zahllosen Speisen bedeckt, die nach französischer Art auf Wärmepfannen stehen. Alles glänzt und funkelt, aber es entgeht dem scharfen Auge des Erzherzogs nicht, daß das prunkvolle »Silber«service von Herrn Christofle, dem berühmten Fabrikanten des Chinasilbers, stammt. Bei dem Diner ist der Kaiser unglaublich verlegen. Dem standesbewußten Erzherzog kommt es vor, als fühle er sich in Gegenwart eines Prinzen von älterem Hause noch »mal à son aise«. »Wenn ihn diese Befangenheit verläßt«, meint der Erzherzog, »legt er große Offenheit an den Tag, und je näher ich ihn kennenlerne, desto mehr scheint sein Zutrauen zu mir sich zu befestigen. Im ganzen zeigt sich viel guter Wille, dem Hofstaate einen anständigen Zuschnitt zu geben, aber der ganze Mechanismus will noch nicht recht klappen. Durch die Ungezwungenheit, die man am Hofe zu affektieren sucht, leuchtet die Parvenüetikette überall durch. Bis jetzt ist mein Eindruck der, daß der Kaiser der Franzosen von vielen geachtet, aber von niemandem geliebt ist. Die Stadt Paris macht auf mich im ganzen eine wohl großartige, aber keine günstige Wirkung. Sie ist eine allgemeine Weltstadt ohne charakteristischen nationalen Stempel, wie etwa Rom und andere Weltstädte. So ist auch dem bescheidenen Wien der Typus der Kaiserstadt eigen, der Paris ganz und gar fehlt.« Trotzdem imponieren dem Erzherzog die Umwälzungen, die Napoleon in kurzer Zeit in der äußeren Gestalt seiner Residenz zustande brachte. Mit ungeheuren Kosten sind unter seiner Regierung neue Straßen, neue Boulevards, unzählige Bauten von riesenhaften Ausmaßen entstanden. Allerdings hat nicht nur die Absicht der Stadtverschönerung, sondern auch die der Bekämpfung einer etwaigen, in Paris so häufigen Revolution dabei Pate gestanden. So bezeichnet Napoleon dem Erzherzog das Palais de l'Industrie als einen vortrefflichen Sammelplatz für Truppen und erwähnt, daß das Makadam der Straßen, auf dem es sich sehr angenehm fahre, zugleich den Vorteil biete, daß nicht mehr so bequem wie früher Pflastersteine zum Barrikadenbau verwendet werden könnten. Der Erzherzog ist erstaunt, bei der Besichtigung von Paris niemals vom Kaiser begleitet zu werden; er meint, es halte ihn davon vielleicht der kalte Empfang ab, den der Herrscher überall beim Publikum finde. Es scheint ihm, als schäme sich der Monarch, den Gast zum Zeugen dieser allgemeinen Gleichgültigkeit zu machen. Je länger aber der Erzherzog in Paris weilt, desto näher kommt er Napoleon. »Ich frühstücke täglich mit Kaiser und Kaiserin«, berichtet er nach Wien, »Napoleon ist einer von jenen Männern, deren Persönlichkeit im ersten Augenblick nichts Gewinnendes hat, die aber durch große Ruhe und edle Einfachheit des Charakters eine nachhaltig günstige Wirkung erzielen. Bemerkenswert ist die Rücksichtslosigkeit, mit der er vor seiner Dienerschaft spricht; es fallen in ihrer Gegenwart oft die unglaublichsten Äußerungen; mir scheint dies charakteristisch für den Parvenü, dem jener esprit de corps fehlt, der sich hütet, seinesgleichen vor untergeordneten Leuten bloßzustellen. Die Heiterkeit und naive Lebhaftigkeit der Kaiserin scheint ihren kaiserlichen Gemahl, der ihr zuzeiten strafende Blicke zuwirft, nicht immer zu erfreuen.«

Bei den Mahlzeiten taut die Kaiserin etwas mehr auf, ihr Lieblingsthema ist: Marie Antoinette. Sie interessiert sich lebhaft für alles, was die unglückliche Königin angeht, und sammelt Bücher und Gegenstände, die an sie erinnern, mit wahrer Leidenschaft. Der an die Exklusivität und das Zeremoniell des Wiener Hofes gewöhnte Prinz findet die Umgebung des Kaiserpaares von niedrigem Niveau, das Benehmen der Hofdamen über alle Maßen respektlos. Das Ganze macht ihm den Eindruck einer Theatertruppe, die dilettantenhaft einen Hof darstellt und aus lauter nicht sehr taktfesten Amateuren besteht. Von einem guten oder schlechten Ton kann da gar keine Rede sein, weil überhaupt an diesem Hofe jeder Ton fehlt.

Ferdinand Max aber hat Interesse, sich in Paris beim Kaiserpaar in ein gutes Licht zu setzen. Bei der unvermeidlichen Truppenschau, die das für den Erzherzog ungewohnte Bild zeigt, daß die Mannschaften beim Defilieren mit lautem »Vive l'Empereur!« vorbeimarschieren, bringt er in kluger Berechnung die Bemerkung an: »Sire, es ist großartig, Frieden zu schließen, wenn man eine so schöne Armee hat.«

Das schmeichelt und erfreut den Kaiser sichtlich. Als Napoleon III. mit dem Erzherzog nach Hause reitet, läßt dieser wie von ungefähr beim Vergleiche des jetzigen Herrschers mit dem ersten Napoleon das Wort fallen: »Napoleon I. hatte Genie, Napoleon III. hat Geist: wohl reißt das Genie mit sich fort, aber der Geist herrscht.« Diese geschickt angebrachten schmeichlerischen Phrasen verfehlen ihre Wirkung auf den Kaiser nicht. Das zeigt sich sogleich, als kurz danach ein Hofball in St. Cloud stattfindet. Der Kaiser zeichnet den Erzherzog dabei in jeder Weise vor aller Welt aus. Das hindert aber nicht, daß Ferdinand Max den Ball mit skeptischen Augen betrachtet.

»Eingeleitet wurde das Fest«, berichtet er seinem kaiserlichen Bruder nach Wien, »durch ein Defilieren sämtlicher Eingeladenen vor den hohen Herrschaften, was auf mich einen wahrhaft unwiderstehlich komischen Effekt machte. Die über alle Begriffe gemischte Gesellschaft zeichnet sich durch garstige Toiletten und taktloses Benehmen aus. Es wimmelt von

Abenteurern, was einen Hauptcharakterzug des hiesigen Hofes bildet, und das Herumschwärmen des Kaisers um alle hübschen Frauen fällt auf, was der Folie der Majestät sehr nachteilig ist.«

So sind die ersten Eindrücke des Erzherzogs von seinem Pariser Besuch. Je länger er bleibt – im ganzen dauerte der Aufenthalt allerdings nur zwölf Tage –, um so besser wird das Verhältnis zwischen den beiden Fürstlichkeiten. Napoleon III. war das freundliche, offene und liebenswürdige Wesen des Erzherzogs wirklich sympathisch geworden, er streift langsam die anfangs beobachtete, von Ferdinand Max ganz der Verlegenheit zugeschriebene Zurückhaltung ab und kehrt seine gewinnend liebenswürdige Natur hervor. Sofort reagiert der eindrucksfähige junge Erzherzog auf diesen Wechsel. Als Napoleon ihm beim Abschied sagt: »Es kommt mir vor, als wären wir schon langjährige Freunde«, ist er sogar aufrichtig gerührt. Auch die Gegenseite empfindet ähnlich. Kaiserin Eugenie, die sonst nicht leicht zu begeistern ist, findet den Erzherzog, dessen feine Schmeichelei bei ihr und ihrem Gemahl auf fruchtbaren Boden gefallen ist, auch heiter, liebenswürdig und sympathisch. So trennt man sich in voller Harmonie.

II

AUF FREIERSFÜSSEN UND IM STURMBEWEGTEN ITALIEN

Für die Zeit nach dem glänzenden und interessanten Besuche in Paris ist Erzherzog Ferdinand Max an dem weit bescheideneren königlichen Hoflager von Brüssel zum Besuche angesagt. Dort gebietet der Doyen der europäischen Monarchen, der damals 66jährige König Leopold I. von Belgien, der Begründer der weltumspannenden Macht des Coburger Hauses. Dieser König hat sein 1830 neu errichtetes Reich zwischen England und Frankreich und durch deren Eifersucht in allen Belgien betreffenden Dingen mit seltenem Geschick hindurchlaviert und zu hoher Blüte zu bringen verstanden.

Fast alle Höfe Europas wußte er sich durch klug vermittelte Heiraten mit Prinzen seines Hauses eng zu verbinden; überall in den großen Fragen der europäischen Politik hat er seine Hand im Spiele.

Vor allem war es ihm, dem einstigen Gemahl der frühverstorbenen englischen Thronerbin Charlotte, gelungen, eine Ehe zwischen seiner königlichen Nichte Viktoria und dem Prinzen Albert von Sachsen-Coburg einzufädeln. Seitdem hat sich der Einfluß des Königs der Belgier in ganz Europa unermeßlich gesteigert, weil man überall annimmt, daß er auf den Gang der Dinge in Großbritannien bestimmenden Einfluß üben kann. Hierbei überschätzt man Leopolds Macht freilich sehr.

Der Besuch des Erzherzogs Ferdinand Max, des Bruders des Kaisers von Österreich, soll nun eine Verneigung vor der hohen Stellung des Belgierkönigs in Europa bedeuten und hat noch einen anderen, vorläufig geheimen Zweck, den der Brautschau des jungen Habsburger Prinzen.

Am Hof zu Brüssel

Am Hofe in Brüssel findet er zunächst statt aller lästigen Zeremonien eine wohltuende, »à son aise« setzende Freundlichkeit. Man weiß es am Hofe so einzurichten, daß der Gast jede Stunde angenehm verbringt. Auch da findet aber der kritische junge Erzherzog manches auszusetzen, besonders an der Person des Königs selbst. Die etwas dozierend überlegene und allzu selbstgefällige Art, mit der der Monarch immer wieder darauf hinweist, er sei der Nestor der Souveräne und alle könnten von ihm lernen, macht den jungen Erzherzog nervös. Er gibt zwar zu, daß sich in allen Gesprächen Leopolds I. dessen bekannter Menschenverstand, sein ruhiges, wohltuendes, durch Erfahrung gewonnenes Gleichgewicht und seine durch Klugheit entstandene Sicherheit zeigt, aber er findet doch, daß der »phraseur« überall sichtbar und der ewige Kehrreim, wieviel man von ihm lernen könne, unerträglich sei. Der Erzherzog erwidert nach seinem Grundsatze, den Leuten in gleicher Weise zu begegnen wie sie ihm, des Königs Phrasen mit ebensolchen und hat dabei den Eindruck, daß der Monarch danach trachtet, die Rolle eines politischen Papstes zu spielen, vor dessen Aussprüchen alle Regenten Europas sich zu beugen hätten. Er meint, aus allem, was Leopold von Belgien tue und spreche, luge der Fuchs unverkennbar hervor. Sonst aber fühlt er sich in der belgischen Hofatmosphäre wohl. Dort geht es doch etwas würdevoller zu als in Paris. Der Erzherzog gibt zu, daß der König seinem Lande Glück und Wohlstand gebracht habe und von dieser Seite her gewiß beispielgebend wirke. Nur die Zugeständnisse, die der Monarch in seiner Eigenschaft als konstitutioneller Fürst im Gegensatz zu dem damals noch ganz absoluten Österreich machen muß, fordern den Spott des Erzherzogs heraus. So ist ein Hofball etwa, wobei Gevatter Schneider und Handschuhmacher Zutritt haben, für Ferdinand Max ein Born unversiegbarer Heiterkeit.

Der Erzherzog lernt am Hofe die Tochter des Königs, die damals sechzehnjährige Prinzessin Charlotte, kennen. Er findet sie geistig ihrem Alter unglaublich vorangeeilt und gewinnt den Eindruck, sie werde sich zu einer Schönheit entwickeln. Ferdinand Max gibt diese Erwartung dem geschmeichelten Vater weiter, der erfreut antwortet: »Ich denke, sie wird die schönste Prinzessin Europas werden; wenn das nur Glück bringen könnte.«

Ihre Mutter, Königin Louise, Tochter des Königs Louis Philippe von Frankreich, die bereits dahingegangen war, hatte es in selbstloser Aufmerksamkeit für ihren Gemahl durchgesetzt, daß das Kind den Namen Charlotte nach jener früh verstorbenen ersten Gattin König Leopolds erhielt, die dieser so aufrichtig geliebt hat. Die kleine Prinzessin wuchs am Hofe ihres Vaters sorglos und heiter auf und zeigte auch ihren Lehrern gegenüber deutlich, daß sie bestimmte Eigenschaften ihres Vaters, nüchterne Klugheit und Sachlichkeit ebenso wie schrankenlosen Ehrgeiz, persönliche Eitelkeit und überhaupt mehr verstandesmäßige Auffassung des Lebens, geerbt hat. Wenn auch Herz und Gemüt bei der Prinzessin viel weniger mitsprechen als sonst bei Frauen, so erliegt sie bei aller Überlegung doch auch leidenschaftlichen Impulsen, die ihre Sachlichkeit, Nüchternheit und Klarheit dann über den Haufen werfen. Sie liebt alle, und alle lieben sie, mit einer einzigen Ausnahme. Mit ihrem Bruder, dem Thronfolger Leopold, dem späteren zweiten König dieses Namens, verträgt sie sich nicht gut. Er hat einen ihr unangenehmen Charakter, aber am meisten geht Charlotte auf die Nerven, daß er allzusehr auf seine Würde als Thronfolger pocht und dies selbst sie, seine Schwester, fühlen läßt.

Die Prinzessin ist schlank und elegant, in ihrem runden Gesicht mit den hübschen Zügen glänzen schöne braune Augen, schwer legt sich die Haarkrone über das Haupt.

König Leopold, der schon so viele Ehen gestiftet hat, sieht den Besuch des Erzherzogs sehr gern; es paßt ausgezeichnet in seine ehrgeizigen Pläne, den Bruder des Kaisers von Österreich zum Schwiegersohn zu haben, und er sieht mit Vergnügen, daß die beiden jungen Leute aneinander Gefallen finden. Insbesondere ist die Prinzessin von dem Wesen des Erzherzogs entzückt. Das war etwas anderes als jener erste Bewerber, der König Pedro V. von Portugal, den ihr die Königin Viktoria zugedacht und den diese den »zahllosen Erzherzogen«, wie sie sagte, vorzog. Er gefiel Charlotte nicht, und ihre Umgebung kämpfte mit allen Mitteln gegen dieses Projekt. Die Erzieherin und Hofdame der Prinzessin, die Gräfin D'Hulst, wird schon gewußt haben, warum sie der Prinzessin gegenüber die groteske Äußerung tat, »aber ich bitte Sie, Hoheit, die Portugiesen sind ja geradezu Orang-

Utans«. So etwas hätte sie sicher nicht gesagt, wenn sie geglaubt hätte, daß ihr König und Herr diese Verbindung wünschte.

Auch Ferdinand Max war einmal fast verlobt gewesen, und zwar mit Maria, Tochter der Kaiserin von Brasilien, der Witwe Pedros I. Die Braut starb aber im jugendlichen Alter von 22 Jahren an einer Lungenkrankheit, was auf Ferdinand Max tiefen Eindruck gemacht hatte. Die Erinnerung daran ist noch nicht gänzlich verblaßt, so bleibt er eher kühl, obwohl er zweifellos große Sympathie für die Prinzessin empfindet.

Der Erzherzog verläßt Belgien bald wieder, macht noch weitere Besuche an fremden Höfen, doch keinem der anderen fürstlichen Mädchen, die er kennenlernt, gelingt es, Charlotte auszustechen. Der Erzherzog wird bald durch Vermittler des Königs der Belgier ermutigt, um die Prinzessin zu werben. Zunächst hat er noch einige Bedenken, insbesondere wittert er hinter der königlichen Bereitwilligkeit einen politischen Schachzug. Er scheint solche Bedenken auch geäußert zu haben, die Leopold von Belgien bald zu Ohren kommen, denn dieser schreibt ihm unter dem 31. Oktober 1856: »Mein lieber gnädigster Herr hält mich, glaube ich, ein wenig für einen großen Diplomaten, der bei jedem Schritt besondere politische Gründe in Betracht zieht. Dies ist jedoch nicht der Fall, und Sie hatten schon im Mai ohne alle politischen Absichten mein Vertrauen und Wohlwollen gewonnen.

Ich bemerkte bald, daß auch mein Töchterchen diese Ansicht teilte, doch war es Pflicht, mit Vorsicht zu verfahren. Nun haben wir das schöne Resultat, daß meine Tochter die Verbindung wählt und allen anderen, die sich ihr boten, vorzieht und daß ich dieser Wahl mit Freuden meine Zustimmung gebe.«

Im Dezember 1856 entschließt sich Erzherzog Ferdinand Max, zur endgültigen Verlobung nach Belgien zu fahren. Die Verbindung, die sich da anbahnt, ist wohl eine dynastische Konvenienzehe, aber mit beiderseits vorhandener, so entwicklungsfähiger Sympathie, daß sie in der Ehe zur Liebe wird.

Diese Verbindung paßt sogar dem Thronfolger Leopold, dem schon jetzt herrischen Widerspruchsgeist am Hofe. Er hat ja selbst eine österreichische Erzherzogin geheiratet, und daß sich seine Schwester dem Bruder des Kaisers von Österreich vermählt, kann für ihn und seine Zukunft nur von Vorteil sein.

Bei der Verlobung gibt es zunächst noch einen kleinen Kampf hinter den Kulissen. Der Erzherzog hat einen geschickten Diplomaten mitgebracht, den Freiherrn de Pont, der den materiellen Teil des Ehevertrages mit dem Bevollmächtigten des Königs festlegen soll. Ferdinand Max wünscht, daß Leopold außer der von der belgischen Kammer bewilligten Heiratsdotation noch eine weitere Mitgift gebe, was dieser zunächst verweigert. Es gibt einen scharfen Kampf um die finanziellen Grundlagen für die Ehe, denn beide Gegner sind sehr hartnäckig in ihrer Meinung.

Als der Erzherzog endlich das zähe Widerstreben des Königs überwunden und auch da eine günstige Zusage erreicht hat, meint er zu Kaiser Franz Joseph: »Ich tue mir ein wenig darauf zugute, dem alten Knauser schließlich doch etwas von dem, was seinem Herzen am teuersten ist, abgerungen zu haben.«

Der Belgierkönig hat sich indessen gleichzeitig vom Kaiser von Österreich ausgebeten, seinem Schwiegersohn im Rahmen der Monarchie eine Stellung zu verleihen, die seiner hohen Geburt würdig wäre und ihm zugleich ein reiches Feld der Tätigkeit gewährleistet. Die Wahl fällt dem Kaiser schwer. Die Verhältnisse in den oberitalienischen Provinzen des Reiches aber gestalten sich so bedrohlich, daß etwas geschehen muß, um sie wieder mehr zu Österreich, insbesondere zur habsburgischen Dynastie, zurückzuführen.

So entschließt sich Franz Joseph, seinen Bruder Ferdinand Maximilian zum Generalgouverneur des Königreichs Lombardei-Venetien zu ernennen, ohne sich dabei aber seine Herrschermacht in irgendeiner Weise schmälern zu lassen. Ganz anders faßt der neue Gouverneur sein Amt auf. Mit Feuereifer geht er ans Werk; nun glaubt er endlich Gelegenheit zu haben, seine Ideen von Volksbeglückung durchzuführen, seinem brennenden Eifer nach Tätigkeit Nahrung zu geben. So ist schon von Anfang an die Vorbedingung für Zwiespalt gegeben, und er bleibt auch nicht aus.

In den letzten Märztagen 1857, bald nach der Rundreise Kaiser Franz

Josephs in Oberitalien, erfolgt Ferdinand Maxens offizielle Ernennung, und am 19. April 1857 hält der jugendliche Generalgouverneur seinen Einzug in Mailand. In den beiden Provinzen wird die Nachricht mit gemischten Gefühlen aufgenommen. Die einen erwarten eine augenblickliche Besserung der Lage des Volkes, da dem Prinzen der Ruf liberaler Gesinnung vorausgeht, andere wieder lassen sich von seiner sympathischen Erscheinung und Liebenswürdigkeit gefangennehmen; im großen und ganzen aber erstrebt die italienische Bevölkerung nach wie vor die gänzliche Beseitigung der österreichischen Herrschaft sowie Freiheit und Einheit der italienischen Nation, und das kann ihr ein Habsburgerprinz bei bestem Willen nicht bringen. Im allgemeinen ist sein Empfang nicht unfreundlich, wozu mehrere glückliche und versöhnliche Verordnungen, die er gleich zu Anfang erläßt, beitragen. Doch brechen bald wieder da und dort Unruhen aus, die nichts Gutes verheißen.

Im Juni macht Erzherzog Ferdinand Max in seiner neuen Eigenschaft dem Papst Pius IX. in Pesaro seinen Antrittsbesuch. Der kaiserliche Prinz ist äußerst gerührt von der sonst nicht einmal Souveränen beschiedenen Auszeichnung, noch vor der Privatmesse des Papstes Zutritt erhalten zu haben; die Aufnahme ist unendlich herzlich, und Ferdinand Max findet den Papst »kreuzfidel und gut aussehend«. Nach dem Frühstück, das der Erzherzog mit dem Heiligen Vater im »tête-à-tête« einnimmt, verleiht dieser seinem Gast den Piusorden. Er meint dabei, er habe zwar an sich keinen großen Wert, sei aber eine »cosa santa«, da er vom Heiligen Vater stamme. »Er wird für mich eine Reliquie sein«, erwidert der Erzherzog. Sodann fährt er in Begleitung des Papstes in »antediluvianischen Equipagen mit zusammengestoppeltem Geschirr und verschiedenartiger Theaterlivree« durch die Reihen der kühlen Bevölkerung zum Dom, wo ihn, wie er berichtet, das burschikose Benehmen der fortwährend schwätzenden und schnupfenden Geistlichkeit widerwärtig berührt. »Auf das Hochamt«, meldet Ferdinand Max nach Wien, »folgte eine Unterredung mit dem Heiligen Vater, bis um ein Uhr das Erscheinen von vier Kardinälen fröhliche Konversation in Gang brachte. Mit diesen nahm ich sodann teil am Diner des Papstes, einem von Monsignori Kammerdienern servierten schauerlichen

Pfarreressen, das jedoch erheitert ward durch die schnackige Laune der wohlgenährten Väter der Kirche; die Herablassung des Papstes ging so weit, daß er mir selbst Gefrorenes und Kaffee servierte. Nach dem Diner und einem sehr heiteren, belebenden Gespräch nahm ich Abschied unter Fußkuß und Genuflexionen, nachdem ich die Zeit von sieben Uhr früh bis vier Uhr nachmittags ununterbrochen en pleine parade mit Ordensband und Kollane zugebracht hatte, und bestieg halbtot meinen Wagen, um die Weiterreise anzutreten. Im allgemeinen hatte ich allen Grund, mit der Aufnahme, die ich beim Papste fand, sehr zufrieden zu sein.«

Kurz darauf folgt der Erzherzog einer von König Leopold vermittelten Einladung nach London zum Besuch der Königin Viktoria. Ferdinand Max ist von dem, was er in London sieht, überwältigt. Er findet den Hof imponierend großartig, die Erscheinung der Herrscherin als Trägerin altehrwürdig eingelebter Tradition des englischen Hofes »überall von einem gewissen Nimbus umgeben und Ehrfurcht einflößend«. Allen Dingen am Hofe ist der historische Luxus vielhundertjähriger Größe eingeprägt. Er sitzt beim Mahl zur Rechten der Königin, enthusiastisch berichtet er, wie mütterlich besorgt Viktoria um sein Wohlergehen ist. Die Gesellschaft ist anfangs zurückhaltend, dann »im Gegensatz zu dem französischen Höflichkeitsfirnis« aufrichtig herzlich.

Der gute Eindruck beruht auf Gegenseitigkeit; der Erzherzog hat die Zuneigung der Königin vorbehaltlos gewonnen. Sie schreibt über ihn einen begeisterten Brief an ihren Oheim König Leopold nach Brüssel und beglückwünscht ihn herzlich zu der guten Wahl seiner Tochter. Der Eindruck ist nachhaltig. Man findet auch in politischen Kreisen, daß Maximilians Ansichten sehr liberal und aufgeklärt sind, und als später wieder einmal Unstimmigkeiten zwischen dem zu despotisch regierten Ungarn und Österreich auftauchen, schlägt man in englischen Regierungskreisen sogar vor, den Erzherzog Ferdinand Max, »mit einem freien und selbständigen Regierungssystem an die Spitze Ungarns zu stellen«. In Österreich freilich nimmt man diesen Vorschlag kühl ablehnend auf.

Alle Bedingungen für ein irdisches Glück scheinen gegeben; am 27. Juli 1857 findet die Vermählung Ferdinand Maxens mit der belgischen Königstochter statt. Wenige Wochen darauf hält das junge Paar seinen feierlichen Einzug in Mailand.

Nun scheint eine goldene Zeit anzubrechen. Die junge Erzherzogin wenigstens ist voller Begeisterung und entzückt. »Glücklich in meinem Heim, soweit es überhaupt möglich ist, glücklich dieses schöne Land zu bewohnen, wo alles mir sympathisch ist und alles zu Herzen geht, weiß ich gar nicht, wie dem lieben Gott danken, der mir alles gegeben hat«, schreibt sie ihrer vertrauten Erzieherin. Sie findet auch nicht einen Schatten in dem Gemälde, obwohl sie sich selbst angstvoll sagt, daß es doch nicht immer so »rosafarben« weitergehen kann. Und es ist auch so. König Leopolds Wunsch, seinen Schwiegersohn eine bedeutende Stellung einnehmen zu sehen, scheint in Italien zunächst erfüllt, doch soll sich bald zeigen, daß die Verhältnisse dort schon sehr kritisch, die nationalen Bestrebungen schon zu weit vorgeschritten sind, als daß dieses »Etablissement« die Gewähr einer großen Zukunft in sich tragen kann. Man muß gewärtig sein, daß das junge Paar dort schwere Zeiten durchzumachen haben wird, um so mehr als die politische Weltlage überhaupt nicht erfreulich ist. Die von Cavour aufgeworfene Frage der Einigung Italiens kommt nicht mehr zur Ruhe. Diesem genialen Minister und seiner schönen politischen Agentin, der Gräfin Castiglione, sowie dem Bombenwurf Orsinis ist es gelungen, Napoleon für die italienische Sache zu gewinnen. Neigung und Furcht sprechen dabei mit. Die von Erzherzog Ferdinand Max verwalteten italienischen Provinzen Österreichs beginnen zu fühlen, daß ihre Wünsche nach Befreiung drüben in Frankreich einen mächtigen Förderer gewonnen haben.

Der Erzherzog steht zu seinem kaiserlichen Bruder in Wien hinsichtlich der Frage, wie diese Provinzen regiert werden sollen, in vollem Gegensatz. Er bemüht sich, gegen den unglückseligen österreichischen Minister des Äußeren, Boul, zu agitieren, doch alles vergebens. Gegenüber dem seinen Vorrang eifersüchtig wahrenden Bruder Franz Joseph kommt er nicht auf und muß im Gegenteil die Wiener Sünden in Mailand büßen.

Freilich: die entgegenkommendste Verwaltung, weitestgetriebene Strenge oder Milde hätten am Verlauf der Dinge in Italien nichts mehr ändern können. Die österreichische Regierung hätte nur durch ein Mittel die volle

Zustimmung der italienischen Bevölkerung gefunden, nämlich, wenn sie sich selbst aus der Welt geschafft, mit einem Wort: die Provinzen ganz freigegeben hätte.

Der Erzherzog hat noch nicht völlig erkannt, wie weit diese Stimmung bereits gediehen ist, und meint, die Dinge noch von Grund aus bessern zu können. Dazu trägt viel die persönliche Sympathie bei, die er und seine junge Frau unzweifelhaft durch ihre guten Absichten, durch ihr freundliches, gewinnendes Auftreten in weiten Kreisen Italiens erworben haben. Das hindert allerdings nicht, daß viele adelige und bürgerliche Familien aus nationalen Gründen der Hofhaltung fernbleiben, daß seine Gemahlin in Venedig gelegentlich einmal beschimpft wird, daß im ganzen Land Demonstrationen stattfinden und die mit kaiserlichem Handschreiben vom 16. Juli 1858 bewilligten Steuernachlässe und sonstigen Zugeständnisse kaum beachtet werden. So wird die Stellung des Generalgouverneurs immer peinlicher und gleicht der einer Heeresmacht in Feindesland.

In intimen Briefen an seine Mutter, die Erzherzogin Sophie, schüttet der Erzherzog sein Herz über diese Bedrängnisse aus.

»Es ist nunmehr eine Stimme, die der Entrüstung und Mißbilligung, die durch das ganze Land hinzieht und der vis-à-vis ich allein und machtlos stehe; ich fürchte mich nicht, denn das ist nicht Sitte der Habsburger, aber ich schäme mich und schweige … Wenn es so steigend fortgeht wie bis jetzt, werde ich bald daran denken, Charlotte zu ihrem Vater nach Brüssel zu schicken; wo Gefahr ist, haben junge Frauen ohne Erfahrung nichts zu suchen … Wir leben jetzt in einem kompletten Chaos, und nur die vollkommene Ruhe, die ich meinen 26 Jahren zum Trotze zu affektieren suche, erhält noch das Ganze mit Ach und Krach; um mich hat alles Kopf und Mut verloren, und mitunter frage ich mich schon selbst, ob das Gewissen es erlaube, den Anordnungen der Wiener blind Folge zu leisten.« Der Erzherzog sieht die Krise voraus und läßt wirklich zu Anfang des Winters von 1858 auf 59 seine Frau zu ihrem Vater nach Brüssel gehen, sein Hab und Gut verpacken und aus Italien wegschicken.

»Ich sitze hier festgebannt und einsam«, schreibt er seiner Mutter, »wie ein Eremit im weiten Palaste von Mailand … Ich bin der verlachte Prophet, der nun Stück für Stück das auskosten muß, was er Wort für Wort den tauben Ohren vorausgesagt hat, und auf den man nun, um die Ursachen vergessen zu machen, lostrommeln möchte, als sei er es, der durch falsche Milde oder zuckersüße Güte das Unheil heraufbeschworen habe. Trotz erwartetem Spott und aller Verleumdung harre ich ruhig auf meinem Posten aus. In der Gefahr kehre ich nicht um. Zwei Gründe halten mich zurück. Die Pflicht, in schweren Augenblicken den mir anvertrauten Posten nicht zu verlassen und die durch Angst und Nervosität hervorgerufenen Übergriffe so viel als möglich zurückzuhalten. Was ich tun werde, wenn gute und ungefährliche Zeiten wiederkommen, das steht bei mir; wo es brennt, da helfe ich bis zum letzten Augenblick, und sollte ich mitten in den Flammen stehen; wo es gilt, den Karren der Mittelmäßigkeit mit fortzuwälzen, da spanne man andere Gäule ein.«

Der Erzherzog hat da seiner Mutter aus tiefstem Herzen heraus geschrieben; so sieht es tatsächlich im Innern des jungen Fürsten aus, und die in dem Briefe ausgesprochenen Urteile über sich selbst sollte er in seinem ferneren Leben voll bestätigen.

Die Gefühle der Bitterkeit übermannen den jungen Statthalter immer mehr; »seine mühevollen Werke«, schreibt er weiter, »im Keime zerstört zu sehen, keinen Tag zu wissen, wie er endet, umlagert von feindseligen Parasiten, nie gewiß, ob man vom unschlüssigen Zentrum [Wien] gebilligt wird, in der ewigen Angst, seine unschuldige Frau beschimpft oder gekränkt zu wissen, nie sicher, ob man im Theater nicht ausgepfiffen wird, ob man lebend von der Promenade zurückkommt, ist schrecklich.«

Mittlerweile hat sich die politische Situation so verschärft, daß große Truppenverstärkungen nach Italien gesandt werden. Kaiser Franz Joseph benützt diese Gelegenheit, um seinen widerspenstigen, ewig eigene Meinungen vertretenden Bruder kaltzustellen. Er verleiht dem Grafen Gyulay die oberste Zivil- und Militärgewalt in Italien, und dem Erzherzog bleibt nur noch ein Kommando über, wie er sagt, »vier bis fünf elende Schiffe« in Venedig. Verzweifelt wendet sich Ferdinand Max an Kaiser Franz Joseph mit der Bitte, wenigstens seinen »guten Namen« und das Dekorum eines Erzherzogs zu wahren.

Inzwischen ist Napoleon ganz in das sardinische Lager übergegangen; in einer geheimen Zusammenkunft in Plombières haben Cavour und der Kaiser der Franzosen über die Zukunft Italiens entschieden, den Krieg beschlossen und bereits feste territoriale Abmachungen getroffen.

Nun beginnt der Feldzug 1859. Napoleon und Sardinien siegen über die schlecht geführten Österreicher. Bald nach der Schlacht von Solferino kommt es plötzlich und unmittelbar zum Frieden, da beide Teile Preußens wegen ein Interesse an schneller Beendigung des Krieges haben. Napoleon, weil er sich am Rhein bedroht sieht, Franz Joseph, weil er es Preußen nicht gönnen will, als Retter und entscheidender Richter aufzutreten. Der Erzherzog hat die kriegerischen Ereignisse mit Schmerz verfolgt. Die Siege des Feindes haben ihn neuerdings veranlaßt, seinem Bruder Franz Joseph »Wahrheiten« zu sagen, doch verspricht er sich nicht viel Nutzen davon. Die Sympathie für Napoleon III. hat freilich einen argen Stoß bekommen. »Es ist traurig«, meint Ferdinand Max, »unsere schöne und ehemals kräftige Monarchie durch Ungeschicklichkeit, Mißverständnisse und rätselhaftes Vorgehen immer mehr und mehr sinken zu sehen.« Er sieht mit Schrecken alle seine Prophezeiungen eintreffen und blickt trübe in die Zukunft. Nun will er sich gänzlich zurückziehen und sehnt sich nach Fertigstellung des herrlichen Schlosses Miramar, das er sich auf einem Felsen unweit Triest, an dem er einmal mit seinem Schiffe bei einem Sturm beinahe gescheitert wäre, seit dem Jahre 1854 hat bauen lassen. Schon nähert es sich seiner Vollendung. Der Erzherzog hat diesen Ort gewählt, weil er möglichst fern von Wien leben will, zugleich aber, weil er das Meer über alles liebt.

Das Schloß, aus weißleuchtendem Kalkstein, eine kleine Halbinsel, auf weit ins Meer ragendem Felsen erbaut, bietet einen herrlichen Anblick. Die Erde für den Garten wurde von weither herangeführt; bald wachsen dort Oleander und Oliven, Myrte und Lorbeer. Aus Tirol kam der Granit für die Terrasse; von dieser aus bietet sich der schönste Blick auf das Meer und das amphitheatralisch aufsteigende Triest. Im Innern wird das Schloß prunkvoll eingerichtet, teilweise ganz auf die Persönlichkeit des Erzherzogs abgestimmt. So ist sein Arbeitszimmer getreu der Admiralskabine auf der Fregatte »Novara« nachgebildet, und auch die Salons erinnern an den

Beruf des Besitzers, sie sind mit himmelblauem Damast bespannt, der überall die Ankerzeichen trägt. Dem Schlosse wird der spanische Name »Miramar« beigelegt, weil ein ähnliches entzückendes Tuskulum, das der Erzherzog auf seiner Reise in Spanien gesehen, diesen Namen führt.

Das zweite Heim des Erzherzogs, landschaftlich noch schöner als das erste, liegt auf dem reizenden, gegenüber Ragusas Festungsmauer aus der tiefblauen Adria aufsteigenden Inselchen Lacroma, jenem poetischen, gottbegnadeten Fleck Erde, der jeden Besucher zu Entzücken und Bewunderung zwingt.

Nach den Ereignissen, die sich soeben in Italien abgespielt, beginnt der Erzherzog für die Sicherheit dieser beiden an und in der Adria liegenden Besitzungen zu fürchten. Sie sind, wie überhaupt die ganze istrianische Küste, dem Zugriff eines feindlichen Italien ausgesetzt. Der Erzherzog sieht sehr schwarz in die Zukunft, und Besorgnis um sein persönliches Eigentum erfaßt ihn. Schon einmal hat sich seine Vorsicht gelohnt: als er von heute auf morgen Italien verlassen mußte. Überdies hat ihm Freiherr de Pont, der uns von den Mitgiftverhandlungen her bekannte junge Diplomat, aus Wien ungünstige Nachrichten gesandt. Er berichtet über die Aufdeckung großer Schwindeleien bei den Heereslieferungen, meldet die Stimmung der Wiener, die über alles schimpfen und ihren Unmut in schlechten Witzen verbergen. So schreibt er zum Beispiel, man frage einander in Wien, warum der Kaiser auf den Münzen einen Lorbeerkranz trage; wenn der Befragte mit »ich weiß nicht« antwortet, gibt der andere zurück: »Ich auch nicht.« Das sind Scherze, aber sie haben keinen guten Klang in den Ohren des kaiserlichen Bruders, dem man dergleichen zuträgt. Zorn, ja fast Ekel vor den heimischen Zuständen erfaßt ihn, und er beschließt, aus all den Sorgen auf einige Zeit wieder herauszuflüchten auf sein geliebtes Meer, ferne fremde Länder zu besuchen, um Ablenkung zu finden von den trüben Bildern in der Heimat. Zudem naht der Winter, und die Kälte ist des Erzherzogs ärgster Feind; er liebt die Tropen, und namentlich dann, wenn sonst überall ein »kalter, grausiger Dezember« herrscht. Ferdinand Max läßt seine Gemahlin, die eine allzu weite Reise scheut, auf der Blumeninsel Madeira zurück und fährt nach Südamerika.

In Brasilien, wohin in sein Weg zunächst noch führt, hat er Gelegenheit, seinen Gesichtskreis und seine Erfahrungen außerordentlich zu erweitern. Er sieht aber doch alles nur vom bevorzugten Standpunkte des kaiserlichen Prinzen, überall wird er aufs gastlichste empfangen und bewirtet, jedermann rechnet sich seinen Besuch zur Ehre an, und sogar in einer sogenannten Urwaldfarm findet er einen äußerst zivilisierten gastlichen Empfang. Freilich, es reizt ihn gerade das Gegenteil, und als der Farmer von Kämpfen mit Indianern spricht, die seinen Besitz schon oft überfallen haben, da gerät der Erzherzog, wie er selbst erzählt, bei seiner »Lust nach Abenteuern« in gehobene Stimmung. Noch ganz erfüllt von seinen Erlebnissen, den Kopf voll von frischen Eindrücken, abenteuerlustig, von heftigem Tätigkeitsdrang beseelt, der insbesondere in den Tagen erzwungener Muße auf den langen Seereisen hervorbricht, kehrt er im Frühjahr 1860 in die Heimat zurück. Dort findet er die Lage um nichts besser, im Gegenteil eher schlechter als zuvor. Von Lacroma aus macht er im April 1860 einen kurzen Ausflug nach Wien und kehrt sehr bedrückt heim.

»Die Zustände unseres armen Landes«, schreibt er seinem Schwiegervater, »fand ich, wie erwartet, wirr und dunkel. Die Fäulnis einerseits, die Gärung anderseits treten immer stärker und beängstigender hervor. Es herrscht wie zu Zeiten Ludwigs XVI. Rat- und Tatlosigkeit; man begreift die Situation nicht und will sie nicht begreifen: von allen Seiten wird gedrängt, gestürmt, und im Gegensatz hierzu schließen sich Augen und Ohren immer mehr ... Vielleicht sehe ich zu schwarz, aber ich treffe in meinem Privatleben alle Vorbereitungen zu einer Krise.«

So also ist die Gemütsverfassung des Erzherzogs, als ihm das erstemal ernstlich von Mexiko gesprochen wird; ohne eigentliche Aufgaben, denn das Kommando der Marine ist ihm herzlich verleidet, nach der bitteren Erfahrung im Amte als Generalgouverneur Italiens, nach dem Kriege, der Österreich die Lombardei gekostet, mit seinem Bruder, dem Kaiser, nicht in bestem Verhältnis, dabei aber von jugendlicher Abenteuerlust und Drang nach Tätigkeit beseelt, erhält er die ersten Andeutungen und Mitteilungen über die in der Ferne winkende Krone eines gewaltig großen, unendlich reichen Landes. Hinzu kommt, daß Erzherzogin Charlotte mit ihrer Stellung am Hofe zu Wien keineswegs zufrieden ist. Im Kreise der Familie des Herrschers hat sie nicht allzuviel Sympathie gefunden, und insbesondere ist ihr Verhältnis zu Kaiserin Elisabeth nicht eben gut. Charlotte vermehrt mit ihren Wünschen und Klagen die Unzufriedenheit ihres Gatten. Auch ihr ist ja unbegrenzter Tatendrang eigen, den der vom Vater ererbte Ehrgeiz und das mütterliche Erbteil, der Stolz der Orléans, nährten.

Es ist ihr völlig klar: die erzwungene Muße in freilich idyllisch zauberhafter Umgebung darf nicht andauern. »Der Tag wird kommen«, schreibt sie im Sommer 1860 ihrer einstigen Erzieherin, »da der Erzherzog neuerlich an einen hohen Platz gestellt wird, das heißt irgendwohin, wo er zu herrschen haben wird, denn er ist dazu geschaffen und von der Vorsehung mit allem begabt, was nötig ist, um Völker glücklich machen zu können.« So ist der Boden gut vorbereitet, in den der Keim gefährlicher Ideen eingepflanzt werden soll.

III

IM HEXENKESSEL VON MEXIKO

Die kriegerischen Ereignisse in Italien lenkten Frankreichs und Europas Interesse von den Geschehnissen in überseeischen Ländern zeitweilig ab. Und die langsame, unbeholfene Nachrichtenübermittlung jener Zeit trug nicht wenig dazu bei, daß man von den Gegensätzen, die in den Vereinigten Staaten von Nordamerika zwischen Nord und Süd herrschten, und besonders von den Wirren in Mexiko nur wenig Kenntnis erhielt. In diesem Lande hatten zuerst die Spanier seit der Entdeckung und der Niederwerfung des gewaltigen aztekischen Kaiserreiches Montezumas im Jahre 1520 durch Jahrhunderte unumschränkt geherrscht. Cortez war bei seiner Eroberung, die mit unglaublich kleinen, aber mit Feuerwaffen ausgerüsteten Kräften durchgeführt wurde, der Aberglaube der Azteken zu Hilfe gekommen. Der Sage nach weilte und herrschte einst ein Gott in ihrer Mitte und schuf durch seine Güte, Milde und Gerechtigkeit in Mexiko ein solches Paradies auf Erden, daß man das Goldene Zeitalter für ewig gesichert wähnte. Frieden und Wohlstand beseligten das Volk, die Natur bot in reichster Fülle die herrlichsten Früchte, und Glück herrschte unter den Menschen. Da kam ein anderer, finsterer, aber mächtigerer Gott und vertrieb den Herrscher, der sich einschiffte und fernhin nach dem Osten floh. Er lebte im Angedenken des Volkes als ein großer Mann mit weißer Hautfarbe und blondem Bart, und niemals gaben die Azteken die Hoffnung auf, daß er einst zurückkehren und dem Volke, das er hatte verlassen müssen, die goldenen Zeiten wiederbringen würde. Diese Überlieferung wurde vom Vater auf den Sohn vererbt; als nun die Kunde von der Ankunft der Spanier unter Cortez kam, da glaubte Montezuma, es sei jener Gott, der da wiederkehre, und obwohl er noch zweifelte und schwankte, so lähmte dieser Glaube doch seinen Willen, und er erlag der hart zugreifenden Energie des Cortez.

Der kühne Abenteurer eroberte das ganze Land und gelangte im Westen bis an den Stillen Ozean. Die Spanier wurden zur Herrenrasse, das weite Gebiet in unermeßlich großen Landlosen unter Offiziere und Mannschaft des Cortez verteilt. So wurde die spanische Herrschaft in Zentralamerika begründet und ein ungeheures Kolonialreich errichtet, das den Namen Neuspanien erhielt und volle drei Jahrhunderte, von Vizekönigen geleitet, unter spanischer Herrschaft blieb.

Im Gefolge der Krieger erschienen bald christliche Priester im Lande, die ihren ethisch um so viel höher stehenden Glauben verbreiteten, daneben aber auf eigene Macht und Wohlergehen bedacht waren. Die Inquisition mit ihren Schrecken folgte auf dem Fuße, das indianische Element wurde vollkommen von seinen Besitztümern vertrieben und fast ganz in einen Zustand tiefer Sklaverei und Knechtschaft hinabgedrückt. Weltliche und geistliche Angehörige der Eroberer teilten sich in die reichen Ländereien. Ämter und Würden wurden den Spaniern allein vorbehalten; die Hälfte, nach anderen zwei Drittel des gesamten Grundbesitzes im Lande ging zuletzt in die Hände geistlicher Herren über.

Die Bevölkerung wurde in tiefer Unwissenheit erhalten, die Inquisition sorgte dafür, daß auch nicht ein aufklärendes Buch nach Neuspanien gelangte. Vom Handel mit der Kolonie war jeder Nichtspanier ausgeschlossen, doch auch die in der Kolonie von spanischen Eltern Geborenen, die sogenannten Kreolen, wurden niedergehalten. Selbst ihnen war der Zutritt zu Amt und Würden versagt, auch sie fanden auf Schritt und Tritt Hemmung und Verbot. Aller Reichtum, alle Schätze, alle Bodenprodukte sollten einzig und allein dem Mutterlande und seinen in die Kolonien ziehenden, nicht immer zu den besten Elementen gehörenden Söhnen vorbehalten bleiben. Dabei war das Gebiet des Vizekönigtums Neuspanien ungeheuer ausgedehnt; es war etwa halb so groß wie Europa, reichte von Ost nach West über den ganzen Kontinent und erlaubte daher, sowohl am Atlantischen wie am Stillen Ozean Handel zu treiben. Dazu der Reichtum und die

Mannigfaltigkeit der Vegetation. Von den heißen flachen Küsten ansteigend, kommt man auf dem Wege nach dem Hochland des Innern, das dreieckförmig durch die Kordilleren begrenzt wird und in dessen Mitte die Hauptstadt liegt, durch alle Klimate der Welt, vom heißesten Süden mit tropischer Pflanzenwelt, durch Mittelzonen mit ihrem Getreidebau, bis hinauf zum spärlichen Wuchs auf den hohen Berghängen und zu Schnee und Eis auf den Gipfeln. Und so wächst hier alles, was nur irgendeine Zone der Erde bietet. Dazu kommen die reichen Lager von Edelmetallen, vor allem von Silber, aber auch von Gold, Eisen und Kohle. Was hätte unter solchen Vorbedingungen aus diesem Lande gemacht werden können! Aber man trieb zu sehr Raubbau; die furchtbaren sozialen Verhältnisse schürten den Haß aller gegen alle, und so bildete sich langsam die Grundlage für den Charakter der Mexikaner, der auch ihre politische Zukunft bedingte. Die fremde Herrschaft hatte die Eingeborenen dezimiert. Zu Beginn des 19. Jahrhunderts lebten nur noch ungefähr sechs Millionen Menschen in dem ungeheuren Landgebiet Mexikos.

Der schwere Druck, unter dem die Mehrzahl des Volkes stand, der große Unterschied in der Lebensführung der in Spanien geborenen Bewohner Mexikos gegenüber den Kreolen, dann den spanisch-indianischen Mischlingen, den sogenannten Mestizen, und der indianischen Bevölkerung sowie deren harte Behandlung schufen eine gewitterschwüle Atmosphäre. Der zündende Blitz sollte nicht mehr lange auf sich warten lassen. Auch der hermetischen geistigen Absperrung der Inquisition war es nicht gelungen, die Kunde von so gewaltigen Ereignissen zu unterdrücken wie der Losreißung und Unabhängigkeitserklärung der englischen Kolonien Nordamerikas und der Französischen Revolution mit ihren ungeheuren Umwälzungen.

Dazu kam die Schwächung des Mexiko beherrschenden Landes Spanien während der napoleonischen Zeit. Die Einnahme Madrids durch des Korsen Heer, der Sturz der herrschenden bourbonischen Dynastie, die Ernennung des Bruders Napoleons zum König von Spanien, alles das machte in der Kolonie Mexiko tiefsten Eindruck und zeigte, daß der Staat, der so lange das mexikanische Volk beherrscht und niedergehalten hatte, auf tönernen Füßen stand. Von da ab begannen die Kämpfe um die Freiheit, die infolge der durch Jahrhunderte angehäuften und unter der Oberfläche schwelenden Gegensätze zu erbitterten und grausamen Kämpfen führten.

Ein Geistlicher namens Hidalgo erhob unter dem Zeichen des wundertätigen Bildes der Madonna von Guadaloupe die Fahne des Aufruhrs um der Freiheit willen. Seine Truppen wurden aber geschlagen, er selbst erschossen. Ein zweiter Aufrührer, der Pfarrer Morelos, erlitt das gleiche Schicksal. Der Zufall wollte, daß es erst einem abtrünnigen spanischen Offizier, Don Agustin Iturbide, einem kühnen Soldaten von hoher Intelligenz, gelang, die Unabhängigkeit Mexikos zu erringen. Er erkannte aus der trotzigen Art, mit der die Revolutionäre aufgetreten waren, aus dem fanatischen Stolz, mit dem die Verurteilten unter Haßausbrüchen gegen die spanische Gewaltherrschaft in den Tod gingen, daß man es mit einer elementaren Volksbewegung zu tun habe, und setzte sich an die Spitze der freiheitlich Gesinnten. Die Revolution blieb siegreich, die spanische Herrschaft fiel, und Iturbide verkündete am 24. Februar 1821 die Unabhängigkeit Mexikos.

Damit eröffnete er allerdings den Reigen der Parteienkämpfe um die höchste politische Macht im Staate, die bis heute noch ungeschwächt fortwüten. Iturbide ließ sich 1822 zum Kaiser ausrufen. Sofort aber erhob sich erbitterte Gegnerschaft, er wurde zur Flucht aus dem Lande gezwungen und, als er wie Napoleon von Elba in sein Reich zurückkehren wollte, gefangengenommen und erschossen.

So endete der erste Versuch, ein neues Kaisertum gleich dem Montezumas aufzurichten.

Die Spanier suchten nun diese politischen Kämpfe auszunützen, um in der abgefallenen Kolonie ihre Herrschaft wieder aufzurichten. Aber der Bezwinger Iturbides, Santa Anna, der reiche Sohn eines Plantagenbesitzers, kämpfte mit Erfolg gegen die Spanier und alle Welt; Mexiko wurde Republik und Santa Anna sechsmal ihr Präsident.

Nun scheint den Mexikanern der Weg zur Freiheit, Gleichheit und Gerechtigkeit offen. Jetzt hätte man einen Zustand schaffen können, in dem Spanier und Kreolen, Mestizen und Indianer völlige Gleichberechtigung genossen. Da zeigt sich die so oft wiederkehrende Tatsache, daß der Ruf nach Freiheit und sozialem Fortschritt meist nur ein Aushängeschild ist, um die große Masse zu gewinnen. Man benützt den Versuch Spaniens, die Kolonie wiederzugewinnen, um alle im Mutterlande Geborenen auszuweisen. Die bisher von allen Ämtern ferngehaltenen, politisch ungeschulten und wenig vorgebildeten Kreolen treten herrschend an deren Stelle, aber sie denken nicht daran, den der Zahl nach viel stärkeren Mestizen oder gar der indianischen Bevölkerung Gleichberechtigung einzuräumen. Jeder, der ein wenig militärisches Talent oder einige Anhänger hat, will Präsident werden. Wilde Parteienkämpfe folgen, Konservative, zu denen die Geistlichkeit mit vielen Militärs gehört und die für eine straffe, einheitliche Führung eintreten, streiten gegen die Föderalisten, die ein loseres Staatsgefüge fordern. Unter den Konservativen finden sich vereinzelt Anhänger der Wiedereinführung einer Monarchie in Mexiko. Gering an Zahl, können sie sich trotz der Bemühungen ihres Hauptvertreters Don José Maria Gutierrez de Estrada niemals wirklich geltend machen.

Dieser Mann, einer reichen Kreolenfamilie entstammend, war 1800 in Mexiko geboren, hatte sich der diplomatischen Laufbahn gewidmet, hatte schon einmal dem österreichischen Erzherzog Carl, dem Sieger von Aspern, die Krone Mexikos angeboten und wurde auch Minister des Äußern. Er ist ein Mann von jesuitisch strengen, ja fanatisch klerikalen Ansichten, reaktionär und konservativ bis in die Knochen, unduldsam und jeder abweichenden Meinung unzugänglich.

Gutierrez ist tiefinnerst überzeugt, daß es angesichts der Anarchie in seinem Vaterlande nur ein Rettungsmittel gibt – die absolute Monarchie und die beherrschende Stellung der Jesuiten und der katholischen Kirche. In diesem Sinne veröffentlicht er 1840 eine Schrift, in der er darlegt, daß das nunmehrige Chaos größer sei als jenes, das die spanische Herrschaft hinterlassen hat. Er empfiehlt die monarchische Staatsform mit einem Prinzen aus königlichem Blute und hält dem mexikanischen Volke vor Augen, daß sonst noch vor Ablauf weiterer zwanzig Jahre, wie sie seit der Befreiung dahingegangen, das Sternenbanner der Vereinigten Staaten von Nordamerika auf dem Nationalpalast in Mexiko wehen werde.

Diese Schrift erweckt die leidenschaftliche Wut der Parteien, die sich in ihrer Existenz und der Hoffnung auf Ausübung ihrer Herrschaft bedroht sehen. Gutierrez wird an Gut und Leben gefährdet und muß schleunigst außer Landes fliehen. Mit Rücksicht auf seine Beziehungen von früher her entschließt er sich, nach Europa zu gehen. Er sollte den Boden seiner Heimat nie wieder betreten und doch einen für sie folgenschweren, verhängnisvollen Einfluß ausüben.

Der stete Wechsel in den Regierungen Mexikos und die herrschende Anarchie bringen es dahin, daß weite Teile des Reiches, insbesondere die an die Vereinigten Staaten von Nordamerika grenzenden, die Sehnsucht empfinden, sich von Mexiko loszulösen. 1836 erklärt sich Texas nicht ohne nachdrückliche Unterstützung durch die Vereinigten Staaten zur selbständigen Republik. Die mexikanische Regierung rüstet ein Heer gegen die Texaner, doch hat Santa Anna kein Glück, er wird geschlagen und gefangengenommen. Er teilt sein Schicksal mit dem mexikanischen Obersten Johann Nepomuk Almonte, der ihm in den Feldzug gefolgt ist. Dieser Mann soll der Sohn jenes Pfarrers Morelos gewesen sein, der eine so heldenhaft tragische Rolle im Unabhängigkeitskampf gespielt hatte. Sein Name soll daher stammen, daß sein Vater, der ihn schon als Kind zum Obersten ernannt hatte, ihn stets in den Bergen (al monte) in Sicherheit brachte, wenn er, der wehrhafte Pfarrer, ins Feld ziehen mußte. Der stete Wechsel in den regierenden Parteien und Parteihäuptern führt zu Streitigkeiten mit auswärtigen Mächten. Als die mexikanische Provinz Texas sich losreißen will und der großen Nordamerikanischen Union zustrebt, kommt es 1846 zum Kriege mit dieser. Wieder stellt sich Santa Anna zum Kampf, wird aber völlig geschlagen. Die Amerikaner dringen 1848 bis zur Hauptstadt, dem Herzen Mexikos, vor. Die Republik muß den Krieg mit unermeßlichem Landverlust bezahlen: Texas, Neumexiko und Kalifornien, mehr als ein Drittel des ganzen Landgebietes des Reiches, gleich einem Sechstel der Gesamtfläche Europas, werden abgetreten. In dem der Republik verbleibenden Teile leben in jener Zeit nur ungefähr $8^1/_2$ Millionen Menschen, von denen eine Million Weiße, drei Millionen Mestizen, vier Millionen reine Indianer sind. So furchtbar rächen sich innere Zerrissenheit und blindes Parteiwüten. Die abgetretenen Gebiete freilich sind froh, der Anarchie endlich entrückt zu sein. Begreiflich, daß in der Union der Gedanke der Ausbreitung ihrer Macht bis an die wichtige Landenge von Panama, wo dereinst der große Kanal gebaut werden soll, festen Fuß faßt. Und eifersüchtig beginnt man das Schicksal des Restes der Republik zu verfolgen, mißtrauisch jeden Schritt einer fremden Macht gegenüber dem schwachen, sich in Parteienkämpfen verzehrenden mexikanischen Staate zu betrachten. Das ist die Lage um die Jahrhundertmitte, als in Frankreich der Stern des dritten Napoleon aufzugehen beginnt.

Die Niederlage Mexikos im Kriege gegen die Vereinigten Staaten und der deswegen verfügten Verbannung Santa Annas folgte wieder eine Zeit hoffnungsloser Anarchie. Um endlich zu geregelten Zuständen zu gelangen, nahmen die Parteiführer neuerdings ihre Zuflucht zu Santa Anna. Im Februar 1853 wird der unverwüstliche Mann wieder zur Präsidentschaft berufen.

Aber innere Widerstände zeigen sich, Ehrgeizige aller Art erheben sich gegen ihn und bringen seine Führerschaft wieder in Gefahr. Als ihm das Wasser schon bis an die Kehle reicht, erinnert er sich gegen Ende des Jahres 1854 des nach Europa geflohenen Gutierrez de Estrada und beauftragt ihn, bei den europäischen Mächten im Sinne der Errichtung einer Monarchie zu wirken. Santa Anna stellt sich freilich den fremden Herrscher nur als Schattenfürsten vor, unter dessen nomineller Hoheit und mit dessen militärischer Unterstützung er nach wie vor schrankenlos im Lande zu herrschen gedenkt.

Gutierrez hat auch ohne diese Ermächtigung den Plan, in Mexiko eine Monarchie mit einem europäischen Prinzen an der Spitze zu errichten und damit die Macht seiner liberal-radikalen Gegner zu stürzen, mit heißem Eifer verfolgt. Man findet ihn in den Auswärtigen Ämtern aller Großmächte, wo seine ausführlichen Denkschriften über seine Lieblingsidee niedergelegt sind. Gutierrez hört nicht mehr auf, wenn er einmal zu schreiben beginnt. Er verfaßt in schwülstigem, hochtrabendem Ton Briefe von dreißig und mehr Seiten, deren Inhalt sich leichter und klarer auf zweien hätte sagen lassen. Sein salbungsvoller Predigerton, die stete Anrufung Gottes und aller Heiligen, der übermäßige Gebrauch des Superlativs hätte, sollte man meinen, allgemein abstoßen müssen, und doch weiß Gutierrez dadurch viele Menschen für seine Pläne zu gewinnen. In seinen auch Metternich eingesandten Denkschriften weist er immer wieder darauf hin, daß die konservativen monarchischen Prinzipien Europas auch auf dem amerikanischen Kontinent gestärkt werden müßten. Man darf, meint Gutierrez, nicht die »Herrschsucht und Präponderanz« unterstützen, von denen die ungezügelt ehrgeizige nordamerikanische Republik träume. Wenn die europäischen Mächte jetzt schon »die Empfindlichkeiten dieses aggressiven Kolosses, dieses Riesen, den man vielleicht irrig noch ganz für ein Kind hält«, schonen, wie werden sich die europäischen Regierungen einst der Tag für Tag steigenden Ansprüche von Amerikas Handel und Industrie erwehren können. Europa möge doch ohne Verzug trachten, sich jenseits des Atlantiks eine aussichtsreiche Zukunft zu bereiten.

Aber die Revolutionsjahre 1848/49 und ihre Folgen bereiten den leitenden Männern Europas andere Sorgen. So bleiben Gutierrez' Bemühungen zunächst fruchtlos. Nun aber kann er sich auf den amtlichen Auftrag des Präsidenten Santa Anna stützen. Bisher hat man ihn zwar angehört, aber doch nur als eine Privatperson von Distinktion. Mit neuem Eifer betreibt er seinen Lieblingsgedanken und erwählt sich als Helfer dabei einen ebenfalls für die Monarchie begeisterten Sekretär der mexikanischen Gesandtschaft in Madrid, Don José Manuel Hidalgo. Von gefälligem Äußern, schlank und elegant, von einer gewissen Weichheit des Charakters, ist dieser Mann aus adeliger spanischer Familie überall, und besonders bei Damen, sehr beliebt. Seine diplomatische Stellung öffnet ihm den Zugang zur Hofgesellschaft Madrids, und so kommt er auch in das Haus der Gräfin von Teba, der jungen reichen Witwe, die sich trotz ihrer erwachsenen Töchter noch gerne den Hof machen läßt. Die Gräfin findet Gefallen an dem geschmeidigen, bescheiden auftretenden jungen Mexikaner, der bald so häufig im Hause Montijo verkehrt, als wäre er ihm durch Verwandtschaft verbunden. Er lernt natürlich auch die beiden Töchter kennen. Die zur Kaiserin Frankreichs erhobene Eugenie betrachtet und behandelt ihn auch weiter als alten Freund ihres Hauses.

Für die ihm zugedachte Rolle im Kampf um die Schaffung einer Monarchie in Mexiko ist der junge Weltmann sehr geeignet. Sein Vater gehört jener konservativen Partei in Mexiko an, in der nur einzelne Elemente die Monarchie wünschen, und hat auch Verbindungen und Einfluß in Madrid.

Gutierrez und Hidalgo versuchen zuerst ihr Glück in Spaniens Hauptstadt, aber die durch die dortige Revolution vom Jahre 1854 emporgekommenen Männer nehmen kein Interesse an Mexiko.

Mit dem Sturze Santa Annas wird den beiden Unterhändlern zwar die legitime Grundlage ihrer Tätigkeit wieder entzogen, aber sie kümmern sich nicht darum. Sie schüren weiter, schon weil ihnen persönlich alle materiellen Hilfsquellen aus der Heimat durch die neuen Machthaber gesperrt werden.

Um diese beiden Männer scharen sich zahlreiche mexikanische Emigranten, die jeweils bei der Niederlage ihrer Partei die Heimat verlassen und unter Mitnahme möglichst großer Vermögenswerte in den Hauptstädten Europas Zuflucht gesucht hatten. Während einige ganz zu Europäern werden und ihre Heimat inmitten des Zaubers europäischen Großstadtlebens vergessen, gibt es andere, denen der Parteigeist tief im Herzen sitzt und die den Verlust führender Stellungen und die Beschlagnahme der ihnen gehörenden Güter in Mexiko nicht verwinden können. Diese Emigranten suchen ihren politischen Gegnern an den europäischen Höfen, wo es nur angeht, zu schaden und die dortigen Herrscher gegen die liberale Regierung Mexikos aufzuhetzen.

Und solchen Männern wird es gelingen, in die Herzen des neu zur Macht gelangten französischen Kaiserpaares den Keim zu einer gewaltigen, verhängnisvollen Unternehmung in Mexiko zu legen.

Dort aber gehen die Parteienkämpfe weiter. Anhänger einer Verfassung, konservative Klerikale und Liberale, kämpfen um die Macht. Die letzteren wollen vornehmlich durch Beschlagnahme der großen Besitztümer der Geistlichkeit dem steten Geldmangel der Republik abhelfen. Ihr Führer, Benito Juarez, ein Mann rein indianischer Abstammung, ist 1856 im Alter von fünfzig Jahren an die Spitze der mexikanischen Republik gelangt. Er nennt sich zwar stolz »einen echten Azteken«, ist aber in den ärmlichsten

Verhältnissen aufgewachsen. Seine indianischen Eltern hatten sich, in bitterster Armut lebend, so wenig um das Kind kümmern können, daß es noch mit zwölf Jahren weder lesen noch schreiben konnte. Der Knabe aber war in ungewöhnlichem Maße lernbegierig und aufgeweckt. Ein begüterter Kaufmann, dem dies auffiel, ließ ihn studieren. Juarez' weit über den Durchschnitt reichende Begabung paart sich nun im Mannesalter mit einem bis zur Grausamkeit harten, herrschsüchtigen Charakter und einem für europäische Begriffe fast abstoßenden Äußern. Der kleine, untersetzte Mann mit breitem, oben flachem, mit schwarzen Strähnen bedecktem Kopf, listigen, kalten Augen und einer blutunterlaufenen Narbe im Gesicht zeigt leidenschaftliche Energie, unbeugsamen Willen und Vertrauen in den Enderfolg auch unter den widrigsten Umständen. Von der Advokatur gelangt er wie von selbst in das politische Fahrwasser und wird in seinem Kampf um die oberste Stelle im Staate von den Vereinigten Staaten unterstützt. Doch es wird ihm nicht leicht, sich bei den großen Gegenströmungen im Lande durchzusetzen.

Die Politik ist auch in Mexiko, wie in allen Ländern ohne starke Autorität, das Gebiet, auf dem sich schrankenloser Egoismus und der daraus entspringende Parteienkampf als Geißel des Volkes austoben. Nur wenige Politiker sind groß genug, ihr Handwerk mit vaterländischem Idealismus und daraus entspringender relativer Selbstlosigkeit auszuüben. Juarez kann man diese Eigenschaft nicht absprechen; sie verbindet sich bei ihm mit der Überzeugung von der Richtigkeit liberalster Grundsätze.

Eine Zeitlang gibt es mehrere Präsidenten verschiedenster politischer Färbung im Lande. 1859 den konservativen Miguel Miramon mit seinen Helfern Marquez und Mejia. Sie stehen in fortwährendem Kampfe gegen den von den Vereinigten Staaten unterstützten Juarez. Miramon greift in steter Geldverlegenheit, die auf die Zahl seiner Anhänger und Truppen sehr ungünstig wirkt, zu allerlei höchst gewagten Mitteln, um seinen Geldsorgen abzuhelfen. So schließt er 1859 einen Anleihevertrag mit dem Schweizer Bankhaus Jecker & Co. ab, wonach diesem für $3^3/_4$ Millionen Franken bares Geld mexikanische Staatspapiere im Nennbetrag von nicht weniger als 75 Millionen Franken ausgehändigt wurden! Auch dieses Bargeld war bald ausgegeben. Die riesenhafte Schuld blieb. Unter solchen Verhältnissen kann sich Miramons Herrschaft nicht lange halten; er unterliegt im Dezember 1860 in offener Feldschlacht juaristischen Truppen und flüchtet nach Havanna. Nun ist der Weg für Juarez frei; er übernimmt in der Hauptstadt Mexiko im Januar des Jahres 1861 die Regierungsgewalt und ist fest entschlossen, auf nichts und niemand Rücksicht zu nehmen und alles so durchzuführen, wie er selbst es für gut hält. Er beginnt damit, daß er die Kirchengüter einzieht, in moderner Weise »nationalisiert«, alle Vorrechte der Geistlichkeit aufhebt und sämtliche Religionen als mit der katholischen gleichberechtigt erklärt.

Genauso rücksichtslos, wie Juarez im Innern des Landes durchgreift, tritt er aber auch gegen die auswärtigen Mächte und ihre Untertanen auf. Als zum Beispiel die Jeckerschen Bons zur Zahlung vorgelegt werden, erklärt er einfach alle bisherigen Abmachungen mit fremden Staaten durch Dekret für ungültig und verweigert auch den Zinsendienst für von früheren Regierungen aufgenommene Anleihen. Besonders den europäischen Mächten gegenüber tritt er schonungslos auf. Sie sind ja sehr weit entfernt und werden ihm kaum viel anhaben können, zumal sie untereinander uneins sind, wie er wohl weiß. Aber sie sollten ihm zunächst doch gefährlicher werden, als er denkt. Die Rücksichtslosigkeit des Präsidenten nach innen und außen überschreitet alles Maß. Seine Haltung ist nicht zuletzt ein Anstoß zu dem Drama, dessen Schauplatz Mexiko in den nun folgenden sieben Jahren wird.

IV

EINE FRAU MISCHT SICH IN DIE POLITIK

Während sich diese jahrelangen wechselnden Kämpfe um die Macht in Mexiko abspielen, sind dessen in Europa weilenden Diplomaten und geflüchteten Politiker nicht untätig geblieben. Je nach ihrer politischen Einstellung werden die diplomatischen Vertreter Mexikos ernannt oder abgesetzt und wechseln zwischen Regierungsdienst und feindseliger Opposition. Einer von ihnen ist Don José Hidalgo, der sich weigert, Juarez anzuerkennen. Er beabsichtigt, seine Bekanntschaft mit der einstigen Gräfin von Teba und Montijo und nunmehrigen Kaiserin der Franzosen wieder aufzufrischen und möglichst im eigenen und im Interesse seiner politischen Freunde in der mexikanischen Heimat auszunützen.

Als Hidalgo auf der Reise von Madrid nach Paris die spanische Grenze überschreitet und in Bayonne der Diligence entsteigt, fährt eben die von ihrem geliebten Seebade Biarritz kommende Kaiserin Eugenie am Hotel vorbei, um sich zu den Stiergefechten zu begeben, die an jenem Tage in Bayonne stattfinden. Als sie auf der Straße den die Kaiserin ehrfurchtsvoll grüßenden Mexikaner erblickt, erinnert sie sich ihrer Bekanntschaft mit ihm vom Elternhause her, läßt den Wagen halten und ruft ihn herbei, um ihn für den folgenden Tag zu einem in größerer Gesellschaft geplanten Ausflug aufs Meer einzuladen. Das erscheint Hidalgo wie ein Wink des Himmels. Er benützt die günstige Gelegenheit, um der Kaiserin die traurige Lage seines Vaterlandes auseinanderzusetzen und ihr zu zeigen, wie erhaben nach seiner Ansicht die Idee ist, in Mexiko eine Monarchie zu errichten und so die lateinische Rasse und den Katholizismus in der Neuen Welt zu retten. Der Mexikaner rechnet hiebei auch mit Eugeniens Gefühlen als Spanierin. Da sie aber nun Kaiserin der Franzosen ist, spricht Hidalgo nur von der »lateinischen Rasse«.

Eugenie hört dem jungen, in leidenschaftlich begeistertem Tone sprechenden Diplomaten mit wachsender Aufmerksamkeit zu. Sie sieht die Größe der Aufgabe, in einem Lande, das von Parteigeist zerrissen ist, Ordnung, Ruhe und Glück wiederherzustellen, vor allem aber lockt sie die Gelegenheit, dem zweiten Kaiserreich neue Glorie und glänzende Handelsvorteile zu verschaffen. Sie verspricht Hidalgo, mit dem Kaiser über die Sache zu reden.

Der junge Mexikaner teilt seine Unterredung ungesäumt dem in Rom lebenden Gutierrez mit. Hidalgo hat Glück, die Kaiserin nimmt sofort reges Interesse an seinen Plänen. Er hat aber auch einen höchst günstigen Augenblick nützen können. Napoleon III. beginnt seiner Frau mehr und mehr untreu zu werden, allerdings ohne aufzuhören, sie zu lieben. Erzherzog Max hat scharf gesehen, als er seinem Bruder meldete, daß der Kaiser der Franzosen auch als Gemahl einer so entzückenden Frau hinter allen schönen Damen her sei. In dieser Zeit 1857/58 ist es besonders die vom Grafen Cavour mit kluger Berechnung als Gesandtin für Paris gewählte kecke und bezaubernde Gräfin Castiglione, die den Kaiser in Liebesbande schlägt. Aber sie bleibt nicht die einzige. Zahllose Frauen können sich seiner Gunst rühmen. Die Kaiserin, deren Ruf untadelhaft bleibt, der man nichts vorwerfen und nichts nachsagen kann, erfaßt, obwohl ihr Gemahl immer wieder reuig zu ihr zurückkehrt, zuerst Trauer, dann Empörung über das Verhalten des Kaisers; zuweilen macht sie ihrer Erbitterung in jähen Ausbrüchen Luft. Eugenie ist von Scham erfüllt bei dem Gedanken, ganz Frankreich wisse, sie sei eine betrogene Frau, die trotz ihrer Schönheit den Gatten nicht an sich zu fesseln vermöge. Aber es ist nun einmal nicht zu ändern, und die Kaiserin, in ihrem häuslichen Glück getäuscht, sucht Ablenkung nach außen.

Erst von da an beginnt sie sich mit Politik zu beschäftigen. Ihr Gemahl ist anfangs wenig damit einverstanden, läßt sie aber dann gewähren, da er ein zu schlechtes Gewissen hat, um ihr energisch etwas zu verweisen. Nach und nach gewöhnt er sich daran, alles Politische mit ihr zu besprechen.

Für Nordamerika und seine aufstrebende Macht hat die Kaiserin wenig Sympathie. Sie weiß genau, wie man drüben über ihren Gemahl und die monarchische Staatsform Frankreichs denkt, die die Republik wieder verdrängt hat. Aber ihre Kenntnis der Verhältnisse in Amerika ist sehr oberflächlicher Art und gestattet daher kein gesundes, unparteiisches Urteil. So spricht sie ihrem Gemahl vom Hochmut der Amerikaner, von ihren »republikanischen Prätentionen« und dergleichen. »Früher oder später«, meint Eugenie einmal, »müßte man den Amerikanern den Krieg erklären.« Napoleon hört ihr ruhig zu, doch ein schwaches, skeptisches Lächeln umspielt seine Lippen. Bei dieser Gelegenheit spricht sie ihm auch zum ersten Male von den Mitteilungen und Vorschlägen, die ihr José Hidalgo über seine Heimat Mexiko gemacht hat.

Das Kaiserpaar pflegt zu den Herbstjagden auf Schloß Compiègne zahlreiche Gäste zuzuziehen. Dorthin werden neben den »familiers«, den besonders nahen Freunden, Diplomaten, darunter Richard Metternich, Sohn des großen Kanzlers und Botschafter Österreichs, sowie die Größen des Tages in Kunst und Wissenschaft, die meisten mit ihren Damen, in mehreren Gruppen nacheinander auf 8 bis 14 Tage eingeladen. Während vormittags jeder Gast sich in seinem reizenden Appartement selbst überlassen bleibt und sich unterhalten kann, wie es ihm beliebt, speist man zu Mittag mit dem Kaiserpaar gemeinsam an großer Tafel in der Galerie Heinrichs II., dem prächtigsten Festsaal der Welt. Nachmittags folgen Ausflüge zu Pferd, zu Wagen oder auch zu Fuß in den Park und in die herrlichen Waldungen der Umgebung, sowie Jagden und sonstige Vergnügungen. In dieser Zeit ist die steife Etikette verbannt, jeder tut und spricht ungezwungen, was er will. Dabei haben die Gäste Gelegenheit, dem Kaiserpaar, wie sonst nie, näherzukommen, neben Scherz und Plauderei auch in der Einsamkeit etwa des entzückenden salon chinois oder bei den langen Spaziergängen ernste und politische Themen zur Sprache zu bringen und die Monarchen in ihren Meinungen und Handlungen zu beeinflussen. Napoleon III. überläßt es fast gänzlich der Kaiserin, die Einladungsliste zusammenzustellen. So kommt es, daß auf ihre Anregung im Herbst 1858 auch José Hidalgo nach Compiègne geladen wird. Schon am ersten Tage nach der Tafel nähert sich der Kaiser dem jungen Mexikaner und fragt ihn zu dessen Überraschung gleich nach Neuigkeiten aus seiner Heimat. Ohne zu zögern, antwortet Hidalgo: »Die Nachrichten sind sehr schlecht, und das Land wird zugrunde gehen, wenn Eure Majestät nicht zu Hilfe kommen.«

Diese Antwort gefällt dem Kaiser, er zieht Hidalgo in eine Fensternische und unterhält sich mit ihm eine halbe Stunde lang über die Sache. Der junge mexikanische Diplomat unterrichtet Napoleon über alles, was bisher hinsichtlich der Errichtung einer Monarchie in Mexiko getan worden ist, erhält jedoch die Antwort, daß man in den Amerika betreffenden Fragen nichts ohne England tun könne. »Wir haben Lord Palmerston gesagt«, meint der Kaiser und zeigt durch das Fürwort deutlich die Rolle der Kaiserin dabei, »daß dazu eine Armee, Millionen und dann ein Prinz gehöre.«

Als Hidalgo einen Kandidaten vorschlägt, erwidert der Kaiser nicht gleich, wendet sich dem Tisch zu, trinkt ein Glas Wein und antwortet dann: »Wir haben an den Herzog von Aumale gedacht, aber er will nicht.«

Diese Antwort weckt Hidalgos Staunen, denn er hat nicht erwartet, daß seine Worte schon so viel Wirkung getan, daß sich der Kaiser bereits mit der Personalfrage beschäftigt. Als Hidalgo dies sieht, verdoppelt er seine Beredsamkeit und seine Bemühungen, den Kaiser zu überzeugen.

Napoleon III. scheint tatsächlich Lust zu haben, den Plan einer Monarchie in Mexiko zu verwirklichen, nur weiß er noch nicht recht, wie das zu machen wäre. Er ist sich darüber im klaren, daß jede Aktion dort nicht nur Englands und Spaniens Eifersucht erregen, sondern vor allem den Widerstand der nordamerikanischen Union hervorrufen muß, da sie der großen Idee der Monroedoktrin widerspricht, die keiner europäischen Macht eine Einmischung in Streitigkeiten zwischen amerikanischen Staaten oder die Erwerbung von Gebiet in der Neuen Welt zugesteht. Freilich, in den letzten Jahren sind in der Union schwere innere Gegensätze ausgebrochen. Der Süden kämpft gegen die Idee der Sklavenbefreiung im Norden.

Napoleon III. denkt kühler als seine Gemahlin; vorläufig erscheint ihm alles noch zu schwierig.

»Ich möchte schon«, sagt Napoleon jedesmal, wenn ihn Hidalgo verläßt, »aber wie soll man das machen?«

Diese Haltung des Kaisers ist Ermutigung genug für den ehrgeizigen jungen Mann, der nicht müde wird, immer von neuem von Mexiko zu sprechen. Es ist unglaublich, wie er am Hofe ausgezeichnet wird und welche Vertrauensstellung er sich nach und nach erwirbt. Mit Gutierrez steht er wohl in Verbindung und unterrichtet ihn über seine Schritte, aber er hält sich ihm gegenüber dabei doch sehr zurück. Er will möglichst allein im Vordergrund stehen.

In Mexiko hat sich Anfang Januar 1861 Juarez endgültig durchzusetzen gewußt, nur einzelne Generale der Konservativen, unter ihnen Marquez und Mejia, leisten im Kleinkriege noch Widerstand. Die Ordnung im Lande ist aber noch lange nicht hergestellt. Raub und Diebstahl sind an der Tagesordnung, und auch die in Mexiko ansässigen Untertanen europäischer Mächte bleiben nicht verschont. Als diese Entschädigungsansprüche anmelden, verspricht Juarez alles, hält aber seine Verpflichtungen nicht ein. Da beabsichtigen einzelne europäische Mächte, ihren Forderungen Nachdruck zu verleihen.

Indessen ereignet sich im Norden Gewaltiges. Über die Frage der Sklaverei geraten Süd- und Nordstaaten der Union im Frühjahr 1861 in erbitterten Bürgerkrieg. Es schien das Ende des großartigen Einigungswerkes von 1776. Nach Bevölkerungszahl wie nach materiellen Machtmitteln ist der Kampf ungleich; den Nordstaaten mit ihren zweiundzwanzig Millionen Einwohnern stehen nur neun der Südstaaten gegenüber, und von diesen neun sind dreieinhalb Millionen niederzuhaltende Negersklaven. Auch wirtschaftlich und militärisch ist es nicht viel anders, aber die zähe Energie und der Fanatismus des Südens lassen ihn doch zeitweise große Erfolge erringen, und der Krieg zieht sich jahrelang hin.

In Europa, wo man über die amerikanischen Verhältnisse nur sehr ungenau unterrichtet ist, glaubt man vielfach, was man wünscht; daß sich nämlich der Süden gegen den Norden werde durchsetzen können. Am besten unterrichtet ist noch die englische Regierung, die sich infolgedessen sehr zurückhält.

Auch Napoleon und Eugenie haben in amerikanischen Dingen höchst unklare Begriffe. Die Kaiserin sieht in dem Krieg nur die Schwächung der

Union, die sich in erster Linie auf ihre mexikanischen Pläne günstig auswirken muß.

Hidalgo verdoppelt nunmehr seine Anstrengungen. Schon will auch Gutierrez nach Paris eilen und sich am Hofe einführen lassen. Nur Fürst Richard Metternich, der österreichische Botschafter, hält das ganze Projekt der Kaiserin für ein tolles Hirngespinst und nimmt es zunächst gar nicht ernst, bis er eines Besseren belehrt wird. Hidalgo aber gewinnt immer mehr Einfluß am Hofe. Er verbringt Wochen in steter Gesellschaft mit der Kaiserin, frühstückt und speist mit ihr und begleitet sie auf ihren Spaziergängen. Der junge Mexikaner weiß sie völlig in seine Ideen zu verstricken.

Juarez unterstützt diese Pläne wider Willen, als er am 17. Juli 1861 alle Zahlungen für fremde Anleihen einstellt und so alle Mächte vor den Kopf stößt. Der spanische und besonders der französische Vertreter in Mexiko, der auch den an der Jeckerschen Anleihe interessierten Kapitalisten nahesteht, drängen auf bewaffnete Intervention.

Hidalgo hat im September in Biarritz Nachrichten darüber bekommen und ist entschlossen, nun am Pariser Hofe den »grand coup« zu wagen. Eines Tages, als er wieder beim Kaiserpaar zu Gast ist, setzt sich Hidalgo der Kaiserin zur Seite auf ein kleines Taburett und sagt ihr ins Ohr, er habe gerade wichtige Nachrichten erhalten, glaube, daß die Ereignisse den Plänen entgegenkämen und die Idee der Intervention und Errichtung eines Kaisertums in Mexiko nun verwirklicht werden könne. Eugenie führt ihn darauf geradewegs in das Arbeitszimmer des Kaisers und Hidalgo entwikkelt dort seinen Plan, die drei Mächte Frankreich, England und Spanien sollten mit einer Flotte und Landungstruppen in Veracruz erscheinen. »Mexiko«, erklärt Hidalgo, »wird angesichts der vereinigten drei Flaggen die ganze Macht und Überlegenheit dieser Allianz erkennen. Die ungeheure Mehrheit des Landes wird sich dann auf die intervenierenden Mächte stützen, die Demagogen vernichten und die Monarchie proklamieren, die allein das Land retten kann. Die Vereinigten Staaten«, betont Hidalgo, »sind in Kriegsnöten, sie werden sich nicht rühren und sich übrigens niemals den drei vereinigten Mächten entgegenstellen. Möge sich die alliierte Fahne zeigen, Sire«, ruft er aus, »und ich bürge Euer Majestät dafür, daß sich das Land in Massen erheben wird, um die glückbringende Dazwischenkunft zu unterstützen.«

Kaiser Napoleon gibt zu, daß die jetzige Lage in Nordamerika dafür günstig sei, und erklärt zur freudigen Überraschung des jungen Mexikaners, daß er dabei sein werde, wenn England und Spanien bereit wären mitzutun und Frankreichs Interessen es erforderten. Im Verlaufe des Gespräches erörtert man schon die Frage des Thronkandidaten. Zahlreiche Prinzen verschiedener Mächte werden genannt, bei jedem zeigt sich aber irgendeine Schwierigkeit. Hidalgo ist es, der wieder einen österreichischen Erzherzog vorschlägt. »Aber welchen?« meint Kaiserin Eugenie, »Erzherzog Maximilian wird wohl keinesfalls annehmen.« »Nein«, fällt der Kaiser ein, »er wird nicht wollen.« Darauf folgt ein Augenblick ratloser Stille, bis die Kaiserin sich plötzlich, wie einer inneren Eingebung folgend, mit ihrem Fächer einen kleinen Schlag auf die Brust gibt und ausruft: »Nun, ich habe eine Vorahnung, die mir sagt, daß er dennoch annehmen wird.«

Hidalgo schlägt nun vor, Gutierrez solle beim Erzherzog in Wien vorsichtig auf den Busch klopfen. Mit Freude und großer Hoffnungen voll verläßt Hidalgo das Arbeitszimmer des Kaisers, telegrafiert sofort an Gutierrez und zieht auch einen dritten mexikanischen Emigranten, den aus dem Kriege gegen die Union bekannten, später als Gesandter in Paris von Juarez abgesetzten General Almonte ins Vertrauen. Auch er hat schon seit langem in allen Kreisen darauf hingearbeitet, daß Frankreich sich Mexikos annehme.

In Österreich beurteilt man die Sache anders. Der Minister des Äußern, Graf Rechberg, teilt die Ansicht Metternichs, daß der Plan für den Augenblick keinerlei praktische Bedeutung habe. Als aber nun der Staatsminister Graf Walewski, der uneheliche Sohn Napoleons I. und einer überaus schönen Polin, im Auftrage der Kaiserin an Metternich schreibt, den Namen des Erzherzogs Ferdinand Max nennt und durchblicken läßt, daß die französische Regierung ihn, wohlverstanden »moralisch«, unterstützen werde, muß man die Sache in Wien doch ernster nehmen. Graf Rechberg hält dem Kaiser Franz Joseph Vortrag und muß dabei feststellen, daß sein Monarch den Plan nicht so unbedingt ablehnt wie er selbst. Der Kaiser beauftragt

Rechberg, am 10. Oktober 1861 zu seinem Bruder nach Miramar zu fahren und zu hören, was man dort zu dem Plan sage.

Diese Unterhandlungen zeigen dem Minister bald, wie sehr die Krone den Erzherzog lockt. Ferdinand Maxens ganze seelische Verfassung und der Einfluß seiner sich nach einem größeren Wirkungskreis sehnenden Gemahlin, die im einsamen Miramar zu wenig Zerstreuung genießt, bestimmen ihn, dem Anerbieten Gehör zu geben. Kaiser Franz Joseph wieder scheint über die Aussicht froh zu sein, für seinen unruhigen, kritisierenden, stets Verlegenheit und Sorge bereitenden, dabei aber im ganzen Lande außerordentlich beliebten »freisinnigen« Bruder vielleicht einen Wirkungskreis zu finden, der, großartig und ruhmversprechend, des Hauses Habsburg würdig scheint, ihn aber dabei von der Heimat entfernt. So sagt der Kaiser nicht nein, keineswegs aber redet er seinem Bruder zu oder drängt ihn gar.

Vorerst scheint doch noch viel Abenteuerliches an der Sache zu sein, und vor allem gilt es, die Würde des Hauses zu wahren. Darum soll wohl im allgemeinen Geneigtheit bekanntgegeben, die Zusage aber an gewichtige Bedingungen geknüpft werden.

Rechberg erhält Befehl, den Botschafter in Paris anzuweisen, dies den Mexikanern und der französischen Regierung gegenüber durchblicken zu lassen. Der Kaiser von Österreich – so wird Gutierrez sehr vertraulich gesagt – werde ernste Vorschläge nicht zurückweisen, ebenso wie Erzherzog Ferdinand Max es nicht ablehne, gegebenenfalls dem Ruf der mexikanischen Nation Folge zu leisten. Bedingung aber sei die materielle und wirksame Unterstützung zweier großer Seemächte und der klar ausgesprochene Wunsch Mexikos.

Gutierrez nimmt diese Mitteilungen mit Begeisterung auf. Metternich meint seinem Freudenausbruch gegenüber skeptisch, der Erzherzog sei allerdings mit Begeisterung akzeptiert, aber nur von einigen wenigen in Paris ansässigen Mexikanern. Die bedingte Zusage Österreichs ruft auch bei der Kaiserin größte Freude hervor. Napoleon III. bittet die Königin Viktoria von England daraufhin brieflich, an der Intervention teilzunehmen. Sie sei nun durchführbar, weil der Sezessionskrieg es den Vereinigten

Staaten unmöglich mache, sich in die Frage zu mischen. Die groben Beleidigungen der mexikanischen Regierung böten die beste Veranlassung zur Intervention. Der Schwiegervater des Erzherzogs, König Leopold von Belgien, wundert sich zunächst, daß man sich in Wien dem französischen Souverän, der doch vor kaum zwei Jahren noch kriegerisch gegen Österreich aufgetreten war, in einer so wichtigen Angelegenheit derart weitgehend anvertraue. Aber der Gedanke, daß seiner Tochter eine Kaiserkrone zufallen könnte, läßt ihn die Dinge nicht so kühl betrachten, wie er sonst zu tun pflegt, und daher rät auch er nicht ab.

England verhält sich aber auf den Schritt des Kaisers hin sehr zurückhaltend. Lord Russell zum Beispiel ist überzeugt, daß eine Einmischung in die inneren Angelegenheiten Mexikos die furchtbarste Enttäuschung für die mit sich bringen werde, die sie unternehmen. Aber Napoleon gegenüber, mit dem England es nicht verderben will, gebraucht man so ernste Worte nicht. Wie immer, wenn man uneins ist, wird eine Konferenz der drei interessierten Mächte einberufen, und das Ergebnis ist ein Vertrag, der zwar eine Intervention beschließt, den Mächten aber auferlegt, keine territorialen oder sonstigen Vorteile anzustreben. Auch alle weiteren Bestimmungen sind ein Kompromiß zwischen gegensätzlichen Anschauungen und können je nach Wunsch gedreht und gedeutelt werden. Die Vereinigten Staaten werden zwar eingeladen, der Konvention beizutreten, aber man beschließt insgeheim, ihre Antwort gar nicht erst abzuwarten. In Wirklichkeit will Spanien unter Ausnützung der Beleidigung der Mächte durch Juarez seine alte Stellung in Mexiko wiedergewinnen, Frankreich durch eine Monarchie neuen, bestimmenden Einfluß auf das Land erwerben, England diese beiden Mächte an ihrem Vorhaben hindern. Nur deswegen will es zum Scheine mittun.

Erzherzog Ferdinand Max und seine Gemahlin haben beide größte Lust, die Krone anzunehmen, sagen sich aber, daß die Unternehmung vielleicht sehr glanzvoll, aber auch sehr gefährlich werden kann. Gleichsam um sich selbst zu beruhigen und sich vor dem eigenen Herzen und der Nachwelt zu verteidigen, verfaßt der Erzherzog eine Denkschrift über die Frage der Annahme der mexikanischen Krone.

»Man wird mich stets«, heißt es darin, »und in allen Gelegenheiten des Lebens bereit finden, für Österreich und die Machtstellung meines Hauses jedes, wenn auch noch so schwere Opfer zu bringen. Im vorliegenden Falle wäre es ein doppeltes, sowohl für mich als für meine Frau, denn es hieße sich von Europa und seinen Verhältnissen auf immer loszureißen. Die Vorteile für Österreich, für den neu zu belebenden Ruhm meines Hauses verkenne ich keineswegs, es ist eine nützliche und seit Jahrhunderten von allen großen Dynastien geübte Gepflogenheit, nachgeborene, apanagierte Prinzen auf vorgeschobene Posten zu stellen und sie in Verwendungen zu bringen, wo sie in politischer und diplomatischer Beziehung dem Mutterlande nützlich sein können.

Unser Haus ist durch das Andrängen der jetzigen Zeitumstände in seinem ehemaligen Glanze verdunkelt; während die Coburg Thron um Thron erringen und ihre zunehmende Macht über den Erdball ausbreiten, hat unsere Familie gerade in den allerletzten Zeiten in Modena und Toskana zwei Souveränitäten verloren.«

Der Erzherzog hält es also für Pflicht, diese Scharte auszuwetzen, oder schiebt die Pflicht wenigstens vor, um seines Herzens Ehrgeiz zu maskieren. Dabei betont er allerdings, daß ein kaiserlicher Prinz von Österreich nicht im Kleide eines Abenteurers erscheinen dürfe und daher Sicherungen verlangen müsse, insbesondere dafür, daß er nicht durch fremde Mächte einem Volke aufgedrängt, sondern im neuen Lande mit Freude aufgenommen werde. Charlotte bestärkt ihn redlich in seinen Ideen.

Bisher hat Ferdinand Max nur von *einem* Mexikaner, von Gutierrez, direkt Briefe bekommen, die phrasenreich von der »Rettung des sterbenden Landes durch den hochgemuten Prinzen« sprechen und Schmeichelei auf Schmeichelei häufen. Der Glanz der in Aussicht stehenden Krone muß den Erzherzog bereits stark geblendet haben, wenn nicht auch er das Widerliche dieses Stils fühlt, das sich jedem unvoreingenommenen Leser aufdrängt. Er sagt zwar, daß die Briefe nur »Freudenbezeigungen und Weihrauch« enthalten, aber der Weihrauch tut doch seine Wirkung und umnebelt ihm den sonst so überlegten spöttischen Sinn. Gutierrez aber läßt nicht ab, den Erzherzog zu bestricken.

Die Frage der Monarchie in Mexiko und der Anwartschaft des Erzherzogs Ferdinand Max ist bisher eigentlich nur von vier Mexikanern, Hidalgo, Almonte, Gutierrez und dessen Sohn, ins Rollen gebracht worden. Mit Mühe hat Gutierrez noch einen fünften ausfindig gemacht. Ferdinand Max aber tut so, als wäre das schon eine gewaltige Volksbewegung, die ihn auf den Schild erheben will. Er sendet eine Persönlichkeit seiner Umgebung, einen gewissen Sebastian Schertzenlechner, nach Paris, um mit den dortigen Mexikanern Fühlung zu nehmen. Dieser Mann, einst bei Hofe in Wien Leibkammerdiener, war in das Haus des Erzherzogs gekommen, hatte sich dort seinem Herrn unentbehrlich zu machen gewußt und mit der Zeit sein Vertrauen in einem Maße gewonnen, daß Ferdinand Max den geschickten und eifrigen, wenn auch nur höchst mangelhaft gebildeten Mann zu seinem vertrauten Privatsekretär machte. Da er durch das Lesen des erzherzoglichen Schriftwechsels mit der Zeit in alles eingeweiht wird, hat er eine immer bedeutendere Stellung und sogar schon einen gewissen Einfluß auf den jungen Erzherzog gewonnen. Seitdem ist Schertzenlechner ängstlich bemüht, seine einstige dienende Stellung zu vertuschen, obwohl er auch als Angestellter des Erzherzogs immer noch die Pension eines Hofdieners bezieht.

Schertzenlechner trifft in Paris mit Gutierrez zusammen, und dieser sucht ihm aus Eifersucht auf Hidalgo weiszumachen, daß er, Gutierrez, von allen Mexikanern eigentlich der einzig maßgebende sei, obwohl er früher selbst von Hidalgo gesagt hat, er sei »der von der hohen Diplomatie bisher unentdeckte Kanal, durch den die Mexikaner mit der Kaiserin Eugenie verkehren«. Er scheut sich nicht unverfroren zu behaupten, daß *alle* Mexikaner von Bedeutung ihm gleichgesinnt seien. Selbst Schertzenlechner fällt des Gutierrez Liebe zur Phrase auf die Nerven, im übrigen aber findet er ihn »erfüllt von glühender Vaterlandsliebe, seine Ansichten edel, erhaben, national, ausführbar und die besten Erfolge versprechend«. Das Urteil darüber muß allerdings einem Kammerdiener, dem kaum bekannt ist, wo Mexiko liegt, etwas schwerfallen.

Immer weiter läßt sich der Erzherzog in die Sache ein; nach König Leopold wendet er sich an den Papst, um an einem »höchst wichtigen, ja vielleicht entscheidenden Abschnitt« seines Lebens dessen Rat, den für die Unternehmung unbedingt nötigen Segen und mächtigen Schutz für die Zukunft zu erbitten. Papst Pius IX., der von dem Regime eines katholischen Prinzen Gutes für die weitere Herrschaft der Kirche in Mexiko erhofft, antwortet mit allgemein gehaltenen Glückwünschen.

Gutierrez wird nunmehr immer zudringlicher. Seine Schwiegermutter weilt in Miramar in der Umgebung des Erzherzogs. Sie gibt ihrem Schwiegersohn Winke, wie man ihn behandeln muß. Insbesondere rät sie ihm, seiner Eitelkeit zu schmeicheln. Gutierrez bombardiert infolgedessen den Erzherzog mit honigsüßen Briefen.

Hidalgo in Paris findet indes, daß sein Landsmann sich zu sehr in den Vordergrund dränge. Er will den Ruhm für sich allein behalten, läßt Gutierrez nicht zum Kaiserpaar und hält überhaupt jeden Mexikaner, mit Ausnahme von Almonte, vom Kaiser fern. Diesen muß er zulassen, denn er beabsichtigt, ihn zum Vertrauensmann Napoleons in Mexiko zu machen, während Hidalgo fest entschlossen ist, sich für seine Person um keinen Preis in den mexikanischen Hexenkessel hinüberzuwagen und die Gefahren und Aufregungen dort mit dem angenehmen Leben in der Weltstadt Paris und in dessen glänzender Hofgesellschaft zu vertauschen. Als der konservative Expräsident Mexikos, Miramon, nach Europa kommt und beim Kaiser Napoleon in Audienz erscheinen will, findet er verschlossene Türen. Seine Landsleute haben vorgebeugt. Als er von dem Plan einer Monarchie erfährt, sagt er jedem, der es hören will, es gäbe keine Partei in Mexiko, die derartiges vertrete.

Demgegenüber zeigt Hidalgo wieder eine Zuschrift Santa Annas, der von seinem Zufluchtsorte aus, einer Antilleninsel, den Pariser mexikanischen Monarchisten seine Dienste anbietet und erklärt, daß nicht nur eine Partei in Mexiko, »sondern die ungeheure Majorität der Nation die Wiederrichtung des Kaisertums Montezumas ersehnt«.

Jeder in Europa weilende Mexikaner schildert die Lage und die Bestrebungen seiner Heimat so, wie es zu seinen politischen und privaten Wünschen paßt. Es ist wirklich schwer, da klarzusehen, gar für jemanden, der über mexikanische Verhältnisse so unorientiert ist wie der Erzherzog.

Ihm ist indessen nichts verheimlicht worden, weder die Behauptung Miramons von der Nichtexistenz einer monarchistischen Partei noch sonstige von allen Seiten einlaufende Warnungen. So hat der spanische Ministerpräsident die absolute Unmöglichkeit betont, in Mexiko etwas Dauerhaftes zu schaffen, und auch der mexikanische Bischof Labastida, der vertrieben in Rom lebt und gewiß auch ein Interesse an einer katholischen Monarchie hat, meint, es gehöre sehr viel Mut, Geschick, Stärke, Geduld und besonders Glück dazu, drüben Erfolg zu haben.

Auch Metternich läßt von Paris her neuerdings seine warnende Stimme ertönen. »Wieviel Kanonenschüsse wird es wohl brauchen«, meint er, »um in Mexiko einen Kaiser einzusetzen, und wie viele, um ihn dort zu erhalten.« Der amerikanische Krieg muß doch einmal sein Ende haben, und die Monroedoktrin: »Amerika den Amerikanern«, gegen die die europäische Unternehmung in Mexiko verstößt, muß wieder aktuell werden.

Diese und ähnliche Erwägungen hätten den Erzherzog nachdenklich machen sollen, doch die Warnungen nützen nichts. Ferdinand Max nimmt alles zur Kenntnis, liest alles, legt dann das ungünstig berichtende Blatt aus der Hand und berauscht sich lieber an den schwungvollen, schmeichlerischen Phrasen der Gutierrez und Genossen. Wie so viele Menschen hat auch der Erzherzog die unglückbringende Eigenschaft, nur das Rosige und Angenehme sehen zu wollen, vor dem weniger Angenehmen und Schwierigen jedoch die Augen zu verschließen. Er hört nur, was er hören will, das andere geht spurlos an ihm vorüber.

So treibt ihn sein Verhängnis immer tiefer ins Ungewisse, haltlos taumelt er dem lockenden Irrlicht der fernen Kaiserkrone nach. Noch aber türmen sich ungeheure Schwierigkeiten auf, deren Überwindung Jahre erfordert und die allein schon ein deutlicher Fingerzeig dafür hätten sein sollen, daß Unmögliches angestrebt werde.

V

DAS KRIEGERISCHE ABENTEUER IN MEXIKO

Die drei Mächte, die Ende 1861 in London eine Konvention unterzeichnen, stehen nun für die überseeische Expedition bereit. Die Mexikaner in Paris fürchten zuerst, Spanien werde versuchen, mit Truppen aus seinem nahen Kuba die alte Kolonie wiederzugewinnen. Das kann ihren ganzen Plan der Aufrichtung einer Monarchie, mit einem österreichischen Erzherzog an der Spitze, zu Fall bringen. Daher dringt Hidalgo in Kaiser und Kaiserin, sie sollen neben den Marinetruppen auch »pantalons rouges«, das heißt Abteilungen des stehenden französischen Heeres, nach Mexiko abzusenden. Napoleon wehrt sich anfangs dagegen, gibt aber endlich den drängenden Bitten seiner Gemahlin nach, die sich mit ihrem leidenschaftlichen Temperament und dem Eifer einer in eine Idee verliebten Frau der mexikanischen Sache annimmt.

Der kommandierende französische Admiral erhält eine geheime Weisung, die ihn, in Gegensatz zum Londoner Vertrag, gegebenfalls ermächtigt, die Aktion bis zur Besetzung der Hauptstadt Mexikos auszudehnen. Dann sollen der »gesunde« Teil der Bevölkerung und die monarchistische Partei den Alliierten als Wunsch des gesamten Volkes das bekanntgeben, was die mexikanischen Emigranten in Paris planen.

Nur England ist fest entschlossen, an der Küste zu bleiben. Man fürchtet in London Nordamerika, trotz des Sezessionskrieges, und will nach wie vor eine beobachtende Haltung beibehalten. Die Zahl der für die Ausführung des Planes bereitgestellten Truppen ist lächerlich klein. Wie will man mit sechs- bis achttausend Mann ein Land in die Knie zwingen, das fünfmal so groß ist wie Frankreich? Der Gesandte Napoleons aber, Saligny, gleichzeitig Sachwalter der französischen Kapitalisten, fordert – sehr vage und sehr nach oben abgerundet – von Mexiko einen Ersatz von nicht weniger als 60 Millionen Franken für »durch die steten politischen Unruhen und die ausländerfeindliche Gesetzgebung erlittenen Schäden« der in Mexiko lebenden Franzosen. Sodann verlangt er die volle Erfüllung des Jeckervertrages, das heißt die Zahlung von 75 Millionen Franken für tatsächlich an Mexiko gezahlte dreidreiviertel Millionen!

England und Spanien, die das allzu starke Hervortreten Frankreichs eifersüchtig betrachten, schließen sich diesen Forderungen nicht an. Schon beginnt offene Zwietracht zwischen den Mächten.

Juarez aber erläßt ein Gesetz, das jeden mit dem Tode bedroht, der den fremden Eindringlingen eine wie immer geartete Hilfe leistet. Die Maßnahme hat zur Folge, daß die eingeborenen Mexikaner gegenüber den Fremden höchst zurückhaltend werden. Diese finden überall entweder feindselige oder aber angstverzerrte Mienen vor, da man die Folgen einer Verletzung des Juarezschen Dekretes fürchtet. Die Sache ist nicht so einfach, wie die Emigranten sie in Paris darstellen und das französische Kaiserpaar es sich hat einreden lassen. Vorläufig jedoch lebt es noch in den ihm vorgegaukelten Illusionen.

Spaniens Regierung wird sich der Schwierigkeiten bald bewußt, und da sie überdies merkt, daß sie in mexikanischen Dingen Napoleon überall auf ihren Wegen findet, verliert man in Madrid das Interesse an der überseeischen Unternehmung. Der französische Befehlshaber erkennt, daß seine Truppenzahl bei der wetterwendischen Haltung Spaniens und Englands zu schwach ist und eine große Aktion in Mexiko sein Land in eine Unternehmung von unabsehbaren Folgen hineinziehen würde. Darum ist auch er sehr zurückhaltend und wird damit den mexikanischen Konservativen und den Emigranten in Paris höchst mißliebig. Sie beginnen daher am Hofe wütend gegen den Admiral zu hetzen.

Mexiko ist weit von Paris, und man glaubt dort den Meldungen und Warnungen des Admirals nicht. Die Kaiserin *will* ihm auch gar nicht glauben, denn sie begeistert sich mehr und mehr für Mexiko und die Anwartschaft ihres Schützlings Ferdinand Max auf den dort zu errichtenden

Thron. Sie hat ihren skeptischeren Gemahl dafür schon völlig gewonnen. Er versichert dem Botschafter Metternich, er sei dabei, dem Erzherzog die Wege zu bereiten und seine Bedingungen gewissenhaft zu erfüllen. Der Prinz werde erst auf der Szene erscheinen dürfen, wenn alle Schwierigkeiten beseitigt sind.

Gutierrez umgarnt indessen den Erzherzog mit immer neuen Schmeicheleien und phantasievollen Zukunftsbildern. Aber seine klerikale Farbe verrät sich schon. Er setzt es durch, in Wien beim Kaiser und in Miramar beim Erzherzog empfangen zu werden, und empfiehlt dort vor allem andern, die seit ihrer Vertreibung durch Juarez in Rom lebenden verbannten mexikanischen Bischöfe zurückkehren zu lassen, da sie durchweg monarchisch gesinnt seien und ihren Einfluß im Sinne der Wahl des Erzherzogs geltend machen würden. Er nennt vor allem den Erzbischof von Puebla, Labastida, seinen besonders intimen Freund.

In Miramar spricht Gutierrez dem Erzherzog stundenlang von der Schönheit seiner Heimat, von ihrem Unstern und von dem Glück, das der kaiserliche Prinz dem schwergeprüften mexikanischen Volke durch die Annahme des Thrones schenken würde. Wohlweislich aber verschweigt er, daß seine schöne Heimat ihn nun fast schon zwanzig Jahre nicht mehr gesehen hat.

Ferdinand Max verfällt ganz dem Zauber der Schmeichelei und der Lokkungen der von Gutierrez in rosigsten Farben geschilderten Zukunft. Der Mexikaner kann mit seinem Erfolg zufrieden sein. In überschwenglichen Worten dankt er dem Erzherzog nach seiner Abreise brieflich für den Empfang: nie werde er die Stunde vergessen, da er ihn zum ersten Male gesehen und versichert, dieser Tag zähle gleich dem seiner Hochzeit zu den schönsten seines Lebens. Am Schlusse bittet er, ihn der Erzherzogin zu empfehlen, »deren königliche Füße er küsse«. Diese Stelle des Briefes ist unterstrichen. So schreibt der Mann, dessen Einfluß der Erzherzog in der Zeit vor der Kronannahme vor allem unterlag.

Auch Napoleon III. hält nunmehr die Zeit für gekommen, den mexikanischen Plan beim Erzherzog selbst zur Sprache zu bringen. Der Kaiser erwägt sogar schon Einzelheiten der Überfahrt, dann die Frage der Garantie für die angebotene Krone. Er läßt aber dabei durchblicken, daß ein österreichisches Armeekorps nebst den Kräften der mexikanischen Konservativen und Monarchisten den besten Rückhalt bilden würde. Erzherzog Ferdinand Max freut sich unendlich über diesen Schritt des Kaisers der Franzosen und sieht ein, daß es nun schon nötig sei, unter vier Augen mit Kaiser Franz Joseph über die mexikanische Angelegenheit zu sprechen. In den letzten Tagen des Jahres 1861 treffen die beiden Brüder in Venedig zusammen. Über finanzielle Fragen, ein österreichisches Freikorps, die Überfahrt auf einem österreichischen Kriegsschiff, ja selbst über die Zusammensetzung des Hofstaates und die neu zu stiftenden mexikanischen Ordensabzeichen wird gesprochen, als wären schon alle Schwierigkeiten aus dem Wege geräumt. Kaiser Franz Joseph sieht es eben nicht ungern, daß diese schöne Aufgabe seinen ehrgeizigen Bruder in weite Ferne entführt.

Daraufhin schreibt Erzherzog Ferdinand Max einen Brief an den Kaiser der Franzosen, dessen überfließend liebenswürdige Tonart deutlich zeigt, wie sehr sich der Prinz über den ganzen Plan freut und Napoleon und Eugenie dankbar ist, daß sie seine Kandidatur voranstellen. Kaiser Napoleon übersendet seine Antwort durch den General Almonte nach Miramar und beteuert darin seinen innigen Wunsch, den Erzherzog an der Spitze des »gewaltigen und edlen« Unternehmens zu sehen. »Niemals«, heißt es in dem Briefe, »wird in meinen Augen ein Werk in seinen Ergebnissen großartiger sein. Es handelt sich darum, einen Kontinent der Anarchie und dem Elend zu entreißen, ganz Amerika das Beispiel einer guten Regierung zu geben, endlich die Fahne der Monarchie angesichts gefährlicher Utopien und blutiger Wirren zu entheben, gestützt auf eine weise gehandhabte Freiheit und aufrichtige Liebe zum Fortschritt. Ich werde zu gegebener Zeit alles, was von mir abhängt, tun, um die Verwirklichung der Ideen Eurer kaiserlichen Hoheit zu erleichtern. Ich glaube nicht, daß es in Mexiko ernsten Widerstand geben wird.«

Darin sollte sich der Kaiser allerdings bedenklich täuschen. Während Almonte noch beim Erzherzog weilt, trifft auch des Gutierrez Freund, der Bischof Labastida, in Miramar ein und rollt sogleich die für ihn wichtigste

Erzherzog Ferdinand Max.
Lithographie von Eduard Kaiser nach Anton von Einsle.

Erzherzogin Charlotte, geb. Prinzessin von Belgien.
Gemälde von Isidore Pils.

Die kaiserliche Familie von Österreich.
Von links nach rechts: Kaiser Franz Joseph, Erzherzog Ferdinand Max, Erzherzogin Charlotte, Erzherzog Ludwig Viktor. – Zweite Reihe: Kaiserin Elisabeth mit Kronprinz Rudolf und Erzherzogin Gisela, Erzherzogin Sophie, Erzherzog Franz Karl, Erzherzog Karl Ludwig.

Empfang des österreichischen Kaiserpaares in Miramar.
Gemälde von Cesare dell'Acqua.

Frage der von Juarez »nationalisierten«, das heißt beschlagnahmten Kirchengüter auf. Der gute Mann weiß das Eisen zu schmieden, solange es noch heiß ist.

Almonte werden herzlich gehaltene Antwortbriefe nach Paris mitgegeben. Erzherzogin Charlotte schreibt in überschwenglichen Worten an die Kaiserin und dankt ihr, daß sie an der »heiligen« Sache teilnehme, zu deren Einleitung sie »sichtbar von der Vorsehung bestimmt sei«. Der Erzherzog wieder hebt hervor, er brauche das ganze Vertrauen in die Unterstützung Napoleons, um nicht von allem Anfang an vor einer so gewaltigen Aufgabe zurückzuschrecken.

Almonte fährt indessen mit neu nach Mexiko abgesandten Verstärkungen nach seinem Heimatlande. Dieses Nebenbuhlers ledig, erreicht es Gutierrez durch die Empfehlung des Erzherzogs, beim französischen Kaiserpaare vorgelassen zu werden. Kritischen Sinnes betrachtet es den von Hidalgo stets so ungünstig geschilderten Mann. Kaiser und Kaiserin sind von den rückschrittlichen Ansichten und den endlosen Phrasen des Gutierrez betroffen.

Innerhalb der mexikanischen Konservativen herrscht indes weiter höchste Zwietracht. Einer warnt vor dem andern und beschuldigt die engsten Parteigenossen, sich vor allem selbst wieder der Macht in Mexiko und »des Rechtes der staatlichen Finanzen« bemächtigen und an seinen Feinden Rache nehmen zu wollen. So sieht es im Innern der »Partei« aus, die sich berufen fühlt, einer so grundlegenden Umwälzung in Mexiko die Wege zu bahnen.

Von allen Seiten gehen dem Erzherzog Warnungen zu. Der österreichische Gesandte in Washington bezeichnet den ganzen Plan des Kaisertums in Mexiko als ein Abenteuer, das er nicht ernst nehmen könne. Die intervenierenden Mächte, sagt er voraus, würden die größten Schwierigkeiten haben, und es wäre höchlich zu bedauern, wenn man den Namen des Bruders des Kaisers von Österreich darein verwickelte. Auch würde seine Abhängigkeit vom kommandierenden französischen General beschämend sein. Der Gesandte sieht prophetisch in die Zukunft, aber man hört nicht auf ihn. Wenigstens der Erzherzog nicht. Obwohl auch Metternich von

Paris aus die falsche Begeisterung Napoleons und seiner Gemahlin ironisiert, in der sie jenen »närrischen Einfall«, »jene Chimäre« zu verwirklichen suchen – Ferdinand Max verfolgt unbeirrt seinen Plan weiter.

England hält sich nach wie vor zurück, beißend kritisiert Lord Russell die mexikanischen Emigranten und ihre Luftschlösser. Ein von einer fremden Armee eingesetzter Souverän, meint er, werde vertrieben werden, sowie jene zurückgezogen wird. Diese Stellung wäre weder würdig noch sicher. Der Lord wundert sich, daß eine solche Kandidatur den Bruder des Kaisers von Österreich reizen könne. Wie wolle man denn um Gottes willen eine Monarchie inmitten von lauter Republiken aufrichten? So denkt man in England, es sei geratener, sich bei nächster Gelegenheit aus dem die Monroedoktrin verletzenden, von der Union so mißgünstig betrachteten mexikanischen Unternehmen ganz zurückzuziehen. Diese ist Ende 1861 und Anfang 1862 durch die Erfolge gegen den aufständischen Süden selbstbewußter geworden. Auf die offizielle Meldung des amerikanischen Gesandten in Wien, daß dem Erzherzog Ferdinand Max die mexikanische Krone angeboten sei und er nicht übel Lust zeige, sie anzunehmen, betont die Unionsregierung in Noten, daß die Befreiung des Kontinents von europäischer Bevormundung den Hauptzug in der amerikanischen Geschichte des letzten Jahrhunderts bilde. Es sei zumindest sehr unwahrscheinlich, daß eine Umwälzung in entgegengesetztem Sinne in den nächsten hundert Jahren von Erfolg begleitet sein könne. Das ist ein sehr deutlicher Warnungsruf, aber in Europa und insbesondere in Paris meint man, das Kriegsglück im fortdauernden Sezessionskrieg könne sich noch wenden. Auf solch gewagte Erwägungen stützt Napoleon seine weitere Politik in der mexikanischen Frage.

Nun fällt auch dem Erzherzog auf, daß Napoleon schon fast ganz isoliert auftritt. Während alle anderen Staaten sich allmählich zurückziehen und man in Wien immer zurückhaltender wird, schiebt sich die Person des Franzosenkaisers immer mehr in den Vordergrund.

Indessen verlaufen die Dinge in Mexiko schlechter und schlechter. Die Vertreter der drei Mächte sind schon in vollstem Gegensatz zueinander. Dies tritt noch schärfer hervor, als mit den französischen Verstärkungen des Generals Lorencez Napoleons mexikanischer Vertrauensmann Almonte in Mexiko ankommt und sich sofort hochmütig als Stellvertreter des Kaisers aufspielt. Spanier und Engländer sind darüber so empört, daß sie am liebsten dem Begehren des Juarez willfahrt hätten, Almonte als Verräter des Vaterlandes auszuliefern. Napoleon aber teilt dem Erzherzog stolz das Eintreffen der Verstärkungen in Mexiko mit, um ihm zu beweisen, daß er »alle Anstrengungen mache, damit der Plan sich verwirklichen könne«.

Lord Russell bereitet die Abkehr Englands schon damit vor, daß er dem österreichischen Botschafter in London spöttisch lächelnd sagt: »Es ist möglich, daß Napoleon schließlich bei seiner Unternehmung als einziger Kämpfer übrigbleibt und Ihren Erzherzog auf den Thron setzt; aber in diesem Falle glaube ich, daß Sie die Dienste, die er Ihnen geleistet haben wird, teuer bezahlen werden, denn Sie wissen, daß er solche niemals umsonst leistet.«

Die Frage, ob man mit Juarez verhandeln soll, dann der Plan Napoleons, die Regierungsform zu ändern und seinen Erzherzog nach Mexiko zu bringen, führen endlich zur Krise. Der französische Vertreter erklärt dem Spanier zu dessen Empörung, er wolle den Erzherzog wohl nur nicht, weil er sich selbst zum Herrn Mexikos zu machen wünsche. England aber will weder den französischen Strohmann noch einen Spanier. Unter solchen Umständen ist eine Einigung unmöglich. Noch am selben Abend ist der offene Bruch da. Spanien und England ziehen ihre Truppen und Schiffe zurück, und die Last der Unternehmung in Mexiko ruht nunmehr auf Frankreich allein.

Damit ist die erste der vom Erzherzog aufgestellten Grundbedingungen, die Hilfe mindestens zweier großer Seemächte, hinfällig geworden.

Juarez hat dank der Erfolge der Nordstaaten im Sezessionskrieg unter kluger Ausnützung der Rivalitäten zwischen den europäischen Mächten seinen ersten großen Erfolg erzielt; statt dreier gegnerischer Großmächte hat er nur noch einen einzigen Feind: Napoleon. Der Kaiser ist über diese Nachrichten sehr betroffen. Aber die von Hidalgo betörte Kaiserin läßt nicht locker.

Schon hoffen Rechberg und Metternich, das mexikanische Abenteuer sei erledigt, aber sie rechnen nicht mit den Wünschen des Erzherzogs. Der läßt sich nicht so schnell entmutigen. Der Kaiserin Eugenie gelingt es bei Ferdinand Max noch tausendmal leichter als bei ihrem Gemahl, ihn bei der Stange zu halten. Optimistisch schreibt sie der Erzherzogin Charlotte:

»Der General Lorencez hält sich schon für den Herrn des Landes. Generale und Städte erklären tagtäglich ihre Anhängerschaft, das Land ist müde der Zwietracht und träumt nur von einer stetigen Regierung, die ihm die Fähigkeit gibt, sich zu entwickeln, weshalb es seine ganze Hoffnung auf die Monarchie setzt. Wir stehen nun – Gott sei Dank – ohne Alliierte da. Eine sehr bezeichnende Tatsache ist es, daß, solange wir zu dreien vorgegangen sind, nicht ein einziger Mexikaner für uns war, aber seit unsere Aktion von diesen Fesseln befreit ist, fühlt sich das Land genügend sicher, um seine Wünsche zu äußern. Alle Leute gruppieren sich um Almonte. Unglücklicherweise sind am Anfang viele Fehler gemacht worden, aber ich habe niemals an dem Erfolg des Unternehmens gezweifelt.«

Bald aber soll sich zeigen, wie leichtsinnig man am Pariser Hofe, aber auch im französischen Hauptquartier in Mexiko ist, wenn man meint, mit sechstausend Mann ein so riesiges Reich niederzwingen zu können. Denn die monarchistische Partei existiert nicht, und die wenigen Konservativen sind noch gar nicht mit den Franzosen vereinigt. Als General Lorencez das von den Truppen des Juarez verteidigte, stark befestigte Puebla angreift, holen sich seine Truppen blutige Köpfe. Sie müssen bei todesmutigen Stürmen auf steile Hänge mit schweren Verlusten zurückfluten. Vom Vormarsch auf Mexiko ist keine Rede mehr. Man muß froh sein, wenn man nicht gezwungen wird, gleich bis an die Küste zurückzugehen.

Die Nachrichten von dieser Niederlage geben Juarez in seinem Widerstande neue Kraft, rufen aber am Hofe in Paris den tiefsten Eindruck hervor. Kaiser und Kaiserin fühlen sich wie vor den Kopf geschlagen, der Wechsel von den kühnsten Hoffnungen zu solcher Enttäuschung ist zu jäh.

Jules Favre hält im Parlament eine scharfe Rede, die die ganze mexikanische Unternehmung in Bausch und Bogen verurteilt. Der Dichter Victor Hugo, der erbittertste Feind des Kaisers, erläßt aus seiner Verbannung in Brüssel eine Art Proklamation an die Mexikaner: »Ihr habt recht, wenn Ihr fühlt, daß ich auf Eurer Seite stehe. Es ist nicht Frankreich, das gegen Euch Krieg führt, es ist bloß das Kaiserreich.« Juarez beeilt sich, diese Kundgebungen in Mexiko allerorten an den Straßenecken anschlagen zu lassen. Doch nun ist die französische Waffenehre in die Sache verwickelt. Schon deshalb will Napoleon nicht auf halbem Wege stehenbleiben. Im Juli 1862 wird ein neuer General namens Forey, nunmehr der dritte Kommandierende, mit zwei Divisionen nach Mexiko geschickt, deren eine der General François Achille Bazaine, Sohn eines einst von Napoleon I. hochgeschätzten Offiziers, befehligt. Forey erhält die Weisung, die Mexikaner in ihrem Wunsche nach einer Monarchie zu unterstützen. Napoleon erlaubt ihm auch, den Namen des Erzherzogs Ferdinand Max als des Kandidaten Frankreichs zu nennen. Im übrigen, meint er, müsse Mexiko als ein unüberwindlicher Damm gegen die Übergriffe der nordamerikanischen Union organisiert werden, die nicht nur die Länder um den Golf von Mexiko, sondern auch die Gebiete Zentralamerikas und in weiterer Ferne auch die Südamerikas zum Nachteile Frankreichs in ihre Machtsphäre zu bringen versuche.

Napoleon glaubt wieder etwas schärfer gegen die Union auftreten zu können, denn im Juni und Juli 1862 hat sich das Kriegsglück wieder einmal gewendet und die Armee der Südstaaten unter dem tüchtigen General Lee an empfindlichen Punkten unweit der Unionshauptstadt Washington bedeutende Erfolge errungen. Dem Erzherzog Ferdinand Max gegenüber ist aber Napoleon nach der Schlappe von Puebla angesichts des kurz vorher an des Prinzen Gemahlin geschriebenen, so hoffnungsfrohen Briefes in einiger Verlegenheit. Er versichert jedoch dem Botschafter Metternich, daß der Erzherzog sich nach wie vor gänzlich auf ihn verlassen könne.

Nun tritt eine Pause ein, weil man abwarten muß, bis Forey mit seinen Expeditionstruppen in Mexiko eintrifft. Das braucht reichlich acht Wochen. So lange hört der Erzherzog nichts Näheres und ist schon sehr besorgt, daß aus dem Projekt schließlich doch nichts werden wird. Er schlägt alle Warnungen in den Wind und ist so sehr in die von Gutierrez und Genossen genährten Illusionen eingesponnen, daß er begierig nach Argumenten sucht, die für seinen Traum von der Kaiserkrone günstig sind.

Neuerliche Fehlinformation

Da kommt ihm ein Bericht des belgischen Geschäftsträgers in Mexiko äußerst gelegen, der genau über die heimliche Neigung seines Königs, die Tochter Charlotte als Kaiserin zu sehen, unterrichtet war und daher stets »ganz im Sinne der Monarchie und der ins Auge gefaßten Pläne« meldet. Von diesem Bericht ist der Erzherzog natürlich begeistert; er sei das Interessanteste, was er jemals über dieses arme, von Parteileidenschaft zerwühlte Land gelesen. Er zeuge, meint er, von einem klaren, leidenschaftslosen Urteil eines gediegenen, tiefblickenden Mannes, der Land und Leute durch und durch kenne und den nur die Pflicht leite, seiner Regierung unumwunden die Wahrheit zu melden.

Kint von Roodenbeck, der Diplomat, dessen Berichte der Erzherzog so lobt, muß von anderer Seite eine wesentlich verschiedene Beurteilung erfahren. Man sagt ihm nach, keineswegs tief in die Probleme Mexikos eingedrungen, persönlich an mexikanischen Anleihefragen interessiert zu sein, die mit der Intervention zusammenhängen, und überhaupt seit jeher mit Vorliebe immer nur das gemeldet zu haben, was seine Regierung und sein König gerne hören. Doch seine Berichte lauten der Unternehmung günstig, und das ist für den Erzherzog genug. Nichts kann den rollenden Stein mehr aufhalten.

VI

VERFÜHRUNG, SCHMEICHELEI, INTRIGEN UND LUFTSCHLÖSSER

General Forey ist inzwischen im September 1862 mit den Verstärkungen in Mexiko angelangt und entschlossen, besonnener und systematischer vorzugehen als der unvorsichtige Lorencez, der sich bei Puebla die Finger verbrannt hat. Er macht gleich kurzen Prozeß mit Almonte und seiner persönlichen und klerikalen Wirtschaft und setzt den Mexikaner kurzerhand ab, schafft sich aber damit einen gefährlichen, mit Intrigen wohlvertrauten Feind. Juarez indes tut alles, um den Krieg als einen nationalen, gegen fremde Eindringlinge und Unterdrückung geführten Kampf um die Unabhängigkeit seines Vaterlandes hinzustellen.

In Paris versucht Metternich zu verhindern, daß sich der Erzherzog wirklich auf das Abenteuer einlasse, und ist bestrebt, ihn zum Rücktritt von dieser höchst problematischen Kandidatur zu veranlassen. Aber Ferdinand Max winkt ab, er ist überzeugt, die, wie er sagt, »durch das Genie des Kaisers Napoleon« eingeleitete Unternehmung werde schließlich doch vollen Erfolg haben. Von England aus versucht man Ferdinand Max durch Aussichten auf die griechische Krone abzulenken. Aber auch das reizt ihn nicht. Er findet sie unvergleichlich geringfügiger, träumt von einem riesigen Kaiserreich, das sich vielleicht auch einmal über Südamerika ausdehnen könnte, und ist entschlossen, sobald die Hauptstadt Mexiko in die Hand der Interventionstruppen fällt, die Reise dahin anzutreten. Hidalgo wirft man in Paris schon da und dort vor, Frankreich in ein uferloses Abenteuer hineingehetzt zu haben, die Kaiserin aber hält ihn nach wie vor. Es ist unglaublich, welch bevorzugte Stellung Hidalgo sich bei ihr allmählich geschaffen hat. Oft läßt sich die Kaiserin bei Spaziergängen in der Stadt von ihm begleiten, am Gründonnerstag besucht sie mit ihm Kirchen. Der junge Mexikaner macht sich ein Vergnügen daraus, derlei Dinge sofort nach Miramar zu melden.

Gutierrez und Hidalgo, obwohl aufeinander eifersüchtig, überfluten den Herzog weiter mit ihren Briefen, die schon ganze Aktenbündel ausmachen. Alles aber hätte nichts genützt, wenn die Dinge in Mexiko im Frühjahr 1863 nicht militärisch für Frankreich einen günstigen Verlauf genommen hätten. Dem geschickten Unterführer Foreys, Bazaine, gelingt es, die Entsatzarmee des belagerten Puebla zu schlagen. Dieses fällt, und damit geraten die Hauptführer der juaristischen Partei in Gefangenschaft. Allerdings gelingt es einige Zeit später den fähigsten drei Generalen des Juarez, Ortega, Escobedo und Porfirio Diaz, allein zu entfliehen. Juarez aber ist der Kern seiner Armee plötzlich genommen. Er kann nicht mehr daran denken, die Hauptstadt zu verteidigen. Der Feldzug mit starken Kräften muß aufgegeben werden, ein erbitterter, haßerfüllter Guerillakrieg nimmt seinen Anfang. Am 7. Juni 1863 zieht General Bazaine, dem Forey bald folgt, in Mexiko ein. Juarez ist kurz vorher aus der Hauptstadt nach dem Norden geflohen.

Diese guten Nachrichten aus Mexiko erregen beim französischen Kaiserpaar, das seit der Schlappe von Puebla in Sorge und Angst gewesen ist, helle Freude. Nun leben seine Hoffnungen wieder auf, die Kaiserin hört mehr denn je auf Hidalgo und Genossen, und jetzt glaubt man schon alles in Mexiko Geplante auch glatt durchführen zu können.

Kaiser Napoleon hat seinerzeit seinem Kommandierenden in Mexiko geschrieben, es sei notwendig, daß er dort der Herr sei, ohne aber nach außen hin als solcher zu erscheinen. Es soll so aussehen, als ließe man den Mexikanern freie Wahl, während man in Wirklichkeit unbedingt das erreichen will, was in Paris längst ausgeheckt und festgesetzt ist. Die Monarchie nämlich und Erzherzog Ferdinand Max! Napoleon legt den größten Wert darauf, die »dehors« zu wahren. Die Welt soll allen Ernstes glauben, daß es dem liberalen Napoleon durchaus fernliegt, den Mexikanern eine fremde Herrschaft aufzuzwingen. Der französische General geht nun scharf vor, er bildet eine sogenannte Nationalversammlung nur aus Frankreich gefügigen, konservativen Personen, ihr wird das Recht verliehen, über die künftige Regierungsform zu bestimmen. Juarez protestiert feierlich gegen die willkürliche Schaffung von Körperschaften, die aus lauter »verantwortungs- und rechtlosen Individuen« bestünden. Nun wird auch noch eine provisorische Regentschaft eingesetzt, der General Almonte und der zum Bischof von Mexiko erhobene, inzwischen bei der französischen Armee eingetroffene Labastida angehören.

Die Franzosen haben aber nur einen ganz kleinen Teil Mexikos besetzt, das nahezu viermal so groß ist wie das europäische Frankreich; eigentlich nur die große Straße vom Meer bei Veracruz bis zur Hauptstadt Mexiko und die daran gelegenen Ortschaften. Dort, wo französische Waffen gebieten, werden sofort Bogen aufgelegt, in denen sich die Bevölkerung für die Monarchie und für den Erzherzog auszusprechen hat. Es entstehen Kundgebungen, die allerdings auch aus Orten stammen, die, wie der englische Gesandte höhnend meint, lediglich von zwei Indianern und einem Affen bewohnt sind. Dabei übersieht man, daß das nicht besetzte Land, der weitaus größte Teil Mexikos, nach wie vor den Präsidenten Juarez anerkennt. Doch die Regentschaft kehrt sich nicht daran. Sie und die »Nationalversammlung« betrachten sich einfach als Vertreter der gesamten mexikanischen Nation und fordern am 12. Juni 1863 Erzherzog Max schriftlich auf, die Krone anzunehmen. Gleichzeitig beauftragt die Regentschaft eine Deputation, zu deren Präsidenten sie Gutierrez de Estrada ernennt und zu der auch Hidalgo gehört, dem Erzherzog die Einladung persönlich nach Miramar zu bringen.

Als die Nachricht hievon in Paris eintrifft, telegrafiert Napoleon dem Erzherzog:

»Im Begriffe, Eurer kaiserlichen Hoheit zu schreiben, erhalte ich die Nachricht von Ihrer Proklamierung zum Kaiser in der Stadt Mexiko. Ich bin glücklich über dieses erste Resultat und hoffe, daß bald ganz Mexiko dem Beispiel der Hauptstadt folgen und Euer kaiserliche Hoheit rufen wird, um es zur Blüte zu führen. Die Kaiserin vereint ihre Glückwünsche mit den meinigen.«

Ferdinand Max dankt sehr herzlich und meldet dies dem Kaiser Franz Joseph. Dieser läßt nun seinen Bruder nach Schönbrunn kommen, um die ganze Sache mit ihm zu besprechen. Vor allem betont er nochmals, daß die österreichische Regierung dem Unternehmen passiv gegenüberstehe. Die Deputation, die da komme, könne wohl nicht den Anspruch machen, die Gesamtheit der mexikanischen Nation zu verkörpern. Und wo bleibe Englands Unterstützung? Der Kaiser ist mißtrauisch geworden, was auf ernste Vorstellungen seines Ministers des Äußern zurückzuführen ist. Jedes Wort Ferdinand Maxens aber zeigt dessen innersten Wunsch, den Plan zu verwirklichen. Der Botschafter in London meldet, England werde nichts tun, um die Gründung des neuen Thrones zu unterstützen, und Frankreich freudig alle Verantwortung und alle Verlegenheiten der Unternehmung aufbürden.

Aber was nützt das: Ferdinand Max läßt sich lieber von einem Brief Almontes betören, der ihm schon den Titel Sire und Majestät gibt und ihn auffordert, so bald wie möglich nach Mexiko zu kommen. Er wird in Wien vermahnt, Napoleon seine Bedingungen ins Gedächtnis zurückzurufen. Er tut dies auch, aber als Napoleon darauf einfach nicht antwortet, macht das nicht den geringsten Eindruck auf den Erzherzog. Es nützt nichts, daß der englische Gesandte ihm indirekt sagen läßt, man solle doch nicht daran denken, seinen Kopf in ein solches Hornissennest zu stecken; Mexiko besetzen wollen, sei dasselbe, wie wenn man das Meer austrinken wollte. Ja, der amerikanische Konsul in Triest scheut sich nicht, ihm zu prophezeien, daß »wer immer den Thron von Mexiko anstrebt, wenn er ihn wirklich erlangt, außerordentlich froh sein muß, wenn er mit dem Leben davonkommt«.

Die vielfachen scharfen Urteile über das geplante Unternehmen kommen schließlich auch der Erzherzogin Sophie, der Mutter Ferdinand Maxens, zu Ohren, die ihren Besorgnissen in warnenden Briefen Ausdruck gibt. Da zeigt sich, daß auch Charlotte sich schon völlig in den glitzernden Kaisertraum eingesponnen hat und nicht mehr davon lassen kann. Sie antwortet, alle Sorgen seien unbegründet, die Mutter möge Max und ihr nicht den Kummer antun, anderer Meinung zu sein, obwohl das allerdings seine

Entscheidung nicht ändern könne, wenn er eine solche zu treffen habe. Erzherzogin Charlotte tut noch ein übriges; sie beschließt, zu ihrem Vater nach Brüssel zu gehen und ihn zu bitten, er solle sich in England verwenden. Er kann für den mexikanischen Plan zwar gar nichts tun, aber redet er seiner Tochter auch nicht ab, und schon darum allein telegrafiert sie aus Brüssel ihrem Gemahl: »Entzückt, alles vortrefflich.«

Napoleon sucht den Erzherzog von seinen Garantiewünschen, die offenbar unerfüllbar sind, abzubringen und schreibt ihm: »Wenn das Land einmal physisch und moralisch befriedet ist, wird die Regierung Eurer kaiserlichen Hoheit von jedermann anerkannt werden ... Die Vereinigten Staaten wissen sehr gut, daß das neue Etablissement in Mexiko das neue Werk Frankreichs ist und daß sie es nicht angreifen können, ohne uns sofort zu Feinden zu machen.«

Indessen ist die Notablendeputation aus Mexiko in Paris angekommen, und dort treten Gutierrez als Präsident und Hidalgo als Beisitzer hinzu. Erzherzog Ferdinand Max rüstet sich, die mexikanische Deputation gebührend zu empfangen, und teilt den Entwurf seiner bei dieser Gelegenheit geplanten Rede nach Paris und Wien mit. Napoleon ist mit dem Text einverstanden, aber Franz Joseph hat vielerlei daran auszusetzen. So heißt es gleich im Anfang des Entwurfes: »Der Kaiser als erlauchter Chef unseres Hauses und ich, wir sind tief gerührt ...« In Wirklichkeit aber fühlt Kaiser Franz Joseph diese Rührung nicht und fordert daher das Weglassen seines Namens im Eingangssatze. Weiter wünscht der Kaiser, daß die Zusage einer etwaigen Annahme der mexikanischen Krone in minder bestimmter Fassung zu erteilen sei, als sie der Entwurf vorsieht, und daß man die Bedingungen nachdrücklich und wiederholt betonen müßte.

Franz Joseph wünscht zudem, daß Österreich offiziell beim Empfang der Deputation nicht vertreten sei, damit vor aller Welt die Zurückhaltung der österreichischen Regierung dabei klar in Erscheinung trete. Er will wohl, daß sein Bruder fortzieht, will aber nicht die Verantwortung tragen, falls der gewagte Plan mißlingt.

Gutierrez hat sein Kommen an der Spitze der Deputation in einem Briefe voller Schmeicheleien angekündigt, in dem unter anderem behauptet wird, die Mexikaner näherten sich den in ihrer Hauptstadt verbreiteten Bildern des Kaiserpaares aus Ehrfurcht nur noch mit dem Hute in der Hand!

Am 2. Oktober 1863 trifft die Abordnung in Miramar ein und wird programmgemäß vom Erzherzog allein empfangen. In endloser, formvollendeter, von Phrasen und Schmeicheleien triefender Rede schildert Gutierrez Mexikos Unglück unter der republikanischen Staatsform, seine Sehnsucht nach einem Monarchen von der persönlichen Vollkommenheit des Erzherzogs und erbittet die Annahme der dargebotenen Krone Mexikos.

Der Erzherzog antwortet kurz, nennt befehlsgemäß den Namen seines Bruders in der Einleitung nicht und erwähnt nur ganz allgemein »die unumgänglich nötigen Garantien« für Mexikos Freiheit und Unabhängigkeit, ohne jedoch die Seemächte, die sie geben sollten, ausdrücklich zu nennen. Sonst läßt jedes Wort nur zu deutlich durchfühlen, mit welcher Freude der Erzherzog die ihm winkende Krone anzunehmen geneigt ist. Auf Kaiser Franz Joseph wirkt die Antwortrede peinlich, während König Leopold sie »extrêmement bien« findet, weil auch er für eine positive Lösung der Frage voreingenommen ist. Nur Gutierrez gegenüber macht der Erzherzog in langen, vertraulichen Besprechungen ernste Einwände. Er stellt ihm vor, daß sich bis jetzt nur die Hauptstadt und die besetzten Ortschaften für ihn ausgesprochen hätten. Er, der Erzherzog, könne sich doch nicht der Gefahr aussetzen, daß sich die Majorität der Bevölkerung für die Republik und Juarez erkläre, während er im Lande sei.

Nun tritt des Gutierrez unerschöpflicher Redestrom in seine Rechte: bald ist auch der Schatten eines Zweifels aus Ferdinand Maxens Seele gewichen. Er läßt sich nur zu willig betören und ist fester als je entschlossen, nach Mexiko zu gehen, auch dann, wenn die Bedingungen, die er immer noch im Munde führt, nicht oder nicht ganz in Erfüllung gehen. Charlotte ist gleicher Meinung. Sie hat ein grenzenloses Vertrauen zu ihrem Mann. »Wenn das Ding auch schwierig ist«, schreibt sie ihrer Großmutter, »so ist es doch nicht unmöglich, insbesondere nicht für Max. Was für jeden anderen zu versuchen ein Wahnsinn wäre, ist es für ihn nicht.«

Bei solcher Einstellung des Ehepaares ist der völlige Sieg der mexikanischen Emigrantendeputation kein Wunder. Ferdinand Max bespricht mit ihr schon Details, wie eine Anleihe, ja sogar die Stellung seiner Frau als Kaiserinwitwe im Falle seines Ablebens.

Napoleon hat des Erzherzogs Verhalten der mexikanischen Kommission gegenüber mit Interesse verfolgt. Beim Abdruck der Rede des Erzherzogs im »Moniteur« wird der von diesem gebrauchte Ausdruck »die geforderten Garantien« in »gewünschten« umgefälscht. Schon beginnt man in Frankreich, wo man wohl herausgefühlt hat, wieviel dem Erzherzog an der Verwirklichung des Planes liegt, die Pose des gnädigen Spenders einzunehmen und dem Erzherzog gegenüber schärfer aufzutreten. Der Keim zu Unstimmigkeiten ohne Ende wird schon jetzt in die Erde gesenkt. Doch Ferdinand Max und Charlotte sind in ihren Gedanken und Empfindungen schon zu tief in die Idee des Kaiserreiches weit jenseits des Meeres verstrickt. Sie rennen in ihr Verderben, weil sie nicht glauben wollen, was doch für jedermann sonst fast sonnenklar zutage liegt.

In Mexiko hat Napoleon indessen den General Bazaine an Stelle Foreys an die Spitze des Expeditionskorps gestellt. Er erwartet von ihm sowohl eine energische militärische Befriedung des Landes wie eine ihm genehmere politische Führung. Es muß schnellere Arbeit gemacht werden, denn die gesetzgebende Körperschaft in Paris, wie die öffentliche Meinung Frankreichs überhaupt, ist mit der mexikanischen Expedition wenig einverstanden und will sie schleunigst beendet wissen.

Die Nordstaaten Amerikas, immer noch im Kampfe mit dem Süden, können vorläufig nichts gegen die französische Intervention in Mexiko tun. Im Herbst 1863 müssen sie notgedrungen noch offiziell Neutralität bewahren. Bazaine ist voller Zuversicht und verspricht Napoleon einen schnellen und glücklichen Erfolg. Nur der Klerus, der von der französischen Intervention und der Monarchie die sofortige Rückgabe der seinerzeit von Juarez beschlagnahmten und am freien Markte verkauften Kirchengüter erwartet, sieht sich getäuscht, denn Napoleon hat Befehl gegeben, nicht mehr darauf zurückzukommen. Dadurch wird der mexikanische Klerus plötzlich ein erbitterter Gegner, der es sogar wagt, die französischen Truppen zu exkommunizieren, und dessen Oberhaupt von Bazaine erst mit Gewalt zur Vernunft gebracht werden muß.

Almonte ist sich über die weitgehenden Folgen dieser Vorgänge für das künftige Kaisertum völlig klar, tut sie aber in teuflischer Gewissenlosigkeit in seinen auf Täuschung des Erzherzogs berechneten Briefen als durchaus nebensächlich ab. Er spricht da von einer »kleinen Krise«, von einem »Sturm im Wasserglase«, über den sich das Land in keiner Weise aufrege. »Euer Majestät«, schreibt der Mexikaner, der diese Ansprache in seinen Briefen unzählige Male gebraucht, »können in voller Sicherheit kommen, keinerlei Mißerfolg ist zu befürchten, selbst eine Neuorientierung der napoleonischen Politik kann nichts ändern. Euer Majestät wollen nach Möglichkeit Ihre Ankunft beschleunigen.«

Immer mehr beginnen die hauptsächlich beteiligten Mexikaner den Erzherzog zu hetzen und zu drängen. Dabei stehen sie mit ihrem Urteil gegenüber den aus aller Welt einlaufenden Warnungen fast allein, und dazu ist Gutierrez seinem Vaterlande, von dessen Verhältnissen er so viel schreibt und erzählt, seit dem Jahre 1840, also volle 23 Jahre, und Hidalgo seit 1848, also 15 Jahre, ferngeblieben.

Schon wagt Gutierrez dem Kaiser Napoleon zu sagen, Ferdinand Maxens Koffer seien bereits gepackt, der Erzherzog warte nur die Kundgebung des Willens der Bevölkerung ab und verlange bloß »Sicherheiten, nicht Garantien, ein Wort, das überhaupt schlecht klingt.«

Mit dieser sophistischen Phrase kündigt Gutierrez, nicht ganz ohne Einverständnis des Erzherzogs, Napoleon das endgültige Abgehen von einer der wichtigsten, anfangs als conditio sine qua non aufgestellten Bedingungen an. Auch die Warnungen seiner Mutter hört Ferdinand Max nicht und spinnt sich ganz in phantastische Ideen ein. Er denkt viel weiter, als man ahnt, und hegt Gedanken, die geradezu uferlose Pläne umfassen. Der Erzherzog möchte zum Beispiel gern, daß Erzherzog Ludwig Viktor, sein etwas leichtsinnig veranlagter und daher schwer zu zügelnder jüngerer Bruder, eine der beiden Töchter des Kaisers Don Pedro II. von Brasilien, der keinen männlichen Erben besaß, heirate und so in Südamerika eine neue Genitur des habsburgischen Hauses gründe. Er hofft dadurch in Südamerika für sein Kaisertum Mexiko eine mächtige Stütze zu gewinnen und denkt sogar daran, mit der Zeit die zwischen Mexiko und Brasilien liegenden verschiedenen schwachen Republiken »aufzusaugen« und so zwei mächtige, über ganz Zentralamerika und einen gewaltigen Teil Südamerikas ausgebreitete habsburgische Kaiserstaaten zu schaffen! Aber sein Bruder lacht ihn aus, und so fällt das Projekt ins Wasser. Almonte und die anderen Emigranten drängen den Erzherzog immer mehr, weil sie befürchten, Napoleon werde schließlich von der öffentlichen Meinung zum Aufgeben der Unternehmung gezwungen werden.

Die überall gehegten Besorgnisse, der Erzherzog könne im letzten Augenblick noch nein sagen, sind unbegründet. Man weiß in der Welt nicht so genau, wie sehr den Erzherzog das Verhältnis zu seinem Bruder, dem Kaiser, in seinem Beschluß bestärkt. Maximilian legt dies nach seiner Gewohnheit zu eigenem Gebrauche auf einem Zettelchen eigenhändig fest:

»Lacroma, den 20. November 1863.

Meine Individualität, wie sie mir Gott und die Natur gegeben, wie sie die Erziehung meiner Eltern und die Wechselfälle des Lebens ausgebildet haben, kann ich nicht ändern, auch ist eine solche Änderung von keinem Ehrenmanne festen Charakters zu fordern; man kann Fehler Gott zuliebe ablegen, aber das eigene, klar ausgeprägte ›Ich‹ wandelt niemand.

Diese meine Individualität, dieses selbsteigene Etwas, entspricht nun nicht den Ansichten meines älteren Bruders, dies hat er mich bei jeder Gelegenheit auf die unzweideutigste, schonungsloseste, ja oft kränkendste Weise fühlen lassen. Mein Freimut, mein burschikoses, offenes Wesen genieren, meine liberalen Ansichten schockieren ihn; meine ungebundene Zunge fürchtet, mein aufbrausendes Temperament erschreckt ihn, meine auf Reisen gesammelten Weltanschauungen erregen seine Eifersucht. Er ist der Herr, ihm ist die Macht, die mein strenges Rechtsgefühl jederzeit anerkennt; was bleibt mir also unter solchen Verhältnissen vom Standpunkte der Klugheit und des religiösen Gefühls übrig, als auszuweichen, ohne Kränkung und Ostentation mich zurückzuziehen. Dies habe ich seit dem unglücklichen Jahre 1859 redlich im friedlichen Miramar und im stillen Lacroma getan. Ich habe mich stets effaciert und hätte nur gewünscht, daß man auch mich immer in Frieden gelassen und meine Handlungsweise geehrt hätte. Nun tritt plötzlich der mexikanische Kronantrag an mich heran und mit ihm eine Gelegenheit, auf ehrenhafte und gesetzliche Weise die schweren Bande einer tatenlosen Existenz, eines vergessenen Vegetierens auf immer zu lösen. Wer hätte da in meiner Lage, mit dem Herzen auf dem rechten Fleck und in der Vollkraft des Mannesalters, an seiner Seite eine strebsame und tugendreiche Gattin, wer hätte da, sage ich, nicht mit beiden Händen zugegriffen!« –

Der Erzherzog legt sich in weitgehender Weise fest. »Wenn sich das Kaisertum verwirklicht«, schreibt er Gutierrez, »werde ich Gelegenheit haben, meinem Adoptiv-Vaterlande zu zeigen, daß ich dort, wo es notwendig ist, auch meine Person einzusetzen weiß.« Und dennoch geht in Paris Napoleon alles zu langsam. Darum läßt er gesprächsweise fallen, daß, wenn der Erzherzog unerfüllbare Bedingungen stelle, man doch wieder an einen spanischen Prinzen denken müsse. Sofort erfährt Ferdinand Max diese Bemerkung. Sie ist ihm ein Stich ins Herz, schon sieht er einen anderen ihm die Krone streitig machen.

Am Pariser Hofe hofft man nunmehr auf den Erfolg des Feldzuges ins Innere Mexikos, den Bazaine in seiner letzten Meldung in Aussicht gestellt hat. Aber es ist dem General natürlich unmöglich, das ganze, ungeheure Gebiet Mexikos mit seiner verhältnismäßig geringen Heeresmacht auch nur annähernd zu besetzen. Er muß sich auf die der Hauptstadt Mexiko zunächstgelegenen und volkreichsten Gebiete des Landes beschränken. So unternimmt der General einen glücklichen Vorstoß, erobert mehrere Städte im Norden und Nordwesten und zwingt den Präsidenten Juarez zu wiederholten Malen zur Flucht. Der verbissene, harte und energische Indianer ist jedoch weit davon entfernt, die Flinte ins Korn zu werfen. Selbst als er von Dorf zu Dorf durch sein ganzes Land bis an die Grenze der Union gehetzt wird, gibt er seine Regierungsgewalt niemals auf. Im geheimen unterstützt von den Vereinigten Staaten und in Kenntnis davon, daß weite Kreise des Landes jetzt in ihm den Verteidiger der Freiheit gegenüber fremder Invasion erblicken, harrt er mit Zuversicht des Tages, da die Fremden der ungeheuren Aufgabe, die sie übernommen, erliegen würden.

So glänzend für den Augenblick Bazaines Feldzug aussieht, kann man doch eigentlich nie von einer vollen Niederlage der Juaristen sprechen, denn irgendwo geschlagen, zerstreuen sie sich scheinbar in alle Welt, um sich wieder zusammenzuballen, sobald es die Verhältnisse gestatten. So ist das ein Krieg ohne Ende, ein ewiger Feldzug, der schließlich die tapfersten Truppen ermüden und abspannen muß. Doch diese wahre Lage wird dem Erzherzog sorgfältig verschwiegen. Er geht angesichts der Schwierigkeiten immer mehr von seinen »Bedingungen« ab. Die einst geforderte Garantie Englands und Spaniens hat er bereits zu dem schemenhaften Begriff einer Anerkennung und »moralischen Unterstützung« herabgeschraubt. Die Bedingung der Anhängerschaft der »großen Mehrheit der Nation« ist zu der einiger großer Städte Mexikos herabgesunken. Allerdings, die Berichte der interessierten Mexikaner lauten nach wie vor über alle Beschreibung günstig. In einem Schreiben Almontes aus Mexiko steht, daß sich von den acht Millionen Bewohnern des Landes im Augenblicke, da der Erzherzog den Brief in der Hand hielte, wohl sechs Millionen für ihn ausgesprochen haben würden. Die Flucht des Juarez und seiner Anhänger sei allgemein und böte das Bild einer wahren Panik. Drei Viertel des Gesamtterritoriums mit vier Fünfteln der Bevölkerung seien in der Hand der Franzosen.

Inzwischen ist der abberufene Marschall Forey in Paris eingetroffen, hat sich bei Napoleon kein Blatt vor den Mund genommen und über Almonte, die Geistlichkeit, die emigrierten Mexikaner und die Gesamtlage in absprechender Weise berichtet. Ferdinand Max hätte ihn sehr gerne persönlich gesehen und lädt ihn nach Miramar ein. Napoleon aber fürchtet, daß der Erzherzog von Forey zu viele Wahrheiten hören könnte, und verbietet den Besuch.

Während in Mexiko auf seiten der französischen Truppen die konservativen Parteiführer und Generale Marquez, Miramon und Mejia mit schwachen einheimischen Kräften gegen Juarez kämpfen, hat dieser, wie es im Unglück zu gehen pflegt, mit Uneinigkeit in seinem Lager zu tun. Wenn auch viele seiner Anhänger geringe Standfestigkeit zeigen, einige bleiben ihm unerschütterlich getreu. Zu diesen gehört Porfirio Diaz, der im Süden von Mexiko, in Oajaca, sein Hauptquartier hat. Auch die Bevölkerung bleibt überall dort auf Juarez' Seite, wohin der französische Arm nicht oder nicht mehr reicht. Dazu kommt die moralische und im geheimen materielle

Unterstützung der Vereinigten Staaten und der harte, zähe Wille des Präsidenten, diese schwere Zeit zu überwinden. Banden durchstreifen das Land, und die französischen Truppen sind ununterbrochen Überfällen ausgesetzt.

Napoleon ist von der mexikanischen Unternehmung nicht mehr allzusehr begeistert und läßt es zuweilen schon die Kaiserin Eugenie, die leidenschaftliche Förderin des ganzen Planes, merklich fühlen. Sie aber ist noch lange nicht so weit und hofft noch immer auf die glücklichste Lösung.

Und doch wird auch die Kaiserin gewarnt. Der amerikanische Gesandte sagt ihr einmal: »Madame, der Norden wird siegen. Frankreich wird sein Projekt aufgeben müssen, und das wird für den Österreicher schlecht enden.« Sofort lehnt sich die Kaiserin auf, und ganz erregt meint sie: »Und ich, ich versichere, wenn Mexiko nicht so weit und mein Sohn kein Kind mehr wäre, würde ich wünschen, er stünde an der Spitze der französischen Armee, um dort mit dem Schwerte eine der schönsten Seiten der Geschichte des Jahrhunderts zu schreiben.« »Madame«, erwiderte phlegmatisch der Amerikaner, »danken Sie Gott, daß Mexiko weit und Ihr Sohn noch ein Kind ist.« Die Kaiserin ist erbost und will erregt erwidern, da tritt Napoleon zwischen die beiden und macht der Szene ein Ende, aber weder der Gesandte noch seine Töchter werden fortan zu Hofe geladen.

Eugenie kann es nicht erwarten, Maximilian als Monarchen zu sehen. So fragt sie in den ersten Tagen des Januar 1864 Hidalgo, ob der Erzherzog schon als Kaiser nach Paris kommen werde. Hidalgo klopft daraufhin in Miramar auf den Busch, ob er nicht dem Erzherzog eine mexikanische Generalsuniform machen lassen und die Siegel des kaiserlichen Kabinetts und das Briefpapier mit der Kaiserkrone in Auftrag geben solle. Man läßt selbst das lächerlichste Mittel nicht unversucht, um den Erzherzog zu drängen.

Napoleon hat sich indes entschlossen, persönlich auf Ferdinand Max einzuwirken, und lädt ihn darum nach Paris ein. Auch er beginnt schon zu drängen; alles, was den Erzherzog abschrecken kann, auch die Kirchengüterfrage, in der man es unmöglich allen recht machen kann, will er auf die lange Bank schieben, damit Ferdinand Max durch solche Erkenntnisse nicht von der Annahme abgeschreckt wird. Er rät daher von einer Reise nach Rom ab. »Der Papst«, schreibt Napoleon dem Erzherzog gelegentlich, »wird Verpflichtungen erlangen wollen. Wenn Euer kaiserliche Hoheit sie auf sich nehmen, werden Sie in Mexiko nicht gern gesehen sein, wenn Sie sie zurückweisen, muß dies den Heiligen Vater verletzen.«

König Leopold gibt seinem Schwiegersohne vor der Reise nach Paris den Rat, von Kaiser Napoleon, dem er doch in Mexiko die Kastanien aus dem Feuer holen soll, vorher in einem schriftlichen Vertrag möglichst viel herauszuschlagen. »Das ist unumgänglich notwendig«, meint er, »noch hast Du *sie* in Händen, sie *Dich* noch nicht. Der Himmel beschütze Dich.«

Am 5. März des Jahres 1864 begeben sich der Erzherzog und seine Gemahlin nach Paris. Obwohl sie inkognito kommen, werden dem fürstlichen Paar schon kaiserliche Ehren erwiesen. Alle Diplomaten nehmen an den Hoffestlichkeiten teil, nur der Vertreter der Vereinigten Staaten fehlt bezeichnenderweise überall. Kaiser Napoleon ist in bester Laune; er hofft, der Erzherzog werde ihn durch seine Annahme von der mexikanischen Verlegenheit befreien und es ihm ermöglichen, sich binnen kurzem, überdies mit finanziellem und kommerziellem Nutzen für die Zukunft, aus Mexiko zurückzuziehen. Dem Franzosenkaiser ist es sehr gelegen gekommen, daß er eben einen der schönfärbenden Berichte Bazaines empfangen hat, der sich bei seinem Kaiser in Gnade erhalten will. Er zeigt ihn unverweilt dem Erzherzog, malt ihm überhaupt die Lage in Mexiko in rosigen Farben, erklärt, er werde es gänzlich befriedet vorfinden und die Anleihe hauptsächlich dem Bau von Eisenbahnen und anderen produktiven Arbeiten widmen können. Er freut sich, daß es gelingt, dem Erzherzog vorzutäuschen, daß seine Wahl einem nationalen Wunsch zu danken ist.

Dann geht man an die Abfassung des vom Erzherzog verlangten Vertrages mit den Bestimmungen für die Stützung des Unternehmens durch Frankreich. Im geheimen Teile wird festgelegt, daß *»was immer für Vorfälle sich auch in Europa ereignen mögen, die Hilfe Frankreichs dem neuen Reiche niemals fehlen werde«* und daß der neue Kaiser alle bisher vom französischen Oberkommandanten und der Regentschaft getroffenen Verfügungen anerkenne. Die 38.000 Mann starke französische Armee sollte allmählich derart abgebaut werden, daß 1867 nur noch 20.000 Mann in Mexiko wären.

Schwer wiegen die von dem tückischen Minister Fould vorgeschriebenen finanziellen Bedingungen. Erzherzog Ferdinand Max versteht nicht viel davon und unterschreibt daher Forderungen, die schlechterdings eine für den finanziell überlasteten Staat unmögliche Bürde darstellen. Zunächst hat Mexiko die Kosten der französischen Expedition bis zum 1. Juli 1864 zu zahlen, nach diesem Termin für jeden Soldaten Napoleons im Jahr tausend Franken zu erlegen, endlich muß die neue mexikanische Regierung alle Franzosen entschädigen, deren Verluste den Vorwand zur Expedition gebildet haben. Auf Abschlag soll von der aufzunehmenden Anleihe ein Viertel sofort an den französischen Staatsschatz abgeliefert werden.

Der Abschied des Erzherzogs, der sich wegen der Garantie nach London und Madrid begeben will, ist wahrhaft herzlich; die Kaiserin rät ihm von der Reise nach Madrid ab und schenkt ihm ein kleines goldenes Medaillon mit dem Bilde der Madonna. »Es wird Ihnen Glück bringen«, meint sie. Die mexikanischen Emigranten in Paris wissen sich indessen vor Stolz und Aufgeblasenheit gar nicht zu fassen. Hidalgo beeilt sich, dem Erzherzog zu schreiben, er sei bei einem Besuche beim französischen Minister des Äußern mit »bonjour, triomphateur« begrüßt worden.

In England findet der Erzherzog kühlste Aufnahme seiner Pläne. Premierminister Palmerston hat einem Vertrauensmann schon vorher zu verstehen gegeben, das erzherzogliche Paar und sein königlicher Schwiegervater würden über einige Höflichkeiten hinaus von der englischen Regierung nichts erreichen, und die Tatsachen bestätigen seine Vorhersage.

Von London aus richtet Ferdinand Max ein herzliches Dankschreiben nach Paris und versichert dem Kaiser Napoleon, er werde in ihm immer eine treue, anhängliche Seele finden. Napoleon antwortet noch herzlicher: »Ich bitte Sie, stets auf meine Freundschaft zu zählen und zu glauben, daß ich die edlen Gefühle, die Euer kaiserliche Hoheit bewegen, den Thron Mexikos anzunehmen, nach ihrem vollen Wert einschätze. Ein Volk zu regenerieren und ein Kaiserreich auf Prinzipien zu gründen, die Vernunft und Moral gutheißen, ist eine schöne Aufgabe, die würdig ist, edlen Ehrgeiz zu reizen. *Sie können sicher sein, daß Ihnen meine Unterstützung bei der Erfüllung der Aufgabe, die Sie mit so viel Mut auf sich nehmen, nicht fehlen wird.«*

Napoleon will die schwere Unternehmung, die Frankreich mit der Intervention allzu rasch und unüberlegt übernommen hat, dem Erzherzog aufbürden, um auf diese Weise allmählich selbst die Hand aus dem Spiele ziehen zu können. Er hofft immer noch auf den Sieg der Südstaaten Nordamerikas und ist sich der Gefahr, die Frankreich von Preußen her droht, noch lange nicht bewußt. Überdies denkt sich Napoleon die Möglichkeit eines Kaiserreiches in Mexiko viel zu leicht und gibt daher mit diesem Briefe unvorsichtig ein kaiserliches Wort, auf das Maximilian mit Recht bauen zu können vermeint.

Der Brief erreicht den Erzherzog noch in England und macht ihn taub gegen alle Warnungen, die ihm dort zukommen. Um ihnen möglichst auszuweichen, vermeidet er überhaupt eingehende Besprechungen, nur die greise Großmutter der Erzherzogin Charlotte, die in der Verbannung lebende Königin Frankreichs, Marie Amélie von Orléans, läßt sich nicht nehmen, den beiden von dem Glanz kaiserlicher Ehren in Paris berauschten jungen Leuten die Wahrheit zu sagen. Sie bedauert tief deren Entschluß, sagt ihnen das düstere Los voraus, und beim Abschied ruft sie ganz verzweifelt aus: »Sie werden euch ermorden.«

Doch auch diese Warnung einer erfahrenen Frau schlägt das Paar in den Wind; am 19. März kommt es wieder in Wien an, fest entschlossen, den einmal betretenen Pfad ohne Wanken weiterzuschreiten.

VII

ABSCHIED VON DER HEIMAT

Auch in Wien werden dem erzherzoglichen Paar zunächst formell kaiserliche Ehren erwiesen. Ein Galadiner und eine darauf folgende Soiree bei Hof versammelt alles, was in Wien Glanz und Ansehen besitzt. Doch am nächsten Tag zeigt sich die Kehrseite; Graf Rechberg erscheint und erbittet die Unterschrift des künftigen Kaisers von Mexiko auf einem »Familienpakt« betitelten Schriftstück, das des Erzherzogs und seiner Nachkommen völligen Verzicht auf alle Nachfolgerechte in Österreich ausspricht, solange noch irgendein anderes, wenn auch noch so entfernt verwandtes männliches Mitglied des Kaiserhauses lebt.

Erzherzog Max ist aufs tiefste betroffen; die Notwendigkeit dieses Verzichtes zeigt ihm erst die Tragweite des Schrittes, den zu unternehmen er im Begriffe steht; zunächst weigert er sich entschieden, das Schriftstück zu unterschreiben.

Der Monarch aber, der den Ehrgeiz seines jüngeren Bruders kennt, ist besorgt, es könnte im Falle seines Todes die Frage einer Regentschaft für den unmündigen Kronprinzen Rudolf aufgeworfen werden und zu gefährlichen Weiterungen für das Wohl des aus so vielen auseinanderstrebenden Nationalitäten bestehenden Reiches führen. Er bleibt daher fest und gibt es seinem Bruder schwarz auf weiß, er werde seine Zustimmung zur Annahme der mexikanischen Kaiserkrone nur unter der Bedingung erteilen, daß die Verzichtsurkunde unterzeichnet würde.

Vergebens weist der Erzherzog darauf hin, er habe zu einer Zeit, da er von dieser Bedingung nichts gewußt, einem Volke von neun Millionen Menschen sein Wort verpfändet, um es aus verheerendem Bürgerkriege zu erretten, und gerate jetzt in die grausame Verlegenheit, zur Absage gezwungen zu sein.

Man fragt sich, warum der Erzherzog in dem Augenblick, da er im Begriff steht, eine Kaiserkrone anzunehmen, ein solches Gewicht auf die Verzichtfrage legt. Man muß darin doch sehen, daß Mexiko für ihn trotz allem nur ein »faute de mieux« bedeutet, daß er in das Gelingen des Unternehmens kein so unbegrenztes Vertrauen setzt, wie es sein bisheriges Benehmen hat vermuten lassen, ja daß er mit halbem Herzen nach Amerika geht, immer mit dem Hintergedanken, Mexiko und sein Volk im Stiche zu lassen und nach Hause zu eilen, wenn das Schicksal ihm Gelegenheit bieten sollte, den Habsburgerthron zu besteigen. Auch die der zweiten Deputation angehörenden Mexikaner, die sich indessen unter des Gutierrez Führung in Triest eingefunden haben, verstehen das nicht. Vielleicht denkt Ferdinand Max daran, möglicherweise einmal beide Kronen auf seinem Haupte zu vereinen? Aber nein, er will lieber auf Mexiko verzichten. Charlotte ist außer sich, sie will den Plan um jeden Preis retten. So rät sie, sich heimlich an Bord der französischen Fregatte, die im Hafen von Triest liegt, einzuschiffen, nach Algier oder Rom zu fahren und dort erst den mexikanischen Thron offiziell anzunehmen. Sie meint, man würde auf diese Weise um den Verzicht herumkommen und die angestammten, ererbten Rechte wahren. Aber das geht Ferdinand Max doch zu weit. Wohl teilt er nunmehr seine Ablehnung der Krone sowohl der in Triest wartenden mexikanischen Deputation wie auch dem Kaiser Napoleon brieflich mit, aber er hofft, diese würden dann einen Druck auf seinen Bruder in Wien ausüben und ihn zur Zurücknahme seiner Forderung veranlassen. Die Ablehnung ist nicht ernst gemeint, sondern nur ein Manöver. Als Napoleon, der jeden Tag die Nachricht von der endgültigen Kronannahme durch den Erzherzog in einer Ansprache an die mexikanische Deputation erwartet, statt dessen plötzlich den Absagebrief erhält, äußert er sich entsetzt zu Metternich, er, Napoleon, befände sich dadurch in einer peinlichen Lage Frankreich gegenüber, insbesondere jetzt nach Abschluß der Anleihe. Die Nachfolgefrage hätte doch schon vor drei Jahren entschieden werden müssen. Es wäre geradezu entsetzlich für ihn und nicht auszudenken, Frankreich ankündigen zu müssen, daß die ganze mexikanische Expedition ausschließlich zu seinen Lasten verbleibe.

Nein, der Kaiser hält eine Weigerung, die Verpflichtungen einzugehen, die der Erzherzog schon übernommen hat, für unmöglich, die Sache muß sich wieder einrichten lassen.

Ist der Kaiser schon unruhig, so ist die Kaiserin bei ihrer großen Verantwortung noch viel aufgeregter und beschwört Metternich unter Tränen, alles, was von ihm abhänge, zu tun, um die Schwierigkeiten zu besiegen.

Um zwei Uhr nachts läßt Napoleon Metternich durch einen Adjutanten wecken, der ihm folgenden Brief Eugeniens überbringt:

»27. III. 1864 abends.

Mein lieber Fürst, ich erhalte soeben Hidalgos Antwort: Der Erzherzog ist entschlossen, Dienstag der mexikanischen Deputation zu danken und sodann nach Rom abzureisen, um unter Verzicht auf seine Träume auch Österreich zu verlassen. Ich spreche Ihnen nicht von dem schauderhaften Skandal, den dies für das Haus Österreich bedeutet, aber uns gegenüber müssen Sie zugeben, daß es keine Entschuldigung gibt, welche Hindernisse immer da und dort auftauchen. Tatsache ist, daß Ihr Zeit hattet, alles zu erwägen und gut zu überdenken, und man kommt dann nicht im Augenblick, wo die Anleihe abgeschlossen ist und die Abmachungen unterschrieben sind, mit einer im Verhältnis zu der Verwirrung, in die Ihr alle Welt stürzet, unwichtigen Familiensache. Legt uns Euer Ultimatum vor, die Sache ist sehr ernst. Wollen Sie Ihrer Regierung noch heute abend berichten. Seien Sie meiner wohlbegründeten schlechten Laune versichert,

Eugenie.«

Der Kaiser läßt Metternich ungefähr dasselbe eröffnen und dringend sagen, es müsse ein Ausweg gefunden werden.

Am nächsten Tage, dem 28. März, eilt Metternich in aller Frühe in die Tuilerien. Er beeilt sich zu versichern, seine Regierung wünsche selbst am meisten eine Lösung, habe keinerlei schlechten Willen und dergleichen mehr. Die Gesetze der Familie widersprächen nun einmal einer Thronannahme ohne vorherigen Verzicht auf die Sukzessionsrechte.

»Aber das hätte der Erzherzog doch vorher wissen müssen«, wirft

Napoleon ein, »ich muß schon sagen, daß ich mit Österreich kein Glück habe, es ist, als wollte man mich absichtlich im letzten Augenblick im Stiche lassen.«

Die Kaiserin äußert sich im gleichen Sinne in überschäumender Bitterkeit, im Grunde aber glauben weder sie noch ihr Gemahl wirklich an einen endgültigen Bruch. Metternich selbst ist ernstlich besorgt. »Tatsächlich, der Skandal des Außerlandegehens und der ›brouille mortelle‹ der beiden Brüder wäre zu groß«, schreibt er nach Wien. »Ich schäme mich schon, den Streit vor ein so wenig zum Urteil über Recht oder Unrecht befugtes Tribunal geschleppt zu sehen. Die Sache scheint mir so unwürdig, daß ich darüber stöhne.«

Napoleon telegrafiert noch am Morgen des 28. März an den Erzherzog nach Miramar: »Ich bin bestürzt über die Nachricht, die uns zugekommen ist. Eure kaiserliche Hoheit sind mit Ihrer Ehre mir, Mexiko und den Zeichnern der Anleihe gegenüber verpflichtet. Die Familienzerwürfnisse können Eure kaiserliche Hoheit nicht hindern, anderswo höhere Aufgaben zu erfüllen. Denken Sie doch an Ihren eigenen Ruhm. Eine Absage erscheint mir heute unmöglich.

Napoleon.«

Gleichzeitig sendet der Kaiser seinen Flügeladjutanten, den General de Frossard, nach Wien und Miramar, der bei Kaiser Franz Joseph vorsprechen und dem Erzherzog einen eigenhändigen Brief überbringen soll.

Dieser Brief ist der Ausdruck der großen Erregung Napoleons über die überraschende Wendung. Der Kaiser sieht sich allen Schwierigkeiten in Mexiko plötzlich allein gegenübergestellt und überdies vor aller Welt blamiert:

»Ich schreibe an Eure kaiserliche Hoheit unter dem Einfluß der lebhaften Erregung, die die gestern abend von Wien und Triest eingelaufene Nachricht in mir hervorgerufen hat.

Es ist nicht meine Sache, die Familienfragen zu erörtern, die zwischen Ihnen und Ihrem erhabenen Bruder verhandelt werden, aber ich muß Ihnen vor Augen stellen, wie ernst sich die gegenwärtige Lage für Sie, ebenso wie für mich, darstellt.

Durch den Vertrag, den wir abgeschlossen haben und der uns gegenseitig verpflichtet, durch die Mexiko gegebenen Versprechen und die mit den Unterzeichnern der Anleihe getroffenen Vereinbarungen haben Eure kaiserliche Hoheit Pflichten übernommen, die einfach zu verleugnen Sie nicht mehr freie Hand haben. *Was würden Sie tatsächlich von mir denken, wollte ich, wenn Euer kaiserliche Hoheit schon in Mexiko sind, auf einmal sagen, daß ich die Bedingungen nicht mehr erfüllen kann, die ich mit meiner Unterschrift bekräftigt habe?*

Nein, es ist unmöglich, daß Sie darauf verzichten, nach Mexiko zu gehen, und daß Sie vor der Welt sagen, daß Familieninteressen Sie zwingen, alle Hoffnungen, die Frankreich und Mexiko auf Sie gesetzt haben, zu enttäuschen. Im Interesse Ihrer Familie und in Ihrem eigenen müssen sich die Dinge regeln lassen, denn es handelt sich um die Ehre des Hauses Habsburg.

Ich bitte um Verzeihung für diese ein wenig strenge Sprache, aber die Umstände sind zu ernst, als daß ich Ihnen nicht die ganze Wahrheit sagen sollte.«

Das ist scharf; Napoleon weiß, daß Erzherzog Ferdinand Max in nichts so empfindlich ist, wie im Punkte der Ehre; strenggenommen hat er nicht ganz recht; die Verträge sind wohl in Paris paraphiert worden, ihre endgültige Unterzeichnung sollte jedoch erst nach Annahme der Krone in Miramar erfolgen. Mit der Anleihe freilich ist man weiter gegangen, da liegen schon bindende Verpflichtungen und Unterschriften vor; immerhin ist die Kronannahme die selbstverständliche Voraussetzung, doch hätte es große Schwierigkeiten bereitet, die Sache rückgängig zu machen.

Kaiser Napoleon ahnt nicht, wie er sich mit einer Wendung seines Briefes später selbst treffen werde. Er legt dem General Frossard auch noch mündlich ans Herz, den Erzherzog beim Ehrenpunkt zu packen und ihn mit Hinweis auf die Anleihe unbedingt zur Einhaltung seiner Zusage zu bewegen.

Am Abend des 27. und am Morgen des 28. März 1864 wird der Erzherzog von den Mexikanern bestürmt, er solle doch nachgeben und nicht durch seinen Widerstand einer Forderung gegenüber, die ob seiner Stellung in Mexiko ohnehin gegenstandslos sei, alles aufs Spiel setzen.

Auch Charlotte hat schon einen schmerzerfüllten Absagebrief an die Kaiserin Eugenie abgefaßt, da trifft das Telegramm des Kaisers Napoleon ein. Erfüllt von der Würde seines Hauses, persönlich überaus ehrliebend, durchdrungen von den besten habsburgischen Traditionen, kann der Erzherzog nicht ertragen, daß irgend jemand auf Erden an seiner Ehre zweifle oder auf seinem reinen Wappenschild auch nur mit dem Schein einer Berechtigung einen Makel entdecke. Er telegrafiert zunächst an Napoleon:

»Der Empfang der Deputation ist aufgeschoben, die Verhandlungen sind im Zuge; aus aufrichtiger Anhänglichkeit an Eure Majestät werde ich bis zu den äußersten Grenzen dessen gehen, was mir meine persönliche Ehre gestattet. Man hat mir am Abend vor meiner Abreise nach Miramar ein unannehmbares Dokument zur Unterschrift vorgelegt, ohne es mir jemals vorher gezeigt zu haben. Ich habe alle Beweise in Händen, die meine Loyalität darlegen.«

Dann beginnt Ferdinand Max widerstrebend den Rückzug vor den Wünschen seines Bruders. Er will also verzichten, wenn ihm ein insbesondere vor den Mexikanern streng verborgen zu haltender »ganz geheimer Zusatzartikel« verspricht, daß er für den Fall freiwilliger Entsagung oder des Verlustes des Thrones von Mexiko wieder in seine früheren Rechte eingesetzt würde. Wie Erzherzog Ferdinand Max erwartet, kommt nun auch der Versuch einer Einwirkung auf Kaiser Franz Joseph durch den General Frossard zur Geltung. Aber der Monarch bleibt fest und läßt sich lediglich in drei Handschreiben an seinen Bruder zu finanziellem Entgegenkommen in bezug auf die Apanage, dann zur Erlaubnis der Anwerbung eines Freiwilligenkorps bewegen, gibt aber für den Fall der Rückkehr Ferdinand Maxens aus Mexiko lediglich das vage Versprechen, gegebenenfalls die Stellung des Erzherzogs in seinem Reiche so zu regeln, wie er es mit seinen Interessen vereinbar finden werde. Ferdinand Max versichert Frossard auf seine Vorwürfe in Miramar, daß seine erzherzogliche sowohl wie seine Gattenehre ihm nicht gestatte, anders zu handeln, als er getan.

Frossard macht befehlsgemäß geltend, daß der Erzherzog außer seiner privaten Ehre auch eine politische besitze, die ihn dem Kaiser Napoleon, Frankreich und der Welt gegenüber verpflichte. Ferdinand Max antwortet, er müsse um das Schicksal seiner Frau und der Kinder, die er in Zukunft erhoffe, besorgt sein. Als Frossard drängend und aufdringlich bemerkt, daß die Frankreich verpfändete Ehre des Erzherzogs jener persönlichen Würde vorausgehe, da mischt sich Erzherzogin Charlotte, in Erinnerung an die ihr so oft von ihrem Vater gemachten Bemerkungen, in die Unterredung und ruft: »Herr General, wir wissen sehr gut, daß wir dem Kaiser Napoleon einen Dienst erweisen, wenn wir nach Mexiko gehen.« Worauf Frossard alle Rücksichten beiseite läßt und erwidert, der Dienst beruhe zumindest auf Gegenseitigkeit.

Am 2. April kommen die Schreiben des Kaisers Franz Joseph an, die der Erzherzog und seine Gemahlin aufmerksam lesen, die sie aber nicht befriedigen, da der Hauptpunkt unverändert geblieben ist. Als der Erzherzog dem Grafen Rechberg neuerlich Einwendungen in Aussicht stellt, läßt dieser unwillig antworten: »Die drei Handbillette sind der Ausfluß der Gnade und der brüderlichen Gefühle Seiner Majestät. Nachdem nunmehr der Kaiser gesprochen, kann von einem Feilschen oder Mäkeln keine Rede mehr sein. Ich muß daher den durch erneuertes Schreiben veranlaßten Zeitverlust nur bedauern und lediglich raten, die Geduld des Allerhöchsten Herrn, der bis zur äußersten Grenze der Nachgiebigkeit gegangen ist, durch neue Schwierigkeiten nicht zu sehr zu mißbrauchen und auf die Probe zu stellen.«

Aber Erzherzog Ferdinand Max schreibt seinem Bruder dennoch und sendet überdies seine Frau nach Wien, um den Bitten noch durch persönliche dringende Intervention Nachdruck zu verleihen. Während sie sich in Wien alle Mühe gibt, bei ihrem Schwager etwas durchzusetzen, bleibt Ferdinand Max mit seinen Sorgen und seiner Unruhe allein. Der ihm mit der Zeit unentbehrlich gewordenen Stütze seiner für den mexikanischen Plan so sehr eingenommenen Gemahlin beraubt, hat der Erzherzog Augenblicke des Weltschmerzes, des Ekels, wie sie vor großen Entscheidungen und besonders beim Eintritt von Hindernissen vielen nicht allzu harten Naturen eigen sind. Es gibt Augenblicke, wo er am liebsten von all dem nichts mehr gewußt hätte, um sich in die blühende Einsamkeit von Lacroma zurückzuziehen und dort der Natur und ihrer Schönheit zu leben. Schon kann Ferdinand Max aber nicht mehr allein über sich verfügen. Napoleon will seine Beute nicht aus den Händen lassen. Allzu lange schon dauern die Verhandlungen in Wien und Miramar für seine und seiner Gemahlin steigende Unruhe und Nervosität.

»Eine Entscheidung ist unumgänglich nötig«, telegrafiert Napoleon an General de Frossard, »die Nachricht von der Unentschlossenheit wird Verwicklungen in Mexiko hervorrufen. Schon macht die Börse in England der neuen Anleihe Schwierigkeiten. Alle diese Familienfragen hätten früher geregelt werden müssen. Man kann nicht ein großes Volk ohne Nachteile in Hangen und Bangen und großen Schwierigkeiten gegenüber lassen, wobei die wartende Eskorte in der heißen Zone der Gefahr des gelben Fiebers ausgesetzt ist.«

Erzherzogin Charlotte hat bei Kaiser Franz Joseph doch nichts Wesentliches erreicht, obwohl sie sich die größte Mühe gegeben. In Wien erhält sie ein Schreiben ihres Vaters, des Belgierkönigs, der um keinen Preis will, daß sein Schwiegersohn irgendeiner ihm durch Stellung und Geburt zustehenden Prärogative verlustig gehe. Darüber hinaus aber wünscht er seine Kinder mit der Kaiserkrone geschmückt zu sehen. Infolgedessen lautet der Tenor seines Briefes, das erzherzogliche Paar solle keine Vorrechte aufgeben, aber auch in der mexikanischen Sache nicht mehr zurücktreten, denn die Dinge wären schon zu weit gediehen, und eine grenzenlose Konfusion würde die Folge sein. Als schließlich Kaiser Franz Joseph erklärt, er werde selbst nach Miramar kommen und seinen Bruder von der dringenden Notwendigkeit der Annahme des Verzichtes überzeugen, bleibt ihr nichts anderes übrig, als sich zu beugen. Resigniert kehrt sie nach Miramar zurück. Sie berichtet ihrem Gemahl über ihre peinliche Reise. Sie setzt ihm auseinander, es sei da nichts mehr zu erhoffen, man müsse den Sukzessionsverzicht unterzeichnen, sonst würde tatsächlich aus dem ganzen stolzen Plane der Wiedergeburt Mexikos nichts. Sie verscheucht den Anflug von Schwäche, der sich in ihrer Abwesenheit der Seele des Erzherzogs bemächtigt hat, und endlich am Abend des 9. April ist der Entschluß zum Verzicht gefaßt.

Überglücklich telegrafiert Charlotte an ihren Vater: »An den König der Belgier, Windsor. Max hat angenommen, gib uns Deinen Segen. Charlotte.«

In einem überaus herzlichen Schreiben meldet Ferdinand Max dem Kaiser Napoleon seine schwerwiegende Entscheidung. Der Erzherzog versichert, er werde bei seiner bevorstehenden Ankunft in Mexiko genug Gelegenheit haben, Napoleon seinen Dank für die Güte, mit der er ihn unablässig überschüttet habe, zu beweisen.

Der Brief zeigt nicht nur das endgültige Nachgeben, er beweist auch in erschütternder Weise, daß der Erzherzog sich durchaus nicht bewußt ist, welche Rolle man ihm im mexikanischen Spiele in Paris zuweist, daß er nach wie vor glaubt, Napoleon hätte ihm nur Edles und Gutes erwiesen, während ihn doch schon König Leopold wiederholt darauf aufmerksam gemacht hat, daß ganz im Gegenteil *er* den Kaiser Napoleon aus der Verlegenheit ziehe. Die große Angst und Unruhe, die den Franzosenkaiser erfaßte, als wegen der Verzichtsfrage eine Absage drohte, hätte ihn darüber belehren müssen, daß, wenn schon nach Frossards Meinung beiderseits Liebesdienste vorliegen, diese keineswegs gleichwertig sind.

Am 9. April, acht Uhr morgens, trifft Kaiser Franz Joseph in Miramar ein, wo ihn sein Bruder an der kleinen, ausschließlich für das Schloß bestimmten Haltestelle erwartet. Kaum angekommen, schließen sich die beiden Brüder in der großen Bibliothek ein, um die Sache zu Ende zu bringen. Heftig und bewegt ist die stundenlange Auseinandersetzung, beide Fürsten zeigen Spuren tiefster Erregung und vergossener Tränen, als sie endlich in den großen Salon des Schlosses treten, wo ihre Brüder, viele andere Mitglieder des kaiserlichen Hauses und die höchsten Würdenträger des Reiches warten.

Erzherzog Ferdinand Max hat nachgegeben, der Familienpakt wird unterschrieben und die richtige Durchführung mit den Unterschriften der Zeugen erhärtet.

Die Würfel sind gefallen, der Weg zur Kronannahme ist frei. Kaiser Franz Joseph verläßt sogleich Miramar; als er schon im Begriffe steht, den Hofzug zu besteigen, kommt es wie eine Ahnung über ihn; mit Tränen in den Augen wendet er sich plötzlich um und eilt auf den Erzherzog zu. »Max«, ruft er und öffnet seinem Bruder die Arme, unter Tränen küssen sich die beiden. Sie haben einander zum letztenmal im Leben gesehen.

Tags darauf, am 10. April 1864, werden die Mitglieder der mexikanischen Deputation, an ihrer Spitze Gutierrez und Hidalgo, die sich nun am Ziel ihrer Bestrebungen sehen, in Hof- und Prachtkarossen nach Miramar eingeholt.

Im Zeremoniensaal des Schlosses erwartet sie, von einem großen und glänzenden Stab umgeben, das erzherzogliche Paar. Ferdinand Max steht in Admiralsgalauniform, die die hohe, schlanke Gestalt des kaiserlichen Prinzen besonders stattlich erscheinen läßt, bleichen Antlitzes mit von nervöser Unruhe flackernden Augen vor einem Tische, auf dem die von Mexiko übersandten Adhäsionsakten liegen, die bezeugen sollen, daß das, was sich nun abspielt, der Wille jenes Landes sei.

Gutierrez de Estrada, der durch seine eifervollen Verführungskünste am meisten dazu beigetragen hat, daß es zu dieser Stunde kam, findet hier in Europa, im sicheren Europa, als Präsident der Deputation noch einmal phrasenreiche Sätze, um vorzutäuschen, daß es die ganze mexikanische Nation sei, die dem Erzherzog die Kaiserkrone anbiete.

Wohl niemals hat ein Mann in so bedeutsamer Stunde so wenig Berechtigung gehabt, im Namen eines Landes und eines Volkes zu sprechen, wie dieser Mexikaner, der, seit fast einem Vierteljahrhundert seiner Heimat ferngeblieben, sich nun vermißt, für das mexikanische Volk dem irregeleiteten und über die wahren Verhältnisse getäuschten Erzherzog »Liebe ohne Ende und unerschütterliche Treue« zu versprechen. Er getraut sich zu sagen, der Finger Gottes zeige sich sichtlich in dem Werke, das sich da erfülle. An unzähligen Stellen der Ansprache ist von Ruhm die Rede, den die Unternehmung dem jungen Fürsten bringen werde.

Der ohne Zweifel geschickte, dem Erzherzog sehr schmeichelnde Aufbau der Anrede hätte auch einem weniger fieberhaft interessierten Zuhörer das Blut in den Kopf treiben können. Mit vor Erregung zitternder Stimme liest der Erzherzog seine Antwort auf die französische Ansprache spanisch ab. »Ich kann mich dank dem Ausspruch der Notabeln von Mexiko nun mit Berechtigung als den Erwählten des mexikanischen Volkes betrachten. So ist die erste Bedingung erfüllt. Auch die Bürgschaften, von denen ich zur Zeit der ersten Anwesenheit der Deputation gesprochen, sind dank der

Großmut des Kaisers der Franzosen nunmehr gegeben. Darum darf ich nun die Krone annehmen und werde mich bestreben, sie in unermüdlicher Arbeit für die Freiheit, die Ordnung, die Größe und Unabhängigkeit Mexikos zu tragen.« Von neuem hebt Ferdinand Max die Absicht hervor, die Monarchie unter konstitutionelle Gesetze zu stellen. Leichten Sinnes geht er über die mangelnden Bürgschaften Englands und Spaniens hinweg, die als unbeteiligte Beobachter abseits stehen.

Als Ferdinand Max geendet, bemächtigt sich der atemlos horchenden Versammlung größte Begeisterung. Auf die Zuhörer, von denen nur wenige in die intimen Einzelheiten der Angelegenheit eingeweiht sind, hat die Feierlichkeit ihren Eindruck nicht verfehlt. Begeistert und tief bewegt zugleich klingen die Rufe: »Es lebe Kaiser Maximilian! Es lebe Kaiserin Charlotte!«

Gleichzeitig steigt die neugeschaffene mexikanische Kaiserstandarte, vom Donner der Geschütze der im Hafen liegenden Kriegsschiffe begrüßt, am Flaggenmast des Schlosses empor. Noch ist die Feierlichkeit nicht zu Ende, da läuft ein Glückwunschtelegramm Napoleons ein, mit der Versicherung des Kaisers der Franzosen, Maximilian I. von Mexiko könne auf seine Freundschaft und seine Unterstützung zählen.

Unmittelbar nach der Eidesleistung und dem Tedeum unterfertigt Maximilian die seinerzeit in Paris paraphierte Militärkonvention, dann die Anleiheakte über die Begebung von 200 Millionen Franken, die Dekrete über die Aushebung eines österreichischen und eines belgischen Freiwilligenkorps und die Bildung des Ministeriums, endlich die Ernennung Almontes, der bis zur Ankunft des Kaisers in Mexiko als dessen Stellvertreter zu fungieren hat. Außerdem vollzieht der neue Monarch die Ernennung der diplomatischen Vertreter Mexikos in Europa. Ursprünglich hat Maximilian Gutierrez de Estrada zum Vertreter in Wien ausersehen, aber dieser hat dankend abgelehnt. Er sei stolz, der erste gewesen zu sein, der den Grundstein zum Thron in den Boden Mexikos gesenkt, der erste, der den Erzherzog in Miramar gebeten habe, die Krone anzunehmen, er wolle sich damit begnügen, Gott dafür zu danken. Im übrigen besitzt er großen Reichtum und ein herrliches Palais in Rom, das er nicht gerne verlassen hätte, um es mit einem Gesandtschaftshotel in Wien zu vertauschen, aus dem er jeden Augenblick nach – Mexiko abberufen werden könnte.

Hidalgo, der ebenfalls keinerlei Lust zeigt, seinen behaglichen Platz am Pariser Hofe mit dem heißen Boden Mexikos zu vertauschen, ist etwas weniger vorsichtig und nimmt den ihm im Einvernehmen mit Napoleon III. angebotenen Posten eines mexikanischen Gesandten in Paris an. Die Unabhängigkeit und Ehre Mexikos, so steht es in seinen Instruktionen, sollen das einzige sein, was der Dankbarkeit Napoleon gegenüber nicht untergeordnet werden darf. Noch am Tage seiner Ernennung bittet Hidalgo, man solle ihm als Gehalt statt der in Aussicht genommenen 60.000 Franken 90.000 auszahlen. Die Repräsentation und das Dekorum des Kaiserreiches erforderten es, und überdies sei alles so teuer. Der Mann weiß das Eisen zu schmieden, solange es heiß ist. Doch noch trauen sich Gutierrez und Hidalgo nicht, auch über ihre in Mexiko von Juarez beschlagnahmten Güter zu sprechen.

Maximilian ist all den Aufregungen, die er bisher zu bestehen hatte, nicht gewachsen. Auch haben die mit den Feierlichkeiten und den ihnen folgenden Staatsakten verbundenen Anstrengungen seine ohnehin zarte Konstitution angegriffen.

Der Leibarzt des Kaisers, Dr. Jilek, der übrigens stets ein erbitterter Gegner des mexikanischen Planes gewesen ist und seinen Herrn dann auch nicht nach Mexiko begleitet hat, sieht mit wachsender Besorgnis eine Erschütterung seines Nervensystems herannahen. Sie tritt auch tatsächlich ein; als der Arzt an jenem 10. April zu seinem Herrn kommt, findet er ihn, den Kopf in den Händen, seelisch fassungslos und physisch am Zusammenbrechen. Jetzt erst ist dem Erzherzog die schwere Last, die er nun unwiderruflich auf seine Schultern genommen hat, zu vollem Bewußtsein gekommen. Am Abend hätte er noch einem Bankett im Schlosse vorsitzen sollen, zu dem alle Teilnehmer an den Festlichkeiten des Tages geladen sind. Trotz seines leidenden Zustandes will er sich in seinem Pflichtbewußtsein auch noch dieser Aufgabe unterziehen. Dr. Jilek aber, der ein völliges Versagen des Kaisers befürchtet, redet ihm zu, sich zu schonen, seine Gemahlin werde ihn aufs beste vertreten.

So zieht sich der neue Kaiser zurück, um allein mit seinem vertrauten Arzt sein seelisches und körperliches Gleichgewicht wiederzufinden. Indessen thront die junge Kaiserin an der Spitze der reichgeschmückten Festtafel und macht ohne das geringste Zeichen von Aufregung, Abspannung oder Ermüdung ihren zahlreichen Gästen die Honneurs. Charlotte scheint aus härterem, widerstandsfähigerem Holze geschnitzt als ihr Gemahl, zumindest geht dahin das Urteil aller jener, die diesen denkwürdigen und zugleich verhängnisvollen Tag miterleben.

Tags darauf, am 11. April, hätte die Abreise stattfinden sollen; aber man muß die Abfahrt verschieben, bis sich der Kaiser einigermaßen erholt hat. Kaiserin Charlotte vertritt unterdessen bei allen Gelegenheiten ihren Gemahl; sie empfängt die zahlreichen Persönlichkeiten, die sich mit Glückwünschen einfinden, und die Abordnungen, die das Bedauern über des Kaisers Abreise aus der Heimat ausdrücken. Sie dankt, grüßt und empfängt ohne Unterlaß und ohne Ermüdung, beseelt von dem Wunsche, ihre nunmehrige Lebensaufgabe schon jetzt so vollkommen und eifrig wie möglich auszufüllen. Endlich, am 13. April hat sich Maximilian so weit erholt, daß man an die Abreise denken kann. Er entwirft einen Brief an Napoleon, den er mit zwei herrlichen, als Geschenk für den Kaiser der Franzosen bestimmten eingelegten Pistolen Hidalgo mitgeben will. Die Kaiserin aber findet den Text nicht gut und schreibt selbst einen anderen, der der Rührung Ausdruck gibt, die Napoleons Telegramm auslöste. Sie läßt Maximilian versprechen, alles zu tun, was in seiner Macht stehe, um seine Dankbarkeit und Zuneigung in würdiger Weise auszudrücken. Napoleon dankt telegrafisch unter neuerlichen Glückwünschen für das fernere Wohl des jungen Paares.

Für den 14. ist die Abreise endgültig festgesetzt. Kaiser Maximilian hat sich bisher noch niemandem gezeigt; voller Wehmut durchwandert er noch einmal die Zimmer seines Schlosses, dessen Plan er gezeichnet, dessen Einrichtung er nach eigenem Geschmack sorglich geleitet hat. Noch ein letztes Mal schreitet er durch den widerspenstigem Steinboden abgerungenen märchenhaften Garten, Tränen in den Augen, Trauer im Herzen. Als er dann am Tage der Abfahrt die Dienerschaft versammelt findet und von jedem der treuen Leute Abschied nimmt, da kennt seine Rührung keine Grenzen mehr. Mit Mühe kann er sich so weit beherrschen, um dem gleichfalls zum Abschied erschienenen Bürgermeister von Triest mit tränenerstickter Stimme einige freundliche Worte zu sagen. Man hat den sympathischen, gerechten, liebenswürdigen und leutseligen Erzherzog überall aufrichtig geliebt. Das zeigt sich nun; die Teilnahme der Bevölkerung ist ungeheuer, ganz Triest findet sich auf der Mole und auf der Straße ein, die von der Stadt nach dem Schlosse führt, um dem kaiserlichen Prinzen einen Abschiedsgruß zuzuwinken.

An der kleinen, blumenüberschütteten Mole liegt schon, mit der mexikanischen Kaiserstandarte am Heck, die Barkasse der Fregatte »Novara«, die acht Paar Ruder kerzengerade in der Luft, und wartet auf das Kaiserpaar. Draußen auf der in Flaggengala prangenden »Novara« und auf dem französischen Kriegsschiff »Themis« gehen die Anker hoch. Ein Engländer ist nicht zum Geleite erschienen, auch da hat König Leopold nichts erreicht. Im letzten Augenblick treffen noch Telegramme ein, darunter eine rührende Depesche der Eltern Maximilians:

»Lebe wohl, unser Segen – von Papa und mir –, unsere Gebete und Tränen begleiten Dich, Gott schütze und geleite Euch, zum letztenmal lebe wohl auf heimatlicher Erde, wo wir Dich leider nicht mehr sehen sollten. Wir segnen Dich wiederholt aus tiefbetrübtem Herzen.«

Das Telegramm ist anders gemeint, doch das Schicksal hat die Feder geführt, die Eltern sollten ihr Kind wirklich nie wiedersehen. Als Maximilian die Telegramme liest, wird seine so schwer erkämpfte Fassung neuerdings erschüttert; mit Mühe gelingt es seiner Gemahlin, ihn halbwegs zu beruhigen. Unter den Klängen der neugeschaffenen mexikanischen Kaiserhymne und tosenden Hoch- und Abschiedsrufen der Bevölkerung und aller Zurückbleibenden besteigt das Kaiserpaar die Barkasse. Kaiser Maximilian ist von seinen Gefühlen überwältigt. Teilnehmend sieht ihn Charlotte an, sie wendet sich zu der neben ihr sitzenden Gräfin Zichy-Metternich: »Regardez donc le pauvre Max! Comme il pleure!«

Indessen warten draußen auf der Reede die kaiserliche Jacht »Phantasie« und eine Flotte von Kriegs- und Lloydschiffen, alle in Flaggengala, die

Mannschaften in Parade auf Deck. Sie sollen den beiden Kaiserschiffen eine Stunde lang das Geleit geben. Das Wetter ist wundervoll, das Meer liegt spiegelglatt im Sonnenlicht da; es ist, als wollte die Natur das erregte Herz des Kaisers beruhigen. Und wirklich, die Ruhe und Stille an Bord und die köstliche Luft tun ihre Wirkung; am folgenden Tage erscheint der Kaiser beruhigt und gefaßt auf Deck.

Und doch, wie furchtbar ist sein Entschluß. Einige wenige mexikanische Intriganten haben die Kaiserin Eugenie und durch sie ihren Gatten und den Erzherzog betört. Von den Seemächten ist er verlassen, sein eigener Bruder, der Kaiser von Österreich, hat jedes Eintreten seines Landes für ihn abgelehnt. Frankreich, die einzige scheinbare Stütze, ist in Volk und Parlament der Sache abgeneigt, und Napoleon und seine Minister denken an nichts anderes, als die Truppen bald wieder aus Mexiko zurückzuholen.

Und drüben im unbekannten, fernen Lande? Da gibt es kaum einige wenige, meist persönlich interessierte Leute, die freiwillig für den völlig fremden, nicht einmal der Sprache des Landes kundigen Prinzen eintreten. Die meisten folgen nur dem Druck französischer Waffengewalt. Das bildet keine moralische Grundlage. Zu allem Überfluß hat das neue Kaiserreich die große nordamerikanische Union zum Feind, die nur auf den Tag wartet, da ihr innerer Zwist beigelegt ist, um unten im Süden dem zähen Indianer Juarez beizustehen in seinem Bemühen, diese vorwitzigen Europäer zu vertreiben, die unter Verletzung der Monroedoktrin mitten in Amerika, vor den Toren der großen Republik, Mexiko eine Monarchie aufzuzwingen wagen. Dazu die Last der klerikalen Wünsche, von deren Erfüllung die Haltung der mächtigen Geistlichkeit abhängt, die jede liberale Regierung im Keime zu ersticken sucht.

So stehen die Dinge. Unter solchen Voraussetzungen geht ein von Herrscheridealen und stolzen Hoffnungen erfülltes junges fürstliches Paar ins Ungewisse, in die weite Ferne. Indes bahnt sich das Schiff unaufhaltsam seinen Weg durch die aufrauschende blaue Flut.

VIII

ERSTE EINDRÜCKE IN DER FREMDE

Der Schwächeanfall des jungen Kaisers ist überwunden. Neu regt sich in ihm die Schaffenslust, die ihn die Untätigkeit in Miramar so schwer empfinden ließ, und die Freude an dem ihm nunmehr winkenden großen Wirkungskreis bricht sich Bahn. Nun wird er an erster Stelle stehen, wie sein Bruder daheim, und nicht immer vor der Majestät in zweite Reihe treten müssen. In Maximilian sind Ritterlichkeit, angeborene Vornehmheit des Denkens und ein aus weichem Herzen entspringender Idealismus besonders ausgeprägt. Er malt sich bei all seinen Schwächen die Aufgabe, einem bedrängten Volke Glück zu bringen, aufrichtig in strahlenden Farben aus. Auch der Zuspruch seiner Gemahlin, die alles im rosigsten Lichte sieht, verfehlt seine Wirkung nicht. Frohen Mutes blickt Maximilian wieder in die Zukunft.

Als die »Novara« am 18. April 1864 unter dem Kanonendonner der im Hafen liegenden Kriegsschiffe in Civitavecchia einläuft, von wo der neue Kaiser nach Rom reisen will, um sich für sein großes Werk den Segen des Papstes zu holen, ist alle Bangigkeit verschwunden; flammender Eifer, das herrliche Besitztum jedes Schaffenden, aus dem heraus allein die Kraft für Großes und Schönes geschöpft werden kann, durchpulst ihn. Es war kaum je ein Mensch so sehr von gutem Willen beseelt, uneigennützig sein Bestes zu leisten, wie der junge Kaiser auf der Reise in das ferne Land, dessen Herrschaft er zu übernehmen wagt.

Mit großartiger Prachtentfaltung begrüßt ihn die damals noch von französischen Truppen besetzte Ewige Stadt. Napoleon hat Befehl gegeben, seinen Schützling mit allem Glanze zu empfangen, und darin wetteifern die päpstlichen Truppen mit den Franzosen. Denn beide Souveräne erwarten von ihrem Gaste Großes. Der eine die Befreiung Frankreichs aus dem unvorsichtig aufgesuchten mexikanischen Labyrinth, der andere die Wiedereinsetzung der Kirche in ihre einstige überragende geistige und wirtschaftliche Macht, die Juarez so schwer erschüttert hat. Noch aber rückt man in Rom nicht klar mit dem heraus, was man alles vom neuen Kaiser erwartet. Die heikle Kirchengüterfrage wird nicht berührt. Die Gelegenheit, in Rom mit der Kirche ins reine zu kommen, wird versäumt, und Ferdinand Max erbittet nur einen »tüchtigen Nuntius mit vernünftigen Prinzipien«, mit dem »dann später in Mexiko« alles geregelt werden soll. Ein dunkles Vorgefühl der Folgen dieses Versäumnisses erfaßt einen Augenblick den Kaiser, als der Papst ihn kurz vor der heiligen Kommunion mahnt, dem Rechte des Volkes zwar Genüge zu tun, doch zu bedenken, daß das Recht der Kirche noch größer und heiliger sei. In diesen Worten liegt mehr als eine Andeutung, und Maximilian scheint das zu verstehen, denn er erwidert seiner Überzeugung gemäß, er trage neben der Erfüllung seiner Pflichten als guter Christ auch das Bewußtsein des Staatsoberhauptes in sich, dessen Interessen er gleichfalls wahren müsse. Diese Andeutungen sind alles. Man vermeidet eine klare und freie Aussprache.

Die der kirchlichen Feier folgenden Empfänge und Festlichkeiten, der Jubel in den Straßen, die glänzende Aufnahme im prunkvollen Palazzo des Gutierrez verwischen den leisen Schatten. Sonst läßt sich Maximilian nicht so schnell von solchen Dingen blenden. Aber die neue Freude, die gleichen kaiserlichen Ehren wie sein Bruder zu genießen, tut ihre Wirkung, und Charlotte strahlt vor Glück. Ein Zeuge jener römischen Tage bemerkt freilich angesichts der strengen Straßenabsperrungen und der Posten vor dem kaiserlichen Absteigequartier ironisch, die Franzosen bewachen Maximilian so, damit er ihnen nicht im letzten Augenblick noch entwiche, denn einen zweiten, der die mexikanische Krone annähme, würden sie nicht finden. Aber die glückliche Stimmung des Kaiserpaares hält an und steigert sich noch, als dem mexikanischen Kaiserschiff an den spanischen Küsten und in Gibraltar grüßender Kanonendonner entgegenschallt. Das hat Königin Viktoria bei ihrer Regierung König Leopold zuliebe durchgesetzt, und Spanien folgt dem Beispiel Englands. Maximilian freut sich darüber unendlich, denn er sieht darin viel mehr als die persönliche Aufmerksamkeit der Herrscherin, die es in Wirklichkeit allein war, nämlich ein Einlenken der bisher seiner Sache feindlichen Regierungen. Schon hofft er, ihre Garantie und Mithilfe doch noch erlangen zu können. Ja, Charlotte nimmt dies zum Anlaß, an Königin Marie Amélie begeistert zu schreiben: »Nun sind wir, da uns englische und spanische Kanonen grüßen, in offiziellen Beziehungen auch mit diesen Mächten.«

Wesentlich anders lauten die Nachrichten aus Washington. Dort hat man am 4. April eine Entschließung angenommen, wonach sich das Repräsentantenhaus der Anerkennung einer auf den Ruinen einer republikanischen Regierung errichteten Monarchie durchaus abgeneigt erklärt. Man betont, dieser Beschluß entspringe dem Gefühl des gesamten Volkes der Vereinigten Staaten.

In Europa baut man nach wie vor auf den Sezessionskrieg innerhalb der Union und vernachlässigt dabei zu sehr die nötige Rücksichtnahme auf die Gefühle und Wünsche dieses gewaltigen Staates. Schon die darin liegende Mißachtung erregt in der Union, gerade weil sie ihr augenblicklich in mehr oder weniger ohnmächtigem Grimme gegenübersteht, Zorn und Erbitterung, die sich einmal entladen müssen.

Das ist neben der ausgebliebenen Garantie Englands und Spaniens, neben den schlechten finanziellen Grundlagen und der ungelösten Kirchenfrage die vierte schwere Belastung, mit der die mexikanische Monarchie ins Leben tritt. Napoleon traut sich nicht, der Unionsregierung gegenüber eine klare und eindeutige Sprache zu führen, versucht sie mit Phrasen zu besänftigen und tut doch über ihren Kopf hinweg, was er will. Dies ist um so gefährlicher in einem Augenblick, da der sehr fähige General Grant Oberbefehlshaber der Truppen der nordamerikanischen Union geworden ist und sie mit ungewöhnlichem Geschick großzügig und einheitlich zu leiten beginnt. Napoleon jedoch ist sehr zufrieden, daß er nun endlich Maximilian, der ihn aus der mexikanischen Sackgasse ziehen soll, unwiderruflich auf der Reise nach Amerika weiß. Er schreibt Kaiser Franz Joseph, er hege gute Hoffnung für die gedeihliche Zukunft des Reiches, das sein Bruder im

Zentrum des weiten amerikanischen Kontinents aufrichten werde. Damit erweise er beiden Welten einen ungeheuren Dienst, erwerbe dem Habsburgischen Hause neuen Ruhm und festige die Bande, die Österreichs und Frankreichs Kaiser aneinanderschlössen.

Während aber Napoleon diesen Brief verfaßt, hält Maximilian ein anonymes Schreiben in Händen, das man ihm in seine Post geschmuggelt hat:

»Mexiko ist zum Kaiserreich und Sie sind zum Kaiser proklamiert worden«, liest er erschrocken, »dazu gehört eine Unverschämtheit, die nur einem Louis Napoleon eigen sein kann ... Ich besitze eine gut eingeschossene Büchse und einen festen Arm, und diese Gewißheit verpfände ich Ihnen bei meiner Ehre, sobald Sie es wagen, den Boden Amerikas als Usurpator zu betreten. Kommen Sie, so sind Sie meiner gewiß.«

Auf hoher See aber bleiben dem Kaiser dergleichen Kundgebungen erspart. Sein Selbstbewußtsein kehrt zurück, und in den langen Tagen der Reise beginnt er zu bereuen, daß er durch jenen Verzicht wichtiger, durch seine Geburt ihm zustehender Rechte und Vorteile verlustig gegangen ist. Seine Gemahlin ist ganz der gleichen Ansicht. Sie entwirft eigenhändig eine Erklärung, die den Verzicht als unter Zwang geschehen für nichtig bezeichnet und dagegen vor Gott und den Menschen Protest einlegt:

»Wir erklären unter Eidschwur, das Dokument niemals gelesen oder ein Vorlesen mitangehört zu haben ... Vorkommendenfalls protestieren wir von heute an feierlich gegen diesen Versuch einer Usurpation.«

Als Zeugen unterfertigen den Akt der von Seiner belgischen Majestät bestellte Ratgeber Maximilians, Staatsrat T. Eloin, und der bekannte, vom Lakaien zur gleichen Würde avancierte Schertzenlechner unter der Versicherung, den moralischen Zwang zur Erlangung der Unterschrift des Erzherzogs zu bezeugen.

Es ist ja wahr, Franz Joseph hat seinen Bruder mit der Verzichtforderung in letzter Stunde überrumpelt, es wäre jahrelang Zeit gewesen, die Sache zu besprechen, doch tut man nicht gut daran, ein Dokument erst zu unterschreiben und unmittelbar darauf dagegen zu protestieren. Die Behauptung, es nicht gelesen zu haben, ist kindisch. Franz Joseph hat seinem Bruder eine Kopie gesandt, Rechberg den Verzicht genau auseinandergesetzt; wenn das Erzherzogspaar ihn nicht gelesen hat, so ist es seine und nicht Franz Josephs Schuld. Aber in der Folge verläßt Ferdinand Max die Sorge ob jener ihm abgerungenen Unterschrift nie mehr. Sie wird zur Ursache, daß zwischen seinem kaiserlichen Bruder und ihm gespannte Beziehung bestehen bleiben. Eine neue schwere Belastung für ihn und seine dornenvolle Aufgabe.

Im übrigen nützt das Kaiserpaar die Muße der fast sechswöchigen Seereise aus, um vorbereitende Maßnahmen aller Art zu treffen. Zunächst wird eine Kabinettskanzlei organisiert, von deren Angehörigen Maximilian besonderen Takt, Bescheidenheit, Genauigkeit und Klugheit verlangen will. Sie soll nicht nur die Verbindung des Kaisers mit seinem Volke herstellen, sondern auch die Presse im In- und Auslande sowie die öffentliche Meinung beeinflussen, ja leiten und geheime Erkundigungen über die allgemeine Stimmung einholen. Wie schwer aber ist es, Männer zu finden, die dank ihrer Herkunft und Erziehung die gewünschten Eigenschaften mitbringen! Aus dem Kreise der Mexikaner steht dem Kaiser nach dem Zurückbleiben des Gutierrez und seiner Helfershelfer in Europa niemand nahe. Blieben also Leute wie Eloin, der einst Zivilingenieur gewesen ist und sich, obwohl Freimaurer, am belgischen Hofe lieb Kind hatte machen können, oder Schertzenlechner, der typische Vertreter jener Art Parvenüs, die im Verlangen nach persönlichem Einfluß nicht Maß noch Ziel kennen. Als Maximilian zum Leiter seines Kabinetts Eloin bestimmt, ist Schertzenlechner, der mit Sicherheit darauf gerechnet hat, sehr verstimmt, und von Stund an herrscht zwischen diesen beiden Vertrauensmännern des Kaisers eine Atmosphäre feindseligen Mißtrauens. Im übrigen will Maximilian seinen Hofhalt dem österreichischen Beispiele nachbilden und zur Wahrung seines kaiserlichen Ansehens jene gewisse Distanz gegenuber seiner Person einführen, die der eigentliche Sinn der spanischen Etikette ist. Darum ernennt er noch an Bord der »Novara« einen Zeremonienmeister und Großkämmerer und beginnt mit dem Entwurf eines Hofzeremoniells, das er später in Mexiko fertigstellt und das einen Band von sechshundert Druckseiten mit zahlreichen Plänen und Zeichnungen umfaßt!

Schon nähert sich das Schiff der Küste Mexikos. Die paradiesische Luft, die herrliche Vegetation der Inselwelt der Antillen beseligen das Kaiserpaar. »Ich bin entzückt von den Tropen und träume nur von Schmetterlingen und Kolibris«, schreibt Charlotte ihrer Großmutter. Da begegnet die »Novara« einem fremden Kriegsschiffe, das den amerikanischen Gesandten in Mexiko an Bord hat. Er hat die Weisung erhalten, beim Eintreffen Maximilians das Land zu verlassen. Nun begegnen sie sich, der Kaiser im Kommen, der Gesandte im Gehen. Deutlicher kann man nicht sein.

Am 28. Mai endlich erscheint die »Novara« auf der Reede von Veracruz, vom Donner der Kanonen des Forts und der im Hafen liegenden Kriegsschiffe begrüßt. Vorerst bleibt alles an Bord, bis der etwas verspätete Almonte eintrifft, der vor Veracruz gewarnt hat. Er begibt sich sofort auf das Schiff, um seinen Souverän zu begrüßen, die Stadt aber bleibt stumm, und niemand rührt sich. Die vorwiegend liberale, der Intervention abgeneigte Bevölkerung will ihre Gefühle durch Nichtbeachtung der Ankunft des Kaisers ausdrücken. Scheu fährt das Herrscherpaar am frühen Morgen des folgenden Tages durch die Stadt zum Bahnhof. Ein hastig aufgerichteter dürftiger Triumphbogen wird von einem Windstoß umgeworfen. Die Gassen sind öde und leer, von Empfangsfeierlichkeiten keine Spur. Der Kaiser ist gedrückter Stimmung, die Kaiserin fast in Tränen. Der Anfang verspricht nichts Gutes.

Almonte bemüht sich, dem Kaiserpaar über diese ersten Eindrücke hinwegzuhelfen, ist aber persönlich durch die ihm in Form einer Auszeichnung mitgeteilte Ernennung zum Großmarschall und Minister des kaiserlichen Hauses eigentümlich berührt.

Was soll diese Würde bedeuten? Ist sie tatsächlich das, was der ehrgeizige General erhofft, nämlich eine Stellung, die ihm erlaubt, nach dem Monarchen die erste Rolle im Lande zu spielen? Almonte soll es bald genug merken. Das neue Amt ist nur ein Nebengleis, auf das ihn Maximilian schieben will, denn Almonte gehört zu den starr Konservativen, jener Partei, von der Maximilian weiß, daß sie überall als ultrareaktionär verschrien ist. Und Maximilian will nicht mit einer Partei regieren, wenn ihn auch eine solche auf den Thron erhoben, er will die verschiedensten Richtungen vereinen, versöhnen, selbst neutral über ihnen stehen, vor allem sich aber nicht als mittelalterlich, absolutistisch und überklerikal einführen. Des allzu rückschrittlichen Almonte Ernennung zu keinerlei Macht verheißender Hofwürde ist das erste Anzeichen für den neuen Kurs. Vorläufig aber gilt es, sich erst ein wenig im Lande umzusehen.

Je mehr das Kaiserpaar ins Innere und damit auf der großen Straße Veracruz–Mexiko in vorwiegend von konservativ gesinnter, reicherer Bevölkerung bewohnte Orte kommt, um so wärmer wird der Empfang. Aber unsicher bleibt die Fahrt immer noch. Schon am ersten Reisetage kommt manches der Kaiserin sehr »verdächtig« vor, und es hätte sie gar nicht gewundert, wenn plötzlich Juarez mit einigen hundert Guerilleros erschienen wäre. Die Eisenbahn führt nur eine kurze Strecke landeinwärts, dann muß das Kaiserpaar mit seinem Gefolge von rund hundert Personen in den ungeheuren, schweren Postdiligencen weiterfahren. Am Schlage des kaiserlichen Wagens reitet als Befehlshaber der Eskorte, ohne die eine Reise nicht möglich ist, der Oberst Don Miguel Lopez, ein Bild schöner Männlichkeit. Die schwankenden Fuhrwerke sind so schwer lenkbar, daß das Unternehmen den Kutschern eine hohe Geldbelohnung zahlt, wenn sie den Dienst einen Monat lang, ohne umzuwerfen, versehen. Seit Bestand des Unternehmens hat es während der Regenzeit diese Prämie niemals auszuzahlen brauchen, auch diesmal nicht. In wolkenbruchartigem Regen und Sturm bricht ein Rad des Wagens, in dem das Kaiserpaar sitzt; erst um zwei Uhr früh kommt man im nächsten Orte Cordoba an, die Mexikaner entschuldigen sich, soviel sie können; Kaiser und Kaiserin versichern zwar, das täte nichts, aber Charlotte schreibt doch der Kaiserin Eugenie, daß ihr und ihres Mannes jugendliches Alter und ihre ganze gute Laune notwendig waren, um weder stocksteif zu werden, noch eine Rippe zu brechen. Am nächsten Tag fällt einer der hohen Reisewagen auf dem grundlosen Wege um; von den sechs Insassen kann sich der neuernannte Ministerpräsident des Kaiserreiches, Velasquez de Leon, nur auf dem Wege durch das Fenster retten.

Die Weiterfahrt entschädigt in gewissem Sinne für die bis dahin erfahrene Unbill. Die französische Garnison von Puebla hat für einen festlichen

Empfang gesorgt. Dem Kaiserpaar fällt es auf, daß außerhalb der größeren Städte kaum ein Weißer zu sehen ist. In den indianischen Ortschaften, die man passiert, drängt sich die Bevölkerung herbei, den blonden Fürsten aus dem Osten zu sehen, der uralter Sage nach nun wirklich gekommen ist, um ihrer von den Weißen so schwer unterdrückten Rasse Frieden, Freiheit und Glück wiederzugeben. Jubelrufe, Böllerschüsse, vielfach auch auf die Neugierde der Bevölkerung zurückzuführende Massenbeteiligung, der prunkvolle Aufzug der mexikanischen Konservativen, die überall aus den größeren Orten dem Kaiser zu Pferde entgegenziehen, können den Eindruck eines wahrhaft herzlichen Empfanges erwecken.

Der jugendliche Kaiser und die reizend anmutige Kaiserin wissen ihren persönlichen Charme zu höchster Geltung zu bringen. Schon gibt es zurückhaltende und nicht der konservativen Partei angehörende Elemente, die sich zweifelnd fragen, ob, was jetzt geschehen, nicht vielleicht doch das Richtige sei und das eben angekommene fürstliche Paar dem Lande etwa wirklich Blüte, Reichtum und Macht bringen könne. Maximilian hat auf der Überfahrt große Fortschritte im Spanischen gemacht, nun dankt er überall in eingelernten Reden, erwähnt aber zu oft Napoleon und die ihm schuldige Dankbarkeit. Das befremdet das Volk und verletzt seine Eitelkeit. In Cholula hört das Kaiserpaar in einer auf der Menschenopferstätte eines altmexikanischen Götzentempels errichteten Kapelle die heilige Messe.

Bevor es noch in die Hauptstadt Mexiko einzieht, besucht es den nationalen Wallfahrtsort mit dem Gnadenbilde Unserer lieben Frau von Guadalupe, um so dem religiösen Empfinden der Bevölkerung zu schmeicheln. Als das Kaiserpaar das Gotteshaus verläßt, harrt seiner eine Überraschung. Hunderte von Wagen mit reich gekleideten Mexikanerinnen, geleitet von einer gewaltigen Reiterschar europäisch schwarzgekleideter und weißbehandschuhter Herren, kommen ihm aus der Hauptstadt entgegen. Bald finden sich auch die französischen Würdenträger, der kommandierende General Bazaine und der Gesandte Marquis de Montholon, zur Begrüßung ein.

Am 12. Juni zieht das Kaiserpaar feierlich in die Hauptstadt ein. Wochen vorher war dies von der französischen Garnison und der konservativen Partei im Lande unter drohender Niederhaltung aller Andersdenkenden sorglich vorbereitet. Der Empfang ist komisch-herzlich. Man kann ihn schwer anders bezeichnen. Etwa hundert Eckensteher, Wasserträger, Straßenjungen und sonstiges Gesindel laufen dem Zug voran mit langen Zuckerrohrstöcken, daran ein Lappen Zeug gebunden ist. Das soll eine Fahne vorstellen. Sie schreien: »Che viva el emperador!« Um einen Real mehr hätten sie »che muera« gebrüllt. Musikbanden, aus allerlei Kneipen zusammengesucht, halbnackte Indianer mit Blasinstrumenten machen ein unbeschreibliches Getöse. Eine wilde Katzenmusik! Dann erst der eigentliche Zug. Die Behörden der Stadt, Maximilian und seine Frau in offenem und einfachem Wagen, dann der elegante Equipagen- und Reiterzug. Der Empfang verläuft ohne Zwischenfall. Die feindlichen Elemente haben die Stadt verlassen oder verbergen sich; so glaubt das Kaiserpaar einen Augenblick an einen Ausbruch wahrer Volksbegeisterung. Doch nach diesen ersten Eindrücken zeigt sich bald, daß dies alles nur der Theaterregie zu danken ist. Der wirkliche Zustand im Lande läßt sich trotz aller Mühe auf die Dauer nicht verbergen.

Die Residenz, in die das Kaiserpaar einzieht, der riesige zweistöckige Bau des Regierungspalastes, gleicht einer festungsartig angelegten Kaserne. Notdürftig rasch durchgeführte Herstellungsarbeiten hatten die langjährige Vernachlässigung nicht ausgleichen können. Die für das Kaiserpaar bestimmten Räume sind nach Art eines europäischen Gasthofes recht unbequem und geschmacklos eingerichtet, ja nicht einmal – insektenfrei. Das Kaiserpaar muß sogar in der ersten in Mexiko verbrachten Nacht die Betten fluchtartig verlassen und sich neue Nachtquartiere suchen; der Kaiser verbringt die Morgenstunden auf einem – Billard. Aber über derlei Zwischenfälle geht das junge Paar lächelnd hinweg.

Auf der Herreise sind ihm vornehmlich die krassen Unterschiede zwischen dem Treiben in den von Weißen bewohnten Städten und dem auf tiefster Stufe stehenden Leben der indianischen Landbevölkerung aufgefallen.

»In der Hauptstadt Mexiko«, schreibt die Kaiserin Charlotte an Eugenie nach Paris, »fühlt man sich fast wie in Europa. Auf eine halbe Stunde entfernt kann man aber in einen Hinterhalt fallen und von Dieben angegriffen werden. Nach allem, was ich gesehen habe, ist eine Monarchie in diesem Lande zu machen und entspricht den allgemeinen Bedürfnissen der Bevölkerung, indes bleibt dies nicht weniger ein gigantischer Versuch, da man mit dem kompletten Chaos zu kämpfen hat ... Alles in diesem Lande ist neu aufzubauen, man findet nur das, was Natur ist, physisch und moralisch. Man muß erst alle erziehen, Geistlichkeit, Bevölkerung, alle. Seit vierzig Jahren sind hier nur den Leuten aufgezwungene Minderheitsregierungen aufeinander gefolgt, die niemals ihre Wurzeln in der indianischen Bevölkerung hatten, die arbeitet und den Staat erhält.«

»Die Dinge«, legt Charlotte dem französischen Kaiserpaar auseinander, »werden hier gehen, wenn Eure Majestäten uns beistehen, weil sie gehen müssen und wir wollen, daß sie gehen, aber es ist eine ungeheure Arbeit. Wenn ein Land vierzig Jahre seiner Existenz damit verbracht hat, alles zu zerstören, kann man das nicht in einem Tage wieder zurechtsetzen. Das erschreckt uns übrigens gar nicht, ich stelle nur die Tatsache fest. Wir haben uns diesem Werk in voller Kenntnis der Sache gewidmet, für meinen Teil, wiederhole ich, war ich nur über die Straßen überrascht. Alles übrige habe ich eher besser als schlechter gefunden.«

Stolz betont Kaiserin Charlotte, das Volk sei müde der goldbetreßten Generale, die nichts anderes verstünden, als gegeneinander Krieg zu führen, und wisse um so mehr Maximilians Art zu schätzen, der in einfachem Zivil so natürlich im Lande erschienen sei.

In diesem Punkte aber täuscht sie sich. Man hat in Mexiko erwartet, der neue Kaiser werde mit Prunk und Glanz auftreten. Insbesondere die indianische Bevölkerung kann sich einen Kaiser überhaupt nur so vorstellen, und als er nun in einfachem Reiseanzug kommt, in einer Diligence fahrend wie andere auch, ist das eine Enttäuschung. Das Kaiserpaar muß sich erst besser in die neue Lage, die neuen Sitten und die neuen Menschen hineinleben.

Es ist kaum vierzehn Tage in Mexiko, da bekommt es schon Briefe mit weisen, oft einander widersprechenden Ratschlägen aus Europa. Vor allem der besorgte König Leopold mahnt, in der Verwendung von Fremden vorsichtig zu sein, um die Eifersucht der Mexikaner nicht zu erregen, und nicht zuviel Geld an Frankreich zu bezahlen. »Du leistest«, schreibt er Maximilian, »dem Kaiser und Frankreich einen so ungeheuren Dienst, daß Gegendienste mit vollem Recht anzusprechen sind.« Auch mahnt er, die konstitutionellen Formen noch nicht einzuhalten, das Land sei noch nicht reif dazu. Maximilian stimmt dem allen zu. »Es geht uns«, antwortet er seinem Schwiegervater, »Gott sei Dank gut, und wir leben uns mehr und mehr in die hiesigen Verhältnisse hinein; Arbeit ist zwar ungemein viel, aber man tut sie gerne, weil man einen Zweck und dankbares Entgegenkommen sieht. Von konstitutionellen Versuchen darf und kann für den Augenblick noch nicht die Rede sein; die Vollkraft der Autorität muß so lange in den Händen der Regierung bleiben, bis das Land wirklich befriedet ist. Die guten Leute müssen zuerst gehorchen lernen, bevor sie mitreden dürfen. Ich suche, in allem mit Ruhe vorwärts zu gehen und jede Unterstützung zu meiden; denn gerade das Überstürzen war ja der Grundfehler der früheren Regierungen. Kalte, mit großer Höflichkeit und unerschütterlicher Festigkeit gepaarte Ruhe imponiert den Leuten am meisten, und sie wundern sich ungemein, daß Charlotte und ich die Sache so natürlich nehmen und hier leben, als ob wir schon seit zehn Jahren hier wären.«

Auch von Napoleon laufen Briefe ein. Er rät wieder, Maximilian solle sich von den Mexikanern nicht beeinflussen lassen, also so ziemlich das Gegenteil wie Leopold I. Sonst aber mahnt auch er zu Ordnung und Sparsamkeit in den Finanzen und bemerkt nebenbei, es falle ihm auf, wie stark und wenig versöhnlich sich die Geistlichkeit Mexikos zeige, die in Zukunft wahrscheinlich noch große Schwierigkeiten bereiten werde. Maximilian antwortet ausweichend, es werde sich alles mit der Unterstützung Napoleons überwinden lassen. Bald merkt der Kaiser aus den Briefen, die von drüben kommen, wie sehr sich die Farben der Geschehnisse verändern, wenn Nachrichten darüber erst den weiten Weg von Mexiko nach Europa zurückzulegen haben.

Die Nachricht von dem enthusiastischen Empfang des Kaisers löst in Paris große Freude aus. Von Veracruz hört man dort nichts. Hidalgo vor allem richtet einen wahren Jubelruf voll der tönendsten Phrasen an den Kaiser. Alle, die ihm den Vorwurf gemacht, Maximilian trügerische Informationen gegeben zu haben, müßten jetzt seinen »so legitimen Stolz« begreifen, der »groß wie der Erdball« sei. Diese Überhebung kennt keine Grenzen mehr. Selbst Kaiserin Eugenie hat in Paris der Ankunft Maximilians in Mexiko mit Angst und Bangen entgegengesehen, und die guten Nachrichten über den Empfang nehmen dem Kaiserpaar in Frankreich einen Stein vom Herzen. Hidalgo weiß wohl, daß man in Paris die Verantwortung auf die Schultern der von ihm beratenen Kaiserin Eugenie legt, und jubelt nun über den Beweis, daß er so richtig orientiert hat. Er erzählt überall, es kämen zahlreiche von Haus aus der Unternehmung in Mexiko abgeneigte Leute zu ihm, um sich zu entschuldigen, weil sie sich geirrt hätten.

Auch Gutierrez schreibt einen alle Grenzen des guten Geschmacks übersteigenden Schmeichelbrief an die Kaiserin Charlotte: »Alle Nachrichten von Mexiko klingen in einem wahren Delirium der Freude über die Ankunft Eurer Majestäten aus.«

In diesen begeisterten Ausdrücken der beiden für das Abenteuer vornehmlich verantwortlichen Männer zeigt sich, wie besorgt auch sie dem Empfang des Kaiserpaares in ihrer Heimat entgegengesehen hatten, die sie selbst nicht zu betreten wagen; sie sind ganz überrascht, daß er wider Erwarten so gut abgelaufen ist.

Kaiser Maximilian beginnt nun seine vorgefaßten Regierungspläne durchzuführen. Er will mehr die zwischen beiden extremen Parteien stehenden Liberalen unterstützen und so mit der Zeit allen Parteienhaß begraben, um alle ohne Unterschied, selbst Juarez, zur Mitarbeit heranzuziehen. So ernennt er einen Minister des Äußern aus dem liberalen Kreise, der den Konservativen jedenfalls ferner stand als den Juaristen. Sein Vorgänger hat mit Frankreich einen Vertrag über Schürfrechte in der Provinz abgeschlossen, der sehr wohl der erste Schritt zur Verwirklichung der einstigen Absicht Napoleons sein kann, dieses Gebiet zu einer französischen Kolonie zu machen. Maximilian hebt den Vertrag auf, zeigt also gleich zu Beginn, daß er auch Paris gegenüber Rückgrat hat, wenn es das Wohl seines Landes erfordert. Aber niemand in Mexiko erkennt das an, und dadurch wird nur des Kaisers einzige Stütze in Paris vor den Kopf gestoßen.

Im übrigen tut Maximilian alles, was ihm seiner Meinung nach die mexikanische Nation näherbringen kann, und schmeichelt ihrer Eitelkeit, wo es nur immer angeht. Als man in der Hauptstadt zu Ehren Charlottens ein Wahrzeichen aus Marmor errichten will, bittet der Kaiser, statt dessen ein Denkmal für das Erringen der mexikanischen Unabhängigkeit von spanischer Herrschaft in Aussicht zu nehmen.

Er gewährt eine Amnestie für politische Vergehen und empfiehlt allen Präfekten versöhnliche Haltung gegenüber den politischen Gegnern der Monarchie. Auch den Zeitungen beschließt er vorderhand keine offizielle Zensur aufzuerlegen, um zu sehen, inwieweit den Journalisten der Ausdruck der Wünsche des Landes überlassen werden kann. Er will Mexikaner sein, das Interesse seines Volkes allem anderen auf der Welt voranstellen.

Maximilian rechnet jedoch nicht damit, daß die Führer der politischen Parteien in Mexiko nebst dem Parteiinteresse auch ihren persönlichen Vorteil höher einschätzen als das Wohl des Vaterlandes. Die Konservativen, die meinen, der österreichische Erzherzog sei bloß Kaiser von ihren Gnaden, sehen mit Befremden die Kaltstellung Almontes in einem hohen Hofamt und die Berufung nicht zu ihrer Clique gehörender Männer zu einflußreichen Stellen im Staate. Mißtrauisch beobachten auch die Liberalen das unerwartete Vorgehen des Kaisers. Einige lassen sich wohl gewinnen, die große Mehrheit aber bleibt feindlich oder steht abwartend zur Seite. Maximilian merkt bald, daß die Dinge in Mexiko ganz anders liegen, als man sie ihm in Paris dargestellt hat. Das Land ist weit davon entfernt, befriedet zu sein. Im Norden, Westen und Süden sind weite Gebiete noch im Besitze der Juaristen, überall, wo französische oder konservativ mexikanische Truppen auftreten, müssen sie kämpfen. Maximilian erkennt zudem bald die trostlose finanzielle Lage des Landes und die Unmöglichkeit, die Steuern regelmäßig einzutreiben. Der Kaiser steht diesen Schwierigkeiten zunächst hilflos gegenüber und sucht ihnen dadurch beizukommen, daß er Kommissionen schafft, die die Finanzen »genau und scharf« zu regeln, eine bewaffnete Macht zu organisieren und einen Plan für die Besetzung des gesamten Gebietes zu entwerfen haben.

Auch die Justiz, der Unterricht und der Kultus sollen durch Kommissionen geregelt werden. Alles will Maximilian auf einmal tun. Auch seine eigene Residenz will er reformieren. Wie schon der Bau von Miramar beweist, hat Maximilian besondere Vorliebe für ein schönes, womöglich nach eigenen Ideen erbautes Heim. Aus dem kasernenartigen Palaste von Mexiko mit seinen 1100 Zimmern läßt sich nicht viel machen. Anders ist es mit dem unweit der Hauptstadt herrlich gelegenen Lustschlosse Chapultepec, dem »Schönbrunn« von Mexiko. In ernsten, massigen Formen erbaut und zur Verteidigung eingerichtet, liegt es dort, wo einst Montezumas Palast stand, inmitten tausendjähriger Zypressen, deren Stämme fünfzig bis sechzig Meter in die Höhe streben und bis zu fünfzehn Meter Umfang haben. Der für Naturschönheiten sehr empfängliche Kaiser ist von Chapultepec begeistert, die Kaiserin nicht minder. Sie zeigt sich überhaupt über alles entzückt und genießt in vollen Zügen den Zauber der neuen Stellung, ohne sich der Schattenseiten noch voll bewußt zu sein. Das Kaiserpaar beschließt zunächst dringende Umbauten in beiden Schlössern.

Maximilian hat kaum begonnen, in seinem neuen Reiche die ersten zaghaften Schritte zu tun, da findet er schon überall Kritiker, auch in seiner nächsten Umgebung. Unter anderen sogar seinen eigenen Schatzmeister namens Kuhacsevich aus Miramar, durch dessen Hände alle Rechnungen gehen. Von dorther weiß dieser, was Bauten kosten. »Im Palais in Mexiko«, schreibt er in die Heimat, »und in Chapultepec wird gebaut, daß es einem graut. Die bekannte Passion des Kaisers! Ich hätte noch gewartet, bis die Flitterwochen vorüber waren, denn man kann noch gar nichts von dieser Ehe sagen.« Damit meint er das ganze Abenteuer in Mexiko.

Solche Kundgebungen widersprechen immer dem, was Maximilian nach Europa schreibt. Er will es durchaus nicht zugeben, daß in Mexiko nicht alles so ist, wie es sein soll. Die ihn gewarnt haben, sollen darüber belehrt werden, daß sie unrecht hatten. Auch die kaiserliche Familie in Österreich, die ihn nur mit schwerem Herzen ziehen ließ. So sind Maximilians Briefe und Berichte nach Wien auf optimistischen Ton gestimmt; wenn man sie liest, muß man meinen, Mexiko sei ein Eden, ein paradiesischer Garten, in dem im Gegensatz zu dem von politischen Wirren aller Art verseuchten Europa eitel Friede und Glück herrschen. »Daß ich mit Arbeiten aller und jeder Art überhäuft bin«, schreibt er im Juli 1864 dem Erzherzog Karl Ludwig, »kannst Du Dir, lieber Bruder, denken; aber man arbeitet gern, wenn man Zweck und Dank sieht und die Hoffnung hat, seinem Nebenmenschen nützlich zu werden. Ich fand das Land viel besser, als ich es mir erwartete, die Verleumdungen der europäischen Presse unwahr und das Volk viel weiter fortgeschritten, als man es daheim glaubt. Unser Empfang war überall ein ungemein herzlicher und offener, bar jeder Komödie und jenes ekelhaften, offiziellen Servilismus, den man bei solchen Gelegenheiten sehr oft in Europa findet.«

Schwärmerisch schreibt er von der tropischen Schönheit des Landes und berichtet, daß ihm die »herzliche Bevölkerung« des malerischen Orizaba am schönsten Punkte dieses Paradieses aus freiem Antrieb eine Villa baut.

Maximilian genießt das herrliche Klima. Tagsüber gibt es das schönste Wetter und Sonnenschein, abends regelmäßig Regen, der die Luft erfrischt und die saftig grüne Vegetation belebt. Bei dem Bestreben Maximilians, seinen Geschwistern das neue Leben möglichst anziehend zu schildern, wirken seine Briefe oft geradezu kindlich: »Wir sind jetzt immer abwechselnd in der Stadt und auf dem Lande«, schreibt er nach Wien. »In Chapultepec sind wir ganz allein und sehr zurückgezogen und leben noch stiller und einfacher als in Miramar. Übrigens geben wir auch in der Stadt sehr selten Diners, speisen fast immer allein und sehen abends nie jemanden, dies fordert Gott sei Dank der ernste Charakter der Mexikaner, eine Eigenschaft, die mir sehr behagt und mir viel Zeit zu wahrer Arbeit läßt. Diese sogenannten europäischen Unterhaltungen, wie Soireen, Theatergeklatsch und so weiter, gräßlichen Angedenkens, kennt man hier gar nicht, und wir werden uns wohl hüten, sie einzuführen. Die einzige Unterhaltung des Mexikaners ist, auf seinem vortrefflichen Pferd in seinem schönen Lande herumzureiten und manchmal die Theater zu besuchen. Bälle sind auch selten, aber dann sehr schön und animiert, und mit wahrer Leidenschaft tanzt die hiesige elegante und sehr reiche Gesellschaft einen reizenden Nationaltanz, den Gräfin Melanie Zichy in Wien einführen will. Charlotte hat vierzehn unbesoldete Palastdamen, die alle Wochen im Dienste wechseln. Auch besitzen wir einen europäischen Stall für Stadt und Zeremonie und einen echt nationalen für das Land.

Es würde Dich amüsieren, uns in unserer mexikanischen Equipage zu sehen, ein federleichter kleiner, offener Wagen, auf dem Bock der berühmte Leibkutscher mit seinem riesigen weißen Hut, dem grünen Samtspenzer und den weiten, weißen Leinwandhosen, um die Schultern den dreifarbigen Poncho. Neben ihm ein kupferfarbener Indianerbub, als Gespann sechs isabellfarbene Maultiere mit Zebrafüßen, zwei an der Deichsel, vier in einer Reihe vorgespannt; ein Vorreiter auf isabellfarbenem Pferde, mit dem reichen, silberbesetzten, mexikanischen Zaumzeug, und die ganze Equipage im wilden, pfeilschnellen Tempo dahinfliegend. Wir finden uns schon beide recht gut in unsere neue Lage, haben Gottvertrauen und sind sehr zufrieden. Von allen Seiten hilft man uns in rührender Liebe, zurück sehnt sich weder Charlotte noch ich.«

Die Kaiserin sekundiert ihrem Gatten in ihren Briefen vom September und Dezember 1864 an die Großmutter: »Ich fühle mich restlos glücklich und Max auch. Die Tätigkeit tut uns gut. Wir waren zu jung, um nichts zu tun. Wir sehen täglich, wie diese so verderbte und erniedrigte Nation im Bewußtsein ihrer Würde und ihrer Zukunft wächst.«

Und doch hat schon der Ernst des Lebens angeklopft. Die Geistlichkeit schmiedet angesichts der liberalen Haltung Maximilians im stillen Waffen, um seine fortschrittlichen Ideen zu bekämpfen. Wichtige Reformen, wie die Kirchengüterfrage, können nicht gelöst werden, weil der von den Bischöfen gewarnte Papst den versprochenen Nuntius immer noch nicht sendet. Die Mexikaner an der Spitze des Finanzministeriums erklären schließlich selbst ihre Unfähigkeit, es zu leiten. Die vielen Kommissionen tagen, aber es ist unmöglich, unter den Mexikanern fähige Leute zu finden. Vor all diesen Schwierigkeiten flüchtet der ohnehin immer sehr reiselustige Kaiser, der gern weitere Gebiete seines Reiches kennenlernen will, zu einer längeren Rundfahrt. Er betraut seine zurückbleibende Gemahlin mit der Regentschaft, wie es Napoleon in gleichen Fällen mit Eugenie zu tun pflegt.

Maximilian besucht nur Städte im Norden des Reiches, die französische Garnison und einen größeren Prozentsatz konservativ gesinnter Leute haben. Der Kaiser bemüht sich, überall Ansprachen zu halten, die ihm in der fremden Sprache schwer genug fallen: »Du kannst Dir denken«, schreibt er darüber seinem Bruder, »wie mich dies vor dichtgedrängten, lautlosen Volksmassen embarrassiert.«

Dank aller getroffenen Maßnahmen geht die Reise glatt vonstatten, und Maximilian benützt dies sofort, um seinem kaiserlichen Bruder in Österreich mit boshafter Anspielung und sehr übertrieben zu schreiben, seine Aufnahme im Lande sei so herzlich gewesen, wie er derartiges in Europa niemals gesehen. Er berichtet von der Schönheit mexikanischer Frauen, von Bällen und Festessen, die eben von Juarez abgefallene Generale ihm gegeben, und niemals fehlt ein Seitenhieb auf die Zustände in Europa.

»Überhaupt«, schreibt Maximilian, »ist das Land politisch sehr vorgeschritten, viel mehr als zahlreiche Länder in Europa, die sich hochweise dünken. Den sogenannten europäischen Zopf mit all seinen Lächerlichkeiten und Traurigkeiten kennt man hier gar nicht; all das Zugeknöpfte, all den Plunder, an dem man noch in Europa umsonst würgt und noch jahrelang würgen wird, hat man hier schon längst überstanden.«

Maximilian hat gerade in der Regenperiode seine Gebirgsreise unternommen. Über halsbrecherische Wege und schroffe Felsen, durch reißende Flüsse und förmliche Kotmeere jagt er zu Pferde vorwärts. Er schont weder sich noch seine Begleiter. Der einstige Kammerdiener Schertzenlechner, der sich in seiner Stellung als Sekretär allzusehr an das verweichlichende Schloßleben gewöhnt hat, dankt Gott, als die Reise zu Ende ist. Acht Tage hintereinander zwölf bis vierzehn Stunden zu Pferd durch Wasser und Schlamm, über Feld und Stein, das war zuviel. Aber Schertzenlechner macht alles mit, denn er hat so Gelegenheit, sich immer mehr in das Vertrauen seines Herrn einzuschmeicheln. Er will seinen Einfluß steigern, da darf er seinen Kaiser keinen Augenblick aus den Augen lassen, um nicht anderen Gelegenheit zu geben, ihn auszustechen. Maximilian ist geschickt eingefädelter Beeinflussung zugänglich, das weiß der Mann aus langer Erfahrung.

Am 30. Oktober kehrt der Kaiser nach Mexiko zurück. Stolz über ihre Tätigkeit als Regentin begrüßt ihn Charlotte, die inzwischen die Kaiserin

Eugenie gebeten hat, die französische Armee in Mexiko nicht zu verringern. Der Brief kreuzte sich mit einem Schreiben der Kaiserin, die ihre Begeisterung über den großartigen Empfang des jungen Kaiserpaares in Mexiko ausdrückt. Sie stützt ihre Kenntnis darüber auf Briefe Hidalgos, die er sich aus Mexiko schreiben läßt, um sie dann der Kaiserin zu zeigen. Die oberflächliche Frau gibt ebenso oberflächliche Ratschläge, wie zum Beispiel, daß alle Völker lateinischer Rasse und daher auch die Bewohner Mexikos eine eiserne Hand in einem Samthandschuh brauchten und dergleichen Phrasen mehr.

Kaiserin Eugenie lebt immer noch in den ihr von Hidalgo vorgegaukelten Trugbildern. Während man nach ihren Briefen an die Kaiserhöfe von Wien und Paris dasselbe auch von Maximilian und Charlotte hätte vermuten müssen, kann man aus deren Schreiben an Gutierrez und Genossen das Gegenteil erkennen. Dem Gutierrez schreibt Ferdinand Max, er sei auf seiner Reise wiederholt genötigt gewesen, Exempel der Strenge zu statuieren und Beamte zu entlassen: »Das Schlimmste, was ich bis jetzt in diesem Lande fand, bilden drei Klassen: die Justizbeamten, die Offiziere der Armee und der größte Teil des Klerus. Alle diese kennen ihre Pflichten nicht und leben einzig und allein des Goldes wegen. Die Richter sind bestechlich. Die Offiziere kennen kein Ehrgefühl, und dem Klerus fehlt die christliche Liebe und die Moralität. Alles dies läßt mich jedoch die Hoffnungen für die Zukunft nicht aufgeben.« Noch aber erwartet Maximilian gründlichen Wandel. Die Gegenwart ist traurig, sagt er zu Bazaine, die Zukunft aber wird ausgezeichnet sein. Dieser General sendet Napoleon indes auch nur Berichte, die die militärische Lage in Mexiko als ausgezeichnet darstellen.

Die von den französischen Truppen gegenüber dem losen Gefüge der juaristischen Abteilungen allenthalben errungenen Erfolge machen ihm diese Berichte leicht. Selbst ohne allzusehr von der Wahrheit abzuweichen, kann der General seinem Herrscher das melden, was dieser gern hört. Daß geschlagene und zerstreute juaristische Abteilungen sich immer wieder vereinigen und neuerlich im Felde auftreten, kann man in Paris nicht so leicht verfolgen. Bazaine, der genau weiß, daß seines Kaisers und der französischen Regierung Wunsch angesichts der allgemeinen Stimmung in der Heimat dahin geht, den für Mexiko nötigen Geld- und Truppeneinsatz sobald wie möglich zu vermindern, erklärt sich im Juni 1864 sogar bereit, einzelne Truppenabteilungen heimzusenden.

Er setzt sich aber in Widerspruch zu den Ansichten seines Untergenerals Douay, der seine Bedenken zur großen Empörung Bazaines hinterrücks in Paris anzubringen weiß. Doch Napoleon hält sich zunächst an die ihm angenehmeren Berichte Bazaines und ernennt diesen in Dankbarkeit für seine bisherigen Erfolge zum Marschall von Frankreich, nicht ohne ihm zu sagen, er solle zusehen, daß Maximilian seine Armee bald organisiere, »pour que nous puissions partir bientôt«. Bazaine gibt sich auch wirklich alle Mühe, seine ungeheure Arbeit zu bewältigen. Im Norden und im Süden siegen seine Truppen, und die kaiserlichen Waffen zwingen Juarez, noch weiter nordwärts zu fliehen. Die letzten finanziellen Hilfsquellen in Gestalt von einträglichen Zollstätten werden Juarez genommen, und es scheint wirklich das Ende seiner Herrlichkeit gekommen. Aber der glänzend aussehende Erfolg dieses Feldzuges, der dem Kaiserreich ein Gebiet etwa von der Größe Frankreichs unterwirft, bleibt doch sehr fragwürdig, denn eines ist es, juaristische Abteilungen im Felde zu schlagen, ein anderes, ein so ungeheures Gebiet dauernd zu halten und gegen widerspenstige Elemente innerhalb der Bevölkerung zu sichern. Das ist eine nicht zu bewältigende Aufgabe für ein Korps von nur 30.000 Mann, das überdies niemals zur Ruhe kommt und stets von neuem zu den größten Marschleistungen und Anstrengungen herangezogen werden muß.

Auch Maximilian und Charlotte sind zunächst mit der Aktivität Bazaines und seiner neu entwickelten Energie sehr einverstanden. Nur in der Union erwecken die französischen Erfolge arges Mißbehagen. Der Marschall ist mit sich selbst sehr zufrieden und für den Augenblick überzeugt, seine Aufgabe glücklich gelöst zu haben. Doch machen ihn seine Erfolge im Felde stolz und sehr empfindlich gegen alles, was nicht nach seinem Willen geht. Er ärgert sich darüber, daß Maximilian sich trotz allem bestrebt, ihm gegenüber seine Selbständigkeit zu wahren. Offiziere und Beamte mexikanischer Nationalität geraten in Streit mit den Franzosen. Der Kaiser muß entscheiden und stellt sich zu oft auf Seite der Mexikaner. Französische

Zoll- und Finanzbeamte werden verdächtigt, ihren Dienst zu Frankreichs Gunsten auszuüben. Zudem verschlingen die militärischen Maßnahmen große Summen. »Die Franzosen«, klagt Maximilian seinem Schwiegervater, »mein guter und wirklich geliebter Bazaine à la tête, geben unter dem Vorwand der Pazifikation ein Heidengeld aus.« Bald klagen beide bei Napoleon, Bazaine über Maximilian, Maximilian über Bazaine. Der Wirkungskreis des Marschalls ist nicht klar umschrieben, und die alte Wahrheit zeigt sich auch hier, daß in jedem Hause nur einer Herr sein kann.

Diese Gegensätze werden noch durch die allgemeine politische Lage verschärft. Frankreich sucht damals wie in Mexiko so auch in Zentralamerika seinen Einfluß auszubreiten und möchte gern durch Begünstigung der konservativen Strömungen einer franzosenfreundlichen Allianz der an das südliche Mexiko angrenzenden Republiken Guatemala, Honduras, Salvador und Nicaragua die Wege bahnen. Anderseits will Maximilian schon jetzt die Grenzen seines ohnehin schon so großen Reiches, das noch nicht einmal habwegs verläßlich in seiner Hand ist, erweitern. Er läßt sogar durch seine Emissäre verraten, er denke in einem mehr oder weniger entfernten Zeitraum daran, Zentralamerika für das Kaiserreich Mexiko zu annektieren. Damit würde es bis an den Isthmus von Panama reichen. In England und in der nordamerikanischen Union belächelt man diese uferlosen Pläne und ist entschlossen, zu gegebener Zeit aufs schärfste dagegen aufzutreten.

IX

KÄMPFE, SORGEN UND ILLUSIONEN

Mit dem Schiffe, das Ende November 1864 aus Europa fällig ist, treffen mehrere bei Maximilian beglaubigte Diplomaten, unter ihnen der englische und österreichische Gesandte, in Mexiko ein. Über die Ankunft des Briten, mit einem Brief seiner Königin, empfindet Maximilian aufrichtige Freude. Er nimmt dies als Beweis, daß England, für das er immer herzliche Sympathie empfunden hat, sich entschließt, der neuen Lage der Dinge die Anerkennung nicht mehr zu versagen. Es ist freilich mehr das Verdienst seines Schwiegervaters, der sich trotz Krankheit und zunehmender Hinfälligkeit bestrebt, seinen Kindern mit nicht erlahmender Energie nützlich zu sein. Eben erst hat er auch Napoleon III. aufgesucht und eifrig zu ihren Gunsten gesprochen.

Der Kaiser schreibt Maximilian kurz nach dieser Unterredung und berührt alle wichtigen Fragen. Anfangs hat der Herrscher der Franzosen gewünscht, der neue Kaiser von seinen Gnaden solle liberal regieren, damit die Welt sehe, Frankreichs Panier sei unter dem zweiten Kaisertum mit dem der Freiheit eins. Nun aber sieht er schon, daß es damit in Mexiko nicht geht, und rät daher Maximilian, die absolute Gewalt noch lange beizubehalten, seine Handlungen aber durch eine nationale Scheinvertretung genehmigen zu lassen. »Dieser Versammlung würde ich an Ihrer Stelle mitteilen«, schreibt Napoleon, »daß ich mit Eifer an einer Verfassung arbeite, aber daß ich ein Vertrauensvotum erbitte, das mir noch für einige Jahre diktatorische Gewalt überträgt ...

Euer Majestät haben schon viel Gutes getan, und ich sehe mit Freude, daß alle Welt Ihnen Gerechtigkeit widerfahren läßt, aber erlauben Sie mir,

Ihnen zu sagen, daß es notwendig ist, sich zuerst mit den großen Dingen, mit der Grundmauer und dem Gerüst des Gebäudes, das Sie beginnen, zu beschäftigen, bevor Sie Ihre Aufmerksamkeit Details zuwenden.«

Über all dies ist sich Maximilian schon selbst klar. Ein guter Rat in der Kirchengüterfrage wäre ihm weit wertvoller gewesen.

Mit dem letzten Schiff ist auch der lang erbetene Nuntius gekommen, mit dessen Absendung der Papst so sehr gezögert hat. Kaiserin Eugenie hat Charlotte über die Person dieses Monsignore Meglia schon wenig tröstlich geschrieben, er sei unversöhnlichen Charakters und alles eher als liberal. Seine Ernennung ist erst erfolgt, als Maximilian der Kurie hat mitteilen lassen, wenn der Nuntius nicht käme, werde er die kirchlichen Fragen aus eigener Initiative regeln.

Dem Papst sind indessen von seiten des mexikanischen Klerus unablässig Klagen über Maximilians Haltung zugegangen. Er hat erwartet, des Kaisers erste Regierungstat werde darin bestehen, alle gegen die Kirche gerichteten Reformgesetze aufzuheben und insbesondere die Kirchengüter ihren einstigen geistlichen Besitzern sofort zurückzustellen, obwohl ein großer Teil davon durch Verkauf bereits in dritte und vierte Hand gelangt war. Der Nuntius überbringt nun einen Brief des Papstes, der in bittersten Worten die Enttäuschung der Kirche darüber ausspricht, daß dies nicht geschehen ist. Bei seiner Ankunft werden dem Nuntius hohe Ehren gezollt. Einem glanzvollen Hochamt, das er zelebriert, wohnt der ganze Hof bei, dann folgt ein Galadiner in der Burg. Der Nuntius sitzt zur Rechten des Kaisers, der sich zu schwungvollem Toast auf den Papst, den gemeinsamen Vater aller Gläubigen, erhebt. Mit gemischten Gefühlen läßt sich der Nuntius feiern, dann übergibt er mit seinem Beglaubigungsschreiben Maximilian den Brief des obersten Hirten der Christenheit. Bei der Lektüre erblaßt der Kaiser. Er soll also alle Reformgesetze aufheben, jede andere als die katholische Konfession verbieten, die religiösen Orden wieder aufleben lassen und ausschließlich geistlichen Unterricht, überhaupt die völlige Unabhängigkeit der Kirche vom Staate zugestehen.

Demgegenüber aber vertritt Maximilian freie Ausübung jedes im Lande vertretenen Bekenntnisses bei gleichzeitiger Erklärung des katholischen

Glaubens zur Staatsreligion. Die Kurie soll auf die Nationalisierung der Kirchengüter verzichten, wogegen der Staat die Geistlichen besoldet.

Das erregt die größte Entrüstung des Nuntius und des gesamten Klerus. Sie treten zusammen und fassen die radikalsten Beschlüsse. Dem Kaiser wird zuerst überhaupt nicht geantwortet und dann auf sein Drängen kurz erwidert, der Papst habe seinen Standpunkt im Briefe dargelegt, der Nuntius könne keinen Zoll breit davon abweichen.

Diese Antwort wirkt wie ein Blitzschlag auf das Kaiserpaar und sein Ministerium. Mit einem Male sieht man sich vom Papste und der ganzen Geistlichkeit verlassen. Heftig erzürnt, sagt die Kaiserin zu Bazaine, es werde nichts übrigbleiben, als den geradezu tollen Nuntius zum Fenster hinauswerfen zu lassen. Lächelnd quittiert der General diese drastische Bemerkung. »Tatsächlich«, schreibt Charlotte empört der Kaiserin Eugenie, »zeugt es gleichsam von einem kranken Hirn, einer Blindheit, einer Halsstarrigkeit, an die nichts heranreicht, zu behaupten und aufrechtzuerhalten, das von Haß gegen die Theokratie durchtränkte Land wünsche, daß man der Geistlichkeit die Güter zurückstelle. Geradeso als käme man mitten im strahlenden Sonnenschein, um uns zu erklären, daß es Nacht sei; aber unglücklicherweise – ich muß diese Demütigung für uns Katholiken dieses Jahrhunderts zugeben – ist der Hof zu Rom aus solchem Holze geschnitzt.« Der Ministerrat tritt unter Maximilians Vorsitz zusammen. Man beschließt, trotz der Drohungen des Nuntius, die Reformgesetze des Juarez im großen ganzen zu bestätigen. Noch einmal aber soll Charlotte am Vortage des Weihnachtsabends mit dem Geistlichen sprechen, um ihn vielleicht doch noch zur Umkehr zu bewegen. Die Kaiserin bemüht sich volle zwei Stunden. Sie hat den Eindruck, als habe sie nun die richtige Idee von der Hölle, denn diese sei auch nichts anderes als eine Sackgasse ohne Ausweg. Jemand überzeugen wollen und wissen, daß es verlorene Liebesmühe ist, weil der eine schwarz sieht und der andere weiß, ist eines Verdammten würdige Arbeit. Alles gleitet am Nuntius ab wie an poliertem Marmor.

»Wir, die Geistlichkeit allein, haben das Kaiserreich errichtet«, ruft er schließlich, alle Rücksicht fallenlassend, aus.

»Pardon, einen Augenblick«, erwidert Charlotte, »es war nicht die

Geistlichkeit, es war der Kaiser, der dies mit dem Tage seines Erscheinens tat.«

Sie macht alle möglichen Vorstellungen, ernst, liebenswürdig, gewichtig, denn sie weiß, ein Bruch mit dem Heiligen Stuhl muß böse Folgen haben. Nichts hilft. Meglia schüttelt ihre Argumente ab wie Staub und sagt zu allem nein. Schließlich erklärt sie erbost, Maximilian werde alles durch kaiserlichen Brief regeln, und erhebt sich:

»Hochwürden, was immer geschieht, ich werde mir die Freiheit nehmen, Ihnen diese Unterredung ins Gedächtnis zu rufen, wir sind für die Folgen nicht verantwortlich. Wir haben alles getan, um das zu vermeiden, was nun geschehen wird, aber wenn die Kirche uns nicht helfen will, so werden wir ihr gegen ihren Willen dienen.«

Entrüstet berichtet Charlotte auch ihrem Gemahl von der Haltung des Nuntius. Auf Maximilian macht die erregte und leidenschaftliche Schilderung seiner Gattin tiefen Eindruck. Heller Zorn erfaßt ihn. Er hat sich bisher selbst für einen guten Katholiken gehalten, aber für ihn, als modernen und liberalen Herrscher, ist es unmöglich, in seinem Reiche die Freiheit der Kulte zu beschränken, unmöglich auch, ohne tiefgehende Umwälzungen und unabsehbare Schwierigkeiten alle Reformgesetze und insbesondere das Kirchengütergesetz einfach außer Kraft zu setzen. Geht es *mit* der Kurie nicht, wie er gewollt hat, so muß es *gegen* sie gehen. Der Kaiser unterschätzt den Einfluß der Geistlichkeit, er vermeint es mit ihr aufnehmen, ja sogar sich mit ihr überwerfen zu können, ohne dabei wesentlichen Schaden zu erleiden.

Noch einmal soll ein Ministerrat entscheiden. Die Würdenträger sind alle für weniger energische Maßnahmen. Maximilian aber hat radikale Pläne. Eine neue Intervention der Minister beim Nuntius ist erfolglos. Da veröffentlicht der Kaiser am 27. Dezember 1864 das Dekret, das die Nationalisierung der Güter bestätigt und die freie Ausübung aller Bekenntnisse gestattet. Nun ist es am Nuntius, in Zorn zu geraten. Er erläßt ein geharnischtes Protestschreiben. Die Kirche werde durch solche Verfügungen zur Sklavin erniedrigt. Der kaiserliche Erlaß wird in rücksichtsloser Weise zerpflückt. Fast jede Zeile der Erwiderung verstößt gegen die diplomatischen

Formeln, und die Minister erklären, sie könnten dem Kaiser diese »lettre insolente« des Nuntius gar nicht vorlegen. Sie senden das Schreiben Monsignore Meglia zurück. Am 7. Januar 1865 folgt ein weiterer Erlaß des Kaisers, wonach päpstliche Bullen nicht ohne kaiserliches Exequatur veröffentlicht und durchgeführt werden dürfen. Das ist der volle Bruch mit dem reichen und maßgebenden Teil der Geistlichkeit im Lande. Von dieser Seite her ist nichts mehr zu hoffen. Die arme und niedere Geistlichkeit aber kann dem Kaiser keine Unterstützung leihen.

Es ist sehr schön, wenn Charlotte ihrer Großmutter sagt, man hätte sich mit Rom, das heißt mit den im Überfluß schwimmenden Bischöfen, nicht verständigen können, während die einfachen Priester Hungers sterben. Aber Charlotte merkt bald, welch böse Folgen das hat. »Die Lage ist recht gespannt«, meldet sie der Kaiserin Eugenie, »die Bischöfe schreiben mir in der Form respektvolle Petitionen, der Nuntius ungebührliche Noten, Damen machen kindliche Vorstellungen, kurz, alle Leidenschaften sind entfesselt, die extremen Zeitungen liegen einander in den Haaren, die schärfer denkenden Liberalen rufen, daß die Idee des Juarez gesiegt habe, die Konservativen wieder bilden sich ein, zeitliche Untertanen des Papstes zu sein, und sind dumm genug – ich bitte um Entschuldigung für dieses Wort – zu glauben, daß die Religion im Zehent bestehe und im Rechte des Besitzes.«

Was ist die Folge? Maximilian verliert seine Freunde unter den klerikalen Konservativen, über deren Niederlage sich die Liberalen freuen, ohne sich indessen auf die Seite des Kaisers zu stellen. Eine Stütze nach der anderen fällt. Am empörtesten über diese Vorfälle ist der fanatische Klerikale Gutierrez. Er hat Brief auf Brief geschrieben, um den Kaiser zu den weitestgehenden Zugeständnissen an die Kirche, zur Wiedereinsetzung der Jesuiten und zu tausend ähnlichen Maßnahmen zu bringen, und nun wird er so sehr enttäuscht. Aber des Kaisers Glaube an Gutierrez ist für den Augenblick etwas erschüttert. Er bekam einen Stoß, als ein gewisser Abbé Alleau in Mexiko verhaftet und sodann verbannt wurde, der eine die Geistlichkeit aufreizende Broschüre bei sich trug und anscheinend eine Art geheimer Berichterstatter über die Lage und die Verhältnisse in Mexiko war. Man fand bei ihm einen Brief des Gutierrez und einen Bericht mit der Behauptung, Kaiserin Charlotte verzehre sich in so unruhigem Tätigkeitsdrange, weil sie über ihre Kinderlosigkeit unglücklich sei. Dies wäre auf eine Krankheit des Kaisers zurückzuführen, die zwar geheilt sei, aber die Möglichkeit, Kinder zu bekommen, für alle Zukunft ausschließe. Das ist nicht wahr, Kaiser Maximilians Empörung über diesen »geistlichen Spion« kennt keine Grenzen.

Auch sonst sind die Verhältnisse nicht danach angetan, eine bessere Stimmung aufkommen zu lassen. Die Juaristen regen sich wieder, und einzelne Banden wagen sich bis auf zwei Kilometer an die Stadt Mexiko heran. Gegen die feindliche Heeresmacht im Süden muß eine eigene Expedition ausgerüstet werden. Die sich wieder verschlechternde militärische Lage verschärft die Spannung, die mehr oder weniger stets zwischen dem Kaiserpaar und Bazaine bestand. Über diese Unstimmigkeiten und besonders die Schwächung des Korps durch die Heimsendung einer französischen Brigade klagt Charlotte der Kaiserin Eugenie und betont dabei, sie klammere sich bei diesen vertrauensvollen Mitteilungen an den Titel Schwester, zu dem sie die Etikette der Kaiserin gegenüber berechtige und den ihr Herz bestätige.

Bazaine steht aber als Franzose seinem Kaiser näher als dem Fremdling Maximilian, der vor allem die Interessen Mexikos wahren will.

Mehr und mehr mengt sich die Kaiserin in die Geschäfte. Je größer die Schwierigkeiten werden, desto klarer zeigt sich, daß Maximilian ihnen nicht gewachsen ist, und desto mehr tritt seine Frau in den Vordergrund.

Hat sie gerade der Kaiserin Eugenie geschrieben, so nimmt sie nun ihrem Gemahl auch den Entwurf der Antwort auf den so ernsten Brief ab, den Napoleon im November 1864 an Maximilian gerichtet hat. Der Ton ist wesentlich anders, als wenn dieser schreibt, er läßt sogar eine gewisse gereizte Stimmung erkennen. Allerdings wird jeder einzelne Ratschlag Napoleons genau besprochen und auf dessen Wünsche eingegangen. Am Schlusse steht aber eine bezeichnende Wendung: »Je mehr ich das mexikanische Volk studiere, um so mehr komme ich zur Überzeugung, daß man wird versuchen müssen, es ohne seine eigene Mithilfe und vielleicht gegen seinen Willen glücklich zu machen.« Maximilian schreibt alles getreulich ab, was seine Frau ihm vorlegt.

Er, von dem man in Paris schon sagt, »qu'il mange du prêtre le matin et du Français le soir«, verabscheut in seinem Innern Kampf und Streit und hat Stunden der Entmutigung. Da findet er Freude und Trost nur in der Flucht in die unvergleichlich schöne Natur. Während in Europa alles in Schnee und Eis begraben liegt, herrscht in Mexiko der lieblichste Frühling. Chapultepec sowie Cuernavaca bieten den Anblick des Paradieses. Maximilian findet, daß diese beiden Orte die Schönheit Neapels mit dem Frieden Lacromas vereinen. Nur das Meer mit seinem Wechsel von wilder Bewegung und erhabener Ruhe fehlt ihm, so daß er mitunter, wie er sagt, an »Meerweh« leidet. Wenn er seinen Blick von den Terrassen von Chapultepec, die den Porphyrfelsen krönen, über das weite Land zu seinen Füßen schweifen läßt, kann er sich nicht satt sehen an all der Schönheit. Mitten im Tale die kuppel- und turmreiche Hauptstadt, in der Ferne die großen Seen und die riesigen, schneebedeckten Vulkane und als Einfassung des ganzen weiten Bildes eine am Horizont in allen Tönen vom sanften Blau bis in das tiefste Violett dahinschwindende Bergkette. Dazu am Fuße des Felsens der heilige Hain mit den uralten Zypressen Montezumas, über den sich die mit Blüten und Blumen übergossenen Terrassen des Schlosses erheben. In solcher Umgebung kann man einen Augenblick die Menschen, ihre Ränke und Schliche, ihre Feigheit und Niedertracht vergessen, kann man zurückkehren zu sich selbst und zum Kulte der Schönheit und Freude.

Doch bald genug rufen den Kaiser die Nachrichten aus der Hauptstadt wieder in den grauen Alltag. Maximilian muß nun auch die Konservativen fürchten. Die Liberalen nähren diese Gefühle des Kaisers und beschließen, sie auszunützen, damit er sich seiner fähigsten Generale Marquez und Miramon, die beide extrem konservativ und klerikal sind, selbst beraube. Man weiß dem Monarchen vorzustellen, wie gefährlich es sei, so gute, aber dem Einfluß des Klerus gänzlich verfallene Generale in einem Augenblick im Lande zu belassen, in dem sich der Kaiser mit jenem völlig überworfen hat. Schertzenlechner, ein Feind des Klerus und von wachsendem Einfluß auf den Kaiser, wirkt in diesem Sinne, so daß Maximilian die beiden Generale wirklich unter dem Vorwande irgendwelcher Studien und Missionen nach Europa entfernt. So weit ist damals Maximilian von der konservativen Partei abgerückt, die ihn ja einzig und allein gerufen hat, ohne dabei – trotz allen Bemühungen – den Liberalen auch nur um eines Haares Breite näher gekommen zu sein.

Kaiser und Kaiserin sehen sich also von den Weißen aller Parteien verlassen und von der hohen Geistlichkeit geschmäht, nun wollen sie sich an die Indianer und den niederen Klerus halten. Sie bedenken nicht, daß gerade diese beiden fast gar keinen Einfluß im Lande besitzen. Je mehr Sympathie man ihnen zuwendet und sich mit ihren Wünschen und Sorgen beschäftigt, um so mehr stößt man die Mächtigen im Lande ab. Der ideale Zug im Denken des Kaisers öffnet ihm sein politisches Grab.

Maximilian will indes die formellen Beziehungen zum französischen Kaiserpaar durch kleine Aufmerksamkeiten wärmer gestalten. Er verleiht Napoleon das Großkreuz des neugegründeten Adlerordens mit Kette und sendet ihm in mexikanischen Gewässern gefischte Muscheln mit Perlen darin, als Aschenschalen für den Tisch. Der Kaiser der Franzosen erhält aber von seinem Gesandten Montholon im Gegensatz zu Bazaines rosigen Berichten wenig erfreuliche Nachrichten über die Lage in Mexiko. Eloin, der Chef des kaiserlichen Kabinetts, sei ein Feind Frankreichs, ebenso wie der mexikanische Minister des Äußern. In der Verwaltung herrschte größte Verwirrung, alle beschäftigten sich nur mit unwesentlichen Dingen, und Befehle und Gegenbefehle jagten einander. Maximilian hört durch Hidalgo von diesen Schilderungen und meint dazu, der französische Diplomat sei ein »taktloser vieux bavard«. Auch Napoleon hört lieber auf die günstigeren Berichte Bazaines, und als Maximilian in Paris gegen den »großen Scharlatan Montholon« schüren läßt, versetzt Napoleon den Mann im März 1865 nach Washington und ernennt zu seinem Nachfolger den Gesandten Alfons Dano. Montholon erfährt den Grund dieser Maßnahme, und so geschieht es, daß ein Mann, der nichts weniger als ein Freund Maximilians ist, Frankreich von nun ab in der Hauptstadt der dem mexikanischen Kaisertum an und für sich schon so feindlich gesinnten Union vertritt.

Empfang der mexikanischen Deputation in Miramar.
Ölgemälde von Cesare dell'Acqua.

Abreise des jungen Kaiserpaares von Miramar.
Ölgemälde von Cesare dell'Acqua.

Kaiser Maximilian zu Pferde in mexikanischer Tracht. Ölgemälde von Ebeling.

Kaiserin Charlotte von Mexiko.
Ölgemälde von Jean François Portaels.

Überall also entstehen dem Kaiser Gegner, Stützen hat er keine. Österreich zum Beispiel hat seinen Gesandten Graf Thun angewiesen, auf die strikte Einhaltung des Familienpaktes zu sehen, der Union gegenüber völlig neutral zu bleiben, in Mexiko auf nichts Einfluß zu nehmen und dem Ganzen bloß zuzusehen. So häufen sich die Schwierigkeiten, aber nach Hause berichtet Maximilian von alledem nichts. Wenn man seine Briefe an den jüngeren Bruder liest, kann man meinen, der Kaiser führe eine arbeitsreiche, aber friedliche Existenz.

»Die Geschäfte häufen sich, je mehr die Regierung sich befestigt, und erhalten mich von fünf Uhr früh bis acht Uhr abends in Atem«, berichtet er über sein privates Leben. »Der einzige freie Augenblick ist von acht bis neun Uhr, wo ich gewöhnlich in herrlicher Morgenluft mit Charlotte ausreite, und zwar wie hier jedermann mit dem trefflichen mexikanischen Sattel und im landesüblichen Reiteranzuge mit dem breitkrempigen Hute, dem leichten Spenzer, den mit kleinen silbernen Knöpfen besetzten Hosen und dem ebenso vortrefflichen und so malerischen Plaid. Abends habe ich wieder eine freie Stunde, da gehe ich wie eine Schildwache auf unserer Terrasse auf und ab. Um neun Uhr, auch etwas früher, wird zu Bett gegangen. Vorige Woche haben wir im Palaste eine Deputation von echten, wilden, heidnischen Indianern von der fernen Nordgrenze empfangen, lauter Coopersche Gestalten im vollen Sinne des Wortes. Gestern speisten sie hier im Zypressenhain Montezumas auf demselben Platze, wo der indianische Kaiser seine großen Gastmahle gab.«

Maximilian ist bestrebt, sich den Sitten des Landes anzugleichen und sich so bei den Leuten aus dem Volke beliebt zu machen, während dieses ganz im Gegenteil exotische Pracht und Prunk erwartet und das Gehaben des Kaisers, der wie ihresgleichen einhergeht, in keiner Weise würdigt. Nur die Bälle bei Hof bringen etwas Abwechslung und sind bei der Gesellschaft Mexikos sehr beliebt.

»Alle Montage«, erzählt Max, »sind Bälle bei Charlotte, die immer sehr gut ausfallen und animiert sind und auf denen ein Flor der schönsten Frauen sich im Tanze wiegt. Ein Diplomat nach dem anderen rückt ein, was uns langweilige Empfänge und Diners gibt. Küche und Hofkeller sind dank schweren Bemühungen außerordentlich. Die Diplomaten fressen und saufen sich an, daß sie gewöhnlich nach Tisch nur noch unartikulierte Töne lallen. Unser Hofreglement, ein dickes, gedrucktes Buch, eine Riesenarbeit, ist endlich auch fertig, ich darf mir schmeicheln, wohl das Vollkommenste erreicht zu haben, was bisher in dieser Art gemacht worden ist.«

Solche etwas banale Briefe könnten den Anschein erwecken, der Kaiser betrachte das ganze mexikanische Unternehmen als bloßes Spiel und fürstliche Laune. Aber sie geben mit Vorbedacht ein ganz falsches Bild von der Wirklichkeit, die erfüllt ist von bitteren Kämpfen gegen unerhörte Schwierigkeiten aller Art, von bösen Zerwürfnissen, mit einem Wort: von den jetzt schon, nach kaum acht Monaten Regierung, zutage tretenden, unlösbaren Verwicklungen und Gefahren. Maximilian zeigt eine gewisse Überhebung gegenüber dem alten Europa: »Ich sehne mich wohl nach dem Lorbeer Lacromas, dem Oleander Miramars und dem tiefen Blau der Adria, doch bereue ich nicht die Gegenwart, sie gehört der Tat, dem Streben, dem Schaffen. Ist auch die friedliche Wonne des Lebens dahin, so wird mir große Genugtuung in dem Gedanken, daß ich der Menschheit diene und nun auch einige Tropfen Öl in das große Licht der Aufklärung schütten kann. Habe ich nicht mehr die Brise der Adria, den Duft Lacromas, so lebe ich hier in einem freien Lande unter einem freien Volke, in dem Grundsätze herrschen, die man daheim in Österreich nicht einmal in der Nacht träumen darf. Keine Schranken beengen mich mehr, und hier darf ich offen sagen, daß ich das Gute will. Ist Mexiko auch in vielem zurück, mangelt ihm materieller Wohlstand und Entwicklung, so sind wir doch in den sozialen Fragen, in den wichtigsten meiner Meinung nach, Europa und zumal Österreich weit vor. Hier bei uns herrscht eine gesunde Demokratie, ohne kränkliche Phantasterei nach europäischer Art, sondern mit jener Kraft und Überzeugung, wie sie vielleicht einstens bei Ihnen nach fünfzigjährigem schweren Ringen sich entwickeln wird. Die europäischen Urteile über dieses Land sind fast durchwegs falsch, man kann und will die hiesigen Verhältnisse nicht verstehen, man ist zu stolz, einzugestehen, daß wir Amerikaner in den Hauptpunkten um ein gutes Stück vorwärts sind. Alles, was man von der Klerisei und ihrem überwältigenden Einfluß gesagt hat, ist grundfalsch, die Schwarzen sind schlecht und schwach. Die große, große Majorität ist liberal und verlangt den Fortschritt im vollsten Sinne des Wortes.«

So stolz prunkt der frischgebackene »Amerikaner« Maximilian mit der Größe seines Reiches und »fortschrittlicher Gesinnung«, während sich schon die schweren Folgen seiner letzten Regierungstaten bemerkbar machen. Max hat vielleicht moralisch in allem recht, was er will und tut, aber Mexiko ist noch lange nicht reif für einen so freimütig denkenden und handelnden Mann, der ohne jede diplomatische Ader zu wenig bedächtig, zu impulsiv, zu schnell und nachhaltig seinen persönlichen Überzeugungen folgt. Maximilian fürchtet nur, daß Napoleon seine Truppen zurückberuft, bevor er alles durchgesetzt hat. »Ich brauche«, schreibt er Anfang Februar 1865, »eine starke Macht, um die Reformen und Verbesserungen zu erzwingen. Man muß die Leute hier zum Guten nötigen.«

Alles in allem ist Maximilian noch optimistisch. Anders Charlotte. In den letzten Monaten des Jahres 1864 hat sie wirklich zeitweilig geglaubt, friedlicher Fortschritt werde allmählich die alte Zwietracht verdrängen und alles zum Guten wenden. Dann kam der Nuntius, und mit einem Schlage ändert sich das Bild. Alle Hoffnungen auf Einigung, auch in anderen wichtigen Fragen, wie der zu erbauenden Eisenbahn von Veracruz nach Mexiko, sind dahin. Alles denkt nur noch daran, sich, wie Charlotte sagt, die Haare gegenseitig auszureißen. Zeitungen müssen wilder Ausfälle wegen monatelang verboten werden, das Bandenwesen nimmt wieder zu, die Feinde des Kaiserreiches wittern Morgenluft. »Der Heilige Vater«, meint Charlotte, »hat wohl recht, wenn er heiteren Sinns von sich selbst sagt, daß er ein ›jettatore‹, ein Mann mit dem bösen Blick, sei. Denn es ist Tatsache, seit sein Gesandter den Fuß auf unseren Boden gesetzt hat, haben wir nur noch Verdruß und erwarten uns auch für die nächste Zukunft kein geringeres Maß davon.«

Maximilian hat in seinem Gerechtigkeitsgefühl bestimmt, es solle in jedem einzelnen Falle untersucht werden, ob der Verkauf der von Juarez beschlagnahmten Kirchengüter seinerzeit mit rechten Dingen zugegangen sei. Die Geistlichkeit ist schon wegen der Nichtaufhebung der Reformgesetze zu Tode verletzt, durch diese Verordnung werden nun auch ihre Gegenspieler beunruhigt.

»Wir machen seit einem Monat eine starke Krise durch«, schreibt Charlotte an Kaiserin Eugenie, »wenn sie siegreich besteht, so wird das mexikanische Kaiserreich eine Zukunft haben, wenn nicht, weiß ich nicht, was man ihm prophezeien soll. Während der ersten sechs Monate findet alles eine Regierung herrlich, rühren Sie jedoch irgend etwas an, machen Sie sich ans Werk, so verflucht man Sie. Es ist das Nichts, die Indolenz, die nicht entthront werden will. Euer Majestät glaubten vielleicht wie ich, daß ein Nichts körperlos sei, im Gegenteil, in diesem Lande stößt man auf Schritt und Tritt darauf. Es ist aus Granit, es ist mächtiger als der menschliche Geist, und nur Gott allein kann es beugen. Die Pyramiden Ägyptens waren weniger schwierig aufzurichten, als das mexikanische ›Nichts‹ zu besiegen ist. All das würde noch immer keine schwerwiegende Bedeutung haben ohne die wichtigste Tatsache, daß die Armee sich vermindert und mit ihr die Macht der Regierung.

Es ist sehr schön, daß alle Welt sagt, Mexiko sei so gut organisiert, daß es sich ohne Hilfe irgend jemandes behaupten wird, aber ich ziehe es vor, mich an Reales zu halten. Um dieses Land zu zivilisieren, muß man seiner gänzlich Herr sein; um freie Ellenbogen zu haben, muß man seiner Macht jeden Augenblick durch starke Bataillone Nachdruck geben können, das ist eine Bedingung, über die sich gar nicht reden läßt. Die Truppen sind zu sehr verzettelt, und ich glaube, statt zurückzuberufen hätte man sie sogar vermehren sollen.

Wir können uns nötigenfalls in eine entfernte Provinz zurückziehen wie Juarez, wir können dahin zurückkehren, von wo wir gekommen sind, aber Frankreich kann nicht ohne Triumph bleiben, zuerst, weil es Frankreich ist, und dann, weil seine Ehre am Spiel steht ... Jetzt handelt es sich darum, eine letzte Anstrengung zu machen, die das Werk krönen wird. Im gegenteiligen Falle wird es in einigen Monaten vielleicht schwer und unnütz kompromittiert sein. Sie, meine gute Frau Schwester, die Sie so viel für dieses Land getan, werden es nicht verlassen, und überdies vertraue ich auf die Hand, die am 10. April 1864 jene bedeutsamen Zeilen geschrieben: ›Zählen Sie immer auf meine Freundschaft und meine Unterstützung.« Bazaine ist in dem Briefe kaum erwähnt, während der General Douay fortwährend lobend hervorgehoben wird. Man merkt zwischen den Zeilen den Wunsch des Kaiserpaares, Bazaine durch Douay ersetzt zu sehen.

In der Armee klaffen schon tiefe Gegensätze zwischen mexikanischen und europäischen Offizieren. Es kommt häufig vor, daß sich ein junger französischer Leutnant weigert, dem Befehl eines mexikanischen Generals zu gehorchen. Schon zeigt sich, daß nicht nur die Fähigkeiten Maximilians, sondern auch seine Nerven nicht ausreichen, einer so katastrophalen Unordnung Herr zu werden. Die unmittelbare Umgebung des Kaisers ist nicht geeignet, ihn in einer so gewaltigen Aufgabe zu unterstützen wie der Leitung eines großen, von Parteienkämpfen zerrissenen Reiches. An den Fehlern der letzten Zeit, insbesondere an dem schroffen Bruch mit dem Nuntius, haben der Freimaurer Eloin und der kirchenfeindliche Schertzenlechner weidlichen Anteil gehabt. Der emporgekommene einstige Kammerdiener spricht nur von »Pfaffen« und rät, man solle »Rebellen einfach hängen« lassen, es gehe mit diesen Leuten nicht anders. Der Einfluß und das Verhalten dieses Mannes, der weder die geistigen noch die sozialen Fähigkeiten besitzt, der erste Ratgeber eines Kaisers zu sein, erfüllen dessen übrige Umgebung mit größtem Unmut. Empört schreibt der Dienstkämmerer Graf Bombelles in die Heimat: »Schertzenlechner ist obenauf. Der Kerl bläst sich vor Hochmut so auf, daß er demnächst platzen wird.«

Am Hofe wird für den Mann ein eigenartiger Spitzname erfunden. In der Stadt Cholula nämlich, in der zur Zeit Montezumas ungefähr hundert gewaltige Opfertempel standen, hieß der Turm des größten, zum Teil noch jetzt erhaltenen Tempels »der große Cu«. Man vergleicht nun den ehemaligen Lakaien, der dank der Gunst seines Kaisers eine so hohe Stellung erreicht hat, mit diesem Turm, ändert aber das Wort Cu, um zu zeigen, wie gering man im Gegensatz zu des Kaisers günstiger Meinung Schertzenlechners Geisteskräfte bewertet, in das an das Brüllen des Rindviehs erinnernde Muh und nennt Schertzenlechner demgemäß den »großen Muh«.

Naive Gemüter führen des Kaisers Haushalt, aber sie sehen merkwürdig klar, sie machen sich und anderen wenigstens nichts vor. »Der große Muh ist wieder leidend, grantig und grob«, schildert die Frau des Schatzmeisters Kuhacsevich die Verhältnisse, »Seine Majestät der Kaiser wollen hier nicht Exzellenzen kreieren, Sie finden es eine Dummheit. Also ist die Möglichkeit genommen, daß er es wird. Der Muh disputierte mit der Kaiserin darüber und sagte, Sie werden sehen, was dies für Folgen haben wird. Dann haben einige österreichische Orden bekommen, er nicht!

Die Unordnung ist noch immer groß. Günner, ein Offizier der kaiserlichen Palastgarde, müßte zwölf Köpfe haben, er muß alles machen, Oberstallmeister, Sekretär, Grand Chambellan, Baumeister, Küchenvorsteher, und alles um fünfzig Pesos. Mir geht es auch so. Obersthofmeisterin, Gesellschafterin, Vorleserin, Sekretärin, Stallmeistern, Kammerfrau, Milchmädel, Stallbursch, wir telegraphieren, ich und der Günner, den ganzen Tag! Ist das eine Wirtschaft! Wir sind aber gesund dabei und, wenn's möglich ist, auch recht lustig, wenn wir abends bei uns zusammenkommen.

Die Geistlichen sind wütend, sie konsperieren [sic!], ein General ist von Mexiko echappiert und steht mit 1000 Mann sechs Leguas von hier, unsere Wachen sind verdoppelt. Niemand reitet ohne Revolver von hier in die Stadt, es wird mehr geraubt und gemordet. Der große Muh regiert und sagt, es geht alles prächtig, wo niemand seines Lebens sicher ist. Seine Majestät läuft immer zu ihm, um ihn um Rat zu fragen, was er tun soll. Viel mehr Sicherheit wäre bloß unter Franzosen, die Kaiserin sagt es selbst. Sie sagen, ein paar Bischöfe müssen gehängt werden, ich fürchte die mehr als die Banden, besonders in Hinsicht des Vergiftens.«

Auch der Kabinettchef Eloin beobachtet Schertzenlechners Gehaben schon lange mißgünstig. Eloin hat in Erfahrung gebracht, daß der Mann trotz seiner neuen Stellung nach wie vor die Pension eines österreichischen Hoflakaien weiterbezieht, und säumt nicht, dies dem entrüsteten Kaiser mitzuteilen. Schertzenlechner, der genau weiß, welchen Gegner er an Eloin hat, hetzt zwei Beamte des Kabinetts gegen ihn auf, wobei ihm Eloins schroffe und etwas kurz angebundene Art zugute kommt. Es entstehen Unstimmigkeiten, in deren Verlauf Schertzenlechner dem Kaiser gegenüber derartige Beschuldigungen gegen Eloin vorbringt, daß Maximilian ihm schließlich entrüstet zuruft: »Lügen Sie nicht!« Die beiden Männer beschimpfen sich in Gegenwart des Kaisers wie Gassenbuben, und das Ende ist, daß Schertzenlechner um seine sofortige Entlassung bittet und alle seine Würden niederlegt.

Befriedigt sieht der Chef des Militärkabinetts der Franzosen, Loysel, dem Kampf des Belgiers und Österreichers zu, die beiden sind ihm schon längst ein Dorn im Auge, weil man den Franzosenhaß des Kaisers auf sie zurückführt.

Im ganzen kaiserlichen Hofstaat herrscht Jubel über Schertzenlechners Abgang. »Man lebt auf«, schreibt Frau von Kuhacsevich, »da der große Muh fort ist ... Für den Kaiser ist es das größte Glück, er sagte es mir selber; ob es in Hinsicht der Regierung noch gutzumachen ist, weiß ich nicht, er litt niemand um den Kaiser, verleumdete alle, hetzte immer, der Kaiser hörte und sah nur durch ihn, und doch wußte er, wie rachsüchtig und gemein er war; die Kaiserin fragte mich vor dem Bruch, ob es denn wirklich wahr sei, daß er Lakai gewesen, und konnte es nicht begreifen, wie ihn der Kaiser so hochheben konnte, obwohl er auch bei *ihr* noch vor sechs Wochen ein großer, *geborener* Staatsmann war. O Hofgunst – Dunst! Ein Beispiel, leider ein trauriges für alle.«

Schertzenlechner, der vorher alles Denkbare versucht hatte, um Baronie und Exzellenztitel zu erlangen, gerät, nun er in Ungnade ist, außer Rand und Band. Er weigert sich, nach Chapultepec zu kommen, obwohl ihn der Kaiser dahin berufen hat. Er sprengt die falsche Nachricht aus, 7000 aufständische Indianer seien im Anmarsch auf die Hauptstadt, und dergleichen mehr. Maximilian will ihm Titel und Pension eines Staatsrates belassen, ihm freien Unterhalt in Lacroma für sich und sogar für eine gewisse rothaarige Dame seines Herzens zusichern. Kaiser Maximilian muß ja Indiskretionen fürchten, insbesondere über den höchst geheimen Protest gegen den Familienpakt. Schertzenlechner aber will nichts annehmen, bevor ihm nicht volle Genugtuung geworden ist. Er ist überzeugt, der Kaiser müsse zu Kreuze kriechen, und reist ab, nachdem er ein Schreiben Maximilians unbeantwortet gelassen, das von bitterer Kränkung und dem großen Weh spricht, das er ihm angetan hat. Er zieht sich nach Österreich zurück, und man hörte nichts mehr von ihm. Nun ist Eloin im Kabinett

Alleinherrscher. Der Mann hat schon lange bemerkt, daß die Franzosen ihm nicht wohlgesinnt sind, und beeinflußt den Kaiser gegen sie. Die Kaiserin, in deren Adern ja auch französisches Blut fließt, bemüht sich noch, die Gegensätze auszugleichen, erwirkt für Bazaine das Großkreuz des belgischen Leopoldsordens und sagte im Begleitschreiben, sie brauche ihm nicht auch einen Kranz von Lorbeeren zu senden, da er ihn sich selbst gepflückt habe. Das ist eine Anspielung auf einen kurz vorher errungenen militärischen Erfolg über eine juaristische Truppenmacht unter Porfirio Diaz, die mitsamt ihrem General gefangengenommen worden ist.

In der Kirchenfrage ist der Kaiser festgeblieben. Er sendet zwar eine Mission nach Rom, die immer noch eine Einigung und ein Konkordat herzustellen bemüht sein soll. Während diese Gesandtschaft aber auf hoher See ist, läßt er seine bekannten Verfügungen in Mexiko in Kraft treten und gräbt ihr dadurch von vornherein das Wasser ab. Die Kirchenfrage ist und bleibt verfahren. Bei der Durchführung der Dekrete Maximilians aber erkennen er und die Kaiserin, daß jede Maßnahme der Regierung in solchem Lande einer Erschütterung gleiche, daß jede Reform gleichsam eine soziale Revolution bedeute. Maximilian fürchtet den schlechten Eindruck des Verlaufs der kirchlichen Auseinandersetzungen und schickt eine ausführliche, dokumentierte Arbeit über die Verhandlungen mit dem Nuntius, der sich so »unglaublich benommen«, in die Heimat.

Der Nuntius aber verläßt Mexiko, und Maximilian weint dem »hartnäkkigen Priester mit den brüsken, heftigen und wenig diplomatischen Allüren« keine Träne nach. Er hat dem Nuntius noch am Ostertage nach der heiligen Messe in der Kapelle erklärt, er sei ein guter Katholik, ein besserer als viele andere Souveräne. Er wünsche keine anderen Rechte als die von Rom schon anderen katholischen Nationen zugestandenen, aber wenn ihm die Kurie drohen wolle, so sei er der Mann dazu, in keinem Punkte nachzugeben und die Folgen mit Ruhe und Festigkeit zu tragen. Er, der Kaiser, fühle sich in diesen Dingen nur vor Gott und seinem Gewissen verantwortlich.

Aber Maximilian hat noch nicht genug Unannehmlichkeiten und Feindschaften. Im November 1864 hat Kaiser Franz Joseph dem österreichischen

Reichsrat den Familienpakt von Miramar vorgelegt und somit der Öffentlichkeit mitgeteilt. Dies ist hinter dem Rücken Maximilians geschehen und kommt ihm höchst ungelegen. Denn gerade jetzt haben er und Charlotte angesichts der schwierigen Lage und der nervenerschütternden Zwistigkeiten mit der Geistlichkeit einen Augenblick die Frage erörtert, ob sie nicht am besten täten, das Unternehmen aufzugeben und nach Österreich heimzukehren. Nun aber ist nicht daran zu denken.

Erbittert schreibt der Kaiser an Hidalgo nach Paris, man werde ihn auf diese Weise noch zwingen, auch seinerseits Dokumente zu veröffentlichen, die Personen allerhöchster Stelle zum Erröten bringen würden. Das ist scharf gegen seinen Bruder Franz Joseph gerichtet, und außerdem geht auch eine offizielle Protestnote an die europäischen Mächte ab. Den österreichischen Gesandten behandelt Maximilian schlecht, weicht ihm aus und redet höchstens gleichgültige Dinge mit ihm. Dazu läßt er in einer mexikanischen Zeitung einen »Brief aus Venedig« abdrucken, der sich voller Gehässigkeit gegen Österreich über die Verhältnisse im damals empfindlichsten Punkte der Monarchie, dem noch österreichischen Venetien, ausließ und die »Tyrannis« geißelt, mit der diese Provinz regiert werde: »Wer nur immer könne, ergreife die Flucht über die italienische Grenze.« Die Wirkung dieser Schritte Maximilians in Wien bleibt nicht aus. Man spricht schon davon, daß es zu einem Abbruch der diplomatischen Beziehungen zwischen den Kaiserreichen der beiden Brüder kommen werde. Die österreichische Regierung droht, keine Ersatzmannschaft mehr für die Legion zu senden. Kaiser Franz Joseph schäumt, und die Juaristen ergreifen die willkommene Gelegenheit, überall zu verkünden, Maximilian betrachte seine Herrschaft in Mexiko nur als ein Zwischenspiel bei seinem Streben nach einer anderen hohen Stelle, die nur für den Augenblick noch nicht frei sei.

Am Pariser Hofe sind all die schlimmen Nachrichten, die nun aus Mexiko eintreffen, eine Quelle der Verlegenheit. Erst am 15. Februar hat Napoleon den Kammern verkündet, der neue Thron in Mexiko festige sich, das Land kehre zum Frieden zurück und beginne seine gewaltigen Hilfsquellen zu erschließen. Um sich nicht selbst allzusehr Lügen strafen zu müssen, geht Napoleon noch auf so ziemlich alle brieflichen Wünsche Maximilians und Charlottens mit Ausnahme der Truppenvermehrung ein und verspricht, alles mögliche zu tun, um die Kurie zu mehr Entgegenkommen zu bewegen.

Weniger freundlich ist Kaiserin Eugenie. Ihre anfänglich so große Begeisterung und Freude an ihrem Wirken schwindet zusehends dahin. Sie setzt den Vorwürfen ihres Gemahls und den kritischen Stimmen der Volksvertretung kaum noch einen Widerspruch entgegen. Für jede ungünstige Nachricht aus Mexiko ist sie sehr empfindlich, und die Briefe der Kaiserin Charlotte bereiten ihr arge Verlegenheit. Ihr Unmut wendet sich persönlich gegen Maximilians Gattin. Sie findet, daß sie sich in der Kirchenfrage zu sehr exponiert und den Nuntius zu stark vor den Kopf gestoßen habe. Sie lehnt den Wunsch nach Abberufung des Chefs der Bazaineschen Kanzlei unter Ausflüchten ab und erklärt den Marschall für den besten Soldaten, den ihr kaiserlicher Gemahl habe. Er setze gewiß nichts auf Spiel, was die Ehre Frankreichs berühre, aber alle Punkte eines so großen Kaiserreiches könne auch er nicht schützen, und so seien Aufstände nicht zu vermeiden. Sie spricht davon, sie werde Charlotte zu optimistisch erscheinen, behauptet ihr gegenüber aber, man müsse es doch ein wenig sein, da eine solche Stimmung oft über manche Schwierigkeiten hinweghelfe. In Wirklichkeit ist Eugenie der Optimismus schon vergangen, und das mexikanische Kaiserpaar beginnt allmählich auch seine mächtigste Freundin und Stütze in Paris zu verlieren.

Napoleon ist auch deshalb unruhig, weil sich die Waagschale im amerikanischen Sezessionskriege immer mehr zugunsten der Nordstaaten der Union neigt. Er weist Bazaine an, die nördlichen Provinzen nur mit mexikanischen Abteilungen zur Ruhe zu bringen. Er will alles vermeiden, was französische Truppen den Grenzen der Union zu sehr nähert. Schon sieht der Kaiser den vollen Sieg der Nordstaaten herankommen und damit die Gefahr für sein überseeisches Abenteuer riesengroß wachsen, gegen das die öffentliche Meinung Frankreichs sich immer heftiger ausspricht.

X

DER NIEDERGANG BEGINNT

Häufige kleine Siege da und dort und die Eroberung weiter Gebiete Mexikos rufen in Bazaine eine zu optimistische Ansicht über die militärische Lage hervor. Anfangs hat er oft zu General Douay geäußert, Ende 1864 werde alles in Ordnung sein und die französische Armee Mexiko verlassen können. Der Marschall weiß wohl, daß sein oberster Kriegsherr und ganz Frankreich die Rückkehr der Armee ersehnen, und hat deshalb schon Ende 1864 eine Brigade heimgesandt. Er entnahm sie mit Vorbedacht der Division des dem Kaiserpaare nahestehenden Generals Douay.

Auch einer seiner Brigadiers, General D'Hérillier, ist ein Liebling der Kaiserin Charlotte und zählt nicht zu Bazaines Freunden. Wenn man der ersten Brigade die zweite folgen ließ, so konnte man sich des lästigen Kritikers Douay entledigen, der über gute Verbindungen in Paris verfügt und vielleicht sogar als Rivale in Betracht kommt. Maximilian und Charlotte tun alles, um das Abgehen der Brigade zu verhindern, aber vergebens. Die Schwächung des Expeditionskorps schlägt der wahren Lage ins Gesicht. Sowie auf den Hin- und Hermärschen ein Ort von den Franzosen geräumt wird, besetzt ihn Juarez sofort wieder, und seine Truppen begehen die grausamsten Rachetaten an den kaiserlichen Behörden und deren Anhängern. Kein Wunder, wenn sich die Bevolkerung bei jeder Besetzung durch kaiserliche Truppen ängstlich und mißtrauisch zeigt.

Maximilian hofft nun auf die Tätigkeit der ihm versprochenen 6000 österreichischen und 1200 belgischen Freiwilligen, die Anfang 1865 in Mexiko eintreffen. Hastig ausgebildet und ausgerüstet, sind sie den französischen Regimentern nicht gleichwertig, aber Offiziere und Mannschaft sind keineswegs gesonnen, sich von den Franzosen so behandeln zu lassen wie mexikanische Truppen. Eingedenk der Mahnung seines obersten Kriegsherrn, das französische Expeditionskorps möglichst vom Unionsgebiete entfernt zu halten, verwendet Bazaine die frischen Truppen im Norden des Landes, kann aber nicht verhindern, daß sich innerhalb der nun aus vier Nationen bestehenden mexikanischen Armee tiefe Gegensätze entwickeln.

Bazaines bisherige günstige Meldungen über die militärische Lage Mexikos erwecken falsche Eindrücke in Napoleon. Von Frieden ist keine Rede, überall stehen die kaiserlich-mexikanischen Truppen im Kampfe. Zuweilen erleiden selbst französische Abteilungen Schlappen, und der General Castagny wäre im Januar 1865 fast in Gefangenschaft geraten, hätte ihn nicht seine schnelle Vollblutstute vor den ihn weithin verfolgenden juaristischen Reitern gerettet. Aus Mexikanern bestehende kaiserliche Truppen gehen häufig zum Feinde über, ja Generale, die des Juarez Sache schon verlassen hatten, kehren mit Truppen und Material zu ihm zurück. Überall erhebt der republikanische Geist sein Haupt wieder. Juarez verlegt sein Hauptquartier von der Nordgrenze weiter südlich nach Chihuahua und verkündet in einem Manifest, daß der Tag des Triumphes herannahe. Die 27.000 Mann französischer Truppen sind durch die fortwährenden Gefechte und Hin- und Hermärsche abgehetzt, und vor allem kosten alle Unternehmungen so ungeheure Summen, daß der mexikanische Staatsschatz nicht daran denken kann, anderen Verpflichtungen, wie etwa den drängenden Forderungen Frankreichs, gerecht zu werden. Der Erlös der ersten Anleihe ist fast nur für militärische Ausgaben aufgegangen.

Verzweifelt steht Maximilian dieser ungünstigen Entwicklung gegenüber. Er schreibt sie vornehmlich dem Marschall zu, der »beständig und mit Leichtsinn« Geld vergeudet und die Regierung so oft in unnötige kostspielige Unternehmungen verwickelt. In Paris muß man, anstatt finanzielle Vorteile und Kostenersatz aus Mexiko zu erlangen, immer neue Summen in den mexikanischen Rachen werfen. Finanzminister Fould und der gesetzgebende Körper dringen darauf, daß französische Beamte die einzige Einnahmequelle des fernen Kaiserreichs, die Hafenzollstätten, übernehmen und »für Rechnung des mexikanischen Staates« verwalten. Napoleon will durch die finanziellen Daumenschrauben, die er damit dem Kaiser von seinen Gnaden anlegt, »die Regelung aller Schuldforderungen Frankreichs erzwingen«. Er überantwortet auf diese Weise Maximilian hilflos dem Marschall Bazaine, denn ohne Verfügung über die Geldquellen des Reiches, die an und für sich karg genug fließen, kann von einer selbständigen Leitung der Regierungsgeschäfte nicht die Rede sein. Napoleon kann Maximilian solch schwere Bedingungen aufzwingen, weil er ihm gleichzeitig in Paris eine neue Anleihe vermittelt. Scharf mahnt er den Kaiser von Mexiko zur Sparsamkeit und betont, daß die finanzielle Frage allen anderen vorangehe.

Die neue Anleihe soll auf das sorgsamste verwaltet und verwendet werden. Wie aber steht es mit ihr? Der mexikanische Staat wird wieder mit einer Viertelmilliarde Franken nominaler Staatsschuld belastet. Hiefür sind nur 170 Millionen Franken eingegangen, von denen wieder nur 70, also ein verschwindend geringer Teil, wirklich dem mexikanischen Staatsschatze zufließen. Die Zinsen der Staatsschuld erfordern allein schon mehr als die Hälfte der gesamten greifbaren Einnahmen des Reiches. Die scheinbare Unterstützung von Paris her ist in Wirklichkeit geeignet, Mexiko dem Bankrott entgegenzuführen. Zur furchtbaren Lage der Finanzen kommt die kritische Entwicklung des mexikanischen Heerwesens, an dem viel zuviel herumexperimentiert und -organisiert wird. Dabei gerät Maximilian in wachsenden Gegensatz zu Bazaine, der sich nun militärisch wie finanziell als sein Vormund gebärdet.

Des Kaisers Selbständigkeit wird immer geringer, obwohl er ängstlich bestrebt ist, trotz allem sein Ansehen zu wahren. Je mehr er sieht, daß er von Paris aus nicht mehr genügend unterstützt wird, desto mehr schiebt er die Schuld an allen Mißerfolgen auf die französischen Beamten und Offiziere. Sein Groll gegen Bazaine wächst in dem Maße, als die Macht und der Einfluß des Marschalls zunehmen. Gegen seinen Gesandten Hidalgo in Paris beginnt er zurückhaltender zu werden. Dieser Mann scheint ihm endlich Mexikos Interessen beim Kaiserpaar und den verschiedenen Ministern in Paris nicht gehörig zu vertreten. Allmählich kommt Maximilian auch dahinter, daß Hidalgo an der Gestaltung der Dinge materiell interessiert ist und daß seine eifrige Teilnahme an der Gründung einer mexikanischen Monarchie mit diesen Interessen innig zusammenhing. Hidalgos Vater war im August 1862 durch ein Dekret des Juarez zum Verräter an seinem Vaterlande erklärt und als Strafe die Beschlagnahme seiner Besitzungen ausgesprochen worden. Sein Sohn bat schon 1863 um Rückerstattung. Als Maximilian nach Mexiko kam, überwies er Hidalgo auch aus freien Stücken eine große Summe aus Staatsmitteln. Und nun, kaum ein halbes Jahr später, schreibt Hidalgo wieder an Eloin, seine Besitzungen seien wohl zurückerstattet, aber verwüstet und ertraglos. Der Schaden betrage 100.000 Piaster, nötigenfalls solle der Staat die Güter kaufen. Maximilian empfindet diese Zumutung richtig als verhüllte Erpressung.

Die Familie Gutierrez gibt Hidalgo in materiellen Dingen nichts nach. Auch sie hat ihre früheren Güter zurückerhalten, bittet aber noch um Ersatz der vorgefundenen Schäden. Maximilian kennt wohl die Niedrigkeit all dieser Ansuchen, aber er fühlt sich den beiden immer noch in gewissem Sinne verpflichtet, und anstatt zu antworten, die Bittsteller möchten doch nach Mexiko kommen, um ihre Güter zu bewirtschaften und ertragreich zu gestalten, tritt er den Bitten näher.

Keimt so in Maximilian der Zweifel an der Zuverlässigkeit der meistbeteiligten Personen, so bewahrt er Napoleon nach wie vor volles Vertrauen. Er scheint nicht zu merken, daß dessen Briefe mehr und mehr an Herzlichkeit verlieren und daß seine »Ratschläge« in steigendem Maße Befehlen gleichen. Der Kaiser baut darauf, daß Napoleon ihm seine Freundschaft bewahren und die Versprechungen einhalten werde, die er ihm gemacht, als sich Maximilian noch nicht für die Annahme der Krone entschieden hatte. Er sucht die Gründe für die sich immer unliebsamer gestaltenden Beziehungen zum französischen Hof überall anders als in einer Wandlung der Gesinnung Napoleons.

In seinem Lande bleibt Maximilian ein Fremder, und als solcher hat er auch den Widerstand zu überwinden, den das Nationalgefühl Personen eingibt, die ihm an sich wohlgesinnt sind. All der Schwierigkeiten, die sich so auftürmen, hätte ein Mann in der Lage Maximilians nur als Soldat, auf eine starke bewaffnete Macht gestützt, Herr werden können. Indessen erschöpft er seine Arbeitskraft damit, daß er unzählige, wohlgemeinte und von liberalem Geiste zeugende Anordnungen erläßt, die er aber aus Mangel an einer Vollzugsgewalt nicht durchzuführen vermag. Sie füllen nur die Archive. Bazaine, der die nötige Macht besitzt, seinen Anordnungen Geltung zu verschaffen, arbeitet wohl nicht für sich, aber noch viel weniger für Kaiser Maximilian. Er ist der treue Diener seines Herrn in Paris und mit seinem Herzen in Frankreich, das seine und seines Heeres Rückkehr wünscht. All die Sorgen, Aufregungen und Anstrengungen bleiben für die im allgemeinen zarte Gesundheit Maximilians nicht ohne Folgen. Im März 1865 befällt ihn eine hartnäckige Grippe. Ab und zu treten auch Dysenterie-Erscheinungen auf. Der Kaiser wird mager, nervös, und seine Stimmung schwankt oft unvermittelt zwischen größter Heiterkeit und tiefer Niedergeschlagenheit.

Die Kaiserin ist aus anderem Holze. Stets bestrebt, ihren Gatten in der Erfüllung seiner schweren Pflicht, zu deren Übernahme sie nicht wenig beigetragen, nach Kräften zu unterstützen, zeigt sie ungeheure Aktivität. Sie ist immer noch erfüllt von der Überzeugung, allen, auch den schwersten Anforderungen gewachsen zu sein. »Ich würde«, schreibt sie ihrer alten Freundin Gräfin Grünne, »gegebenenfalls auch eine Armee kommandieren. Lachen Sie nicht über mich! Ich habe schon Kriegserfahrung bloß vom Kleinkrieg in diesem Lande, den ich täglich sehe, und würde, wenn nötig, Großes leisten!«

Auch Charlotte unterschreibt des ersten Napoleon Worte, daß der Ausdruck »unmöglich« nicht französisch ist. »Es scheint mir«, meint sie, »nur natürlich, daß in einer Stellung wie der unsrigen eine Frau, die nicht Familienmutter ist, ihrem Gatten direkt beisteht. Ich tue es, weil er es wünscht, und aus Geschmack an nützlicher Beschäftigung, nach der ich hungere.«

Die Beziehungen der beiden Gatten sind ausgezeichnet, doch macht sich bisweilen Förmlichkeit und Zurückhaltung zwischen ihnen geltend. Beide leiden darunter, daß ihnen die so sehr erwünschte Nachkommenschaft versagt bleibt, aber Charlotte will nicht, daß anderwärts darüber gesprochen wird. Sie betont, besonders ihrer Großmutter gegenüber, das gute Verhältnis zu ihrem Mann: »Max und ich sind in der Politik ebenso wie in jeder anderen Sache so einig, daß nicht zu fürchten steht, es könnte uns jemand in irgend etwas trennen.« Sie sind beide nur allzu geneigt, zeitweise eintretende kleine günstige Ereignisse weit zu überschätzen, schon um den Besserwissern in Europa, die ihnen einst abrieten, nicht recht geben zu müssen.

»Wir schreiten ruhig, aber entschieden und gut vorwärts«, berichtet Maximilian seinem Schwiegervater. »Wenn in anderen Ländern der Souverän mit Mühe zurückhalten und doppelten Radschuh anlegen muß, so ist hier im Gegenteil Antreiben notwendig. Doch geht die Sache besser, als ich anfangs hoffte; die Leute bekommen Freude an der Arbeit und Vertrauen in die Zukunft. Das Gefühl gänzlicher Apathie beginnt zu schwinden. In der Kirchenfrage beruhigen sich die Gemüter, man sieht ein, ja selbst die Erzbischöfe gestehen, daß Rom Unmögliches verlangt hat …«

Die rauhe Wirklichkeit aber straft diese gefärbten Berichte Maximilians Lügen. Im Winter und Frühjahr 1865 hat sich die Waage im Sezessionskriege zugunsten des Nordens gesenkt. Er erdrückt mit seiner Übermacht den Süden trotz all seiner Tapferkeit. Die Entscheidung naht heran, die Armee der Südstaaten bröckelt ab und beginnt sich aufzulösen, die Offiziere verlieren den Mut, die Lage der Konföderierten ist verzweifelt. Schon muß man die Folgen des bevorstehenden Triumphes der Nordstaaten in die politische Rechnung einbeziehen. »Die Mächte Europas«, warnt der österreichische Vertreter in Washington, »werden nun in aller Zukunft mehr als jemals mit diesem stolzen und empfindlichen Volke rechnen müssen.« Der Sezessionskrieg findet sein Ende. Am 9. April kapituliert der Süden, die Konföderation hört auf zu bestehen, der Bürgerkrieg mit seinen zweieinhalbtausend Gefechten hat nahezu eine Million Menschen und ungeheure Summen Geldes gekostet. Um so größer ist der Stolz der siegreichen Staaten. Nun hat die Union freie Hand, eine kriegsgewohnte, sieggekrönte Armee steht ihr zur Verfügung. Von jetzt an wird sie ganz anders in die Geschicke der Nachbarstaaten, ja der Welt eingreifen können als bisher.

Für den Herrscher Mexikos ist dies ein schwerer Schlag. Bisher hat man in Washington keinerlei diplomatische Beziehungen mit dem Kaiserreich geduldet. Immer und immer wieder klopft Maximilian an, aber seine Sendlinge werden als »revolutionäre Agenten« eines Landes bezeichnet, mit dessen souveräner Autorität, nämlich Juarez, die Vereinigten Staaten diplomatische und freundschaftliche Beziehungen unterhalten. Auch in Paris macht man sich ernste Sorgen; das Kaiserpaar sieht sein Unternehmen in Mexiko gefährdet, ja sogar die Möglichkeit eines Krieges gegen die Union am Horizont heraufkommen. Die Angst davor spielt in der Folge eine Rolle bei allen Entschließungen Napoleons und Eugeniens, die Mexiko betreffen. Schon läßt die Union ihren Gesandten in Paris wegen der militärischen Operationen in Mexiko einschreiten. Die französische Regierung antwortet gefügig, die Abberufung des Expeditionskorps sei ohnehin schon seit längerer Zeit beschlossen und werde allmählich durchgeführt. »Jetzt rächt sich Maximilians Nichtachtung der großen Macht im Norden, jetzt gedenkt er all der Warnungen, die er in den Wind geschlagen. Ängstlich erwägt er, wie man der Gefahr begegnen könne. Er findet keinen anderen Ausweg als wieder einen Hilferuf an Napoleon und seinen Schwiegervater König Leopold. Zusicherungen europäischer Mächte sollen Maximilian gegen die Bedrohung von Norden her schützen. Eine Sondergesandtschaft soll dies in Europa durchsetzen. Wen aber damit betrauen? In dieser Frage kommt eine erfolgreiche Intrige der Franzosen in Mexiko zu Hilfe. Eloin, der Chef des kaiserlichen Zivilkabinetts, ist ihnen schon lange ein Dorn im Auge. Er vertritt wirklich die Interessen des Kaisers und nicht die Frankreichs wie Loysel, der Chef des Militärkabinetts, der in erster Linie französischer Offizier und erst in zweiter Diener Maximilians ist. Darum wird Eloin von den Franzosen, aber auch von allen Parteien des Landes bekämpft, weil er ein Fremder ist und auch keinem Mexikaner besonderen Einfluß einräumen will.

Geschickt wissen die französischen Offiziere dem in bezug auf seine Herrscherrechte sehr empfindlichen Maximilian einzureden, das Zivilkabinett habe sich zu einer Zentralregierung entwickelt und Eloin maße sich eine viel größere Macht an, als der Kaiser selbst sie habe. Maximilian geht in die ihm gelegte Falle und wählt Eloin zu jener Mission, um ihn so nach bewährtem Muster von seinem Posten zu entfernen.

Indes entwirft Maximilian einen »politischen Feldzugsplan« gegen die Union. Eloin soll die europäischen Mächte bearbeiten, ein anderer Gesandter soll anläßlich des Todes des Präsidenten Lincoln in Washington ein kaiserliches Beileidsschreiben übergeben und diese Gelegenheit zu einer Anknüpfung verwenden. Aber der neue Präsident verweigert die Annahme des Briefes und den Empfang des Sendlings.

Auch die Kaiserin ist über die Entwicklung im Norden tief betroffen. Sie sieht voraus, wie der Juarismus, diese nach ihrem Ausspruch »scheußlichste Form der Demagogie«, daraus Gewinn ziehen werde.

Für Juarez sind die Vorgänge in der Union ein mächtiger Anstoß zur hartnäckigen Weiterverfolgung seiner Ziele. Unzählige neue Anhänger strömen ihm zu. Überall flammt die republikanische Bewegung neu auf. Man beurteilt die kraftlose, mit Schwierigkeiten aller Art kämpfende und in sich uneinige kaiserliche Regierung sehr hart. Was nützt da der gute Wille Kaiser Maximilians, sein Land glücklich zu machen? Man neigt in Mexiko ebenso wie anderwärts dazu, sich dem vom Glück mehr Begünstigten zuzuwenden, und dies ist Juarez jetzt zweifellos. Seine fliegenden Truppen durchstreifen bereits wieder das ganze Land, machen sogar die Verbindung der Stadt Mexiko mit dem Meere unsicher, bringen der belgischen Legion eine schwere Schlappe bei. Einzelne kühne Führer wagen sich schon hart an die Hauptstadt heran, so daß das Kaiserpaar bei Ausflügen zuweilen Gefahr läuft, ihnen in die Hände zu fallen. Bazaine sieht sich gezwungen, seine ohnehin überanstrengten Truppen wieder in alle Richtungen der Windrose zu Kampfhandlungen zu entsenden. Er selbst aber kommandiert diese Unternehmungen nicht, ein starker Magnet hält ihn in der Hauptstadt zurück.

Bazaine ist Witwer. Seine Frau hatte einst während der ersten Abwesenheit ihres Gemahls in Mexiko mit dem Gatten einer sehr eifersüchtigen Schauspielerin der Comédie Française Beziehungen angeknüpft. Als diese einmal die Korrespondenz ihres Gemahls prüfte, entdeckte sie einen kompromittierenden Briefwechsel mit der Frau Bazaines und sandte ihn sofort dem General nach Mexiko, nicht ohne Frau Bazaine das wissen zu lassen. Außer sich vor Aufregung, eilte diese zu Napoleon und bat ihn auf den

Knien, ein Eilschiff nachzusenden, das die schicksalsschwere Post aufhalten sollte. Der Kaiser willigte ein, aber die Elemente waren dagegen. Das nachgesandte Schiff konnte den Brief nicht mehr einholen, und als Frau Bazaine davon erfuhr, verübte sie Selbstmord. Tragischerweise wäre das nicht notwendig gewesen, denn die Offiziere des Militärkabinetts Bazaines, die die Korrespondenz öffneten, ließen den Brief verschwinden, ohne ihrem kommandierenden General davon Kenntnis zu geben. Nun, zwei Jahre später, verliebt sich Bazaine trotz seiner vierundfünfzig Jahre in ein junges, bildhübsches und reiches mexikanisches Mädchen. Das siebzehnjährige ehrgeizige Ding vergißt über der glänzenden Stellung des Marschalls von Frankreich die wenig vorteilhafte äußere Erscheinung des Mannes mit dem vorspringenden Bauch, der auf viel zu kurzen Beinen sitzt. Dafür ist Bazaine, wie Maximilian sagt, »verliebt wie ein Gimpel und fängt sogar wieder zu tanzen an«. Ironisch sieht das Kaiserpaar dieses späte Liebesidyll des Marschalls, das zur Heirat führt.

Die Unstimmigkeiten zwischen Souverän und General sind in letzter Zeit wieder größer geworden. Der Kaiser wird schon ganz nervös wegen der fortwährenden Klagen des an der Spitze des Militärkabinetts stehenden Loysel über das nun nach Eloins Abreise verwaiste Zivilkabinett. Fortwährend gibt es da Reibungen, bis Maximilian kurz entschlossen die Türen, die seine Privatgemächer mit den Räumen der beiden Kabinette verbinden, zumauern läßt. Auf die Vorstellungen Loysels erwidert der Kaiser, er habe neben anderen schlechten Eigenschaften ein absolutes Unabhängigkeitsgefühl, wohlgemerkt gegenüber jedermann. »Selbst die Kaiserin kommt mit einem ganz besonderen Feingefühl niemals zu mir und stört mich in meiner Arbeit, ohne eingeladen zu sein.«

Die Sorgen und der Ärger der letzten Zeit nehmen den Kaiser sehr mit. Arge Nervosität plagt ihn, und ein Leberleiden beginnt ihm Schmerzen zu bereiten. Schon befürchtet die Kaiserin, ihr Gemahl erschöpfe seine Kräfte in der Sisyphusarbeit, stets den Felsen seiner Regierungstätigkeit bergan zu rollen und ihn immer wieder zurückfallen zu sehen. Ordnet er etwas an, so leugnet man dies tags darauf. Nun folgt er dem Beispiel seines Schwiegervaters, der sich sogar mit seinen eigenen, im gleichen Schlosse wohnenden

Söhnen schriftlich verständigt, und führt den brieflichen Verkehr mit seinen Ministern und Kabinettchefs ein. »Nun kann man«, meint er, »nicht mehr sagen, der Kaiser hat das behauptet oder wünsche dies und jenes, jetzt ist alles geschrieben und unterzeichnet.« Anfangs fühlen sich die Mitglieder des Kabinetts gekränkt, mit der Zeit gewöhnen sie sich daran, aber das gegenseitige Verständnis wird dadurch nicht gefördert.

Loysel gegenüber klagt Maximilian über die Unaufrichtigkeit Bazaines, der die militärische Lage Mexikos in Paris glänzend schildere, während sie sich unausgesetzt verschlechtere. Er, der Monarch, müsse Erniedrigungen und Ungerechtigkeiten aller Art ertragen, mit einem Wort, man treibe »mit den beiden Kaisern ein freches Spiel«, aber das werde und müsse aufhören. Maximilian sind durch die finanzielle Lage und durch Bazaine die Hände gefesselt, aber es wäre nicht so weit gekommen, wenn er nicht den einzigen Trumpf, den er besaß, die Drohung mit seinem Rücktritt, ungenützt gelassen hätte. Er spricht sie nicht aus, weil er fürchtet, daß man sie annimmt und er dann vor aller Welt, und insbesondere vor seiner Familie in Österreich, bloßgestellt wäre. So bleibt ihm nichts übrig, als sich gänzlich den Franzosen zu verschreiben und sich an sie zu klammern, obwohl er sie in seinem Innersten zu allen Teufeln wünscht. Sein Eifer, tausend Reformen ins Werk zu setzen, ist nicht geringer. Seine Beamten taugen nichts, so will er alles selbst »von Grund auf reorganisieren«, um die mexikanische Nation zu befähigen, »an die Seite der ersten Völker der Welt zu treten«. Er will nun selbst Finanzminister sein, kümmert sich auch um die Schulen und empfiehlt in Mexiko das Studium klassischer Sprachen, der Naturwissenschaften und der »viel zu wenig betriebenen Wissenschaft der Philosophie«, denn sie »schule den Verstand, lehre den Menschen sich selbst erkennen und die sittliche Ordnung der Gesellschaft notwendig aus sich selbst entwickeln«.

Die Minister lächeln, die Theorie ist ausgezeichnet, aber sie paßt in eine andere Welt. Maximilian kehrt sich nicht daran, er gründet eine Akademie der Wissenschaften, er sammelt die Bilder aller Beherrscher Mexikos seit Montezuma, er unterstützt die Perlenfischerei und bemüht sich, Kostbarkeiten, die Cortez einst Montezuma geraubt und Karl V. geschenkt hat, aus den Wiener Hofmuseen wieder nach Mexiko zu bekommen. Dabei wird die militärische Lage immer schlechter, Maximilian täuscht sich selbst nicht mehr darüber. Die sogenannten Räuber und Banditen des Juarez zeigen eine merkwürdige militärische Schlagkraft. Die geistlichen Würdenträger sabotieren das Kaiserreich, und Maximilian muß eine eigene Geheimpolizei zu ihrer Beobachtung aufstellen. In dieser Stimmung kommt ein Brief des Gutierrez gerade recht, der aus dem sicheren Europa in vierundachtzig Seiten wieder einmal das ermüdende Thema abwandelt, der Kampf für den Katholizismus sei der Hauptbeweggrund und das vornehmste Ziel der monarchistischen Restauration in Mexiko gewesen. Gutierrez wettert gegen Maximilians Duldung der Kulte, gegen die Schwächung des Einflusses der Geistlichkeit, der Hauptstütze des monarchischen Gedankens. Der Brief erbittert den Kaiser noch mehr gegen die Partei des cangrejo (Krebses), wie man in Mexiko alles Konservative nennt. Nun wird Maximilian Gutierrez gegenüber sehr deutlich. In Mexiko habe es nie eine Monarchie gegeben, er müsse endlich die Illusionen zerstören, in denen Gutierrez lebe und in denen er selbst als Erzherzog vor seiner Fahrt nach Mexiko erhalten worden sei. Die gewaltige katholische Majorität existiert nicht. Die große Menge ist religiös gleichgültig, das Verhalten des Klerus in sittlicher Beziehung ein trauriges Kapitel. Nicht *eine* Partei müsse man stützen, *alle* sollten sich im Palaste von Mexiko vereinigen. Gutierrez möge nicht vergessen, daß er fünfundzwanzig Jahre nicht in seinem Vaterlande gewesen, seither sei eine neue Generation erwachsen, die man ganz anders behandeln müsse, als er zu glauben scheine. Das sind lauter Faustschläge in das Gesicht des ultramontanen Emigranten, der bisher überall stolz hat durchblicken lassen, Maximilian sei der Kaiser von seinen Gnaden.

Inzwischen ist Eloin in Paris angelangt. Napoleon ist in Algier, und die Kaiserin nimmt den Brief Maximilians mit der Bitte um Zusicherung von Garantien der großen europäischen Mächte gegenüber einer Bedrohung durch die Union entgegen. Erstaunt meint Eugenie, Maximilian sei ein unruhiger Kopf und stets geneigt, so unmögliche Dinge zu verlangen wie zum Beispiel diese Garantien. Man geht gar nicht weiter darauf ein. Auch die Bitte um Verstärkung der in Mexiko stehenden Truppen wird rundweg abgelehnt. Eugenie verschanzt sich hinter der Abwesenheit ihres Gemahls. »Ganz Mexiko zu besetzen«, meint sie, »ist unmöglich, und die Truppen genügen, um die Ruhe eines Teiles des Landes sicherzustellen und die Ehre unserer Fahne zu gewährleisten. Der Marschall wird mit seiner unzweifelhaften Energie und Klugheit schon alles in Ordnung bringen.«

Mit leeren Händen zieht Eloin ab, um zu seinem Souverän nach Brüssel zu gehen. Dort liegen die Dinge auch nicht viel besser, König Leopold ist krank und schwach und muß zugeben, die Niederlage des Südens der Union sei ein großes Unglück für Mexiko, und England wünsche mehr als je, »aus allem herauszubleiben«. Hoffnungen und gute Ratschläge allein hört Eloin aussprechen. Er weiß nun: mit der gewünschten Garantie der Mächte ist nicht zu rechnen. In Wien endlich gelangt er gar nicht bis zu Kaiser Franz Joseph, der Eloin nur sagen läßt, er bewahre für Maximilian große Zuneigung und werde schon alles mögliche für ihn tun, wenn ihn die Ereignisse zwingen würden, Mexiko zu verlassen.

Eloin berichtet alles getreulich seinem Herrscher, er verfehlt auch nicht, auf Hidalgos bedeutend verschlechterte Position am französischen Kaiserhofe hinzuweisen. Der Mann vertrete gar nicht mehr Mexikos Interessen, sondern gebe stets in allem Frankreich nach, um seine schwindende Beliebtheit bei Hofe durch solche Willfährigkeit zu stützen.

Noch näher wird der Kaiser über Lage und Auffassung in Europa, und insbesondere am Pariser Hofe, durch den nach Heimführung seiner ersten Brigade nach Mexiko zurückgekehrten, ihm wohlgesinnten General Douay unterrichtet. Am 9. Juli 1865 findet eine denkwürdige vertrauliche Unterredung statt. Douay berichtet, daß in Paris alle Welt die Beendigung der mexikanischen Expedition wünsche, die nun schon so viel länger dauere, als man anfangs gedacht. Er habe alle Mühe gehabt, die Wirkung der rosigen Berichte Bazaines richtigzustellen. Douay findet scharfe Worte über den Marschall, der sich seiner Ansicht nach von allem Anfang an über Tragweite und Ernst der Unternehmung getäuscht habe. Es sei ihm, meint er, unangenehm, heimzukehren, bevor seine ihm anvertraute Mission zu Ende sei, und da er immer gesagt habe, daß es eine Bagatelle sei, fürchte er von einem Augenblick zum anderen, daß der Schleier zerreiße. Er, Douay, habe solche Illusionen nie gehegt, aber die Regierungspartei müsse sich natürlich auf die französische Armee stützen können und deren Kommandant dem Kaiser ergeben sein. Der Monarch müsse als Diktator große militärische Macht haben, um die Mexikaner zu Opfern zwingen zu können, die sie gutwillig nicht brächten. Der französische Oberkommandant müsse zur Verfügung des Kaisers stehen und nicht umgekehrt.

»Ach wären *Sie* doch mein Oberkommandant«, meint Maximilian.

»Das ist meinem Range nach unmöglich.«

»Warum denn nicht? Der Marschall durchkreuzt alles. Er gibt mir niemand, um die Armee zu organisieren. Der Bürgerkrieg zehrt alles Geld auf. Die Steuern existieren so gut wie gar nicht. Wenn ich bloß denke, was mir damals Napoleon vor meiner Abreise in Paris gesagt hat: ›Mein Fürst, Sie werden Mexiko gänzlich befriedet vorfinden, die Anleihe wird lediglich für Eisenbahnen, Straßen und dergleichen dienen!‹ Und heute? Wo sind wir angelangt? Die Lage ist schlechter als im Vorjahre.«

»Eure Majestät, nur diktatorische Gewalt kann helfen. Die französische Armee muß sie leihen, aber freilich, sie kann es nicht, wenn man sie so irrsinnig herumhetzt wie bisher.«

»Gewiß, und dazu kommen noch die Affäre Jecker und die tollen finanziellen Lasten, die uns dadurch aufgebürdet werden.«

»Ja«, wirft Douay ein, »in Frankreich glaubt man, das ganze Ziel der Unternehmung liege daran, diesem Spekulanten zu seinem Geld zu verhelfen.«

»Mein lieber Douay, Sie müssen zusehen, daß sie bald die Erbschaft antreten, die Ihnen zukommt. Sie müssen alles wieder einrenken.«

Es ist eine förmliche Verschwörung des Kaisers mit dem General gegen Bazaine. Douay gelüstet es trotz seines schamhaften Einwurfs, er sei zu jung, nach der Stellung des Marschalls. Dieser weiß das schon lange, und auch, daß der General in Paris sowohl wie in Mexiko gegen ihn wühlt. Er ist empört darüber, daß Maximilian hinter seinem Rücken mit dem jungen Divisionär paktiert. Bazaine freut sich zwar einen Augenblick über sein Palais, das kaiserliche Hochzeitsgeschenk an seine junge Frau, aber das ändert nicht viel an seinen Beziehungen zum Hofe. Des Marschalls Eitelkeit ist verletzt, fortan hat Maximilian auch an ihm keine Stütze mehr. Douays machtlose Freundschaft kann dies nicht wettmachen. Es dauert keine Woche, da befiehlt Bazaine dem General Douay, zu einer Unternehmung weit ins Innere des Landes abzugehen.

Noch sitzt der Marschall fest im Sattel. In Paris hat man ihn nicht fallenlassen. Die Kaiserin Eugenie und Napoleon stellen sich taub gegen die Klagen des mexikanischen Kaiserpaares, empfehlen im Gegenteil Bazaine in warmen Worten und weisen die versteckten Angriffe Maximilians und Charlottens zurück. Solche Zeilen kommen gerade an, als die beiden über die Abkommandierung Douays entrüstet sind.

»Er ist«, schreibt Charlotte der Kaiserin Eugenie, »mit der Besorgnis ins Innere abgegangen, dort nicht viel ausrichten zu können, wir haben uns gepreßten Herzens von ihm getrennt und er desgleichen von uns. Er ist ein hervorragender Mann als Soldat, als Staatsmann und als Verwaltungsbeamter. Der Kaiser und er elektrisieren sich geradezu gegenseitig und scheinen zwei Freunde, ja fast zwei Brüder. Die Ehe unseres guten Marschalls geht sehr gut, sie reiten miteinander spazieren, und ich bin ihnen heute früh begegnet.«

Diese letzten lakonischen Worte sind alles, was Charlotte Eugenie über Bazaine zu berichten weiß, der Gegensatz zur Lobeshymne auf Douay ist scharf genug. Überdies ist es unvorsichtig von Charlotte, so warme Ausdrücke für das Verhältnis Maximilians zu Douay zu gebrauchen, denn Napoleon wünscht, daß der Oberkommandierende in Mexiko vor allem *sein* Mann sei und nicht der Maximilians, und er will nicht wieder einen neuen, *vierten.* Die Kaiserin Eugenie glaubt daher, in ihrem nächsten Briefe an Charlotte noch deutlicher werden zu sollen. »Douay«, schreibt sie, »ist gewiß ein sehr guter General, aber der Marschall ist unser bester Soldat und hat überdies in meinen Augen das Verdienst, niemals auch nur einen Augenblick mutlos gewesen zu sein. Aber ich bitte, ihn mehr zu würdigen und ihm Vertrauen entgegenzubringen.«

Charlotte tritt daraufhin den Rückzug an. In ihrem Innern aber sagt sie sich: Der erste große Vorstoß gegen Bazaine ist mißglückt, ein neuer muß auf später verschoben werden.

XI

VON KRISE ZU KRISE

Die Dinge stehen nicht zum besten. Selbst ein Maximilian, der stets bemüht ist, sich und andere zu täuschen, schwankt zwischen Furcht und Hoffnung. »Diese fatalen Leute in den Vereinigten Staaten! Ach, sie werden schließlich doch neutral bleiben. Militärisch und finanziell steht es ja elend. Der ewige Krieg zehrt alles auf.«

Maximilian kommt es trotz allem nicht in den Sinn, daß das Kaiserreich sich nicht werde halten können; bedauernd sieht er, daß ihm der Himmel die Nachkommenschaft versagt. Fragen, wie die einstige Thronfolge, machen ihm Sorge. So denkt er an die Nachfahren des unglücklichen Kaisers Iturbide und will dessen jüngsten Enkel als Kronprinzen adoptieren. Diese Familie benützt die Gelegenheit, um ihre Stellung sozial und wirtschaftlich zu stärken. Ein Geheimvertrag zwischen Maximilian und den Iturbides bestimmt deren Erhebung in den Fürstenstand und weitgehende materielle Unterstützung. Maximilian will den dreijährigen künftigen Kronprinzen zu sich nehmen. Die Mutter aber macht die größten Schwierigkeiten, fast mit Gewalt muß man ihr den Sohn wegnehmen. Damit ist eine neue Sorge mitten in das Heim Maximilians verpflanzt.

Auch Charlotte ist die Sache höchst peinlich, denn obwohl der kleine Iturbide nicht offentlich als Thronerbe erklärt ist, muß es doch jedermann klar sein, daß seine Erziehung im Palais kein anderes Ziel haben kann. Um diesem Eindruck in Europa zuvorzukommen, versucht sie in ihren Briefen den Vorgang so darzustellen, als lasse man den Nachkommen jenes unglücklichen Kaisers nur Gerechtigkeit widerfahren; mit der Nachfolge habe die Sache nichts zu tun. So will sie verdecken, daß ihr Gemahl schon nicht mehr damit rechnet, einst von ihr Kinder zu bekommen. Dieser organische Fehler, für den sie freilich nichts kann, kränkt sie. Überhaupt fühlt Charlotte mehr und mehr die schwere Bürde ihres Amtes. »Ich altere zusehends«, schreibt sie ihrer Großmutter Marie Amélie, »wenn auch nicht in den Augen der anderen, so wenigstens in den meinen, und die Gedanken und Gefühle, die mich beseelen, sind ganz andere, als es mein Aussehen glauben machen würde.« Besondere Sorge macht ihr Nordamerika. Ihr Gatte nimmt das zu leicht. In New York bilden sich Kaiser Maximilian feindliche Klubs, die Zeitungen polemisieren scharf gegen ihn, die obersten Behörden der Union verkehren in Angelegenheiten Mexikos nur mit dem nach wie vor anerkannten Vertreter des Juarez und höchstens noch mit dem Maximilian gleichfalls feindlichen französischen Gesandten Montholon. Umsonst versucht der Kaiser, Presseleute zu kaufen. Graf Olivier Rességuier wird nach New York gesandt und soll im Verein mit anderen Agenten eine Annäherung an die Union zustande bringen. Rességuier tut, was er kann, aber er wird nur von allen möglichen Schwindlern beschwatzt. Auf warnende Berichte hört Maximilian nicht, wohl aber auch da wieder auf die günstigen der Schmeichler, wie einst im Falle der Gutierrez und Genossen.

Es ist grotesk, wie Maximilian dabei bleibt, seinem Bruder in Wien die Überlegenheit Mexikos über die Heimat weismachen zu wollen. Ein eben vom Urlaub heimgekehrter Offizier seiner Palastwache hat ihm aus Schmeichelei gemeldet, er habe sich geradezu nach Mexiko zurückgesehnt. Das teilt Maximilian seinem Bruder mit. Dem Manne sei das »alte Europa in vielen Punkten abstoßend, zugeknöpft, ja in manchem sogar lächerlich« vorgekommen, und es habe ihn nach dem »frischen, freien Leben« des jungen Kontinents gedrängt.

»Ich kann nur sagen«, schreibt Maximilian an Franz Joseph, »daß, wenn ich mich jetzt wieder nach Miramar denken könnte und die mexikanische Deputation abermals käme, ich gar nicht mehr zaudern, gar keine Bedingungen stellen, sondern mit einem frischen, fröhlichen ›Ja‹ annehmen würde. Ich gebe mich deswegen keinen Illusionen hin, das neue Gebäude, an dem wir arbeiten, kann unter Stürmen zusammenbrechen, ich kann dabei zugrunde gehen, aber das Bewußtsein kann mir niemand nehmen, mit gutem Willen für eine erhabene Idee mitgearbeitet zu haben, und dies ist immer besser und tröstlicher, als im alten Europa im Nichtstun zu verfaulen. Es gibt Leute, die das Leben meiner jüngeren Brüder philosophisch finden; mir wäre solch eine Existenz der Tod bei lebendigem Leibe, und was noch ärger ist, ich finde sie lächerlich. Es gibt nichts Erbärmlicheres als einen apanagierten Prinzen, der eine sogenannte sorgenlose Existenz führt.«

Noch will der Kaiser in Österreich glauben machen, die Entwicklung der Verhältnisse in Mexiko gebe ihm recht, aber zum erstenmal erwähnt er doch den Gedanken an einen Mißerfolg. Vor der widerwärtigen Drohnenstellung in der Heimat graut ihm nach wie vor. Maximilian fürchtet, man glaube in Europa schon, es tue ihm leid, nach Mexiko gegangen zu sein, darum beteuert er in allen Briefen das Gegenteil.

Der 16. September, an dem der Beginn der Erhebung gegen die Spanier gefeiert wird, gibt dem Kaiser Gelegenheit, über das glanzvolle Fest nach Europa zu berichten. Tagreveille, Kanonendonner, feierlicher Aufzug, Kaiserin in Prachtkarosse, der Kaiser zu Pferde, Tedeum, Truppenschau, Volksfest, Feuerwerk und Gala-Oper! Las man dies, so konnte man glauben, es sei in Mexiko alles in schönster Ordnung. Und wirklich, der Festtrubel erweckt in Maximilian wieder die alte Begeisterung für seine Aufgabe, einem Volke Glück zu geben, es groß, reich und mächtig zu machen. Der Romantiker in ihm gibt ihm die Worte für seine Rede am Unabhängigkeitstage ein:

»Mein Herz, meine Seele, meine Arbeit, alle meine loyalen Anstrengungen gehören Euch und unserem lieben Vaterland. Keine Macht der Welt wird mich in der Vollendung meiner Aufgabe irremachen; jeder Tropfen meines Blutes ist nunmehr mexikanisch, und wenn Gott es zuließe, daß neue Gefahren unser teures Vaterland bedrohen, werdet Ihr mich in Euren Reihen mitkämpfen sehen für Eure Unabhängigkeit und Integrität. Ich kann sterben, aber ich werde zu Füßen unserer glorreichen Fahne fallen, weil keine menschliche Gewalt imstande wäre, mich zu zwingen, den Platz zu verlassen, an den mich Euer Vertrauen berufen hat.«

Damit wird auf die Bedrohung von seiten der Union angespielt, und das ist gefährlich, denn man kann den Kaiser auch unter ganz veränderten Verhältnissen leicht beim Wort nehmen. Aber es ist bezeichnend: je schlechter es geht, desto mehr solcher Beteuerungen hört man aus Maximilians Munde. Wie heißt es doch im Tagebuche einer seiner Reisen: »Sind die Leute stützig und schwer zu etwas zu bewegen, so bin ich noch stütziger und schwerer von meinen Vorsätzen abzubringen.« Nach wie vor lassen seine bösen Geister von einst nicht nach, ihn zu betrügen, und sagen ihm, der Angenehmes so gern hört, nur Erfreuliches, wenn man auch der Wahrheit zur Ehre gerade das Gegenteil berichten müßte. Hidalgo schimpft über die Vereinigten Staaten, aber sonst meldet er aus Paris, daß man dort alles Mexikanische »color de rosa« sehe und den felsenfesten Glauben, den ritterlichen Geist und die Klugheit preise, mit der der Kaiser alles zu neuem Leben erwecke, was seine »erhabene Hand« berührt. In unverhüllter Anspielung auf die Kaiserin Eugenie fügt Hidalgo hinzu: »In unserer Zeit haben die Frauen Votum und Einfluß in politischen Dingen, und wenn sie eine Sache unter ihre Fittiche nehmen, ist ihr selten der Erfolg versagt. Deshalb habe ich es niemals vernachlässigt, dieses anmutige Kompliment des männlichen Geschlechts in meine Geschäfte eingreifen zu lassen, insbesondere solche Frauen, die durch ihre Stellung und ihr Talent sich nützlich erweisen konnten.«

So also spricht Hidalgo noch in einem Augenblick, da er, der mit solcher Taktik ungeheures Unheil angerichtet hat, in Paris endlich durchschaut wird. Das Geheimnis seines Erfolges waren ja nur gute Manieren und ein nicht zu leugnender Charme, der insbesondere die Frauen anzieht. Schon wird er von Kaiser und Kaiserin nicht mehr im intimsten Kreise empfangen, schon beginnt man sich von ihm zurückzuziehen, während sich sein fürstliches Opfer drüben in Mexiko mit lauter unlösbaren Problemen, wie zum Beispiel dem geistlichen, rettungslos herumschlägt.

Maximilians Kommission hat beim Papst gar nichts ausgerichtet. Man nimmt sie nicht ernst, ja man empfängt sie gar nicht. Er ist voller Zorn über die »kindliche Unverschämtheit des armen päpstlichen Hofes«. Und doch beharrt er darauf, sich mit ihm auszusöhnen. Da gibt es einen Jesuitenpater namens Augustin Fischer, der eine verhängnisvolle Rolle im Leben des Kaisers spielen sollte. Er hatte ein abenteuerliches Leben hinter sich, ging als deutscher Auswanderer, von Goldfieber ergriffen, im Jahre 1848 nach Kalifornien, wurde als Protestant von den Jesuiten bekehrt und in ihren Orden aufgenommen. Wegen peinlicher Vorfälle entlassen, gelingt es ihm im Jahre 1864 dennoch, als deutschsprechender Jesuit Maximilian näherzukommen. Geistig hervorragend begabt, schmeichlerisch und ein geschickter Stilist, nimmt er, wie einst Gutierrez, Maximilian mit seinen Memoires und Überredungskünsten gefangen. Er erbietet sich, das Konkordat in Rom in Ordnung zu bringen. Der Kaiser stellt ihn dem Papst in einem Handschreiben als »eines der ausgezeichnetsten Mitglieder des mexikanischen Klerus« vor und hat nun wieder eine Zeitlang Gelegenheit, Luftschlösser auf die Möglichkeit des Erfolges der Mission Fischers in Rom zu bauen. Für seine Seelenruhe ist dies um so nötiger, als die militärische Lage im Lande sich von Tag zu Tag ungünstiger gestaltet.

Die europäischen Truppen aller drei Nationen sind von dem erschöpfenden Kleinkrieg mit all seinen Grausamkeiten hart mitgenommen. Ihre Stimmung sinkt. »In den drei Armeen«, schreibt einer der französischen Mitkämpfer in dieser Zeit, »gibt es vielleicht keine hundert Soldaten und Offiziere, die von dem Beruf, den sie ausüben, nicht angeekelt sind und, da kein Ende abzusehen ist, nicht nach Europa zurückkehren möchten. Die Regierung geht täglich mehr bergab, und wir verteidigen nur noch ein Gebäude, das von allen Seiten einstürzt. Mißstimmung und Unzufriedenheit ist der Boden, auf welchem innerer Zank und Zwietracht gedeiht. Es dauert nicht lange, so stehen die vier in der kaiserlichen Armee vertretenen Nationen in hellem Streit miteinander. Die Österreicher vertragen sich nicht mit den Franzosen, und die Belgier wollen um keinen Preis dem Befehl eines Mexikaners gehorchen. Schließlich kommen alle zum Kaiser, und er muß die peinlichen Entscheidungen auf sich nehmen. Jedem kann er den Willen nicht tun, und so gibt es immer Unzufriedene, die dann Maximilian grollen.«

Bazaine folgt indessen dem Befehl seines obersten Kriegsherrn und konzentriert die weitverstreuten Truppen so gut es geht, um angesichts der

Beendigung des Bürgerkrieges in Nordamerika einem möglichen Angriff von dort mit geballtem Truppenkern entgegentreten zu können. Die Folgen sind die alten: geräumte Ortschaften, Wiederbesetzung durch die Juaristen, Rachetaten. Selbst französische Offiziere, die den tieferen Grund der Konzentrierung nicht kennen, kritisieren ihren obersten Chef, der solche Befehle aus der Behaglichkeit seines Palastes in Mexiko gibt, wo er in seinem jungen Eheglück schwelgt. Bazaine besteht aber auf seinem Befehl. Juarez wird nicht weiter verfolgt und Stadt auf Stadt geräumt. »Das Kaiserreich kann seine Anhänger nun nicht mehr schützen«, heißt es im ganzen Lande.

Wachsende Unordnung und der Abfall zahlreicher Anhänger des Kaisers sind die Folge. Bazaine will das mit erhöhter Strenge militärischer Standgerichte bekämpfen. Der Kaiser, der die Urteile zu bestätigen hat, begnadigt ihm viel zu viele. Ja, der Marschall geht noch weiter und empfiehlt dem Kaiser im Sinne eines Briefes Napoleons III., nicht wie bisher Liberalismus und »Milde am unrechten Platze«, sondern »Energie« zu beweisen und drakonische Maßregeln zu ergreifen. Maximilian wehrt sich, aber Bazaine und das französische Hauptquartier werfen ihm unverhüllt Charakterschwäche vor. Das verträgt Maximilian nicht, und endlich läßt er sich am 3. Oktober 1865 ein Dekret erpressen, das praktisch jeden, der sich mit der Waffe in der Hand dem Kaisertum entgegenstellt, den Standgerichten und ihrem summarischen Verfahren, das heißt dem Tode, ausliefert. Nun beeilen sich alle, dem Kaiser zu seiner »Energie und eisernen Hand« zu beglückwünschen. Mit einem Auge aber schielen sie schon nach Europa hinüber, um sich gegebenenfalls rechtzeitig in Sicherheit zu bringen. Bazaine sagt in einem »inoffiziellen« Befehl: »Nun heißt es Kampf auf Leben und Tod, keine Schonung und keine Gefangenen.«

Daran hält man sich auch. Durch Zufall fallen einem mexikanischen Oberst zwei republikanische Führer in die Hände, und er läßt sie kurzerhand erschießen. Die beiden waren im ganzen Lande als ehrenwerte und tapfere, nur republikanisch denkende Führer bekannt. Helle Empörung ist die Folge, und die Hinrichtung führt Juarez nur neue Anhänger zu. Die Erbitterung steigt zur Siedehitze. Der Kaiser läßt sich durch Mitglieder seines Zivilkabinetts geheime Stimmungsberichte erstatten. Sie sind trostlos. Die unverläßlichen, geldgierigen Minister lähmen den guten Willen des Kaisers. Die Geistlichkeit wird der Lasterhaftigkeit, der Ignoranz und des Fetischismus beschuldigt. Sie stifte geflissentlich Zwietracht und reize zum Haß gegen den Monarchen. Die Armee zerfällt in zuchtlose Häuflein mit zahllosen Frauen auf ihrer Fährte. Alle Parteien sorgen nur für sich selbst. Alles aber bekrittelt Kaiser und Kaiserin.

Gewiß, Maximilian ist kein Soldat, aber auch ein noch so genialer Feldherr könnte da nichts ausrichten. Das Übel liegt in den Grundlagen, auf denen das Unternehmen aufgebaut ist. Die persönliche Unzulänglichkeit des Kaisers wirkt allerdings verschärfend. Jeder fühlt sich berufen, den Monarchen und seine Regierung zu kritisieren, niemand aber weiß zu sagen, wie man es besser machen soll. Maximilian sieht all den Jammer, aber er glaubt immer noch, daß eine mächtige Säule seinen Thron stützt: die Freundschaft Kaiser Napoleons III. Schon wankt auch diese bedenklich. Der Kaiser der Franzosen sendet wieder einmal einen »französischen Finanzberater« namens Langlais nach Mexiko, der Maximilian ein Schreiben mit tausend Ratschlägen mitbringt, aber auch die eigensüchtigen Wünsche Napoleons nicht vergißt.

In Paris herrscht wachsende Besorgnis wegen der Haltung der Union, die nicht mehr verhehlt, daß die Intervention ein Ende haben und die französische Truppe zurückberufen werden muß. Frankreichs Minister des Äußern fürchtet den Nachfolger Lincolns, der ein »radikaler Demagoge« sei, der sich durch den »Mob« und die gegen die Monarchie in Mexiko erbosten Republikaner führen lasse. Immer ängstlicher blickt Napoleon nach Washington. »Ich danke herzlich«, schreibt ihm jedoch Maximilian, »für die freundschaftlichen Ratschläge des größten Souveräns des Jahrhunderts. Aus Washington liegen beruhigende Mitteilungen vor. Das wahre Übel ist nur der Krieg und seine ständigen Kosten. Ich vertraue auf Euer Majestät aufrichtige Freundschaft, die mir allein ermöglicht, meine so schwierige Aufgabe zu erfüllen. Im übrigen werde ich in Kürze mehrere Bände organisatorischer Verfügungen übersenden, die meine Arbeit in Politik, Verwaltung und Gerichtswesen bezeugen.«

Obwohl Kaiser und Minister vor Geldmangel in Mexiko nicht ein noch aus wissen, preßt man ihnen zugunsten französischer Gläubiger zahllose Millionen Franken ab. Mexiko ist in Paris so gut wie unvertreten, denn Hidalgo segelt, um sich zu halten, gänzlich im Schlepptau des französischen Kaiserpaares. Schon wagt er Maximilian zu schreiben, weil die Union über die französischen Truppen in Mexiko erbost sei, wäre es das beste Mittel zur Sicherung des Kaisertums, sie aus Mexiko zurückzuziehen.

So soll Maximilian langsam auf das Kommende vorbereitet werden, denn schon ist Napoleon angesichts der von Nordamerika her drohenden Gefahr fest entschlossen, sobald es mit Ehren geschehen kann, das Unternehmen in Mexiko abzubauen. Eugenie wagt nicht mehr zu widersprechen. Auch sie sieht nun ein, daß die Ereignisse dort ihre Träume von einst völlig zerpflücken. Dazu wachsen die Widerstände in Frankreich. Die unerhört erstarkte Opposition nimmt insbesondere Mexiko zum Angriffspunkt. Der Wandlung ihrer Gesinnung entsprechend, beginnt sich die Kaiserin von Hidalgo zurückzuziehen, der in dem Bestreben, sich in ihrer Gnade zu erhalten, ganz übersieht, daß er ja der Anwalt Maximilians am französischen Hof sein soll und nicht umgekehrt. Schon spricht er von gegen ihn gerichtetem Neid, von Mißgunst und Verleumdung. Noch wird er zwar auf acht Tage auf Schloß Compiègne geladen wie bisher, aber dort fühlt er deutlich den Unterschied in der Haltung des Kaiserpaares. Nun beginnt auch der Mexikaner zu merken, daß sein Spiel, das auch gleichzeitig das Maximilians ist, verlorengeht. Da denkt er zunächst nur an sich und seine eigene Zukunft.

Noch bevor der Kaiser ganz klar sieht, wie man in Paris gesinnt ist, erbittet Hidalgo eine von seinem Gehalt unabhängige Rente und einen Adelstitel, weil er »schon viermal aus Mangel daran eine gute, vornehme Heirat versäumt habe«. In von Selbstlob triefenden Worten weist er auf seine »zwanzigjährige Arbeit« für die Monarchie hin, die ihn seine Gesundheit gekostet, bittet um einen einjährigen Urlaub und eine so hohe Summe Geldes, daß er diesen entsprechend standesgemäß verbringen könne. Anstatt seinem Kaiser den von ihm klar erkannten Wechsel in den Absichten Napoleons in der mexikanischen Angelegenheit pflichtgemäß warnend bekanntzugeben, überläßt es Hidalgo, der nur an sich denkt, anonymen Briefschreibern, Maximilian zu warnen, allzusehr auf Napoleon zu bauen, da dieser immerfort in den Armen der Liebe zu schwelgen scheint und es mit ihm geistig und körperlich stark abwärtsgehe. Aber eine große Enttäuschung wartet Hidalgos. Maximilian entschließt sich plötzlich, ihn zur Berichterstattung nach Mexiko zu berufen. Das ist ein harter Schlag für den behaglich in Paris lebenden Mexikaner. In kläglichem Ton bittet er, wenn er schon unbedingt kommen müsse, um eine starke Eskorte von Veracruz nach Mexiko, weil er gehört hat, daß die Diligencen geplündert werden und schon viele Passagiere den Tod gefunden hätten. Zudem habe er viele anonyme Drohbriefe von den Anhängern Juarez' erhalten. Nun hat der wackere Mann, dem vor den Folgen seiner Zettelungen bangt, nur den Wunsch, »ruhig irgendwo leben zu können«.

Maximilian hat schon lange die Absicht, die ihm noch ganz unbekannten Teile seines Reiches, so zum Beispiel die hauptsächlich von Konservativen bewohnte, loyale Halbinsel Yukatan, zu besuchen. Die schwierige Lage macht dies aber immer wieder unmöglich. Er muß die Minister überwachen, die nach seinen eigenen Worten nur so tun, als wollten sie arbeiten, und sofort auf der Bärenhaut liegen, wenn ihr Herr und Gebieter fern weilt. Da die Reise aber schon lange angekündigt ist, so schickt Maximilian die Kaiserin. Seine krausen Gedankengänge sind der geheimen Instruktion an Charlotte zu entnehmen. Die Halbinsel Yukatan soll das »Gravitationszentrum für die übrigen Staaten Zentralamerikas« bilden, die man alle dazu bringen müsse, »gegen diese Halbinsel hinzuneigen«. Es wird ein Tag kommen, an dem einige Provinzen an der Grenze in den Besitz der nordamerikanischen Union gelangen werden, die man ihr gern zugunsten einer in Wirklichkeit größeren Erweiterung in Zentralamerika überlassen könnte. »Denn unsere wahre Bestimmung besteht darin, das Kaiserreich als Zentralmacht des neuen Kontinents zu sehen, während man die Beherrschung des Nordens den Vereinigten Staaten, jene des Südens dem brasilianischen Kaiserreich überläßt.«

Maximilian ist also noch weit davon entfernt, seine Stellung als unhaltbar anzusehen, und der gute Empfang seiner anmutigen Gemahlin auf jener Halbinsel bestärkt ihn noch darin. Oft hört sie auf ihrer Reise, besonders von Indianern, den ihrem Vater geltenden schmeichelnden Zuruf: »Viva el gran Leopoldo!«, den man ihnen eingebleut hat. Man ahnt noch nicht, daß der König im fernen Europa bereits in Agonie liegt.

Dort sieht man in bezug auf Mexiko schon viel klarer. Juarez sorgt dafür. Sein Bevollmächtigter in Europa, Jesus Teran, der schon vor der Thronannahme in Miramar gewarnt hat, spricht im Wiener Ministerium des Äußern vor und berichtet von der überaus kritischen Lage des Kaisers. Er versichert, daß früher oder später für Maximilian eine Katastrophe, ein erniedrigender Sturz kommen werde; er solle sich zurückziehen, solange es noch Zeit sei. Teran hat ruhig und leidenschaftslos gesprochen. Man hat den Eindruck, daß volle Überzeugung ihn leitet, und teilt seine Worte sogleich Maximilian mit. Der Kaiser antwortet sofort: »Ja, alles was Gutierrez und Konsorten gesagt, war falsch, aber auch Teran sieht zu schwarz. Ich wünsche einen Ausgleich mit Juarez, er soll mir bei meiner schweren Aufgabe helfen, dann werde ich ihn wie jeden guten Mexikaner empfangen.«

Aber eine solche Versöhnung ist unmöglich, sie gehört ins Reich der Träume. Der Kaiser ist sich über den Charakter des harten und unbeugsamen Juarez nicht klar und kann sich daher nicht vorstellen, welch unüberbrückbarer Abgrund zwischen ihm und diesem Indianer liegt. Möglich auch, daß er gerade in der Stammeszugehörigkeit seines Gegners ein günstiges Moment sieht, denn er hat sich ja so eifrig mit der Frage beschäftigt, wie dem Indianertum im Gegensatz zu den an Zahl weit geringeren, aber sich selbst überhebenden Weißen aufzuhelfen wäre. Maximilian ist das bisher infolge deren Widerstandes nicht gelungen. So verlieren die Indianer den Glauben an ihn, und die Weißen nehmen ihm schon den Versuch übel. Wo immer er sich hinwendet, was immer er anfaßt, keinem kann er es recht tun, am wenigsten Napoleon, dessen Stimmung nun gänzlich umgeschlagen hat. Am 29. November 1865 schreibt dieser voller Unruhe an Bazaine, er solle doch bewirken, daß sich endlich eine nationale Armee bilde, damit die französischen Truppen zu gegebener Zeit das Land verlassen können: »Kaiser Maximilian muß verstehen, daß wir nicht ewig in Mexiko bleiben können. Er soll weniger Theater und Palais bauen, mehr Ordnung in die Finanzen und in die öffentliche Sicherheit bringen und wissen, daß es viel leichter sein wird, eine Regierung, die nichts gemacht hat, um aus eigenem leben zu können, ihrem Schicksale zu überlassen, als sie zu stützen.«

Auch die Kaiserin Eugenie tadelt nun alles, was Maximilian tut: seine freisinnige Regierungsweise und auch die daraus entspringende Haltung in der Kirchenfrage. Sie vergißt ganz, daß man dies ja ursprünglich in Paris so verlangt hat, und zeigt sich geradezu naiv, wenn sie, die soeben die Geschichte der Eroberung Mexikos durch Ferdinand Cortez und sein kleines Häuflein kühner Männer gelesen hat, den aus Mexiko eingetroffenen General D'Hérillier fragt, warum man denn *jetzt* gar so viele Leute brauche, um Mexiko zu pazifizieren. Der General hat Mühe, ihr begreiflich zu machen, daß damals doch Feuerwaffen gegen Pfeil und Bogen standen, daß die Mexikaner keine Pferde kannten und in ihnen mit übernatürlicher Schnelligkeit begabte Fabelwesen sahen und überhaupt gänzlich andere Verhältnisse herrschten. Aber die Kaiserin hört nicht zu, sie hat mit Schrecken erkannt, daß sie mit ihrem leidenschaftlichen Fürwort ihren kaiserlichen Gemahl und damit Frankreich in ein gefahrvolles Abenteuer hineingehetzt hat.

Nun will auch sie so schnell wie möglich aus diesem Dornengestrüpp herauskommen. General D'Hérillier soll Maximilian mündliche Ratschläge überbringen. Napoleon mahnt ihn vorsichtshalber zu aller Energie in der Unterdrückung des »Brigantenwesens«, wie der Kaiser noch immer alles, was Juarez anhängt, bezeichnet, da »die Zeit der Milde vorbei« sei; klüger wäre es, weniger Dekrete streng durchzuführen, als eine Unmenge von Gesetzen zu geben, die nur tote Buchstaben bleiben.

General D'Hérillier besucht auch den greisen König Leopold, der ihn besorgt und unruhig fragt, ob er Vertrauen in die Zukunft habe. Denn in seinem Lande ist man auch schon gegen die Entsendung weiterer belgischer Truppen nach Mexiko. Mit dem König aber geht es zu Ende. Ein schweres Steinleiden macht wiederholte Operationen notwendig. Noch interessiert er sich für das Schicksal seiner Kinder, und eines seiner letzten

Schreiben geht an sie. Aber es ist schon recht verwirrt: »Für Amerika gehört der Erfolg – alles übrige ist reine Poesie und Geldverlust«, sagte er zwar noch ganz richtig, doch plötzlich bricht er dann mit den Worten ab: »Und nun God bless you, ich kann nicht weiter.« Wenig später, am 10. Dezember 1865, stirbt König Leopold, und damit verliert das mexikanische Kaiserpaar eine seiner wertvollsten Stützen in Europa. Der Eindruck auf Charlotte ist tief. Sie hat ihren Vater innig geliebt. Ein reiches Erbe an Land, Wertpapieren, Kunstgegenständen und Silber fällt ihr zu. Es wird auf über zehn Millionen Franken geschätzt. Aber sie achtet dessen kaum. Zu sehr ist sie in die täglichen Sorgen verstrickt, die die Regierung Mexikos mit sich bringt. Je mehr Bazaine seine Truppen konzentriert, um so mehr häufen sich die Klagen der von des Juarez Rache heimgesuchten kaiserlichen Anhänger. Kaiser Maximilians Unmut über Bazaine, der »nur mehr mit seiner jungen Frau beschäftigt ist«, steigt. Man habe ihn überhaupt nur wie im Blindekuhspiel nach Mexiko gelockt, wo nicht einmal ein Zehntel des Landes besetzt war, und nun lasse man ihn schon im Stich. Des Juarez Macht wächst zusehends; schon streifen seine Truppen bis an die Tore von Veracruz. Maximilian bittet Bazaine wiederholt um Gegenmaßnahmen. Der Marschall dreht und wendet sich, kommt aber um so weniger entgegen, als er hört, daß man in Paris auf den Kaiser von Mexiko schon recht schlecht zu sprechen ist.

Dort fällt in der Tat der Hof schon über Maximilian her. Man wirft ihm Verschwendungssucht, Doppelspiel und Sorglosigkeit vor. Sogar sein Charakter wird als wenig offen und wenig verläßlich bezeichnet. Es ist, als hätte sich alles gegen ihn verschworen, immer brüchiger werden die letzten Säulen, auf denen sein schwankes Gebäude ruht, und schon gibt auch der Hauptpfeiler, Napoleon, bedenklich nach. Auch der Kaiser der Franzosen denkt nur noch daran, wie er möglichst schnell aus der mexikanischen Sackgasse herauskommt. Mit Bangen malt er sich aus, wie rasch bei einem etwa ausbrechenden Kriege mit der Union die schwachen französischen Kontingente der Übermacht erliegen würden, und welch furchtbare Einbuße sein Ansehen in der Neuen, aber auch in der Alten Welt dadurch erleiden müßte. Nun klammert er sich an die von seinem Kriegsminister vertretene Idee, die anderen Nationen, insbesondere die Österreicher, an seiner Statt in den mexikanischen Hexenkessel zu hetzen.

Gedacht, getan. Der Franzosenkaiser schreibt an Maximilian, um ihm diese Idee nahezulegen: »Ich will Ihnen heute nur den Vorteil entwickeln, den es für alle Welt hätte, wenn Eure Majestät mit österreichischen Truppen eine wahre Armee organisieren. Wenn das geschehen ist, könnte ich den größten Teil meiner Mannschaften zurückziehen, was den Amerikanern den Vorwand für ihre Einsprüche benähme. Das würde den Krieg in Mexiko in Frankreich weniger unvolkstümlich machen und Ihrer Regierung einen Schein von Bestand geben, der dazu beitrüge, das Vertrauen in die Zukunft zu stärken. Ich bitte Eure Majestät, sich mit dieser Frage hauptsächlich zu beschäftigen, denn ich sehe darin die beste Aussicht auf Befestigung Ihres Thrones.«

Der Vorschlag ist in mehr als einer Richtung angreifbar. Es ist gar nicht einzusehen, warum die Union österreichische Truppen als Schützer des Kaisertums in Mexiko eher dulden sollte als französische, und überdies muß sich Napoleon nach der bisherigen Haltung Österreichs sagen, daß dieses sich niemals in ein solches Abenteuer einlassen würde. Dabei ist der persönliche Gegensatz der beiden kaiserlichen Brüder noch gar nicht in Rechnung gezogen.

Auf Maximilian macht die Blöße, die sich Kaiser Napoleon mit diesem Briefe gibt, den denkbar schlechtesten Eindruck. Er sieht die Gefahr, nun auch von Napoleon verlassen zu werden, zum ersten Male wirklich drohend heraufziehen, doch will er noch immer nicht an dieses Unheil glauben; noch baut er auf die persönliche Freundschaft des Franzosenkaisers. Er entschließt sich in den letzten Tagen des Dezember 1865 dem Kaiser sein Herz auszuschütten und die Lage ungeschminkt zu schildern: »Der Rat mit den österreichischen Truppen ist allerdings glücklich, wie alles, was der hohen Intelligenz Eurer Majestät entspringt, aber man kann nicht so leicht in einen neuen Weg einlenken. Der Bürgerkrieg erschöpft die Mittel des Staates. Französische Truppen sind übereilt zu einer Zeit heimgesandt worden, da aufständische Banden zwei Stunden von der Hauptstadt entfernt herumstreiften. Gar nicht zu reden von dem Vertrage mit dem

Bankier Jecker, den ich nur eingegangen bin, um meinem besten Freunde, dem Kaiser Napoleon, einen wahren Dienst zu leisten. Ich sage es Euer Majestät freimütig, die Lage ist für mich schwierig; ich als guter und treuer Freund füge hinzu, daß sie für Sie und für mich gefährlich ist, für Sie, weil Ihr ruhmreicher Name darunter leidet, für mich, weil meine Bestrebungen, die ja doch auch die Ihrigen sind, sich nicht verwirklichen können. Bei solchem Vorgehen wird die große Idee der Wiederaufrichtung Mexikos verloren sein ... Was immer auch sei, für die Zukunft beruhigt mich, daß es niemandem gelingen kann, das Vertrauen und die intime Freundschaft zu erschüttern, die zwischen uns herrscht.

Die europäische Presse gibt seit einiger Zeit zu verstehen, daß Euer Majestät die Absicht hätten, nach einem sehr kurzen Zeitraum Ihre Truppen zurückzuziehen ... Ich muß Euer Majestät sagen, daß solch eine Erklärung an einem Tage das Werk zerstören würde, das dreijährige Anstrengungen mühsam aufgerichtet haben, und daß die Ankündigung einer ähnlichen Absicht genügen würde, um alle Hoffnungen der Gutgesinnten zusammenbrechen zu lassen und das öffentliche Vertrauen auf ewig zu vernichten ... Ja, noch mehr: die Ehre der französischen Armee müßte in der öffentlichen Meinung ganz Amerikas schwer berührt werden, denn man würde nicht verfehlen, ihren übereilten Rückzug einer ganz anderen Ursache zuzuschreiben. Die Zeit ist ein unerläßlicher Helfer bei der Wiederaufrichtung eines seit einem halben Jahrhundert erschütterten Volkes, in dessen Mitte noch 16.000 Guerilleros in Waffen stehen, die fast über die ganze Fläche des Landes verstreut sind. Die mexikanische Union verzweifelt nicht an ihrer Zukunft, weil sie weiß, daß Euer Majestät formell erklärt haben, daß Ihre Truppen Mexiko erst verlassen werden, wenn Ihr Oberkommandant das Land pazifiziert und jeden Widerstand gebrochen hat. Ihm heute das Gegenteil mitteilen hieße den schärfsten Alarm schlagen und die vernichtendsten Folgen heraufbeschwören. Um eine volle Übereinstimmung zu erzielen, habe ich Euer Majestät in diesem Briefe meine geheimsten Erwägungen mitgeteilt; nun bitte ich Sie, mir Freimut mit Freimut zu vergelten, mir als wahrer Freund alle Fehler mitzuteilen, die ich begangen habe, und mir Ihre Ratschläge zu geben, auf die ich immer stolz bin, weil sie von der ersten Kapazität unseres Jahrhunderts und von einem Freunde stammen, den ich vom ersten Tage an geliebt habe, da ich das Glück hatte, ihn kennenzulernen.«

In diesem Briefe liegt Maximilians Herz bloß. Er hegt noch Freundschaft für den Mann, der ihm zum Throne verholfen, glaubt immer noch an ihn und spricht als Mensch zum Menschen. Da ist keine Spur der sonst so gewohnten Schönfärberei. Das Schreiben ist aber viel zu freimütig, mehr als ein Napoleon III. verträgt. Die Schmeichelei im letzten Satze kann nicht verdecken, daß da kalt gesagt ist, die Ehre der Armee Frankreichs vertrage es nicht, ihr ganzes Werk sang- und klanglos preiszugeben, ebenso wie die Ehre des Kaisers den Bruch eines feierlichen Versprechens nicht überdauern könnte. Napoleon, der schon längst entschlossen ist, Mexiko im Stich zu lassen, müssen Maximilians Worte in seinem Innersten treffen. Sie versöhnen nicht, sie bessern nicht, sie verdrießen im Gegenteil den Kaiser der Franzosen und bringen ihn noch mehr gegen Maximilian auf, der ihm stets neue Verlegenheiten bereitet. Nur noch lose sitzt Napoleon die Maske vor dem Gesicht, es dauert nicht mehr lange, da wirft er sie gänzlich ab.

Im Zusammenhang mit der Absicht, Mexiko in absehbarer Zeit im Stich zu lassen, wollen die französische Regierung wie Private ihre Geldforderungen möglichst schnell eintreiben. Der Neffe Jeckers verlangt sogar den Vorrang vor dem französischen Staatsschatz. Doch da sein mächtiger Gönner, Napoleons Halbbruder, der Herzog von Morny, gestorben ist, läßt man Jecker in Paris fallen. Das ist freilich nur ein Tropfen auf einem heißen Stein. Die Abwehrmaßnahmen gegen die immer drohender auftretenden Juaristen verschlingen jeden Heller, obwohl man nicht daran denken kann, größere Unternehmungen gegen die Aufständischen einzuleiten.

Der Kaiser aber will seine Illusionen immer noch nicht aufgeben. Vielleicht sind die neu aufflammenden Unruhen nur die letzte Anstrengung der Rebellen, um die Aufmerksamkeit des Kongresses der Union auf sich zu lenken? Maximilian beschließt, seine Taktik Bazaine gegenüber zu ändern. Er will nun dem Marschall in allem nachgeben, um wieder mit ihm auf guten Fuß zu kommen und die merklich nachlassende Aktivität der französischen Armee neu zu beleben. Vorläufig begründet Bazaine seine »augenblickliche Untätigkeit« damit, daß man den abgehetzten Truppen Erholung gönnen müsse und gegenüber der Union Vorsicht geboten sei. Einmal ausgeruht und frisch organisiert, verspricht Bazaine, gegebenfalls die Truppen an allen Punkten des Kaiserreiches gleichzeitig wieder in Marsch zu setzen und dem Kaiser zu zeigen, daß die militärische Lage in Mexiko, für die Bazaine verantwortlich ist, nicht seine größte Sorge zu bilden braucht. Das ist Maximilian eine wahre Genugtuung. Sofort loht wieder seine Hoffnung zu hellen Flammen auf. Begeistert antwortet er Bazaine: »Ich verlasse mich gänzlich auf Ihr Versprechen, die militärische Befriedung bald zu beenden; ich weiß, daß niemand mehr als Sie geeignet ist, diese schwierige Aufgabe zu vollführen, und sage Ihnen schon jetzt meinen aufrichtigsten Dank dafür.«

Nun, denkt Maximilian, kann im neuen Jahre noch alles gut werden. Er wiegt sich wieder einmal in trügerischen Hoffnungen.

XII

NAPOLEONS WORTBRUCH

Sobald Maximilian ein wenig aufatmen kann, flüchtet er in sein geliebtes zweites Buen Retiro, sein reizend gelegenes Land- und Gartenhaus Cuernavaca mit seiner »Fülle tropischer Vegetation berauschenden Aromas, das klimatisch so hold ist wie der italienische Mai, voll süßer Früchte und schöner Bewohner mit freundlich biederem Sinn«. Glücklich wandert er durch den Garten mit seinen prachtvollen dunklen Lauben aus immerblühenden Teerosen. Hundertjährige Orangen- und Mandelbäume geben unter ihren schattenreichen Kronen Kühlung. Auf der Terrasse der Veranda hängen feingesponnene Hängematten, in denen man träumen und den Liedern der zahllosen bunten Vögel lauschen kann.

Der Kaiser weilt hier mit seiner Gemahlin und dem kleinen Iturbide. Fern von dem Getriebe der Hauptstadt wird er glücklich und guten Mutes und gibt sich dem Genusse der schönen Natur hin. Seine Liebe zur Tier- und Pflanzenwelt ist rührend. Er sieht stundenlang den Kolibris zu, die gerade unter seinem Fenster ihr Nestchen gebaut haben, und als man sie entfernen will, verwehrt er es. Nun kommt wieder die alte Stimmung über ihn, dem verwitterten Europa zu zeigen, daß er nichts bereue. »Ich kann es wahrlich sagen«, schreibt er einmal einem ihm befreundeten Grafen Hadik, »ich habe mir ein gut Teil gewählt, und um nichts in der Welt möchte ich meinen Beruf aufgeben und zum Alten zurückkehren. Ich kämpfe mit Schwierigkeiten, aber der Kampf ist mein Element und das Leben Mexikos ist dieser Mühe wert. Wenigstens erntet man auf diesem Kontinent etwas, was ich in meinem früheren Leben umsonst suchte: Dankbarkeit und Anerkennung. Dazu ist das Leben hier viel angenehmer, es ist frei und ungebunden. Da kennt man nicht all den Quark und Tand des alten, schwachen Europa; hier ist jeder Schmied seines eigenen Glückes, wer arbeitet, genießt, wer nicht arbeitet, geht unter. Land und Volk sind viel besser als ihr Ruf, und Sie würden sich wundern, wie die Kaiserin und ich, schon ganz Mexikaner, unter diesem Volke gemütlich leben. Daß die europäischen Zeitungen es nicht begreifen, finde ich ganz natürlich, denn es fehlt ihnen der Maßstab, wir Kinder der Neuen Welt kümmern uns hierum blutwenig, wir rufen vorwärts und blicken das arme, engherzige, alt gewordene Europa über die Schulter an. Daß es auf unserem Kontinente besser, kräftiger und angenehmer ist als auf dem alten, das können die Europäer nicht verschmerzen, und darum die Mißgunst und der Neid.«

Maximilian entwirft eine idyllische Schilderung seines Landlebens und hebt hervor, daß der ganze Hof fröhlich und guten Mutes sei und lebe, als ob es nie anders gewesen wäre. Übergangslos weiß er von trüber Stimmung zu höchster Lebensfreude umzuschwenken. Nun, von der herrlichen Natur berauscht, ist er schon gar nicht in der Stimmung, jene äußerste Strenge walten zu lassen, die man immer von ihm verlangt und die er mit seinem letzten Dekret schon endgültig zugestanden zu haben schien.

Nun beginnt er sich wieder mit aller Kraft gegen die von Napoleon und den Franzosen in Mexiko ihm stets gepredigte »Energie« zu wehren, denn solche ist gleichbedeutend mit »Hängen«, und das entspricht weder dem Charakter noch der weichen Gemütsart Maximilians. Für diese Strenge tritt besonders der Chef des Militärkabinetts, der französische Stabskapitän Pierron ein, der für Maximilian wahre Sympathie empfindet. Er ist wirklich überzeugt, daß Härte nötig ist, und bekämpft Maximilians Absicht, die Todesstrafe durch Verbannung zu ersetzen. Er bedient sich dazu eines originellen Weges. Ein ähnlicher Fall in der Geschichte soll Maximilian vor Augen geführt werden.

Der erste Napoleon hatte seinen Bruder Josef in Spanien als König eingesetzt. Auch da drängte man einem durchaus national und freiheitlich denkenden, aller Fremdherrschaft abgeneigten Volke mit französischen Bajonetten einen König fremder Nationalität auf. Auch der erste Napoleon empfahl »Energie«, doch wählte er dafür nicht diesen wohlklingenden

Ausdruck wie sein um so viel kleinerer Neffe, sondern riet seinem Bruder klipp und klar Galgen, Pulver und Galeere an. Pierron sucht die schärfsten Stellen in diesen Briefen Napoleons I. auf, legt sie dem Kaiser vor und schreibt auf den Umschlag: »Auswahl zum Lesen für Seine Majestät den Kaiser Maximilian. Die Namen wechseln, die Orte wechseln, aber das menschliche Herz bleibt immer das gleiche.«

Der Monarch nimmt das Heft zur Hand: »Wenn man nicht Madrid von etwa hundert dieser Aufwiegler befreit«, liest er da, »wird man nichts getan haben. Von diesen hundert lassen Sie zwölf oder fünfzehn hängen oder erschießen und senden Sie den Rest auf die Galeere. Ich habe in Frankreich erst dann Ruhe gehabt und den Gutgesinnten erst dann vertrauen können, als ich zweihundert Aufwiegler, Mörder vom September, verhaften und in die Kolonien bringen ließ. Seit dieser Zeit hat der Geist der Hauptstadt gleichsam wie auf einen Pfiff gewechselt. Hier haben sie ihr möglichstes getan, um für die verhafteten Banditen Gnade zu erlangen. Ich habe sie abgeschlagen und hängen lassen. Das Gesindel liebt und schätzt nur jene, die es fürchtet; und diese Furcht der Kanaille kann Ihnen allein die Liebe und die Hochschätzung der ganzen Nation eintragen.«

An den Rand der Briefe schreibt Pierron: »Was nun in Mexiko vorgeht, ist buchstäblich dasselbe. Wenn man Kriegsgerichte hat, ist es vernünftig, sie arbeiten zu lassen.« Pierron treibt die Analogie noch weiter. Er will in der Auswahl der Briefe zeigen, daß König Josef in seiner milden und versöhnlichen Gesinnung diesen Mahnungen Napoleons I. nicht hatte folgen wollen, dem er Unkenntnis des Landes vorwarf, die allein zu so falschen drakonischen Ratschlägen führen könne. »Man wird mit Strenge nichts ausrichten können«, meint König Josef damals, »ich weniger als jeder andere. Es ist ein Unglück, daß mein Bruder seine Reise nach Spanien nicht verwirklichen kann. Der Kaiser muß die Wahrheit kennen, ich weiß nicht mehr, wie ich in acht Tagen auch nur meinen Tisch bezahlen werde. Ohne Geld, ohne Truppen, ohne Autorität, wie kann mich da die öffentliche Meinung noch länger halten.«

Diese letzten Sätze erinnern tatsächlich in überraschender Weise an die von Kaiser Maximilian in seinem letzten Briefe an Napoleon III. gebrauchten Worte. Und was war seinerzeit in Spanien die Folge? 1812 nach der Schlacht von Vittoria mußte König Josef Spanien endgültig verlassen. Die Briefe sollten für Maximilian ein Memento dafür sein, daß nur Kraft, mitleidlose Strenge und Energie helfen können und sonst ein wenig ehrenvoller Abgang drohe – gerade das, was Maximilian am meisten fürchtet.

Dieses raffinierte Mittel soll den Kaiser dazu bringen, mit Härte vielleicht noch in letzter Stunde Ruhe und Ordnung im Lande zu erzwingen, so den Rückzug der Franzosen erklärlicher gestalten und das Gerede der Welt vermeiden, sie seien bei ihrem Abzug nur dem immer mächtiger werdenden Juarez und der Union gewichen. Denn die nordamerikanischen Staaten wissen sehr genau, daß sie durch militärisches Eingreifen in Mexiko das bedingungslose Zurückziehen der französischen Truppe erzwingen können. Nun bietet sich ihnen die Chance zu energischem Auftreten, denn zu Beginn des Jahres 1866 nimmt die Spannung der europäischen Festlandsmächte untereinander in bedenklichem Maße zu. Jetzt kann die Union die stolze Sprache führen, die Napoleon einst ihr gegenüber gebraucht hat. Sie fordert unzweideutig das Zurückziehen der französischen Truppen. Für den Kaiser der Franzosen ist kein Zweifel mehr. Ein Zusammenstoß mit der Unionsarmee bedeutet die Katastrophe seiner Truppen in Mexiko. Dazu kommt der Druck der öffentlichen Meinung in Frankreich. Man war dort für das mexikanische Abenteuer nie begeistert gewesen, nun sagt man überall, »c'est une mauvaise affaire«, die Geld und Menschen kostet und nichts einbringt. Die Minister beschwören den Kaiser, ein Ende zu machen, in den Kammern bereitet sich ein Sturm vor, der Finanzminister will keinen Centime mehr für Mexiko opfern.

Hidalgos Stellung am Kaiserhof ist erschüttert. Er kann nicht einmal mehr wie bisher irreführende Briefe aus Mexiko bis zum Kaiserpaar gelangen lassen. Dazu beginnen am politischen Himmel Europas drohende Kriegswolken aufzuziehen. In heller Angst entschließt sich Napoleon, ein Ende zu machen. Am 15. Januar 1866 schickt er dem Kaiser Maximilian seine Absage: »Mein Herr Bruder! Ich schreibe Euer Majestät nicht ohne peinliches Gefühl, denn ich bin gezwungen, Ihnen den Entschluß bekanntzugeben, den ich angesichts all der Schwierigkeiten, die mir die mexikanische Frage bereitet, fassen mußte. Die Unmöglichkeit, vom corps législatif neue Hilfsgelder für den Unterhalt des Armeekorps in Mexiko zu erlangen und die Erklärung Euer Majestät, außerstande zu sein, selbst noch dazu beizutragen, zwingen mich, endgültig einen Schlußtermin für die französische Besetzung zu bestimmen. In meinen Augen muß dieser Zeitpunkt so nahe wie möglich gesteckt sein. Ich schicke indessen den Baron Saillard, damit er sich mit Euer Majestät dahin verständige, die Zeitspanne für die allmähliche Rückberufung meiner Truppen derart zu bestimmen, daß sie nicht überstürzt geschehe, die öffentliche Ruhe nicht gestört und die Interessen, deren Schutz uns am Herzen liegt, nicht gefährdet werden. Wenn Sie, woran ich nicht zweifle, die in diesen schwierigen Verhältnissen notwendige Energie zeigen, wenn Sie Ihre nationale und ausländische Armee festgefügt organisieren und durch Verwirklichung aller denkbaren Ersparungen Mittel finden, um die Hilfsquellen Ihres Kaiserreiches zu entwickeln, glaube ich, daß sich Ihr Thron befestigen wird, denn der Abgang unserer Truppen wird zwar eine momentane Schwäche bedeuten, aber den Vorteil haben, den Vereinigten Staaten jeden Vorwand für eine Intervention zu nehmen. Ich wiederhole, daß ich nicht glaube, die Macht Euer Majestät könne durch eine Maßnahme erschüttert werden, die mir die Gewalt der Verhältnisse auferlegt ... Euer Majestät guter Bruder Napoleon.«

Gleichzeitig schreibt der »gute Bruder« an Marschall Bazaine, Anfang 1867 sei der äußerste Termin für den Abtransport; der Kriegsminister möge schon im Herbst 1866 beginnen. Der Marschall soll in Mexiko »irgend etwas Dauerhaftes« einrichten, damit nicht alle Mühe und aller Aufwand vergebens gewesen sind. Napoleon wünscht wohl, daß Maximilian sich weiter halte, aber sein Zweifel an dieser Möglichkeit spricht sich schon darin aus, daß er Bazaine gegenüber sogar von der Wahl eines Präsidenten für Mexiko spricht.

Mitten in die Idylle von Cuernavaca, in die sich Maximilian eingesponnen hat, fällt aus heiterem Himmel Napoleons schicksalsschwerer Brief. Mit einem Schlage fegt er alle rosigen Ausblicke in die Zukunft hinweg. Maximilian ist erschüttert und in seinem Stolz verletzt. Er hat mit Sicherheit darauf gerechnet, daß sein letzter, so offener und vertrauensvoller Brief den

Eindruck auf Napoleon nicht verfehlen werde. Das Schreiben wirkt auf Maximilian um so peinlicher, als er sich gar keinen richtigen Begriff von dem Drucke macht, den man in Frankreich auf Napoleon ausübt. Er behandelt den an sich unschuldigen Überbringer Baron Saillard sehr schlecht, der beleidigt und als Feind Maximilians nach Paris zurückkehrt.

Sofort sendet der Kaiser Eloin wieder nach Paris, der den Antwortbrief überbringen soll. Voller Bitterkeit fragt Maximilian, wie es denn möglich sei, daß Napoleon die vor kaum zwei Jahren abgeschlossenen feierlichen Verträge außer acht lasse:

»Es liegt mir fern, die Ursache einer Gefahr für Euer Majestät Person oder Dynastie sein zu wollen. Ziehen Sie Ihre Truppen augenblicklich zurück. Ein Habsburger wie ich wird mit Würde mit seinen mexikanischen Untertanen auszukommen versuchen. Ich werde meine Seele und mein Leben weiter meinem neuen Vaterlande weihen.«

In Paris angekommen, findet Eloin Napoleon sehr gealtert und krankhaft nervös. Dieser überfliegt den Brief Maximilians und wird sichtlich verlegen. »Man sieht«, meint er, »daß der Kaiser erregt ist. Ich nehme es ihm nicht übel, ich begreife den Eindruck, den mein Brief gemacht haben muß. Aber was wollen Sie, es gibt Umstände, unter denen man nicht alles tun kann, was man will. Ich habe daher gezwungenermaßen eine Lösung suchen müssen, aber man wird sich schon verständigen können, die Hauptsache ist, die Gemüter zu beruhigen. Seit Sie in Europa sind, werden Sie sich über den Stand der öffentlichen Meinung Rechenschaft abgelegt haben. Alle Nachrichten, die wir von dort drüben bekommen, stimmen in der Feststellung überein, daß dem Kaiser Maximilian die Energie fehlt; er beschränkt sich darauf, Dekrete zu verfassen und zu veröffentlichen, ohne sich darüber klar zu sein, daß sie oft undurchführbar sind.«

Eloin bemüht sich, seinen Kaiser zu verteidigen. Er vergißt, daß einiges Wahre in den Worten Napoleons liegt, aber auch, daß der Monarch so sprechen muß, um seinen notwendig gewordenen Rückzug und damit seinen Wortbruch zu maskieren und dabei Maximilian den größten Teil der Schuld an allem zuschieben zu können. Er sagt Napoleon, daß die Beziehungen zwischen Mexikos Kaiser und Bazaine sehr gespannt sind und mit jedem Tag schwieriger werden. Mitten im Gespräch tritt plötzlich die Kaiserin in Straßentoilette herein. Sie erkundigt sich flüchtig nach der Gesundheit der mexikanischen Majestäten und fordert dann ihren Gemahl auf, den strahlenden Sonnenschein zu einem kleinen Spaziergang auszunützen. Erleichtert verabschiedet Napoleon den Belgier eilig. Er unterdrückt sein gewohntes Lächeln und gibt ihm nicht einmal die Hand. Eloin versteht: diese Dazwischenkunft war abgekartet, es steht schlecht in Paris, schlechter als er gedacht.

Der Belgier bemerkt auch, wie sehr die Stellung Hidalgos gelitten hat. Es nützt dem Manne nichts mehr, daß er dem französischen Kaiserpaar nur zu Gefallen redet und die Interessen seines Herrn ganz vernachlässigt. Napoleon und Eugenie haben sich nun von allen Mexikanern, die sie einst zu der Unternehmung überredeten, zurückgezogen.

Eloin hat noch den geheimen Auftrag, sich in Europa zum Ersatz für die abziehende französische Armee nach neuen Soldtruppen umzusehen. Man dachte sogar an ein Negerregiment aus Ägypten, aber die Geldfrage bringt die Verhandlungen auf einen toten Punkt. Von Paris aus will Eloin auch nach Belgien, wo der Bruder seiner Kaiserin nun den Thron bestiegen hat. Zu seiner größten Bestürzung läßt Leopold II. ihm sagen, daß er nicht wünsche, ihn zu sehen. Während der alte König zeit seines Lebens alles mögliche getan hat, um seine mit tausend Gefahren in Mexiko ringenden Kinder zu unterstützen, will man nun in Belgien nichts mehr von Opfern an Soldaten und Geld für jenes ferne Land hören. Der neue König hat ohnehin niemals viel für seine Schwester übrig gehabt und beugt sich willig vor der allgemeinen Meinung. Auch von dieser Seite ist nichts mehr zu hoffen.

Die ungünstigen Berichte Eloins bringen Maximilian gegen seinen Vertreter in Paris auf. Der Kaiser fordert nun zum dritten Male den zögernden und ängstlichen Hidalgo auf, zur Berichterstattung nach Mexiko zu kommen. Endlich muß der Mann sich dazu entschließen. Schlotternd vor Angst kommt er nach Mexiko, ein trauriger Anblick, eine lächerliche Figur. Zu jedem Spazierritt erscheint er bis an die Zähne bewaffnet und ist bestürzt, wenn Maximilian nur einen Reitknecht mitnimmt.

Der Kaiser schiebt diese Angstvorstellungen den Berichten der europäischen Presse zu, in der man nur die dümmsten und infamsten Lügen über Mexiko lese. Er sagt sich, es sei bei alledem eine politische Tatsache, daß, wer mit der Times in England und mit der Neuen Freien Presse in Österreich rechne, dies auch mit der öffentlichen Meinung dieser Länder tue. »Mit Publizisten«, meint Maximilian, »ist Diplomatie am unrechten Platz, sie müssen mit Geld oder Befriedigung ihrer Eitelkeit gewonnen werden.« Er weist daher seinen Generalkonsul in Wien, Herzfeld, an, zu versuchen, die »unanständige« Presse Europas mit klingender Münze und Ordensverleihungen zu gewinnen. So sollen die Zeitungen dazu gebracht werden, die Verhältnisse Mexikos in Europa weniger gefahrdrohend darzustellen, als sie wirklich sind. Denn ganz so unbegründet ist Hidalgos Furcht nicht. Die Unsicherheit ist tatsächlich riesengroß. Eben erst ist die außerordentliche belgische Gesandtschaft, die die Thronbesteigung Leopolds II. notifizieren soll, überfallen und ein besonderer Günstling des Königs getötet worden. Man kann sich vorstellen, was Juarez mit Hidalgo getan hätte, wenn gerade dieser Mann in seine Hände gefallen wäre.

Maximilian gewinnt von dem angstbebenden Hidalgo, der es nicht mehr erwarten kann, nach Europa zurückzukehren, den schlechtesten Eindruck. Er enthebt ihn von seinem Gesandtenposten und ernennt ihn zum aktiven mexikanischen Staatsrat. Kaum hat der Mann das Dekret erhalten, das sein Verbleiben in Mexiko bedeutet, da packt ihn panische Furcht. Kompromittiert wie er ist, überzeugt, daß das Kaiserreich, für das er mit so leidenschaftlichem Eifer eingetreten ist, nun, da Napoleon seine Hand abzieht, dem Untergang geweiht ist, sieht er sein Verderben klar vor Augen. Ohne einen Augenblick zu überlegen, ohne von irgend jemand Abschied zu nehmen, verschwindet er bei Nacht und Nebel aus Mexiko und flüchtet nach Europa zurück. Fortan lebt er als Privatmann grollend in Paris. Seine unselige Rolle ist ausgespielt, und er beobachtet unbeteiligt aus sicherer Ferne das Schicksal des schwanken Gebäudes, dessen Grundstein er gelegt.

Frankreich und Belgien verlassen Maximilian, und auch an seiner Heimat hat er keine Stütze. Graf Bombelles, den er nach Wien sandte, damit er die Frage des Familienpaktes bereinige, hat nichts durchgesetzt. »Ich bin es gewöhnt«, meint Maximilian dazu, »daß die Meinigen mich nie verstanden haben, und daher können sie auch meine Werke und Absichten nicht begreifen; höchstens werden sie dies in ferner Zukunft, wenn es vielleicht zu spät ist.« Es ist nur eine Geste, wenn Franz Joseph den erbetenen Schild des Montezuma und den Originalbericht des Cortez über die Eroberung Mexikos aus den Hofmuseen sendet; die Übergabe eines aztekischen Hieroglyphenkodex allerdings verweigert er. Maximilian dankt, hat aber für seinen Bruder und seine Regierungstaten wenig übrig. Er gratuliert ihm zwar zu glücklichen Fortschritten daheim, aber das ist ebensowenig aufrichtig, wie wenn er am Schlusse schreibt: »Unsere Angelegenheiten hier in Mexiko gehen langsam, aber gut vorwärts, und es gereicht mir zum besonderen Troste, daß unsere einheimischen Truppen sich sehr gut formieren und sich mit wahrem Löwenmut schlagen. Das Verhältnis mit unseren Nachbarn beginnt sich auch zu klären; durch Festigkeit und Konsequenz wird man manches mit ihnen erreichen.«

Seine wahre Meinung über Österreich aber gesteht Maximilian in einem Briefe an eine Wiener Bekannte: »Leider scheint daheim alles mehr oder minder bergab zu gehen, und das wenige Bedeutende, das noch hie und da leuchtet, verschwindet mehr und mehr, um nur der großen Mittelmäßigkeit Raum und Platz zu lassen.« Österreich und seines Kaisers Haltung in allen mexikanischen Angelegenheiten bleibt unverändert passiv. Keinesfalls will man sich Maximilians wegen Unannehmlichkeiten mit den Vereinigten Staaten auf den Hals ziehen. Das wird dem Gesandten Österreichs in Washington fortwährend eingeschärft. So bleibt diesem am 5. Februar 1866, als bei einer Erinnerungsfeier für Lincoln in der Gedenkrede Maximilian ein österreichischer Abenteurer genannt wird, nichts anderes übrig, als, so peinlich es ist, ruhig sitzen zu bleiben.

Die Haltung der Union wird immer drohender, man bezeichnet Maximilian nur als einen Leutnant Napoleons, der einfach mitzugehen habe, wenn dieser seine Truppen zurückzieht. Als Bazaine in Mexiko den letzten Brief seines Kaisers erhält, sieht er, daß nun seine militärische Mission zu Ende ist, er hat nur noch für den allgemeinen Rückzug und privat für die Rettung der Familie und des Vermögens seiner Frau zu sorgen. Von allen Seiten hört er, wie das mexikanische Kaiserpaar in Paris gegen ihn gearbeitet hat; nun läßt auch er alle Rücksicht fallen und schreibt seinem obersten Kriegsherrn über Maximilians schlechten Willen und seine von Undank nicht weit entfernten, ungerechten Klagen. Daß aber die militärische Lage so ungünstig ist, will er nicht gelten lassen. Das Land, meint er, ist so pazifiziert, wie es nur jemals gewesen. Das ist eine offenbare Lüge, denn selbst der französische Gesandte Dano meldet klipp und klar, daß der größte Teil des Gebietes in den Händen der Aufständischen und die Zukunft äußerst trübe ist. Er rät seinem Herrscher, Maximilian um jeden Preis mit den scheidenden Truppen mitzunehmen. Je günstiger Bazaine dagegen jetzt die Lage schildert, um so schärfer muß später die Unfähigkeit seiner Nachfolger offenbar werden.

Auch Frankreichs Finanzminister greift in Mexiko ein. Der französische Zahlmeister erhält Befehl, das Konto der mexikanischen Regierung »endgültig zu sperren«. Maximilian aber baut auf den ziemlich unparteiischen französischen Finanzberater Langlais. Hat dieser doch so gut wie zugegeben, man habe in Frankreich die beiden ersten Anleihen Mexikos bis auf einen ganz geringen Betrag einfach gestohlen. Kaiser Maximilian ist für neu auftretende Berater, die ein gutes Benehmen zeigen und mit großen Versprechungen aufwarten, stets schnell eingenommen und bringt ihnen leicht ein Übermaß von Vertrauen entgegen, das allerdings ebenso rasch in das Gegenteil umschlagen kann. Aber es bleibt immer zweifelhaft, ob auch ein Langlais in so verwickelte finanzielle Verhältnisse hätte Ordnung bringen können. Er kommt nicht dazu. Am 23. Februar 1866 rafft ihn ein Herzschlag hinweg und macht den an seine Person geknüpften Hoffnungen ein jähes Ende.

Maximilian kann sich trotz allem von Gutierrez immer noch nicht völlig loslösen. Obwohl es diesem nicht einfällt, den heißen Boden Mexikos zu betreten, setzt der Kaiser den schriftlichen Verkehr mit ihm fort. Das höchste, wozu er sich aufschwingt, ist die Frage: »Warum entschließen Sie sich nicht, mit Ihren Söhnen in unser süßes und schönes Vaterland zu kommen?«Gutierrez bleibt der alte; den ungeschminkten Wahrheiten in Maximilians letztem Brief tritt er in einer schwülstigen, einhundertzwölf Seiten langen Antwort entgegen: »Suchen Sie beim Episkopat Rat und Hilfe, Majestät. Ich kenne mein Land, obwohl ich nicht dort bin. Sie haben liberale Extratouren gemacht, darin liegt der Grund für allen Mißerfolg. Vertrauen Sie sich ganz und gar der konservativen, monarchischen und katholischen Partei an, dann wird alles gut werden.« Maximilian antwortet zwar: »Zweitausend Meilen Entfernung und fünfundzwanzig Jahre Abwesenheit gestatten kein richtiges Urteil über ein Land. Kommen Sie her nach Mexiko, und dann werden Sie meine Ansichten überprüfen können.« Aber dann ist es rührend zu sehen, wie sich Maximilian ausführlich gegen des Gutierrez Vorwürfe verteidigt. Immer noch geht ihm alles nahe, was von diesem Manne kommt. Nun beginnt er doch wieder unsicher zu werden, ob er nicht von Haus aus allen Ratschlägen dieses Mannes, so rückschrittlich sie auch waren, hätte folgen sollen. Am 10. April, dem Jahrestag der Kronannahme, verleiht er Gutierrez die höchste mexikanische Auszeichnung, die er zu vergeben hat.

Auch dieser Mann wünscht jedoch, in klingender Münze belohnt zu werden. Bisher hat er immer seine Söhne vorgeschoben, wenn es sich um Geldforderungen handelte. Da sie aber die seinerzeit erbetene Entschädigung für die angeblich verwüsteten Güter nicht erhielten, wendet er sich nun in »gebieterischer und heiligster Pflicht«, wie er sagt, selbst an den Kaiser. Er hebt seine Verdienste um die Gründung des Kaisertums hervor und behauptet, bei aller persönlichen Aufopferung stände seine Familie nun als Opfer politischer Überzeugung vor dem Ruin.

In Wirklichkeit liegt die Sache anders. Auch Gutierrez fürchtet, das Kaiserreich werde zusammenbrechen und sein Besitz wieder verlorengehen. Die Familie will weiter Mexiko fernbleiben und in Europa mit einer Entschädigung behaglich leben. Dieser Mann zeigt nun, daß er auf einer Stufe mit Hidalgo steht. So sehen die beiden Väter der Idee des mexikanischen Kaisertums in Wirklichkeit aus.

Der französische Stabskapitän im Sekretariat des Kaisers, Pierron, ist schon über die Ordensverleihung an Gutierrez entrüstet. Ja, er hat wohl an die Monarchie geglaubt, aber Glaube ohne Werke ist eins und in der Bresche stehen etwas anderes. Im Augenblick der Gefahr genügen gute Wünsche nicht. Nun ist Pierron über die finanziellen Forderungen des Gutierrez vollends empört, aber Maximilian liegt wieder ganz im Banne der nicht weniger als einhundertzwölf fanatischen, aber auch schmeichelnden Seiten des letzten Briefes seines Verführers. Er folgt teilweise dem darin wie stets erneut ausgesprochenen Rat, ein konservatives Ministerium zu bilden, und entläßt von den sechs liberalen Kabinettsmitgliedern gleich vier, die er durch Konservative ersetzt. Gutierrez aber gibt nach seiner Gewohnheit, an ihn gerichtete, wenn auch noch so vertrauliche Briefe dritten Personen zugänglich zu machen, das Antwortschreiben des Kaisers an Napoleon weiter, der es seiner Gemahlin vorliest und so von darin enthaltenen Ausfällen Maximilians gegen Frankreich Kenntnis erhält.

In Europa ist inzwischen die allgemeine Lage kritisch geworden. Bismarck erachtet die Zeit für gekommen, die Waffen darüber entscheiden zu lassen, ob Österreich oder Preußen künftighin die Vorherrschaft über Deutschland ausüben soll. Schon hat er seine Fäden nach Italien gesponnen und sein kluges Spiel in Paris begonnen, das darauf abzielt, Napoleon durch andeutende Versprechungen zu verleiten, mit gekreuzten Armen abwartend dem sich entspinnenden Kampfe zuzusehen. Eine nervöse Stimmung liegt über Europa und Paris, der damals noch in der Weltpolitik maßgebenden Stadt. Dort hat man nur das unangenehme Gefühl hemmender Störung durch die mexikanische Expedition. Napoleon III. muß sehr auf der Hut sein, will er sich die führende Stellung in Europa bewahren. Die Nachrichten über preußische Kriegsvorbereitungen regen ihn auf, er hat sich innerlich schon völlig von dem mexikanischen Unternehmen losgesagt. Nun befällt ihn brennende Ungeduld, es so schnell wie möglich zu beenden. In solcher Stimmung schreibt er am 16. Februar 1866 an Bazaine. Tausend Theorien, wie Mexiko beizukommen sei, sind da entwickelt, alles soll geräumt werden, nur die Zollstätten möglichst lange besetzt bleiben. Von Maximilian ist wenig die Rede.

Hätte Mexikos Kaiser Text und Ton der letzten Briefe Napoleons an Bazaine gekannt, so hätte er sich überhaupt keinen Illusionen mehr hingeben können. Aber auch Napoleons letztes Schreiben an Maximilian war deutlich genug. Der Kaiser will und kann nicht glauben, daß es Napoleon wirklich damit ernst ist, ihn im Stich zu lassen. »Es scheint mir unmöglich«, meint er, »daß der weiseste Monarch des Jahrhunderts und die machtvollste Nation der Welt in einer wenig würdigen Weise den Yankees weichen.«

Inzwischen erhält Napoleon den in tiefer Kränkung und doch würdig abgefaßten Antwortbrief Maximilians. Vor allem ist es dem Kaiser der Franzosen peinlich, daß der Habsburger ihm einen Bruch des Vertrages von Miramar vorwirft. Nun verteidigt er sich dahin, daß Max es gewesen sei, der ihn zuerst durch die Erklärung verletzt habe, nicht mehr den vollen Betrag für den Unterhalt der französischen Truppen bezahlen zu können. In Wirklichkeit hat Maximilian immer den guten Willen dazu gehabt, und die monatlichen Raten sind nur mit einem geringen Betrag in Rückstand. Freilich übersteigen die Feldzugskosten weitaus alles im Vertrage von Miramar Vorgesehene. Nun aber tut Napoleon etwas, was er, der schon längst entschlossen ist, Mexiko den Rücken zu kehren, nicht tun darf. Er weckt in Maximilian, der sich nur zu leicht an jeden Strohhalm klammert, neue Hoffnungen.

»Ich will Euer Majestät sehr freimütig sagen, daß es mein regster Wunsch, ebenso wie mein wohlverstandenes Interesse ist, daß sich das mexikanische Kaiserreich halte. Ich werde daher alles, *was von mir abhängt, tun, um Eure Majestät in der Befestigung Ihrer Herrschaft zu unterstützen,* die für den Augenblick in meinen Augen all ihre Sorge der Organisation der Finanzen und der Armee zuwenden muß ... Euer Majestät müssen aber auch meine Verlegenheiten einsehen. Man hat in Frankreich das Interesse, das wir an der Gründung eines großen Kaiserreiches in Mexiko haben können, nie genügend gewürdigt, und es wäre mir unmöglich, vom gesetzgebenden Körper neue Opfer für ein Unternehmen zu verlangen, das so viele Vorurteile erweckt und die Ursache allerschwerster Verwicklungen werden könnte.«

Der Zusatz, »was von mir abhängt«, gibt allerdings leichte Möglichkeit, eine Ausrede für die Nichterfüllung des Versprechens zu finden. Aber Maximilian überschätzt nach seiner Gewohnheit diese Worte. Kaiserin Eugenie benützt die Heimkehr Loysels nach Mexiko, um dem Kaiserpaar mündlich verschiedene Ausstellungen zu machen. Sie läßt durchblicken, sie gebe ihm die Schuld an dem verzweifelten Stande der Finanzen, an der schlechten Behandlung des Barons Saillard und der Nichtdurchführung der zahllosen Gesetze. Das ist die Folge der unvorsichtigen Ankündigung Maximilians, Napoleon »mehrere Bände« davon zukommen zu lassen. Charlotte antwortete gereizt, »das Geld ist dazu da, um ausgegeben zu werden. Wir sind nicht schuld an den finanziellen Zuständen und können an der Lage nichts ändern.« Der Brief ist wenig freundlich und recht kühl und läßt den Ton herzlich aufrichtiger Vertraulichkeit, der sonst zwischen den beiden Kaiserinnen herrschte, gänzlich vermissen. Eugenie fühlt sich gekränkt und verhehlt es Charlotte nicht. Der Briefwechsel der beiden nähert sich seinem Ende.

Indessen sendet Maximilian Almonte als Gesandten nach Paris. Napoleons Günstling von einst soll nun, da Hidalgo versagt hat, in die Bresche treten. Er erhält den Entwurf eines Geheimabkommens, das in völliger Verkennung der Lage der französischen Regierung Leistungen zumutet, die noch über die Abmachungen von Miramar hinausgehen. Die Truppen Napoleons sollen bleiben, Bazaine soll entfernt werden und der Oberbefehl dem Kaiser Mexikos allein zufallen. Überdies soll der französische Staatsschatz bis zur völligen Beruhigung des Landes Vorschüsse flüssigmachen, Mexiko würde dereinst alles bis auf Heller und Pfennig zurückerstatten. Als Pflaster will Maximilian Bazaine den Herzogstitel verleihen, eine Medaille mit dem Bildnis beider Herrscher prägen lassen und damit alle Franzosen dekorieren, die in Mexiko gedient haben.

Maximilian glaubt sogar, dem Vertragsentwurf durch Befristung bis zum 15. Juli den Charakter eines Ultimatums geben zu können. So lauten die offiziellen Weisungen an Almonte. Die geheimen gehen noch weiter. Maximilian setzt sich Frankreich gegenüber in eine Positur, die bei der Lage der Dinge fast unverständlich ist. Er gleicht einem Vabanque-Spieler, dem schon alles gleichgültig ist. So bevollmächtigt er Almonte für den Fall, daß Napoleon von dem neuen Vertrag nichts wissen will, zur Erklärung, der Kaiser von Mexiko verlange den sofortigen Abzug der französischen Truppen. Seine Majestät der Kaiser Maximilian werde sein großes Werk nie verlassen, sondern getreu seinen auferlegten Berufspflichten als guter Mexikaner im Kaiserreiche ausharren und dessen Schicksal teilen.

Kurz bevor Almonte ankommt, ist der wegen seiner Behandlung beleidigte Baron Saillard nach Paris zurückgekehrt und hat dort rundweg erklärt, daß das Kaiserreich unmöglich von Bestand sein könne. Seine Berichte verschärfen die in Paris herrschende, Maximilian feindliche Stimmung. Napoleon ist allerdings die Notwendigkeit, den Kaiser von seinen Gnaden fallenzulassen, recht peinlich. Er ist im Grund doch nicht der grausame, seine Puppe Maximilian kaltlächelnd wegwerfende Mann, wie ihn sein Vorgehen erscheinen läßt. Doch sieht er in dem mexikanischen Unternehmen eine verlorene Sache, in der er sich durch unüberlegte Ratschläge seiner Gemahlin und die vorübergehende Ausschaltung der in den Sezessionskrieg verstrickten Union hat hineinzerren lassen und die nun nach der neuen Lage der Dinge in Amerika sowohl wie in Europa schwere Gefahren für Frankreich in sich birgt. Darum sagt er sich, daß persönliche Rücksichten schweigen müssen, selbst gegebene Versprechen ihn nicht binden dürfen, wenn es gilt, Land und damit auch Dynastie vor jenen Gefahren zu bewahren.

Am 20. Mai 1866 langt Almonte mit seinem Geheimvertrag in Paris an. Als das Kaiserpaar und die verantwortlichen Minister den Entwurf lesen, da kennt ihr Erstaunen über die Illusionen, die sich Maximilian über seine Stellung Napoleon gegenüber augenscheinlich noch macht, keine Grenzen. Almonte ist in einem besonders unglücklichen Augenblick in Frankreich angelangt. In den sechs Wochen seiner Seereise hat der österreichisch-preußische Konflikt scharfe Formen angenommen. Frankreich droht hineingezogen zu werden, und die Nordamerikanische Union tritt immer hochmütiger auf. Das Kaiserpaar ist nicht wenig erregt und fürchtet den Ausbruch eines europäischen Krieges, der einen Staat nach dem anderen mit sich reißen kann. Da kann es über Maximilians Geheimvertrag nur lächeln. Von einem Widerruf der Heimkehr der französischen Truppen in Mexiko ist keine Rede. Die Antwort heißt: »Völlig unannehmbar!«

XIII

DER VORWURF DER FEIGHEIT

Doch weiß Maximilian in Mexiko von alledem wenig. Die Konzentrierungsmaßnahmen Bazaines werden fortgesetzt, die geräumten Orte sogleich von republikanischen Truppen besetzt. Maximilian aber ist voller Eifer für seine künftige Unabhängigkeit und Selbständigkeit. Nun kreisen seine Gedanken nur um den einen Punkt, sich militärisch und finanziell »contre vent et marée« durchzusetzen und Napoleon zu zeigen, daß er ihn gar nicht braucht. Max will die Armee selbst organisieren, schon seines Bruders Franz Joseph wegen, der ihn gewarnt hat, sich damit zu befassen, er sei Marineoffizier und verstehe zu wenig von einer Landarmee. Sofort läßt der Kaiser von Mexiko daraufhin eine große Arbeit über die Neuorganisation der Armee verfassen und schickt sie in die Wiener Hofburg zum Beweise, daß er dies so gut verstehe, wie nicht einmal die »sachkundigste Routine in Europa ähnliches hat zur Geltung bringen können«.

Das ist sehr vom hohen Roß herab gesprochen, um so mehr, als die Organisation noch stark in den Kinderschuhen steckt und mit jener der festgefügten europäischen Armeen nicht in einem Atem genannt, geschweige denn als ihr überlegen bezeichnet werden kann. Und die »umfassende persönliche Leitung«? Kaum vierzehn Tage nach diesem Brief muß Maximilian Bazaine die ganze Organisation der nationalen Armee übertragen. Schon weil er keinen Heller dafür zur Verfügung hat.

Bazaine befindet sich in einer Zwangslage. Auf der einen Seite verbietet man ihm, Geld auszugeben, auf der anderen soll er eine mexikanische Armee aufstellen. Er bestrebt sich, ein gehorsamer Soldat zu sein, aber die einander widersprechenden Befehle aus Paris machen ihm das Leben schwer. Die Leute, die sie erteilen, betrachten alle Dinge nur vom europäischen Gesichtspunkt aus und können sich nicht im entferntesten ein klares Bild der Verhältnisse in Mexiko machen. Und doch ist eine tüchtige Armee nötiger als je.

In Washington ist man fest entschlossen, der Republik in Mexiko wieder in den Sattel zu helfen. Der Staatssekretär Seward äußert sich, die Union werde jede weitere Einmischung einer europäischen Macht in die inneren Angelegenheiten Mexikos als Kriegsgrund betrachten. Als erster Staat bekommt dies Österreich zu spüren. Maximilian hat in der Sorge, für die abziehenden Franzosen Ersatz zu schaffen, seinen Bruder in Wien um stärkere österreichische Freiwilligenkräfte gebeten, und man hat sie ihm noch am ersten Mai fest zugesagt. Unmittelbar darauf legt die Union in Wien energischen Einspruch ein. Falls ihm nicht stattgegeben wird, betrachten sich die Vereinigten Staaten mit Österreich im Kriegszustande. Das ist zuviel für die unmittelbar vor dem Bruch mit Preußen stehende österreichische Regierung. Sie streicht die Flagge und widerruft die Absendung der Freiwilligen. Die Nachricht hat noch einen langen Weg zurückzulegen, bis sie zu Maximilian gelangt. Indessen beschäftigt er sich mit dem Schicksal des Konkordats in Rom, um das sich einerseits die drei Mitglieder der Spezialmission, anderseits sein geheimer Vertrauensmann Pater Fischer bisher ohne greifbares Ergebnis abmühen. Während Maximilian glaubt, daß »mehr Motoren ein Schiff zu größerer Schnelligkeit antreiben«, hemmen sich seine Sendlinge gegenseitig und schimpfen in ihren Berichten übereinander. Die Kommission gibt nach Mexiko zu verstehen, sie könne den Pater durchaus nicht brauchen, und dieser wieder berichtet, der Papst habe ihm über die dreigliedrige Abordnung gesagt: »Der erste ist ein Kind, der zweite ein Dummkopf, der dritte ein Intrigant.«

Er sowohl wie die Kommission erkennen, daß ein Konkordat nach den Wünschen Maximilians undurchführbar ist, dennoch halten aber beide in Kaiser Maximilian die Hoffnung wach, daß es doch noch dazu kommen werde. Denn man lebt in Rom auf Staatskosten sehr angenehm, und die Nachrichten aus der Heimat lassen eine Rückreise nicht begehrenswert erscheinen.

Maximilian hat in seinem Optimismus von des Paters Mission sehr schnellen Erfolg erwartet. Da er sich so lange nicht einstellt, beginnt er einzulenken und wesentliche Zugeständnisse zu machen. Zu dieser Zeit, im März 1866, ist der Briefwechsel mit Rom besonders rege. Der Jesuit schreibt dicke Tagebücher, die den größten Klatsch über den päpstlichen Hof enthalten. Man kann da das Neueste über die Mätresse des Kardinals Antonelli lesen und erfahren, daß der Kardinal Alfieri Leib und Seele jedermann verkaufen würde, der ihm zur Erlangung der Tiara behilflich wäre. Sensationslust und Hinterlist zeichnen diese Pamphletbriefe aus. Fischer läßt Bemerkungen einfließen, die geschickt gegen seine Feinde gerichtet sind. Die Randbemerkungen des eindrucksfähigen Monarchen zeigen, wie sehr er sich von Fischer gefangennehmen läßt. Wiederholt versichert er den Verfasser seines »innigsten Dankes« und kann sich in der Anerkennung der Tätigkeit des Paters nicht genugtun: »Mit inniger Freude erhielt ich Ihre zwei lieben Briefe vom 11. Mai und war entzückt von dem klaren Geiste und dem richtigen Verständnisse, die aus jeder Zeile leuchten. Hätte ich nur sechs Diplomaten wie Sie, und unsere Angelegenheiten würden anders stehen. Je mehr und je öfter Sie schreiben, desto zufriedener werden Sie mich stellen.«

Und doch hat der Kaiser keinen Grund, so zufrieden zu sein. In der Tat erreicht Pater Fischer ebenso wie die Kommission nichts.

Bald zeigt sich die harte Wirklichkeit; die Kurie verfolgt die Ereignisse scharfen Auges. Von allen Seiten kommen ihr aus Mexiko Nachrichten zu, daß sich der Kaiser nicht werde halten können. Dann entfällt natürlich jeder Grund, sich erst auf Zugeständnisse einzulassen. So zieht man mit allerhand Ausflüchten die Verhandlungen in die Länge. Kaiser Maximilian ist enttäuscht und verbittert über die »doppelzüngigen Reden« und die »nie erfüllten Versprechungen«, um aber zu zeigen, daß dies seinem Glauben keinerlei Abbruch tut, hegt er die Absicht, eine kleine alte Kirche in Rom zu kaufen und sie Unserer Lieben Frau von Guadalupe zu weihen.

Der Kaiser führt das Mißlingen des Konkordats auch auf die Intrigen mexikanischer Geistlicher zurück, deren Vorgehen er sich in exemplarischer Weise zu bestrafen vornimmt.

Voller Unmut weist er die Kommission an, die Kurie kategorisch zu fragen, ob sie das Konkordat abzuschließen gesonnen sei oder nicht. Es ist ein ähnliches Ultimatum, wie es Almonte in Paris übergeben hat. Die Kommission sieht den Mißerfolg voraus, vollzieht den Befehl nicht, und alles bleibt in Schwebe. In Paris hat Napoleon indessen Nachrichten bekommen, die ihn klar erkennen lassen, daß das ganze Gebäude in Mexiko jäh zusammenstürzen wird, wenn die französischen Truppen vor ihrem Weggang mit den militärischen Kräften der Juaristen und deren Führern nicht reinen Tisch machen. Der Kaiser der Franzosen sagt sich, daß ein solches Ereignis sein Ansehen in der Welt ebenfalls außerordentlich schädigen muß. So hat er, noch bevor Almonte seinen bekannten Schritt unternahm, von Bazaine plötzlich wieder verlangt, er solle sich mit seinen Truppen den verschiedenen Juaristenführern an die Fersen heften und sie noch vor der Räumung vernichten. Was also in gut vier Jahren nicht möglich war, soll nun noch rasch im letzten Augenblick geschehen.

Die ausschweifende Lebensweise und der schlechte Gesundheitszustand des Kaisers Napoleon bedingen sein oft widersprechendes Verhalten gegenüber den jeweils auf ihn eindringenden Nachrichten. Seine Handlungen nehmen einen schwankenden, unsicheren Charakter an, Befehl und Gegenbefehl lösen einander ab. Die Kaiserin Eugenie kann sich irren, aber wenn sie etwas will, so verfolgt sie eine gerade Linie. Auf sie aber hört er nicht mehr, weil sie eben an dem Abenteuer in Mexiko schuld ist. Der neue Befehl gelangt überdies erst Mitte Juni in Bazaines Hände. Zu einer Zeit also, da die Räumungsbewegung der Besatzungstruppen bereits weit vorgeschritten ist und die überall nachdrängenden Juaristen, die nach dem Bekanntwerden des bevorstehenden Abzuges der Franzosen lawinenhaft anschwellen, schon sehr bedeutende Erfolge aufweisen. Der Marschall schüttelt den Kopf, aber Befehl ist Befehl, und er will tun, was möglich ist.

Da kommt die Nachricht von dem Zurückhalten der österreichischen Freiwilligen, das die Union durchgesetzt hat. Maximilian hat auf diese Verstärkungen die größten Hoffnungen gesetzt, nun beklagt er tief enttäuscht die unverzeihliche Schwäche der europäischen Großmächte gegenüber der Union. Für die »illoyale« Haltung Österreichs hat Maximilian nur Groll.

Nun bleibt ihm nichts übrig, als gegenüber den Stadt um Stadt erobernden Juaristen wieder die Hilfe Bazaines zu erbitten, denn die Lage wird immer schlechter. Der kaiserliche General Mejia, der die wichtige Hafenstadt Matamoros mit Zollstätte hält, muß kapitulieren. Er selbst und die Besatzung erhalten freien Abzug. Bei den kaiserlichen Truppen nehmen aber Desertion und Abfall überhand, selbst in der belgischen Legion kommen Meutereien vor. Auch in der österreichischen erregen unregelmäßige Auszahlung des Soldes und schlechte Nahrung Unzufriedenheit. Der kommandierende General Graf Thun hat längst innerlich die Überzeugung gewonnen, das Kaisertum sei verloren, und es werde bald heißen, rette sich wer kann. Zwischen ihm und den französischen Generalen herrschen fortwährend Eifersüchteleien.

Maximilian urteilt scharf über Thun: »Der Mann kennt kein Gesetz, kein öffentliches Wohl, weiß nichts von dem Räderwerk einer guten Regierung. Deshalb fordert ja Regierungsweisheit von jeher, daß Leute des Schwertes blind gehorchen, niemals aber sprechen und urteilen sollen.«

Der österreichische Gesandte hält dem Kaisertum in seinem Bericht vom 28. Juni 1866 eine förmliche Grabrede: »Überall erhebt der Juarismus sein Haupt, die eifrigsten Anhänger werden apathisch, des Kaisers Volkstümlichkeit von einst macht einer kalten, wenn auch respektvollen Gleichgültigkeit Platz, die Liberalen bleiben geschworene Feinde des Thrones, dem sie sich nur nähern, um ihn besser zu verraten.«

Dagegen bleibt der Kaiser bei seinem alten optimistischen Programm; er will sich auf die indianische Rasse stützen, ein gutes Nationalheer schaffen, die Finanzen durch Hebung der natürlichen Reichtümer in Ordnung bringen und ehrliche, loyale Leute an sich ziehen.

Der Chef des Militärkabinetts, Pierron, der nun des Kaisers Vertrauen trägt, hört nicht auf, die bekannte »Energie« zu predigen. Er ist überzeugt, damit seinem Kaiser gut zu raten. Maximilian aber hat taube Ohren. Wieder fällt ein Kriegsgericht fünf Todesurteile, wieder begnadigt Maximilian die Verurteilten. Pierron ist gegen die Milde und will den Kaiser diesmal mit einer Anekdote belehren:

»Eines Tages besuchte ein fürstlicher Philosoph einen Kerker. Alle

Sträflinge behaupteten, unschuldig zu sein, nur einer von ihnen bekannte sich schuldig. Setzte nun der Fürst jene in Freiheit, die sich für unschuldig erklärten? Keineswegs. ›Man enthafte den Schuldigen‹, befahl er, ›denn er ist unwürdig, inmitten lauter ehrbarer Leute zu sein.‹«

Vom Kaiser, der aufs äußerste widerstrebt, werden drakonische Verfügungen geradezu erpreßt. Schließlich wird er allein für alle diese Maßnahmen Rechenschaft ablegen müssen, während die ratenden Scharfmacher sich längst in Sicherheit gebracht haben. Maximilian will die Strafe durch Verbannung ersetzen. Er erinnert sich seines Vorbildes Napoleon III., der beim Staatsstreich in der Nacht vom 1. auf den 2. Dezember 1851 in Paris die sechzig Häupter der gegnerischen Parteien plötzlich verhaften und deportieren ließ. Pierron erhält Befehl, eine Liste von verdächtigen Leuten der Hauptstadt und Umgebung anzufertigen, die dann nachts überraschend angehalten und nach Yukatan gebracht werden sollen.

Maximilian kann sich von seinem bösen Geist Napoleon nicht frei machen. Er überschätzt des Kaisers Macht noch immer und glaubt, dieser könne noch auf einem Kongreß die europäischen Mächte dazu bringen, mit Energie das Prinzip ihres »legitimen« Einflusses in der Neuen Welt aufrechtzuerhalten. Darum schreibt er dem Kaiser der Franzosen einen wahren Strauß von Wünschen, erbittet Generale und Intendanten für die Reorganisation des Heeres und erwartet mit Ungeduld französische Unterstaatssekretäre für Justiz, Unterricht und Handel. Je mehr die Franzosen ihre Hand aus dem mexikanischen Spiel ziehen wollen, um so mehr ist Kaiser Maximilian, der anfangs so eifersüchtig für seine Mexikaner eintrat, bestrebt, Frankreich neu ans Kaiserreich zu fesseln.

Die Antwort Napoleons auf den Schritt Almontes, die deutlich zeigt, daß er das Spiel in Mexiko schon ganz aufgibt, ruft dessen Kaiser hart in die Wirklichkeit zurück. Sie ist nicht nur völlig ablehnend, sondern versucht, Maximilian die Verantwortung für alle Mißerfolge in Mexiko zuzuschieben. Ja, man mutet ihm sogar die Abtretung der Hälfte aller Einkünfte der Zollstätten an Frankreich zu, sonst würden alle französischen Truppen sofort zurückgezogen. Napoleon gibt die mexikanische »mauvaise affaire« auf und will noch möglichst viel Geld aus der »débâcle« retten. Auf Maximilian nimmt man keine Rücksicht mehr, mag er sich helfen, wie er will. Verlegen begleitet Almonte die französischen Noten mit dem Rat, der Kaiser solle sich in Mexiko gänzlich konservativ orientieren. Er wagt aber nach seinem Mißerfolg nicht, nach Maximilians geheimer Weisung auf die sofortige Abberufung der französischen Truppen zu dringen. Noch steht auch er zu sehr im Banne seines einstigen Gönners Napoleon. So muß der Kaiser von Mexiko erleben, daß Napoleon in Form einer Erpressung jene Zurückziehung der Truppen androht, die *er* in verletztem Stolze vom Franzosenkaiser hatte fordern wollen. Wie ein Blitz plötzlich das Dunkel erhellt, so wird es Maximilian mit einemmal klar: Er ist verraten und verlassen, niemand gehorcht ihm mehr. Aus dem ganzen Reiche kommt eine Hiobsbotschaft nach der andern, der ganze Norden ist in Aufruhr, Juarez wird von der Union ermutigt, sogar die große Verbindungsstraße von Mexiko zum Meere ist bedroht, die Armeeorganisation kommt nicht weiter, die Truppenkommandanten flehen geradezu um Sold für die Truppen, und die Staatskassen sind leer. Zu alledem kommen am 6. Juli morgens die Nachrichten über den Kriegsausbruch zwischen Österreich und Preußen und über die fieberhafte Aufregung, die sich ganz Europas bemächtigt. Überall wird ein allgemeiner europäischer Krieg befürchtet, die bloße Angst davor aber bedeutet schon, daß Mexiko seinem Schicksal überlassen werden wird.

Unberufene und berufene Ratgeber drängen sich um Kaiser Maximilian. Solche, die verborgene egoistische Beweggründe haben, und solche, wie der Unterstaatssekretär Léonce Détroyat, ein Franzose, der es mit Maximilian wirklich gut meint und ihm offenherzig und warnend schreibt:

»Das Los des Kaiserreiches steht in diesem Augenblicke auf dem Spiel. Der Schleier ist gefallen. Die seit einiger Zeit zweifelhafte Politik Napoleons ist nun heute klar vor aller Augen. Der Sturz Euer Majestät wird die Folge sein. Man darf nicht mehr an die Versprechungen von Miramar denken, nicht mehr an die Freundschaft eines brüderlichen Souveräns glauben, es gibt niemanden mehr, der nicht von Europa einen Brief bekommen hätte mit den Worten: ›Der Kaiser wird fallengelassen.‹ Euer Majestät können auf Kampf und Widerstand Hoffnungen setzen, ich aber glaube, daß sie unnütz, ja mehr als das, gefährlich sind ... Die französischen Truppen müssen sich nun um jeden Preis zurückziehen. Bazaine war eine Art störender, schlecht aufgefaßter und schlecht angewandter Vormundschaft, die klägliche Resultate gezeigt hat. Jetzt aber sagt Napoleon: ›Ich kann meine Versprechungen nicht mehr halten, ich verletze alles, ich ziehe meine Truppen zurück, ich fordere mein Geld und verlasse Sie.‹ Majestät, sagen Sie den Mexikanern in einer Proklamation, sie wären gekommen, um sie aus der Anarchie zu retten. Sie hätten eine schwere Aufgabe übernommen, aber blind auf die Versprechungen eines Souveräns gebaut, der geschworen habe, Sie zu unterstützen und Sie niemals zu verlassen. Nun sei alles anders geworden. Schlecht bedient und schlecht unterstützt, hätten Sie das stolze Werk nicht so vollbringen können, wie Sie es geträumt, darum müßten Sie vor der grausamen Notwendigkeit weichen und sich in Ihre Heimat zurückziehen, ohne je in aller Zukunft das Interesse Mexikos aus den Augen verlieren zu wollen. Das täte ich, und zwar ohne Zögern und ohne Aufschub. Sire, ich habe aus vollem Herzen gesprochen.«

Diese aufrichtigen, treuherzigen und der Lage vollkommen entsprechenden Ausführungen des wackeren Mannes, dem als Franzose eine solch unparteiische, für ihn persönlich nicht ungefährliche Stellungnahme besonders hoch anzurechnen ist, machen auf Kaiser Maximilian tiefen Eindruck. Er kann sich der Erkenntnis nicht verschließen, daß sein Ratgeber völlig recht hat, und sieht nun den Augenblick gekommen, wo er sich sagen muß, daß ferneres Mühen zwecklos sei. Er kämpft einen schweren Kampf mit sich selbst; insbesondere schmerzt es ihn, nach Österreich zurückkehren und seinem Bruder und allen, die ihn gewarnt, nun eingestehen zu müssen, daß er sich getäuscht habe, daß sein mit solcher Begeisterung unternommenes Werk fehlgeschlagen sei. Doch er sieht keinen anderen Ausweg mehr.

Schon ist er entschlossen, seine Thronentsagung öffentlich kundzutun, da schreitet Kaiserin Charlotte ein. Sie hat sich im abgelaufenen Jahre wenig mit politischen Dingen befaßt und sich unermüdlich der Wohltätigkeit gewidmet. Nun aber, da sie ihren Gemahl und ihre Krone bedroht sieht, erwachen in ihr der Ehrgeiz und der Durst nach Macht, die sie von ihrem Vater als Erbteil empfangen. Ihr Gemahl soll Intrigen, Böswilligkeiten und einer vorübergehenden Laune des Schicksals geopfert werden, sein ganzes glänzendes Werk, für das sie viele Jahre gesorgt und gebangt hat, mit einem Schlage hinwerfen? Nein und tausendmal nein! Charlotte dringt in ihren noch schwankenden Gemahl, diese Gedanken aufzugeben, sich zu ermannen, auszuharren. Sie erbietet sich schließlich, selbst nach Europa zu fahren, bei Kaiser Napoleon III. und dem Papst weitere Unterstützung und Erfüllung der Lebensnotwendigkeiten Mexikos durchzusetzen.

Maximilian richtet sich an der Energie und Festigkeit der Kaiserin wieder auf; im Grunde seiner Seele wird ihm sein Entschluß unendlich schwer. So greift er denn mit beiden Händen nach diesem letzten Rettungsanker. Die Reise der Kaiserin nach Europa wird beschlossen und festgesetzt, daß sie nur Paris und Rom besuchen soll. Am 5. Juli meldet Maximilian seiner Mutter, der Erzherzogin Sophie, die bevorstehende Abreise seiner Gemahlin:

»Liebe, beste Mama!

Ich benütze die sichere Gelegenheit von Charlottens Exkursion nach Europa, um Ihnen, beste Mutter, diese Zeilen zu übersenden. Charlotte macht einen Ausflug in die Alte Welt, um als unser sicherster und geschicktester Botschafter in mexikanischen Angelegenheiten zu arbeiten. Sie ist versehen mit meinen geheimen Instruktionen und hat die Hauptaufgabe, an gewisse Versprechungen für das Wohl Mexikos zu erinnern und in einigen Punkten Unterstützung zu fordern. Wieviel es mich gekostet hat, mich von ihr zu trennen, können Worte nicht beschreiben. Ich hoffe jedoch, daß Charlotte mit ihren Geschäften bald fertig und in einigen Monaten wieder zurück bei mir wird sein können. Die Zeit, da mich der Ozean von ihr trennt, wird wohl für mich die härteste Prüfung meines Lebens sein, aber für große Zwecke muß man große Opfer bringen.

Nachdem uns Europa jetzt von allen Seiten auf die schmählichste Weise verläßt und die alt gewordene Welt vor Nordamerika feige zittert, ist hier die angestrengteste Aktion doppelt notwendig.

Daß die europäischen Monarchen sich vor unserer Nachbarrepublik, sie nicht kennend, in unverzeihlicher Schwäche beugen, werden sie einstens bitter bereuen; doch das geht mich nichts an, ich muß nur Tag und Nacht sinnen, mein neues und schon so heißgeliebtes Vaterland zu retten. In die-

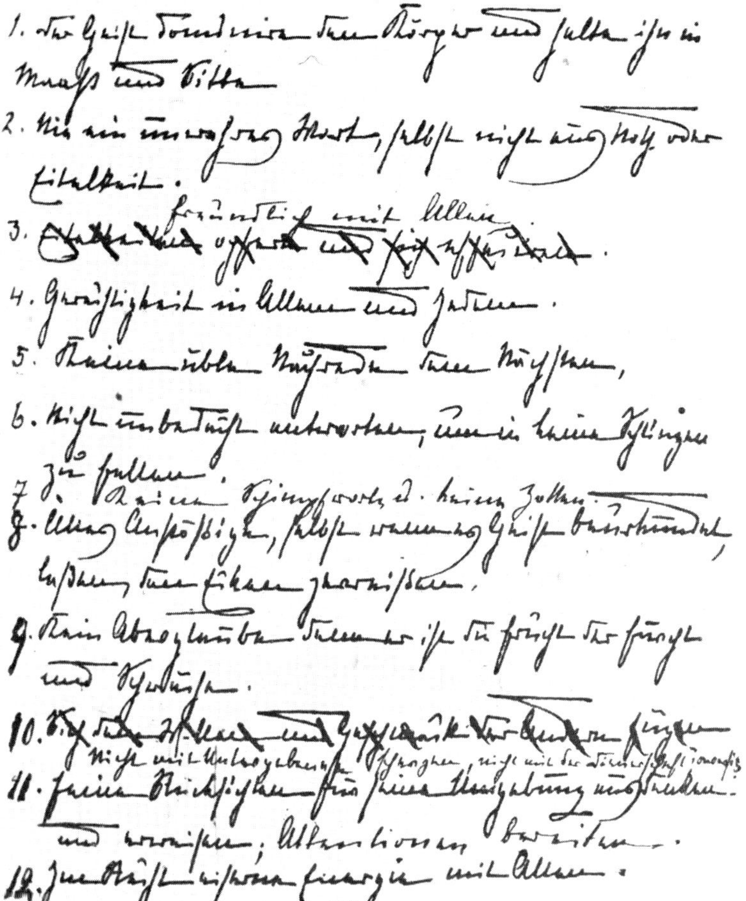

1. Der Geist dominiere den Körper und halte ihn in Maass und Sitte.
2. Nie ein unwahres Wort, selbst nicht aus Noth oder Eitelkeit.
3. [illegible] freundlich mit Allen.
4. Gerechtigkeit in Allem und Jedem.
5. Keine üblen Nachreden den Nächsten,
6. Nicht unbedingt antworten, um in keine Schlingen zu fallen.
7. Keine Schimpfworte u. keine Zoten.
8. Allen Anstößigkeiten, selbst wenn der Geist beistimmt, [illegible]
9. Kein Aberglauben denn er ist die Frucht der Furcht und Schwäche.
10. [illegible] Nicht mit Untergebenen scherzen, nicht mit der Dienerschaft vertraulich
11. Seine Rücksichten für seine Umgebung ausdrücken und erweisen, Attentionen bereiten.
12. [illegible] Energie mit Allem.

Handschriftliches Kartonblättchen mit Lebensregeln.

Kaiser Napoleon III.
Radierung von Pierre Guilliemère Metzmacher.

Kaiserin Eugenie von Frankreich.
Lithographie von Emile Lasalle nach Eduard Dubufe.

Kaiser und Kaiserin von Mexiko.
Letzte gemeinsame photographische Aufnahme.

ser Absicht der Pflicht und Liebe steht mir Charlotte treu, redlich und tätig zur Seite, und darin liegt die Erklärung ihrer rasch beschlossenen Reise nach Europa. Gott möge sie geleiten und uns wieder frisch, froh und zufrieden zurückführen. Sie ist begleitet vom Minister des Äußern, der ein treuer, braver Mann ist und ihr gewiß in ihren schweren Schritten redlich helfen wird. Außerdem hat sie den treuen Bombelles und eine deliziöse Palastdame mit sich. Brüssel und Wien kann Charlotte leider aus politischen Gründen jetzt nicht besuchen. Ich bitte Dich innig, bete recht inständig für mich, der ich allein in der fernen Welt stehe.«

Kaum ist dieser Brief geschrieben, so kommen dem Kaiser wieder Bedenken. Détroyats Worte gehen ihm nicht aus dem Sinn. Steht nicht seine Gemahlin allein mit ihrem Rat? Hat diese junge Frau genügend politisches Urteil, um in so schweren Augenblicken zu entscheiden? Von neuem beginnt Maximilian wankend zu werden und sich zu fragen, ob die geplante Reise der Kaiserin nicht nur Enttäuschung bringen werde, ob es nicht doch besser sei, sofort die Krone niederzulegen. Sowie Charlotte die Stimmung ihres Gemahls sieht, greift sie zu schärferen Mitteln. Sie kennt ihn sehr wohl und weiß, daß er in Ehrensachen ganz besonders empfindlich ist. »Nein, hundertmal nein«, hat sie vor kurzem erst geschrieben, »ich ziehe für meinen Teil eine Position vor, die Aktivität und Pflichten und, wenn man will, auch Schwierigkeiten bietet, anstatt bloß bis zum Alter von siebzig Jahren das Meer anzustarren.« Charlotte will ihren Gatten bei seiner Mannes- und Fürstenehre packen und setzt in dieser entscheidenden Stunde ein ausführliches Memoire auf, das sie ihm persönlich überreicht. Der Kaiser öffnet das Heft und beginnt in steigender Erregung Charlottens Erguß zu lesen:

»Karl X. von Frankreich und mein Großvater (Louis Philippe) haben sich selbst zugrunde gerichtet, weil sie abdankten. Deshalb darf man dies nicht wiederholen.

Abdanken heißt, sich verurteilen, sich selbst ein Unfähigkeitszeugnis ausstellen, und das ist nur annehmbar bei Greisen und Blödsinnigen, das ist nicht Sache eines Fürsten von vierunddreißig Jahren voller Leben und Zukunftshoffnung. Die Souveränität ist das heiligste Besitztum, das es unter den Menschen gibt, man verläßt den Thron nicht, wie man aus einer Versammlung fliehen will, die ein Polizeikorps umschlossen hält. Im Augenblick, da man die Geschicke einer Nation übernimmt, tut man dies auf eigene Gefahr, und es steht einem nicht frei, sie zu verlassen. Ich kenne keine Lage, wo Abdankung etwas anderes wäre als ein Fehler oder eine Feigheit.

Ludwig der Große sagte in einer Schlacht zu einem Engländer, der ihn gefangennehmen wollte: ›Mein Freund, bei Niederlagen dürfen sich Könige nicht gefangengeben.‹ Nun denn, ich sage, Kaiser dürfen dies auch nicht. Solange es hier einen solchen geben wird, wird ein Kaisertum sein, selbst wenn nur mehr sechs Fuß Erde ihm gehören. Daß er ohne Geld ist, ist kein genügender Einwand, man wird es sich mit Kredit beschaffen, diesen aber mit Erfolg, und den Erfolg – erringt man.

Und wenn man keins von beiden hätte, so könnte man sich's verschaffen, weil man atmet und nicht an sich selbst verzweifeln darf. Von einer Sache, die man unternommen und für möglich gehalten, zu sagen, daß man sie schließlich nachträglich für unmöglich befunden hat, wird einem von niemandem geglaubt werden. Hinzuzufügen, daß man sich zurückzieht, weil man annahm, daß man das Glück einer Nation begründen wollte und sich des Gegenteils bewußt wurde, bedeutet, sich selbst einen Schlag ins Gesicht geben; überdies ist es eine Lüge, wenn man tatsächlich für diese Nation auf ewig der einzige Rettungsanker ist.

Schlußfolgerung: Das Kaisertum ist das einzige Mittel zum Heile Mexikos, alles muß getan werden, um es zu retten, da man sich dazu durch Eid und Wort verpflichtet hat und keine Unmöglichkeit einen davon entbindet. Da die Sache nach wie vor durchführbar ist, muß das Kaisertum beibehalten werden, aufrecht bleiben und ist, wenn notwendig, gegen jedermann zu verteidigen, der es angreift. Man verläßt seinen Posten vor dem Feinde nicht, warum würde man eine Krone verlassen? Die Könige des Mittelalters warteten wenigstens, daß man käme, um ihnen ihre Staaten zu nehmen, bevor sie sie auslieferten, und die Abdankung ist erst erfunden worden, seit die Souveräne verlernt haben, in Tagen der Gefahr zu Pferde zu steigen. Der Bürgerkrieg existiert nicht mehr, da er ja nicht einmal mehr einen Vorwand hat, denn des Juarez Amtszeit ist abgelaufen. Man überläßt seinen Platz nicht einem Gegner solcher Art, man sagt auch nicht wie in einem Spielhause, daß die Bank gesprengt ist oder das Satyrspiel zu Ende ist und man die Lichter auslöscht. Das ist alles weder eines Fürsten aus dem Hause Habsburg noch Frankreichs und seiner Armee würdig, die berufen wäre, dies Schauspiel mit anzusehen und es zuzulassen. Mit wem bliebe denn der Marschall Bazaine bis zum nächsten Jahre? Das wäre wohl Grund, auf das Wort Jules Favres vom Don Quichotte zurückzukommen, wenn wir eine solche Rolle gespielt hätten, und vom Erhabenen zum Lächerlichen wäre nur ein Schritt. Als Kulturbringer, als Retter und Regenerator auszuziehen und unter dem Vorgeben zurückzukehren, daß es nichts zu zivilisieren, nichts zu retten, nichts zu regenerieren gibt, und das alles im innigen Einvernehmen mit Frankreich, das immer als ein Land geistiger Kräfte galt – da werden Sie doch zugeben, daß dies sowohl für die einen wie für die anderen die größte Absurdität wäre, die es gibt. Ich hoffe, jenseits der Meere diese Sprache führen zu können. Wenn man schon mit einzelnen Individuen spielen kann, so darf man doch nicht mit Nationen spielen, weil Gott dies rächt.«

Der Kaiser läßt erschüttert das Blatt sinken. Er erkennt nicht, daß das Memoire bar ist jeder verständigen Auffassung der Lage und seine Beweisgründe aus vermeintlichen Analogien in der Geschichte eines anderen Erdteiles herholt. Es sind vage Ideen, die Kaiserin Charlotte mit der Muttermilch eingesogen hat. Ihres Vaters, des Belgierkönigs, größte Enttäuschung ist die Abdankung seines Schwiegervaters gewesen, denn an diese Verwandtschaft mit dem französischen Königshause, die er noch durch weitere Verbindungen mit coburgischen Prinzen gefestigt hat, knüpfte er seine Hoffnungen für die Zukunft. Louis Philippes Thronverzicht im Jahre 1848 zerstörte mit einem Schlage all seine Pläne und bahnte einem Napoleoniden den Weg, zu dem er keine verwandtschaftlichen Beziehungen besaß und der, wie er fürchtete, Belgien gegenüber die Politik Napoleons I. wieder aufleben lassen konnte. Man sprach daher in seinem Hause stets nur mit Bitterkeit von jenem Thronverzicht; das ist Charlotte im Gedächtnis haften geblieben, und sie führt es nun ins Treffen, innerlich angetrieben von brennendem Ehrgeiz, der den Gedanken nicht ertragen kann, daß sie, die Königstochter aus edelstem sächsisch-bourbonischem Blut, mit ihrem Gemahl, dem Bruder des Kaisers von Österreich, durch Republikaner von ihrem Thron herabgestoßen, erniedrigt und gedemütigt nach Hause zurückkehren soll. Welch unausdenkbare Rolle würden sie beide am österreichischen Kaiserhofe spielen? Die bloße Vorstellung davon verletzt ihren Stolz schon auf das empfindlichste.

Maximilian unterliegt ihrem Einfluß. Charlotte hat ihn richtig eingeschätzt. In Dingen, die seine Ehre betreffen, ist der Kaiser aufs äußerste empfindlich. Zudem erhält er einen Brief Eloins, der zwar zuerst traurig klingt, dann aber wieder ein Trugbild von Ruhm und Erfolg vorgaukelt:

»Sire, man kann sich keine Illusionen mehr machen: nicht nur die Regierung, sondern auch der oberste Herr, die letzte Hoffnung, an die ich zu glauben versuchte, senkt den Kopf unter dem Druck der öffentlichen Meinung und verläßt scham- und würdelos denjenigen, der in seinem Vertrauen allzu lange an Versprechen und feierlich eingegangene Verpflichtungen geglaubt hat. Ich zweifle nicht mehr daran, daß von nun an die Anwesenheit der französischen Armee in Mexiko mehr schädlich als nützlich ist und habe die tiefste Überzeugung, daß sich das Kaiserreich mit zehntausend ergebenen Männern ins Unendliche halten kann. Die Mexikaner werden, von fremder, lastender Intervention befreit, neuerdings den Mut und die Selbstverleugnung eines Prinzen bejubeln, der alles für sie geopfert hat. Welcher Ruhm für den Mann, der ein solches Programm mit Glück verwirklichen würde, welche Schande für die, die ihn verlassen haben.«

Ja, der Mann hat recht, sagt sich Maximilian. Ich will mir nicht von meiner Frau Feigheit vorwerfen lassen, es wird noch alles gut werden, und ich werde alles allein zu glücklichem Ende führen. Détroyats Warnungen verhallen. Der Kaiser bleibt, und die Kaiserin soll ihre Reise ohne Verzug antreten und vor allem die Wiederaufnahme der eben eingestellten monatlichen Zahlungen Frankreichs von zweieinhalb Millionen Franken weiter erwirken. Das ist das Wichtigste, der Geldmangel ist furchtbar, er lähmt sowohl die Organisation der Armee wie die ganze Staatsmaschine. Sogar das Geld für die Reise der Kaiserin muß aus einem für Wohltätigkeitszwecke angesammelten Fonds entliehen werden. Ein ausführliches Memoire Pierrons über die finanzielle Lage und die vernichtenden Wirkungen der steten Bürgerkriege auf diese nimmt die Kaiserin mit sich. Die mexikanische Regierung will auf die Hälfte des Ertrages der Seezollstätten verzichten, wenn sie nur jene Subsidien und eine Anleihe von fünfzig Millionen erhält. Charlotte entwirft eigenhändig eine Aufstellung über das, was sie »fordern« will. Sehr siegessicher beginnt das Dokument mit den Worten. Napoleon »müsse« sich verpflichten, bis Ende 1867 zwanzigtausend Mann gemischter Truppen aus dem französischen Staatsschatze zu bezahlen, Bazaine abzuberufen, Douay zum Oberkommandanten zu ernennen und die französische Armee nur im ganzen und nicht eher zurückzuziehen, bis die nationale Armee fertig organisiert sei. Die Wünsche Charlottens gehen sehr weit und greifen völlig in Napoleons ureigenste Gerechtsame ein; doch die Kaiserin vermeint, sie durchsetzen zu können.

Kaiser Maximilian läßt seine Gemahlin mit Bangen ziehen. »Die Reise Charlottens«, schreibt er seinem jüngeren Bruder, »ist das schwerste Opfer, welches ich noch meinem neuen Vaterlande gebracht habe, um so schwerer, nachdem Charlotte in der schlechtesten Zeit die tödliche Region des gelben Fiebers durchziehen muß. Sie wird mit ihrem richtigen Takte präzisieren, wieweit wir noch auf die Hilfe des alten, faulen Europa zu rechnen haben. Verläßt uns der alte Kontinent aus Furcht vor Nordamerika gänzlich, wie dies schon Österreich getan hat, so wissen wir wenigstens klar, daß wir uns selbst und allein helfen müssen.«

In der Frühe des 9. Juni 1866 verläßt die Kaiserin die Hauptstadt; der Kaiser gibt ihr eine Strecke weit das Geleite. Regen und Sturm behindern die Fahrt zur Küste. Als einmal die Räder des Wagens brechen, will Charlotte ungeduldig und nervös die Reise zu Pferde fortsetzen. In Veracruz wird sie schweigend empfangen. Überall hat man den Eindruck, sie bringe sich in Sicherheit und der Kaiser werde ihr bald nachfolgen. Die tapfere Frau denkt jedoch nicht im entferntesten daran, im Gegenteil, sie berechnet im stillen schon die Zeit, da sie als Retterin und Hilfebringerin nach Mexiko zurückkehren wird.

In Veracruz kann sie sich nicht versagen, ihrer Empörung über das Vorgehen Frankreichs symbolisch Ausdruck zu geben. Am Kai liegt nämlich ein Boot unter französischer Flagge, das sie auf den Dampfer »Kaiserin Eugenie« bringen soll. Sie weigert sich, das Boot zu besteigen, wenn nicht augenblicklich statt der französischen die mexikanische Flagge gehißt würde, und wartet im Gebäude der Hafenpräfektur, bis ihrem Wunsche willfahrt wird.

Die militärische Lage in Mexiko ist inzwischen immer bedrohlicher geworden. Als am 15. Mai Napoleon Bazaine aufgefordert hat, plötzlich wieder gegen die Juaristen aufzutreten, wollte der Marschall aus seiner Passivität heraustreten, einen Vorstoß nach Norden unternehmen und selbst zu den Truppen abgehen. Indessen trifft wieder Gegenbefehl aus Paris ein. Bazaine beabsichtigt trotzdem, die Hauptstadt zu verlassen, aber nur um die nun notwendigen Rückzugsbewegungen besser zu überwachen. Maximilian, der unter dem vernichtenden Eindruck der Nachrichten aus Paris steht, empfängt den Marschall nicht, der sich verabschieden will. Nun aber, da die Kaiserin im Grunde genommen in Paris nichts anderes erreichen will, als Napoleon und Frankreich wieder am mexikanischen Kaiserreich zu interessieren, geht ein solcher Trotz nicht an. Jetzt reut es Maximilian, daß er in der Stimmung, alles hinzuwerfen und Mexiko zu verlassen, dem Marschall die erbetene Audienz verweigert hat. Im Gegenteil – Maximilian entschließt sich nun, den französischen General Osmont zum Kriegsminister und den Generalintendanten Friant zum Finanzminister zu ernennen, und bittet Bazaine schriftlich, ihm diese »zwei exzellenten Männer« zu überlassen. Er drückt dabei die Hoffnung aus, daß des Marschalls »Feldzug« von Erfolg gekrönt würde. Innerlich schreibt Maximilian aber dabei die Schuld, daß er noch kein wohlorganisiertes Nationalheer habe, Bazaine zu und hofft von Osmont, er werde in drei Monaten vierzigtausend Mann schlagfertiger Truppen zusammenbringen. »Ich muß abwarten«, erwidert Bazaine, »wie sich Euer Majestät zur letzten französischen Note verhalten, sonst habe ich Befehl, meine Truppen zu konzentrieren.« Damit meint er natürlich rückwärts konzentrieren.

Diese drohende Aufforderung, sich allen französischen Forderungen willfährig zu zeigen, ist deutlich genug. Entsprechend dem mit der Kaiserin beschlossenen Plan entschließt sich Maximilian, allen französischen Wünschen nachzugeben. Nur dann kann er auf einen günstigen Erfolg der Mission der Kaiserin hoffen. »Ich stimme allen Forderungen Frankreichs zu«, antwortet Maximilian. Doch das kann am Lauf der Dinge nichts mehr ändern. Bazaine räumt das Land. Er maskiert den Rückzug mit der Erklärung, es sei vernünftiger, die Abgrenzungslinie vorläufig zurückzuverlegen, das Land sei so leichter zu überwachen und mit weniger Truppen zu verteidigen. Die fremden Truppen merken bereits, daß Bazaine das Kaiserreich schmählich im Stiche läßt. Schon verlassen selbst im Auslande mexikanische Gesandte das Kaisertum wie Ratten das sinkende Schiff. Nur einer, der Generalkonsul Herzfeld aus Wien, der sich über die kritische Lage seines Kaisers klar ist, eilt nach Mexiko, um nun, da Gefahr droht, an der Seite seines kaiserlichen Herrn zu stehen. Mit Österreich hat Maximilian es ganz verdorben, wenn auch der mexikanische Gesandte in Wien die ihm aufgetragene Kündigung aller Verträge mit dem Kaiserstaate nicht durchgeführt hat.

Indessen machen sich der alte Gutierrez und Almonte aus Paris wieder bemerkbar. Eben als der Kaiser überlegt, ob er nicht auch in politischer Beziehung eine Schwenkung vornehmen soll, um Frankreich zu Gefallen zu sein, treffen Briefe von diesen beiden Männern ein, die den letzten Anstoß zu weitreichenden Entschlüssen geben. In einem vierundvierzig Seiten langen Schreiben beschwört Gutierrez den Kaiser, es gebe noch eine Rettung, aber nur die eine, sich ganz in die Arme der Konservativen zu werfen, die ihn vom Schlosse Miramar in den Nationalpalast von Mexiko »erhoben« hätten. Die wahre Monarchie, der wahre Katholizismus müßten zum Leitstern gemacht werden, es sollten nicht nur konservative Minister ernannt, sondern auch die gesamten Regierungsgrundsätze in diesem Sinne verändert werden.

»Aufrichtig, loyal und ehrerbietig« behauptet Gutierrez seine Vorschläge zu machen. Maximilian läßt sich von dem Wortschwall betören. Eben hat er wirklich die geforderten Güter, obwohl sie schon längst anderen gehörten, an die abwesenden Söhne dieses Mannes übertragen lassen. So dankt der Kaiser auf Kosten seiner eigenen Volkstümlichkeit diesem Gutierrez, der fortwährend sagt, er habe das Werk begonnen, Maximilian habe es *nur* zu Ende zu führen.

Auch Almonte schreibt, es beunruhige ihn die Lage des Kaisers für den Fall ungeheuer, daß er sich nicht ganz in die Arme jener Männer werfe, die ihn zur Macht erhoben hätten.

Diesmal gibt der Kaiser nach. Er war mit seinen liberalen Ideen gescheitert; vielleicht hatten also die anderen doch recht, vielleicht hatte *er* geirrt. Es bleibt ihm nichts anderes übrig; er kapituliert in Gottes Namen auch in dieser Beziehung. So soll denn eine neue Politik »der Tat« begonnen werden. Der leitende Gedanke ist nunmehr: im Innern Energie, Schutz den ehrenwerten, den »friedlichen« Leuten und Strenge gegenüber den Feinden der Ordnung; nach außen inniges Zusammengehen mit Frankreich.

Die Energie wird nach Pierrons Vorschlägen in der Nacht zum 14. Juli durch Verhaftung von siebzehn der bedeutendsten Gegner des Kaisertums, das heißt von Männern bewiesen, die teilweise wirklich Verrat geübt, teilweise aber nichts verbrochen haben, als daß sie den Franzosen nicht sympathisch sind.

In allem und jedem folgt nun Maximilian französischen Eingebungen; je mehr sich Frankreich von ihm entfernt, desto mehr sucht er sich ihm zu nähern; der Kaiser benimmt sich wie eine Frau, die den sie umwerbenden Freier zunächst kühl behandelt, wenn sie aber sieht, daß er erkaltet und sich zurückzuziehen beginnt, sich ihm an den Hals wirft. So ernennt er, ohne Bazaines Einverständnis abzuwarten, die zwei französischen Generale Osmont und Friant zu Ministern in dem neuen, völlig konservativen Kabinett, an dessen Spitze der einstige Präsident jener Notabelnversammlung tritt, die Maximilian zum Kaiser gewählt hat. Dieser Schritt bedeutet die volle Abkehr von Maximilians politischen Überzeugungen, obwohl Eloin gleichzeitig den Auftrag erhält, in der europäischen Presse zu versichern, der Kaiser halte an seinen liberalen Grundsätzen fest.

Maximilian willigt indes in alle finanziellen Forderungen Frankreichs, das versucht, solange seine Truppen im Land sind, noch möglichst viel herauszupressen. Während der Kaiser hofft, daß seine Zugeständnisse Bazaine zum militärischen Vorgehen bringen, werden dessen Räumungsbefehle durchgeführt. Douay zieht sich, Scham und Bitterkeit im Herzen, mit seinen Truppen aus dem Norden zurück. Der wichtige Zollhafen Tampico wird überraschend geräumt. Sofort errichten die Juaristen auf dem Hauptplatz einen Galgen und knüpfen den kaiserlichen Präfekten auf. Die Räumung des Nordens durch die Franzosen wird von ihnen allenthalben als ruhmvoller Sieg ausposaunt. Maximilian ist darüber tief bestürzt. Er beklagt sich beim General Osmont über die »schlaffe Art, mit der Bazaine die Operationen führt«. Er will wissen, welche Absichten der Marschall weiter hegt, damit in etwa zu räumenden Gebieten die kaiserlichen Anhänger wenigstens gewarnt werden könnten, wie es die Ehre des Kaisers gebietet. »Denn«, sagt Maximilian, »ebenso wie der Marschall für die Ehre Frankreichs verantwortlich ist, bin ich es für die Ehre Mexikos.«

Bazaine gebraucht den Weisungen aus Paris zufolge wechselnde Ausflüchte. Wenn man wegen des bevorstehenden Abmarsches eines Teiles der Truppen Orte räumen müßte, so könnte man sie ja später, wenn der Feind »abgebraucht oder geschwächt« sei, zurückerobern. Doch es ist nicht genug an dem schlechten Stand der Dinge in Mexiko allein.

Am 8. August erfährt der Kaiser die Niederlage der Österreicher bei Königgrätz. Sein Gesandter schildert die Panik, die am Wiener Hofe ausgebrochen ist, und Eloin behauptet in seinem Berichte sogar, daß die Erzherzoge beabsichtigen, ihre Palais unter den Schutz der – mexikanischen Flagge zu stellen, um sie vor den Preußen zu retten! Das war natürlich nicht wahr, aber daß überhaupt ein solches Gerücht aufkommen konnte, ist schon bezeichnend genug. Eloin meldet überdies, man habe in Wien an die prophetischen Worte erinnert, die Maximilian beim Verlassen Miramars über Österreichs Schicksal gesprochen, und alle Welt bedaure im Interesse des Vaterlandes, daß »unser Max« so weit entfernt sei. Doch steht nun fest, daß kurz nach der Schlacht von Königgrätz, als sich Kaiser Franz Joseph zu Wagen von der Burg nach Schönbrunn begab, plötzlich aus der sonst eisig schweigenden Menge der Ruf fiel: »Es lebe Maximilian!«

Die Nachrichten über die österreichische Niederlage verfehlen nicht, in ganz Mexiko und insbesondere innerhalb der österreichischen Legion tiefsten Eindruck zu machen und natürlich auch dem Ansehen Maximilians, des Bruders des so schwer geschlagenen Kaisers von Österreich, zu schaden. Er, der mit dem Wiener Kurs niemals ganz einverstanden war, vergißt angesichts des großen Unglückes seiner Heimat einen Augenblick alle Kränkungen. »Ich sah wohl die ganze Katastrophe voraus«, schreibt er damals, »da ich lange genug hinter den Kulissen gestanden war. Aber so furchtbar rasch hatte ich mir die Abwicklung doch nicht gedacht. Die Resultate erwartete ich, weil ich die Ursachen wohl kannte, aber ich hoffte doch auf mehr Anstand und Fähigkeit.«

Eine kleine Erleichterung gewährt es, daß am 15. August das erste elektrische Kabel zwischen Amerika und Europa in Betrieb genommen wird, das es ermöglicht, binnen wenigen Tagen Nachrichten aus Europa zu erhalten, während sie bisher vier Wochen und länger unterwegs waren.

Maximilian aber kommt nicht zur Ruhe. Von allen Seiten treten neue Sorgen an ihn heran. Die Familie Iturbide hat, von ihren Renten lebend, die Schicksale des Kaisertums in der Heimat von Paris aus aufmerksam beobachtet. Es ist ihr natürlich nicht entgangen, daß das mexikanische Kaiserreich von Frankreich so gut wie aufgegeben ist, und die Mutter des kleinen, bei Maximilian weilenden Augustin Iturbide beginnt um das Schicksal ihres Sohnes zu bangen. Ungeachtet der Bestimmungen des von ihren Angehörigen mit dem Kaiser abgeschlossenen Vertrages bittet sie dringend um Rückgabe ihres Sohnes. Der Kaiser erkennt sehr wohl, daß dieser Bitte Mißtrauen in seine Zukunft zugrunde liegt, und antwortet, er willige gerne ein, daß die Mutter nach Mexiko komme, um ihren Sohn zu besuchen, mahnt aber gleichzeitig, sie solle ihm die schöne Zukunft, die ihm bereitet werde, nicht verderben. Alice de Iturbide, die amerikanische Staatsbürgerin ist, hat sich aber schon nach Washington mit der Bitte gewandt, man solle darauf hinwirken, daß sie ihr Kind wiederbekomme; bei der herrschenden Stimmung in der Union wird diese Angelegenheit natürlich weidlich zur Propaganda gegen Maximilian ausgenützt.

Mittlerweile ist Bazaine am 25. August nach der Stadt Mexiko zurückgekehrt. Die Lage hat sich in hohem Grade verschlechtert; der Norden ist allmählich ganz verlorengegangen; neben juaristischen Banden stoßen auch amerikanische Freischärler aus Texas und Kalifornien bis zum Herzen

Mexikos vor. Im Süden geht es nicht besser. Selbst im Raum von Veracruz bilden sich zahlreiche Banden. So entsteht allmählich ein Ring, der der Hauptstadt immer näher rückt, von dieser jedoch noch durch die französischen Truppen in einiger Entfernung gehalten wird. Überall, wo die Juaristen hinkommen, ergreifen sie schärfste Maßnahmen gegen die Anhänger des Kaisers. Da die kaiserliche Gewalt mehr und mehr erlischt, beginnt der allgemeine Abfall. Bitter beklagt sich Maximilian über die traurige Politik des Marschalls Bazaine, die alle Bemühungen der Minister Osmont und Friant hinfällig mache, und bittet Almonte, dem Kaiser Napoleon die höchst bedrohliche Lage zu schildern.

Während alles rings um ihn wankt, träumt Maximilian immer noch von weitgehenden Plänen. Schon lange will er den Isthmus von Tehuantepec durchstechen lassen, um den Atlantischen mit dem Stillen Ozean zu verbinden. Er hat zwar die Konzession an eine amerikanische Gesellschaft vergeben, aber angesichts der Haltung der Union will er dies widerrufen und sie nun den Franzosen übertragen, weil er hofft, sich Napoleon dadurch gewogen zu erhalten. Während Maximilian noch auf Abhilfe sinnt, beginnt alles ihn zu verlassen. Der Kommandant der österreichischen Freiwilligen, Graf Thun, zieht sich zurück. Er hat nie an das Kaiserreich geglaubt und zweifelt jetzt mehr als je daran. Sein Beispiel verleitet zahlreiche Untergebene, ein Gleiches zu tun.

In Rom ist die Angelegenheit des Konkordats auch nicht weitergekommen. Pater Fischer sieht ein, er müsse, um das Vertrauen Maximilians zu behalten, mit irgendeinem Scheinerfolg in die Heimat zurückkehren. Schnell macht er in Rom ab, die mexikanischen Bischöfe sollten in ihrer Heimat zusammentreten und selbst ein Konkordat ausarbeiten. Er spiegelt Kaiser Maximilian vor, daß in dieser Lösung ein gewisser Erfolg liege, und begibt sich auf die Reise nach Mexiko. Als Pater Fischer dort ankommt, findet er den Kaiser noch immer erfüllt von der Hoffnung auf glücklichen Erfolg der Mission der Kaiserin und auf Napoleons fernere Unterstützung. Auch findet er die Union viel besser gestimmt. Man ist dort weniger angriffslustig, weil man glaubt, der Kaiser werde über kurz oder lang von selbst fallen. Aber Maximilian hat keinen Menschen, auf dessen Rat er sich stützt, dem er vertrauen kann, und ist doch mehr als je anlehnungsbedürftig. Die Bahn für Pater Fischer ist frei, es gelingt ihm in kürzester Zeit, mit betörenden Reden den Kaiser ganz für sich zu gewinnen. Er schmeichelt, er gibt Ratschläge und erkennt bald Maximilians geheimen innigen Wunsch, sich zu halten. Darauf bauend, setzt er ihm seinen Plan auseinander, wie er sich, auch von den Franzosen verlassen, aus eigener Kraft, mit eigenen Mitteln halten kann. Diese Illusion besticht den Kaiser und schmeichelt seiner Eitelkeit. So hat denn Pater Fischer gewonnenes Spiel. Auch nach außen hin wird seine Stellung klar. Er wird als Eloins Nachfolger kaiserlicher Kabinettssekretär und wenig später in Mexiko allmächtig.

Da bringt die neue Errungenschaft, der Telegraf, die erste kurze Mitteilung der Kaiserin über das Ergebnis ihrer Mission …

XIV

CHARLOTTENS ENTTÄUSCHUNG IN PARIS

Das mexikanische Kaiserpaar ist über den gründlichen Wechsel der Szenerie in Europa nicht genügend unterrichtet. Solange Napoleon III. in der auswärtigen Politik nur Erfolge aufzuweisen hatte, ist es im Innern seines Reiches verhältnismäßig ruhig geblieben. Nun, da sich durch das herausfordernde Auftreten Preußens dunkle Wolken am Napoleonischen Himmel zusammenballen, geht es auch mit dem Frieden im Innern bergab. Die Partei Thiers' und die Opposition erstarken, und sogar im Schloß der kaiserlichen Familie herrschen Meinungsverschiedenheiten über den einzuschlagenden politischen Kurs. Während sich allerorts Schwierigkeiten türmen, hat der Kaiser persönlich an Widerstandskraft stark eingebüßt. Er besitzt nicht entfernt jene Spannkraft, die seinem großen Oheim eigen war und ihn befähigte, gerade in Zeiten höchster Anforderungen Unbegrenztes zu leisten. Napoleon III. fühlt sich müde, er klagt, daß »die unaufhörliche Arbeitslast« ihn töte. Das Leiden, dem er einst erliegen soll, kündet sich schon an. Die ununterbrochenen Liebesaffären des Kaisers zehren an seiner Kraft. Nervöse Erregbarkeit, Müdigkeit und körperliches Unbehagen erschweren ihm ein klares Urteil über den Verlauf der Dinge.

»Mit meinem Gemahl«, klagt die Kaiserin dem Botschafter Metternich, »geht es seit fast zwei Jahren bergab. Er kümmert sich kaum mehr um Regierungsdinge und widmet seine ganzen Kräfte der Arbeit an seinem ›Julius Cäsar‹. Er ist nicht einmal imstande, die Sitzungen des Ministerrates zu leiten und kann kaum gehen, nur wenig essen und gar nicht schlafen.«

Kein Wunder also, daß Napoleon in den Schatten tritt, als ein großer Staatsmann wie Bismarck einzugreifen beginnt und ihn unter unklaren

Versprechungen zu der gewünschten Neutralität in dem Entscheidungskampfe zwischen Preußen und Österreich um die Vorherrschaft in Deutschland zu bewegen vermag. Nun will Napoleon nur noch möglichst schnell aus dem mexikanischen Sumpfe heraus.

Auch die Kaiserin Eugenie sieht ein, daß sie in ihrer einstigen Begeisterung für Mexiko eine Lage geschaffen hat, die bei dem in Europa heraufziehenden Gewitter sehr bedenklich ist. Hat sie sich über die Dinge in dem fernen Mexiko kein Urteil bilden können und sich auf irreführende fremde Darstellungen verlassen müssen, so übersieht sie die Lage in Europa richtig. Gefühlsmäßig weiß sie, daß in Preußen eine Meisterhand waltet und dort ein Feind drohend emporwächst, dem man nicht bald genug entgegentreten kann. Während der Kaiser mit dem sicheren Siege Österreichs rechnet, zweifelt sie daran und will zur Sicherheit mit diesem Staate gegen Preußen gehen, um zu verhindern, daß sich dieses später mit Lorbeer umwunden und neugestärkt gegen das französische Kaiserreich wende. Napoleon glaubt noch die Rolle des Schiedsrichters spielen zu können. Da kommt es zum Kriege und zum Niederbruch der tapferen österreichischen Armee bei Königgrätz. Auf diese Nachricht ruft der französische Kriegsminister erregt aus: »Wir sind es, die da geschlagen wurden.«

Mit einem Male macht Napoleons Zuversicht vollem physischen und moralischen Zusammenbruch Platz. Was ist die Folge? Nach langem Schwanken entschließt er sich für die Politik der Tatenlosigkeit. Er hört nicht auf Eugenie, die zum Kriege, zum Handeln rät. Einmal schon ist er ihren Ratschlägen bedingungslos gefolgt und damit in Mexiko in ein dornenreiches Abenteuer, in schwere Verlegenheiten, in völlig vergebliche Geld- und Blutopfer gestürzt worden. Dieser Fehlschlag hat Napoleons Vertrauen in den politischen Weitblick seiner Gemahlin schwer erschüttert. Wieder rät sie zur Tat, ein zweites Mal aber will Napoleon sich von Eugenie nicht beeinflussen lassen.

Diesmal aber ist der Rat der Kaiserin für Frankreich der einzig richtige. Erschüttert sieht Eugenie, daß ihr Gatte nicht mehr auf sie hört: »Mein Wort hat kein Gewicht mehr«, sagt sie, »ich bin fast allein mit meiner Ansicht, man übertreibt die Gefahr von heute, um sich besser die von morgen zu verbergen … aber ich vermag nichts mehr, weiß selbst nicht mehr, was vorgeht. Wir gehen unserem Verderben entgegen, und es wäre das beste, wenn der Kaiser auf einige Zeit wenigstens verschwände.«

Während sich dieser Kampf am Napoleonischen Hofe abspielt, leisten die Preußen ganze Arbeit. Trotz des österreichischen Erfolges von Custozza und des Seesieges von Lissa an der Front gegen Italien kommt ein schneller, Österreich höchst ungünstiger Friede zustande, bei dem Napoleon mehr oder weniger zur Seite geschoben wird. Der Kaiser der Franzosen hofft aber immer noch, seine Ansprüche auch ohne einen Krieg geltend machen zu können. Beängstigt sieht er der weiteren Entwicklung der Verhandlungen entgegen.

In diesen sorgenvollen Tagen trifft plötzlich die Nachricht von der Ankunft der Kaiserin Charlotte in Europa ein. Sie ist nach glücklich zurückgelegter Fahrt, auf der sie sich meist ernst und in sich gekehrt, zeitweilig auch finster und nervös zeigte, im französischen Hafen Saint Nazaire angekommen. Erst dort hat sie die erste Kunde von dem Ausbruch und auch schon dem Ausgang des Krieges zwischen Preußen und Österreich erhalten. Die Nachricht von Königgrätz erregt die sechsundzwanzigjährige, anmutig zarte Frau, die vor einer so schweren Aufgabe steht, im höchsten Maße; sie fühlt, daß die Erniedrigung Österreichs bei Kaiser Napoleon die Rücksichtnahme auf diesen Staat stark herabstimmen muß und daß ihm nun Sorgen erwachsen, die ihn doppelt bedenklich machen müssen, zugunsten Mexikos neue Lasten auf sich zu nehmen. Doch was hilft es, die tapfere junge Frau ist nun einmal da und fest entschlossen, alles zu tun, um ihre Wünsche durchzusetzen.

Blitzschnell verbreitet sich die Nachricht von dem Eintreffen Charlottens. Eine große Menschenmenge versammelt sich am Kai, und der Bürgermeister erscheint erschrocken, um die Kaiserin zu begrüßen. Er hat gar keine Nachricht bekommen, daß sie erwartet wird, und hat ihr daher auch keinen würdigen Empfang bereiten können. Nicht einmal eine mexikanische Fahne gibt es im ganzen Ort. Kaiserin Charlotte ist entrüstet:

»Ich danke, Herr Bürgermeister«, sagt sie spitz, »aber wieso ist der Präfekt nicht da, um uns ein Willkommen zu bieten? Keine Truppe hat uns eine Ehrenbezeugung geleistet. Ich will nur telegrafieren, und dann führen Sie mich sofort zum Bahnhof, denn ich muß den Kaiser schon morgen sehen.«

Drei Telegramme gehen ab. Je eines nach Brüssel und Wien mit der Mitteilung, Charlotte könne in Österreich und Belgien wegen der Haltung der dortigen Regierungen keinen Besuch abstatten. Es ist dies eine offene Beleidigung der beiden Höfe. Napoleon telegrafiert sie kurz: »Ich bin heute in Saint Nazaire angekommen mit dem Auftrage des Kaisers, Euer Majestät über verschiedene, Mexiko betreffende Angelegenheiten zu sprechen. Ich bitte Sie, Ihre Majestät meiner Freundschaft zu versichern und an das Vergnügen zu glauben, das mir das Wiedersehen bereiten wird. Charlotte.«

Erschrocken und peinlich berührt hält der Kaiser der Franzosen kurz darauf die unerwartete Nachricht in Händen. Zu all den Sorgen und Aufregungen kommt für den zwischen Kriegsfreunden und Kriegsgegnern vor schwerwiegende Entscheidungen Gestellten und von körperlichen Schmerzen Gepeinigten nun auch noch diese Verlegenheit. Doch die Kaiserin ist nun einmal da, was tun? In dem Bestreben, das Peinliche und Unangenehme möglichst lange hinauszuschieben, legt Napoleon ihr nahe, zunächst zu ihrem Bruder nach Brüssel zu gehen.

Bald überfliegt Charlotte aufgeregt die kaiserliche Antwort: »Ich erhalte eben die Depesche Eurer Majestät. Leidend von Vichy zurückgekehrt, gezwungen, das Bett zu hüten, bin ich außerstande, Ihnen entgegenzufahren. Wenn, wie ich vermute, Eure Majestät zuerst nach Belgien gehen, werden Sie mir Zeit zu meiner Wiederherstellung geben. Napoleon.«

Diese Art und Weise, zu sagen, man sei nicht zu Hause, und der plumpe Versuch, sie zunächst nach Belgien zu ihrem Bruder abzulenken, zeigt der Kaiserin deutlich, welch unangenehme Überraschung ihre Ankunft für Napoleon bildet. Ohne auf jene Zumutung zu achten, fest entschlossen, den Kaiser um jeden Preis, und zwar möglichst bald, zu sehen, setzt sie ihre Reise nach Paris fort.

Um vier Uhr nachmittags des 9. August kommt sie in der Hauptstadt an. Dort erwarten sie der Adjutant und die Ordonnanzoffiziere des Kaisers Napoleon sowie die bereitgestellten Hofwagen durch Zufall an einem falschen Bahnhof. Nur die von Almonte verständigten Mexikaner finden sich am richtigen Platz ein, darunter Gutierrez mit seinen Söhnen. Hidalgo ist natürlich nicht anwesend, er hält sich fern von Paris und macht eine Rheinreise. Die Kaiserin begibt sich in geheimer Sorge, daß dieses Mißverständnis vielleicht eine absichtliche Umgehung des Empfanges am Bahnhofe vorstellen soll, in einem Mietwagen ins Grand Hotel. Kaum ist sie dort angekommen, so eilen die inzwischen benachrichtigten Sendlinge Napoleons in Aufregung und Bestürzung herbei und ergehen sich in tausend Entschuldigungen. Ein Generaladjutant fragt auf Eugeniens Befehl an, zu welcher Stunde es Ihrer mexikanischen Majestät am folgenden Tage genehm sein würde, sie zu empfangen.

Sie will ihrem Gemahl das Peinliche des Besuches abnehmen, kann sich jedoch nicht enthalten, gleich auch mit schlecht verhehlter Neugierde fragen zu lassen, wie lange die Kaiserin bleiben werde. Charlotte erwidert, sie würde Eugenie zu jeder Stunde, die ihr gelegen wäre, mit Vergnügen empfangen, im übrigen gedenke sie in Paris zu bleiben, da sie keine Familien- noch andere Interessen in Europa habe. Die Offiziere verbeugen sich und kehren schweigend in das Schloß zurück, um dort die Antwort zu melden.

Am 10. August früh läßt Charlotte eifrigst alles vorbereiten, um die Kaiserin gebührend zu empfangen und, wie sie sagt, »gleichzeitig die gute Erziehung des Hofes in Mexiko ins rechte Licht zu setzen.« Sie hört, daß Kaiserin Eugenie um zwei Uhr nachmittags aus St. Cloud kommen werde.

Um die Zeit bis dahin möglichst auszunützen, läßt Kaiserin Charlotte den General Frossard kommen, der einer der ersten war, die sich in den aufgelegten Besuchsbogen eintrugen. Sie erinnert ihn an die Abmachungen von Miramar und läßt ihm keinen Zweifel darüber, daß Frankreich das mexikanische Kaiserreich nicht verlassen könne, ohne seine Fahnen zu beflecken und seine Untertanen in Mexiko der Vernichtung zu weihen. Dann gibt sie ihm ein Memoire zu lesen und zeigt ihm die Karte Mexikos, auf der die militärischen Fortschritte der Juaristen mit erschreckender Deutlichkeit eingezeichnet sind.

Das Ganze ist eine flammende Anklage gegen Bazaine und alles, was er getan; da er aber meist nur als gehorsamer Soldat die Befehle seines Kaisers durchgeführt hat, was natürlich Napoleon selbst am besten weiß, während Maximilian von des Franzosenkaisers Schriftwechsel mit Bazaine keine genaue Kenntnis hat, so muß Napoleon alle Anklagen dieses Memoires auf sich beziehen. Der Inhalt dieses Schriftstückes, das ihm Frossard übermittelt, ist nicht geeignet, Charlottens Aufgabe beim französischen Kaiserpaar zu erleichtern.

Am 10. August, um zwei Uhr nachmittags, fährt Kaiserin Eugenie mit ernstem Ausdruck, aber anmutig und trotz aller Sorgen in voller Gesundheit vor dem Grand Hotel vor. Sie hat schon vor einem Jahre über die mexikanische Expedition das Kreuz gemacht. Nun gilt es, der Frau jenes Mannes, den sie damit fallenläßt, Auge in Auge gegenüberzutreten und Farbe zu bekennen. Der Gang wird ihr schwer genug.

Die Kaiserin kommt mit großem Gefolge. Unten an der Stiege erwarten sie Charlottens Oberstkämmerer del Valle, Graf Bombelles und die Hofdame Donna del Barrio, eine kleine, häßliche Mexikanerin, der man Maximilians Prädikat »deliziös« nach europäischen Begriffen gewiß nicht zubilligen kann. Minister Castillo verbleibt als Mitglied der mexikanischen Regierung, um seine Würde zu betonen, oben bei der Kaiserin Charlotte. Diese geht ihrem erlauchten Gast entgegen und begrüßt Eugenie auf den ersten Stufen der Treppe mit Umarmung und Kuß.

Eugenie wird sodann in den Salon geleitet, wo die beiden Kaiserinnen allein bleiben. Charlotte entwickelt nun in bewegten Worten ihre und ihres Gatten schwierige Lage in Mexiko, versucht Eugenie bei ihrer schwachen Seite, der Vorliebe für einzelne in Paris lebende Mexikaner, zu packen und läßt sie den schwungvollen Appell lesen, den Gutierrez neuerdings an Kaiser Napoleon gerichtet hat. Die Kaiserin der Franzosen weint zwar nicht, aber sie zeigt sich doch so bewegt, daß Charlotte, wie sie ihrem Gemahl berichtet, den Eindruck hat, daß ihr »die Tränen übers Herz rollen«. Eugenie spricht wenig und hört ihre unglückliche Schwester mit größter Teilnahme an. Als die schwersten Sorgen vorgebracht sind und sie auf die ganz neue politische Lage Europas hingewiesen hat, geht die Kaiserin der Franzosen mit großer Lebhaftigkeit auf mehr gleichgültige Dinge ein und gibt ihr »nach wie vor reges Interesse für Mexiko« kund. Insbesondere will sie wissen, wie es dem Kaiser gehe, und interessiert sich für alle Einzelheiten der Hofhaltung in Mexiko, so für Soireen und Festlichkeiten, endlich auch für die Villa in Cuernavaca. Kaiserin Charlotte bemüht sich in ihren Antworten, ihrer Partnerin über alles in Mexiko nur die »großartigsten Begriffe« zu vermitteln. Schließlich aber kommt Charlotte doch wieder auf das Hauptthema zurück. Gut, ja, das europäische Gleichgewicht ist gestört, aber das Werk Frankreichs drüben in der Neuen Welt ist noch längst nicht vollendet. Man steigt die Stufen zum Ruhm leichter und schneller herab, als man sie erklimmt.

»Wie war das Wetter auf der Überfahrt?« weicht Eugenie aus.

»Gut. Wann darf ich den Besuch erwidern?«

»Übermorgen, wenn es Euer Majestät beliebt.«

»Werde ich auch den Kaiser sehen?«

»Ach, dem Kaiser geht es noch immer schlecht.«

»Ich bitte, den Besuch schon für morgen festzusetzen und Seine Majestät unbedingt zu verständigen. Ich muß ihn bestimmt sehen, denn wenn nicht, würde ich einfach zu ihm eindringen.« Damit wendet sich Charlotte ab.

Betroffen und verlegen verläßt Eugenie die Kaiserin von Mexiko, die sie noch bis an die Treppe begleitet. Nachdenklich, mit vor Aufregung geröteten Wangen kehrt Charlotte in ihre Gemächer zurück. Der Leichtsinn, mit dem seinerzeit jene Frau, die sie soeben verlassen, den Anstoß zum mexikanischen Abenteuer gegeben hat, ist ihr erst in dieser Unterredung so recht zu Bewußtsein gekommen.

»Es fällt mir auf«, schreibt Charlotte unmittelbar nachher an ihren Gemahl, »daß ich mehr von China weiß, als diese da von Mexiko wissen, wo sie eine der größten Unternehmungen wagten, in die sich die französische Fahne jemals eingelassen. Ich glaube zu erkennen, daß die Kaiserin viel von ihrer Jugend und ihrer Kraft verloren hat, seit ich sie zuletzt gesehen, und daß irgendein eingebildeter oder wirklicher Druck inmitten all ihrer Größe auf Napoleon und seiner Gemahlin lastet, den sie nicht mehr ertragen. Der Thron in Frankreich läßt jene, die ihn einnehmen, rasch altern, die Geschichte lehrt jedoch, daß diese kriegerische Nation ebenso wie die Glücksgöttin niemandem mehr zulächelt als der Jugend –«

Nach St. Cloud

Eugenie ist sorgenvoll nach St. Cloud zurückgekehrt. Den Verzicht Charlottens auf eine persönliche Aussprache mit Napoleon hat sie nicht erreicht. Sie muß es nun auf sich nehmen, ihrem Gemahl zu sagen, daß sie ihm den drohenden Besuch der Kaiserin von Mexiko nicht ersparen kann. Das fällt ihr um so schwerer, als Benedetti, der Gesandte Frankreichs am preußischen Hof, eben am 10. August in Paris angekommen ist. Er meldet seinem Souverän Bismarcks ernsten Kriegswillen für den Fall, daß Napoleon auf territorialen Forderungen bestehe, und stellt den Kaiser vor den schweren Entschluß, unvorbereitet einer siegreichen Armee gegenüber das Schwert zu ziehen oder aber nachzugeben. Eugenie, die auf aktive Politik hinarbeitet, ist es höchst unlieb, daß die Ankunft Charlottens Napoleon an die mexikanische Unternehmung erinnert, durch die sie sich so kompromittiert fühlt. Aber was soll sie tun? Die Kaiserin Charlotte hat ihren Entschluß, Napoleon auf jeden Fall zu sprechen, ja in sein Gemach einzudringen, unzweideutig und höchst energisch kundgegeben. So vergeht denn der 10. August im Schloß von St. Cloud in unbeschreiblicher Aufregung und Nervosität unter Kommen und Gehen der Diplomaten und Generale, unter Hin- und Herschwanken, ohne daß man zu einer endgültigen Entscheidung gelangt wäre.

Am folgenden Tage, dem 11. August 1866, mittags, holt ein à la Daumont bespannter kaiserlicher Wagen Charlotte aus dem Grand Hotel zur Fahrt nach St. Cloud ab.

Als die Kaiserin in langem, schwarzem, noch von der Reise etwas zerknittertem Seidenkleid und großem, weißem Hut an der Schwelle des Hotels erscheint, um den Wagen zu besteigen, wird sie von einer dichten Menschenmenge begrüßt. Auf der ganzen Fahrt wiederholen sich die Zurufe. Charlotte, die immer nur von der Abneigung der französischen Bevölkerung gegen Mexiko gehört hat, ist davon sehr sympathisch berührt. Sie hat den Eindruck, man wünsche, es möge ihr in dieser für sie und ihren Gemahl so entscheidenden Stunde wohl ergehen. Trotz der Hitze, die an diesem Tage herrscht, hat die Kaiserin eine schwarze Spitzenmantille übergeworfen, an der sie nervös hin und her nestelt. Angst und Aufregung vor der Schicksalsstunde erfassen sie, zitternd ergreift sie den Arm Frau

Almontes und preßt ihn wie hilfesuchend an sich. Als der Wagen in den Park einfährt und die unter Trommelwirbel ins Gewehr tretende Schloßwache passiert, hat sie ihre Fassung wiedergewonnen. Mit anmutiger Verneigung grüßt sie die vom Turm herabwallende Nationalflagge.

Am Fuße der zu den Privatgemächern führenden Treppe hält der Wagen. Eine Abteilung der kaiserlichen Garde, ragende Gestalten mit historischen Bärenmützen, sind als Ehrenkompanie aufgestellt. Der ganze Hofstaat ist unten an der Treppe versammelt. Der kleine, damals zehnjährige Kronprinz eilt, mit der Kette des mexikanischen Adlerordens um den Hals, an den Wagenschlag und faßt die Kaiserin an der Hand, um sie die Treppe hinaufzuführen, die beiderseits von einem Spalier martialischer »Cent gardes«, der Leibwache Napoleons, eingesäumt ist. Oben an der Treppe erwartet sie Kaiserin Eugenie und geleitet sie zu dem Privatkabinett des Kaisers. Sofort beginnt Charlotte:

»Sire, ich bin gekommen, um eine Sache zu retten, die die Ihrige ist. Hier ein Brief meines Gemahls, hier ein genaues Memoire über die Lage, da alle Dokumente, die die Finanzen betreffen. Ich bitte Euer Majestät inständig, rufen Sie den Marschall Bazaine ab, bezahlen Sie den Sold der Hilfstruppen weiter, belassen Sie das Expeditionskorps bis zur vollständigen Pazifizierung des Landes. Ich beschwöre Sie, verlassen Sie eine Sache nicht, die so innig mit Ihrem dynastischen Interesse verwoben ist. Denken Sie auch an die furchtbare Lage meines Mannes. Sie haben ihm doch versprochen, ihn niemals zu verlassen. Sie haben doch eine Ehre, ein Gerechtigkeitsgefühl, Sie können uns doch nicht beide mitleidlos in den Abgrund stoßen.«

Herzergreifend vertritt Charlotte ihre Sache, durchdrungen von deren Gerechtigkeit und Größe, mit so heißer Seele, daß das französische Kaiserpaar, obwohl fest entschlossen, mit Mexiko ein Ende zu machen, tief erschüttert verstummt. Kaiser Napoleon, kränklich und abgespannt wie er ist, macht einen traurigen Eindruck. Gänzlich hilflos, wie jemand, der sieht, daß er zugrunde geht, und nicht weiß, was tun, blickt er zu seiner Gemahlin hinüber. Tränen rinnen ihm über die Wangen. Endlich ermannt er sich und stottert: »Es hängt nicht von mir allein ab, ich *kann* einfach nichts tun.«

Kaiserin Charlotte mustert den Mann von oben bis unten; so also, denkt sie, erklärt sich die große Macht der Minister in Frankreich. »Aber Majestät, vergessen Sie denn ganz die ungeheure Macht Ihres Vierzig-Millionen-Volkes, das die Vorherrschaft in Europa besitzt? Genießt Ihr Land nicht den höchsten Kredit der Welt, und hat es nicht immer nur siegreiche Heere zur Verfügung? Unter solchen Verhältnissen haben Sie doch kein Recht, zu behaupten, Sie könnten bei den gewichtigen Interessen Frankreichs in Mexiko nichts mehr für das dortige Kaisertum tun.«

Leidenschaftlich und erregt klingt die Stimme der verzweifelt kämpfenden Frau durch den Raum. Da geht zur Unzeit die Tür auf, und ein Diener erscheint, der auf einem silbernen Tablett eine Orangeade in geschliffener Glaskaraffe hereinträgt. Eine Hofdame, der das anderthalbstündige Gespräch schon zu lange dauert, hat der großen Hitze wegen diese Verfügung getroffen. Charlotte ist von der unerwarteten Störung überrascht, doch Kaiserin Eugenie bietet ihr mit verlegener Bewegung ein Glas zum Trunke. Mißtrauisch sieht Charlotte dies mit an. Sie weigert sich zuerst und scheint dergleichen mitten in einer so ernsten Unterredung unpassend zu finden. Als aber Eugenie ihr eifrig zuredet, nimmt sie langsam und zögernd einen Schluck. Dann jedoch kehrt sie gleich wieder zur Sache zurück: »Nun sehe ich, wo die Schwierigkeiten liegen. Aber ich nehme die Minister auf mich, ich werde sie persönlich sprechen und sie bekehren.«

»Versuchen Sie es, Majestät. Auch ich werde noch einmal mit meinen Ministern beraten, bevor ich endgültig und unwiderruflichen Bescheid gebe.«

Nach zweistündigem, leidenschaftlich geführtem Gespräch verläßt Charlotte das Kaiserpaar. Ihre hochgespannten Erwartungen sind zwar getäuscht, aber sie hegt noch einen leisen Hoffnungsschimmer, denn sie baut auf die Wirkung ihrer Aussprache mit den Ministern. Wie immer aber alles ausgeht, sie will weiter »arbeiten und arbeiten«, um wenigstens ein ruhiges Gewissen zu haben, daß sie ihre Pflicht, soweit möglich, voll erfüllt hat. Dem französischen Kaiserpaar aber will sie zeigen, wer sie ist. Man hat in St. Cloud alles bereitet, um die Kaiserin glänzend zu bewirten. Charlotte lehnt jedoch die dringende Einladung Eugeniens ab und verlangt ihren

Wagen. Die Kutscher, denen man gesagt, die Kaiserin bleibe zum Diner, haben ausgespannt und sind spazierengegangen. Man muß sie erst suchen.

Ungeduldig tritt Charlotte von einem Fuß auf den anderen. Endlich ist es soweit, und sie kann fahren. Aufgeregt denkt sie an ihren Gemahl, der auf ihren Vorwurf der Feigheit hin in Mexiko in tausend Gefahren zurückgeblieben ist. Erschöpft, bleich und ermattet sinkt sie bei der Heimfahrt in die Kissen des Wagens zurück. Mühsam verhält sie die Tränen. Der Sturz aus tausend Hoffnungen ist zu jäh.

Noch aber gilt es, die Minister zu bearbeiten. Der erste ist der Minister des Äußeren, er scheint verständig und leicht zu überzeugen. Aber Charlotte weiß nicht, daß er das Entlassungsgesuch bereits in der Tasche trägt, weil Napoleon seinem, auch von der Kaiserin vertretenen Rat, Bismarck nicht nachzugeben und, wenn nötig, Krieg zu führen, nicht folgt. Mitleidig sieht Österreichs Botschafter, Fürst Metternich, ihren Bemühungen zu. Er ist sehr skeptisch. »Ich wäre sehr glücklich für Eure Majestät«, meint er, »wenn sie auch nur einen Mann, einen Heller und einen selbst nur einmonatigen Aufschub der Räumung erreichen.«

Charlotte ist indessen zum Finanzminister Frankreichs, Achille Fould, geeilt, dessen Habgier sprichwörtlich ist. Sie versucht, den Silberreichtum Mexikos verführerisch vor ihm funkeln zu lassen; er aber dreht und wendet sich verlegen und gebraucht höfliche Phrasen. Napoleon gegenüber ist der Mann bedeutend aufrichtiger. Da spricht er klipp und klar gegen jede weitere Unterstützung der mexikanischen Unternehmung. »Politisch und kommerziell«, denkt er, »steht es für Frankreich in Mexiko nun schlechter als vor der Unternehmung. Die monarchische Partei hat die ihr von den Emigranten zugeschriebene Kraft nie besessen, und als Maximilian sich auf Liberale stützte, verließen auch sie ihn. Nun steht er ohne Hilfe zwischen den beiden Parteien und kann sich nicht mehr lange helfen. Er soll auf die Krone verzichten und das mexikanische Volk auffordern, eine neue Regierung und einen neuen Herrn zu wählen.«

»Ich verhehle mir nicht«, meint Fould zu seinem kaiserlichen Herrn, »daß es vielleicht weniger leicht sein wird, den Kaiser Maximilian zur Abdankung zu bewegen. Wenn Euer Majestät aber seiner Gemahlin unzweideutig erklären, daß Euer Majestät keinerlei Unterstützung geben können, ohne die gesetzliche Körperschaft einzuberufen, deren Meinung unzweifelhaft ist, *wird die Kaiserin Charlotte Maximilian zu der Entscheidung bringen, die ich für die einzig mögliche halte.«*

Fould irrt sich, Charlotte denkt nicht daran. Nun hat sie auch schon den Kriegsminister gesprochen, der gleichfalls zu allem ja sagt, was die unglückliche Frau ihm vorhält, und in seinem Innern das Gegenteil denkt. Dann erscheint die Kaiserin am 13. August neuerdings, diesmal geheim und ohne Gepränge, in St. Cloud. Sie will zunächst die weitere Zahlung der monatlichen Subsidien durchsetzen. Die Weisungen dazu sollen nach ihrem Plan dem am 16. August abgehenden Dampfer noch mitgegeben werden. Darum nimmt sie zu den schärfsten Mitteln ihre Zuflucht:

»Da sehen Sie, Majestät, Ihre eigenen Briefe vom März 1864. Da lesen Sie noch einmal in Ihrer eigenhändigen Schrift die Versprechungen und Versicherungen, die Sie gaben, als Sie noch fürchteten, mein Gemahl werde die Krone ablehnen. Er und ich haben dies stets für bare Münze genommen: ›Ich bitte Sie, stets auf meine Freundschaft zu zählen ... Meine Unterstützung wird nicht fehlen ... Was würden Sie tatsächlich von mir denken, wollte ich Ihnen, wenn Euer Kaiserliche Hoheit schon in Mexiko sind, auf einmal sagen, daß ich die Bedingungen nicht erfüllen kann, die ich unterzeichnet habe!‹« Kaiser Napoleon findet keine Worte. Die Vorlage der Briefe ist ihm unendlich peinlich. Endlich gebraucht er wieder eine Ausflucht: »Ich bitte Euer Majestät noch um etwas Geduld; ich muß die Entscheidung eines Ministerrates abwarten, der noch morgen unter Vorsitz der Kaiserin zusammentritt.« Wieder muß Eugenie einschreiten, um ihren Gatten von Charlotte zu befreien. Sie sieht, daß die unglückliche Frau schon ganz außer sich ist, und fürchtet neue peinliche Szenen. Mühsam bringt sie sie in ihre Privatgemächer hinüber, wo der Finanz- und der Kriegsminister warten. Nun beherrscht sich Charlotte nicht mehr. Sie schreit das heraus, was die denkt:

»Was ist mit der Differenz des Nominales der mexikanischen Anleihe und der geringen Summe, die davon wirklich an Mexiko zur Auszahlung gelangte? Eure Bankiers und Finanzleute haben geschwindelt und gestohlen, ich will die Taschen kennen, die sich auf Kosten Mexikos mit Gold gefüllt haben! Und Bazaine, er hat uns und euch belogen und betrogen, seine Anordnungen haben zu der heutigen katastrophalen Lage geführt, und das soll euer bester General sein? Wenn man sich in Paris zum Sturze des Kaisertums verschworen hätte, kein besseres Werkzeug hätte man finden können.«

Fould versucht sein Herrscherpaar in Schutz zu nehmen: »Euer Majestät haben nicht recht. Die Mexikaner vor allem haben gestohlen und betrogen. Was Euer Majestät da vorbringen, ist Undank«, wagt er zu sagen. »Überall herrscht Mißtrauen und Intrige. Wenn die Dinge so weitergehen, müssen wir alles im Stich lassen.«

Da springt Kaiserin Charlotte vom Sitze auf. Sie vergißt ganz die Anwesenheit der Kaiserin Eugenie:

»Wie, was ich sage, ist unwahr?«, donnert sie, »also so weit treibt ihr die Frechheit? Nun pfeife ich auf eure Sitte und eure Etikette. Sie gehören auch zu all denen, die uns bewußt und mit Vorbedacht ins Unglück stürzten.«

Der Kriegsminister steht wie zur Bildsäule erstarrt daneben. Kaiserin Eugenie kann sich nicht mehr helfen. Sie greift zu dem altbewährten Mittel jeder Frau, die nicht mehr weiß, was sie tun soll, sinkt in einen Fauteuil, schluchzt in ihr Taschentuch hinein und droht jeden Augenblick in Ohnmacht zu fallen. Unter allgemeiner höchster Bestürzung und Erregung geht man endlich auseinander. Der Hofdienst und die Dienerschaft sind von allen Seiten herbeigestürzt und wissen nicht, ob sie einschreiten sollen oder nicht.

Zorn und Empörung haben Kaiserin Charlotte übermannt, es ist nicht diplomatisch, die beiden maßgebenden Minister am Tage vor dem Ministerrat vor ihrer Kaiserin so zu behandeln, aber an der Lage kann dies auch nichts mehr ändern. Was geschehen muß, geschieht. Bei der Beratung am folgenden Tag entscheiden die Furcht vor der Union und die Zukunft der Dynastie, die man nicht mit der öffentlichen Meinung ganz Frankreichs in Gegensatz bringen darf, ohne sie zu gefährden. Es wird endgültig beschlossen, das mexikanische Kaiserpaar vollständig fallenzulassen und dem

Dampfer vom 16. August Weisungen mitzugeben, die gerade das Gegenteil alles dessen sind, was Kaiserin Charlotte durch ihre Europareise durchsetzen wollte.

Ängstlich erwartet sie das Ergebnis der Beratungen. Man beeilt sich mit der Mitteilung begreiflicherweise nicht. Als sie endlich hört, wie es steht, will sie die Entscheidung nicht selbst engegennehmen. Sie soll an Almonte gehen und so auf den diplomatischen Weg verschoben werden. Charlotte kann und will nicht glauben, daß ihr Spiel verloren sei. Am 15. morgens sendet sie dem Kaiser Napoleon einen kurzen Glückwunsch zu seinem Namensfest. Umgehend erhält sie liebenswürdigen Dank. Vielleicht steht es doch nicht so schlimm, denkt sie, als sie dieses ganz unverbindliche, konventionelle Blatt in der Hand hält. Aber wie soll sie nun Maximilian schreiben? Der Dampfer geht morgen, und der Brief muß weg. Die Wahrheit kann man ja doch nicht ganz verbergen, anderseits will sie ihrem Gemahl die Hoffnung nicht völlig nehmen. So entsteht ein Schreiben in krausem Deutsch, in dem sich Charlotte kühn über die schroffsten Widersprüche hinwegzusetzen versteht:

»Paris, den 15. August 1866.

Innig geliebter Schatz!

Vor allem geht es mir vortrefflich und sei Dein Herz über diesen Standpunkt beruhigt. Zweitens ist es meine Conviction, daß sich etwas wird erreichen lassen, weil ein Interesse dafür ist, aber der schlechte Wille und die Hilflosigkeit in höheren Regionen ist groß, und ich weiß aus sicherer Quelle von Metternich, daß seit zwei Jahren der Kaiser Napoleon sehr physisch und geistig herabgeht. Die Kaiserin ist nicht imstande, die Sache zu führen, bildet keinen Damm für die Minister und ruiniert mehr, als sie nützt. On est devenu vieux und beide kindisch, dennoch weinen sie beide öfters; ich weiß nicht, ob es zu etwas führt. Ich habe alles Erdenkliche geleistet und gleich das Ultimatum an den Kaiser gebracht. Jetzt habe ich müssen arbeiten, um die Subsidien durch diesen Dampfer fortsetzen zu lassen, habe aber gewußt, es war nicht zu erreichen; es ist eine Pflichtsache. Dennoch sind mit dem Kaiser Napoleon alle Karten nicht ausgespielt. Ich war nur zweimal bei ihm, das zweite Mal brachte ich ihm extraits seiner

Versprechungen, um ihm im stillen zu nagen [so steht es im Brief]. Er sprach sehr viel von Mexiko, aber die Sache scheint ihnen längst vergessen. Er weinte mehr das zweite Mal wie das erste. Wenn es hier geht, so geht es auch in Rom und Washington.

Dieser Brief ist so ›décousu‹, so gehetzt, weil er gleich weggehen muß. Ich habe den ganzen Tag Leute, was alle Zeit nimmt.

Ich umarme Dich aus dem *Tiefsten* meiner Seele.

Charlotte.«

Während diese Frau um ihr Höchstes kämpft und auch Napoleon und Eugenie innerlich von Teilnahme erfüllt sind, nimmt der Hof zu Paris die Sache auf die leichte Schulter. Die Hofschranzen, aber auch der Dichter und Bibliothekar Prosper Mérimée, durch seine Bekanntschaft mit der Mutter Eugeniens ein Vertrauter des Kaiserpaares, machen frivole Bemerkungen über die exotische Kaiserin, die von Zeit zu Zeit »die gemütliche Etikettelosigkeit« von St. Cloud stört, weil ein Galadiner zu Ehren der mexikanischen Majestät »droht«. »Man wird ihr zu essen geben«, meinte er, »aber ich glaube nicht, daß sie Geld oder Truppen erhalten wird.«

Die Minister, die Kammern, die öffentliche Meinung *gegen* Mexiko, die Umgebung des Monarchen gleichgültig, das Kaiserpaar fest entschlossen, der Sache ein Ende zu machen – das ist die verzweifelte Lage, gegen die Charlotte ankämpft. Immer von neuem nimmt sie ihre Versuche auf. Wenigstens setzt sie die Nichtkonvertierung der Anleihen, die Bezahlung des rückständigen Soldes der mexikanischen Gesandtschaften in Europa durch. Aber sonst auch nichts. Charlotte will neuerdings mit dem Kaiser sprechen. Der im Truppenlager weilende Napoleon ist abgeneigt, sie aber will seine Rückkehr erwarten. Es gehört sich, daß er zu ihr kommt. Sie verhandelt nicht mit der französischen Regierung, sie betrachtet und sieht die Minister nur als »Individualitäten« an. »Ich will«, sagt sie, »Antwort nur vom Kaiser, dem allein ich Fragen gestellt habe. Ich kann seinen Willen vielleicht nicht ändern, aber ich werde alle Ausflüchte Lügen strafen.« Napoleon bleibt nichts übrig, als den Gang zu tun. Am 19. August 1866, um vier Uhr nachmittags, erscheint er sehr nervös im Grand Hotel. Seine Krankheit, die diplomatische Niederlage durch Bismarck, die Verlegenheiten durch den Besuch Charlottens haben ihn schwer mitgenommen. Er ist jedermann, auch seiner Frau gegenüber, sehr gereizt; vergebens hat er bisher versucht, das Peinliche der Absage an Charlotte auf andere abzuwälzen. Aber sie hat das verhindert. Nun muß er doch persönlich in die Schranken treten. Herzbewegend redet die Kaiserin von Mexiko auf den Monarchen ein. »Berufen Sie die gesetzgebende Körperschaft, bestimmen Sie sie, Sire, die monatlichen Unterstützungsgelder weiterzuzahlen, wenn sie aber nicht zustimmt, dann wenden *Sie* sich persönlich in einem Aufruf an Frankreich. Man hat Sie einst zum Kaiser gewählt, man wird Ihnen auch folgen und sich dann sicherlich wieder für unsere mexikanische Sache begeistern. Nur ein Gleichgewicht der Kräfte auf dem Neuen Kontinent kann Frankreich von Nutzen sein und ein verbündetes Kaiserreich jenseits des Ozeans als Abnehmer der Erzeugnisse französischen Fleißes.« Napoleon weicht allen Vorschlägen aus. Als er eben erklären will, daß die Kaiserin nichts mehr zu hoffen habe, merkt dies Charlotte und fällt ihm ins Wort, um die formelle Absage zu vermeiden.

»Es wäre gut«, bringt der Kaiser endlich heraus, »wenn Eure Majestät sich keinen Illusionen mehr hingäben.«

»Aber das Unternehmen geht doch Eure Majestät zuerst an«, fährt Charlotte auf, »und Sie dürfen sich ebensowenig solche machen.« Da erhebt sich der Kaiser wortlos, verneigt sich vor Charlotte und verläßt das Gemach.

Zwei Tage später läßt er der Kaiserin in aller Form mitteilen, daß er ihre Bitten nicht erfüllen könne. Wer da meint, sie würde nun ihrem Gemahl zureden, Mexiko zu verlassen, kennt Charlotte schlecht. Ihr brennender Ehrgeiz empfindet das Mißlingen ihrer Mission tief und schmerzlich, aber den Gedanken, daß das Abenteuer jetzt aufgegeben werden müsse, läßt sie nicht aufkommen. Sie äußert nichts in diesem Sinne und weist immer nur darauf hin, daß man sich nun anders einrichten müsse, um sich dennoch über Wasser zu halten. Brennenden Schmerz bereitet ihr die Niederlage aber doch. In schlaflosen Nächten zermartert sie ihr Hirn nach einem neuen Ausweg. Glühender Haß gegen Napoleon verzehrt sie und nimmt ihr die Möglichkeit, klar zu denken und kühl zu überlegen. Sie vergleicht den Kaiser mit dem Teufel und seine Umgebung mit der Hölle.

Die Angst um ihren Gemahl und sein und ihr großes Werk drüben jenseits des Ozeans hämmert Tag und Nacht in ihren Schläfen. Schon sieht sie sich vom Teufel Napoleon verfolgt und beginnt zu erzählen, man habe sie in St. Cloud mit jener Orangeade vergiften wollen. Vergebens kämpft die kräftige Natur der jungen Frau mit den seelischen Erschütterungen, die auf ihr zerquältes Hirn einstürmen.

Außer sich vor Schmerz und Empörung schreibt sie kurz vor ihrer Abreise aus Paris am 22. August 1866 an ihren Gemahl:

»Innig geliebter Schatz!

Ich reise morgen früh von hier ab nach Miramar über Mailand, dies beweist Dir, daß ich nichts erreicht habe ... Die Genugtuung habe ich, alle Argumente umgestoßen zu haben, alle falschen Pretexte zunichte gemacht und Dir dadurch ein moralisches Triumph gegeben, aber Er will nicht kurzweg, und da hilft keine Gewalt, weil er die Hölle bei sich hat und ich nicht. *Die Opposition ist es nicht, Er selbst wählt die Legislativen Körper, Angst vor den Vereinigten Staaten noch weniger, Er will eine lang vorbereitete schlechte Handlung begehen; nicht aus Feigheit, Entmutigung oder was immer für einen Grund, aber weil er auf der Welt das böse Prinzip ist und das Gute abschaffen will, nur daß die Menschheit nicht merkt, daß seine Werke schlecht sind und ihn adoriere.* Ich erlaubte ihm nicht, ausführlich zu sagen, daß er nichts tue bis gestern, um alles Erdenkliche während der Zeit ins Werk zu setzen und Euch zu beweisen, daß er allein das Hindernis ist, denn wäre der letzte seiner eigenen Minister Kaiser gewesen, so hätte er nachgegeben. So kannst Du wenigstens darüber im reinen sein, für mich ist er der Teufel selbst, und bei unserer letzten Unterredung gestern hatte er einen Ausdruck, um die Haare in die Höhe stehen zu machen, er war hidos, und dies war der Ausdruck seiner Seele, die anderen sind Oberfläche. Also von Anfang bis zu Ende hat er Dich nie geliebt, weil er nicht liebt noch lieben kann, er hat Dich fasziniert wie die Schlange, seine Tränen waren falsch wie seine Worte, alle seine Handlungen Betrug. Ich finde, Du mußt womöglich bald aus seinen Klauen gehen. Seit seinem letzten Nein, wo er glaubt, daß du ruiniert bist, ist er entzückt, ganz aimabler Mephistopheles hat er mir sogar beim Abschied heute die Hand geküßt, aber es ist Komödie, denn ich habe ihn ein paarmal durchschaut, daß mir noch schaudert, denn so etwas hat die Welt nicht erlebt, noch wird sie es – aber son règne touche à sa fin – und dann wird man wieder atmen.

Du wirst mich vielleicht für übertrieben halten, aber es mahnt mich ganz an die Apokalypse, und dieses Babylonien paßt ganz dazu: es konnte manchen Ungläubigen Gott glauben machen, den Teufel so nahe zu sehen. Bazaine und Fould sind die Neben-Satelliten ... Wenn möglich, solltest Du ersteren aus Mexiko schaffen gewaltig [mit Gewalt] oder nicht, denn käme die Sache in die Hände Douays, wäre etwas zu machen.

Ein großes Resultat meiner Gegenwart hier ist, daß ›le vin est dévoilé‹, und die Menschen sehen es, staunen und verachten. Ich habe alle Etats der Finanzkommission gesehen, auch Schmutz von Anfang bis zu Ende. Germiny hat zugesagt, die armen Legationen zu zahlen, wenigstens habe ich das erreicht, wenn er es tut, hier ist jedes Wort eine Lüge. *Du mußt aber nicht glauben, daß ich bei diesen Leuten gebettelt habe, ich habe nur in sie hineingedonnert und ihnen die Masken abgeworfen und doch ohne Unhöflichkeit, es war ihnen gewiß nie so etwas Unangenehmes geschehen, seitdem sie existieren.* So, aus dem nächsten Einfluß dieser Hölle mußt Du Dich losmachen ... Ob man hier wünscht, daß Du abdizierst oder nicht, kann ich nicht klar sehen, *ich glaube, Du sollst so lange wie möglich Dich behaupten,* denn ist die Hölle draußen, so wäre es im Interesse Frankreichs und ganz Europas, in Mexiko ein großes Reich zu machen, und dies können wir tun. In der Alten Welt ist es ekelhaft und drückend. *Er* ist so nahe, und man riecht ihn in jedem Blutbad oder Nation, die sich einigt, Bismarck und Prim sind seine Agenten, in jedem Lande macht er Propaganda und lacht über die gefallenen Opfer. Am anderen Ufer des Meeres kann man ihm trotzen ...

Im selben Weltteil wie Er kannst Du nicht sein, er würde dich verbrennen zu Aschen, er kann kaum Deinen Namen über die Lippen bringen. Auch die Finanzagenten mußt Du abschaffen oder dominieren und die militärischen Sachen von den Franzosen trennen, sonst bist Du verloren. Die ganze Armeefrage und Verschmelzung hat es klar bewiesen. Kannst Du Dich auf einheimische Elemente stützen, so ist die Sache möglich, aber nicht Franzosen trauen, man weiß doch nie, ob *Er* sie nicht bringt. Wenn Europa klar wird über Deine Situation, so käme Geld von allen Seiten. Alle

Franzosen haben an der Sache materielles Interesse für ihren Handel und ihre Machtstellung. Sobald Du mich kommen läßt, werde ich überglücklich sein, aber denke, daß Du mit *ihm* in Europa nicht sein kannst und daß Er füllt die ganze Luft vom Cap Nord bis zum Cap Matapan. Ich hoffe, daß Du mich bald zitierst, wenn Du in Mexiko Dich von ihm befreiest. Meine Reise war für ihn der heftigste Schlag seit langem, und viele Leute interessieren sich für mich überall.

Dich von Herzen umarmend, Deine Dir ewig treue

Charlotte.

Natürlich war ich hier nirgends, wie Du gewünscht hast. Geld erbe ich von allen Seiten, auch der Schmuck war recht schön, den Toison [Goldenes Vlies] habe ich für Dich magnifique. Also dort zu bleiben, ist ihnen der größte Schaden und für uns die beste Rettung. Auch P. nicht trauen, der ganze Plan der Abdankung war ja von ihm.«

Trotz allem, was sie erlebt, beharrt Charlotte darauf, daß man nun erst recht in Mexiko bleiben und Napoleon zeigen müsse, daß es auch ohne ihn geht. Aber sie denkt nicht mehr so klar wie einst. Die Erregungen der letzten Wochen rütteln an ihren Nerven. Der elementar ausbrechende Haß auf Napoleon ist das erste Zeichen des Verfolgungswahnes, der sich bei ihr einstellt, schon wiederholt sie auch stets häufiger die Mär, man habe sie bei ihrem ersten Besuch in St. Cloud vergiften wollen. Auch kommt sie immer wieder auf die Apokalypse zurück. Ihr Vater hat schöne Abzüge der berühmten Holzschnitte Dürers von der Offenbarung Johannis besessen, und das Blatt, das zeigt, wie nach der Lösung der ersten vier Siegel des Schicksalbuches durch das Lamm die Pest, der Krieg, der Hunger und der Tod über die Leiber der jammernd hinstürzenden Menschen hinwegbrausen, hat den tiefsten Eindruck auf sie gemacht. Nun kommt ihr in ihrer Verzeiflung das Bild wieder in den Sinn. Auf ihrem sonst so anmutigen Gesicht erscheinen Spuren nervöser Zerrüttung. Sie kränkt sich auch darüber, daß ihre Brüder, der König von Belgien und der Graf von Flandern, sie weder in Paris besuchen noch nach Brüssel einladen, und vergißt dabei, daß sie ihnen ja mitgeteilt hat, sie könne Belgien aus politischen Gründen nicht betreten.

Fürst Metternich bemüht sich, Charlotte noch vor ihrer Abreise nahezulegen, sie möge nicht mit der kaiserlichen Familie in Wien schmollen, in deren Schoß allein sie den Trost finden würde, den ein tapferes Herz und ein unglückliches Los verdienen. Mit keinem Wort erinnert der von wahrem Herzenstakt beseelte Fürst jetzt, wo er recht behält, daran, daß er einst vor dem Abenteuer gewarnt hat.

Kaiserin Charlotte findet es am würdevollsten, über Italien nach Miramar zu reisen und, bevor sie weitere Schritte unternimmt, dort Nachrichten von ihrem Gemahl abzuwarten. Ihre Erwägungen über das, was er nunmehr tun soll, gipfeln in einem brieflich gegebenen Rat: »Ich glaube, nachdem die Franzosen nichts tun und der Miramarvertrag gebrochen ist, daß Du Deine Armee und Finanzen sogleich trennen und übernehmen und alle Franzosen, inklusive Pierron, aus Deiner Nähe entfernen müßtest.«

Ihre Mission ist fehlgeschlagen, ihre Hoffnungen sind enttäuscht, aber noch beugt die tapfere Frau ihr Haupt nicht. Sie will weiterkämpfen bis zum Äußersten.

XV

GEFÄHRLICHE ILLUSIONEN

Indessen harrt Maximilian voller Sorge einer Nachricht über das Ergebnis der Reise seiner Frau. Kaum hat sie Mexiko verlassen, kommen die Schwierigkeiten dem Kaiser wieder drängend zum Bewußtsein. Bazaine räumt Ort auf Ort, sogar die Stadt Veracruz ist schon bedroht.

»Hat denn«, fragt sich Maximilian, »Bazaine für all dies Instruktionen? Ich werde das Land nicht im Stich lassen, aber was wird später geschehen, wenn alle diese désastres schon erfolgen, bevor auch nur *ein* französischer Soldat das Land verlassen hat?«

Auch die Geldsorgen werden immer drückender und machen sich bis ins kleinste bemerkbar. Der Herausgeber der offiziellen Zeitung des Kaiserreiches muß oft aus eigener Tasche das Papier für die Nummer des folgenden Tages bestreiten. Maximilians Gesundheit leidet überdies unter den ewigen Aufregungen sowie dem Klima, dem sich der Kaiser nie gänzlich hat anpassen können. Oft versetzen ihn körperliche Schmerzen in einen Zustand der Niedergeschlagenheit, der gerade dann besonders einsetzt, wenn Entschlüsse von großer Bedeutung zu fassen sind. Die Vereinigten Staaten machen ihm fortwährend Schwierigkeiten. Kaum hat man in Washington von der Ernennung der Franzosen Osmont und Friant zu Ministern Maximilians erfahren, so erhebt man schon in Paris Einspruch gegen dieses Tun eines Prinzen, »der behauptet, Kaiser von Mexiko zu sein«.

Nur die beiden neuen Generale arbeiten gut. Die Aufstellung der Armee macht bessere Fortschritte als unter der Leitung Bazaines, der dies eifersüchtig und mißgünstig mit ansieht. Er fällt Friant sogar in den Arm; und als dieser den neu aufgestellten Jägerbataillonen die Löhnung auszahlen will, schreitet Bazaine ein und erklärt, die Stellung als Finanzminister sei unvereinbar mit der des obersten Zahlmeisters des französischen Expeditionskorps. Friant weiß nicht, was das heißen soll. Was will man eigentlich? fragt er. Will man Maximilian stürzen, dann soll man es doch gleich sagen. Bazaine aber wartet nur auf eine Weisung aus Paris, wo mittlerweile Napoleon auf den Druck der Union hin seine Mißbilligung wegen der Ernennung der beiden Offiziere zu mexikanischen Ministern ausspricht.

Obwohl alles immer schlechter geht, obwohl Alice Iturbide in deutlichem Mißtrauen vor der Zukunft dringend um Rückgabe ihres Sohnes bittet, fährt Maximilian fort, in seinen Briefen nach Europa, außer in denen an Napoleon, die Lage freundlicher darzustellen, als sie ist. Gutierrez aber schreibt er, er kenne sein eigenes Land nicht, er solle nur nach Mexiko kommen, seine Ansichten entsprächen nicht der Lage. Er hält ihm geradezu Vorträge über Reaktion und Liberalismus: »In Mexiko versteht niemand, was das ist, eine Monarchie, erst die neue Generation wird das auffassen. Jetzt heißt es ›aide toi et Dieu t'aidera‹. Von Frankreich ist nur mehr moralische Hilfe, ein paar Persönlichkeiten und ein wenig Geld zu erlangen. Wer von dorther mehr fordert, verlangt das Unmögliche, und in der Politik darf man niemals mit Unmöglichkeiten rechnen, denn diese haben Illusionen im Gefolge und sie wieder bittere Enttäuschungen. Die letzte und entscheidende Karte, die mir geblieben ist, ist die konservative Partei, mit den Franzosen am Staatsruder.«

Das ist der springende Punkt. Maximilian bekämpft die Auffassungen des Gutierrez zuerst mehr als je, um das Eingeständnis zu verschleiern, daß er praktisch vor dessen Grundsätzen die Waffen streckt. Gutierrez lächelt, als er den Brief gelesen hat. Der neuerliche Appell, nach Mexiko zu kommen, verhallt natürlich ungehört wie die früheren. Er hört es schon im Gebälk knistern und wird nur dringlicher in seinen finanziellen Forderungen. Der Kaiser durchschaut zwar Guiterrez, aber er fühlt sich ihm nach wie vor verpflichtet, denn er hängt immer noch mit allen Fasern seines Herzens an der Krone. Allein die Romantik seines Denkens erklärt, daß er sich von seiner Gemahlin, und wer es sonst sei, so leicht in neue Hoffnungen einwiegen läßt und alle Berichte stets zu seinem Gunsten auslegt. Er hofft nur, daß Bazaine bald abberufen wird, denn er ist überzeugt, der Marschall läßt ihn ganz im Stich. Aber darin täuscht er sich. Napoleon will nicht den Eindruck erwecken, als sei Frankreichs Heer durch militärische Mißerfolge zum Rückzug gezwungen. Obwohl von allen Seiten bei ihm gegen Bazaine intrigiert wird, läßt der Kaiser der Franzosen durch seinen Kriegsminister schreiben, der Marschall solle bis zum Abgehen der letzten Kolonne in Mexiko bleiben. Da also die gefürchtete Ernennung Douays nun ausgeschlossen ist, will Bazaine seine bereits sehr gespannten Beziehungen zu Kaiser Maximilian wieder etwas verbessern und läßt ihm sagen, er sei weiter bereit, ihm zu helfen, um Ordnung und Frieden im Kaiserreich zu sichern.

Neuerdings hat der Monarch am 16. September das Unabhängigkeitsfest mit einer tönenden Rede begleitet und versichert, ein echter Habsburger verlasse im Augenblick der Gefahr seinen Posten nicht. Den gänzlichen Fehlschlag des Schrittes der Kaiserin kennt er damals noch nicht. Er hat nur den Brief vom 15. August erhalten, der den ersten Besuch der Kaiserin Eugenie und die Gegenvisite in St. Cloud schildert. Er berichtet nichts Günstiges, aber Maximilian klammert sich an den letzten Satz im Briefe Charlottens: »Ich habe folglich Vertrauen, daß sich schließlich etwas erreichen lassen wird, da es doch das wohlverstandene Interesse Frankreichs ist.« Maximilian bleibt seiner Gepflogenheit getreu, Unangenehmes so lange nicht für wahr zu halten, bis ihn der Verlauf der Dinge eines Besseren belehrt. Da erhält er einen Brief vom Kommandanten der belgischen Legion, Oberstleutnant van der Smissen; der ganze Norden ist von den Franzosen geräumt, Tausende von Banditen unter Führung des Juaristengenerals Escobedo verkünden, daß sie Mexiko nun bald befreien werden. »Setzen Sie sich an die Spitze einer auserlesenen Division, Majestät, und ziehen Sie selbst gegen sie zu Felde. Ein so erfochtener großer Sieg wird die Nation elektrisieren und Tausende und aber Tausende um ihren Thron scharen. Ich bitte Euer Majestät, mich mit der belgisch-österreichischen Brigade den Hauptangriff führen zu lassen, und verpfände mein Edelmannswort, daß der Tag einen glänzenden Sieg bedeuten und der Feind seine gesamte Artillerie und wenigstens dreitausend Gefangene verlieren wird. Aus ihnen werden wir dann gleich neue Truppen bilden, dann wird sich im ganzen Kaiserreich ein einziger, nicht enden wollender Schrei der Begeisterung erheben, und Euer Majestät werden dann ganz anders in die Zukunft blicken können.«

Das ist reichlich optimistisch und heißt das Fell des Bären zu früh verteilen. Maximilian aber liebt dergleichen. Selbst an der Spitze seiner Truppen ins Feld ziehen und den Sieg erringen! Welch großartige Vorstellung! Für den Augenblick geht's ja noch nicht, aber für später will er sich das merken. Vorläufig muß man noch die Franzosen zurückhalten.

Kaum sind einige Tage vergangen, da erhält der Kaiser die Nachricht von einem höchst unglücklichen Gefecht des belgischen Korps. Die mexikanischen Truppen sind zum Feind übergegangen, und van der Smissen, der, um seinem Brief Nachdruck zu geben, einen von Juaristen besetzten Ort angegriffen hat, muß unter schweren Verlusten, von feindlicher Kavallerie verfolgt, zurückgehen. Er selbst hat eine scharfe Lehre erhalten, aber sein schillernder Rat an den Kaiser lebt trotzdem in dessen romantischem Herzen fort.

Nach jenem unglücklichen Ereignis im Felde regt sich die Familie Iturbide wieder. Die Mutter des kleinen Augustin ist in Mexiko eingetroffen, will Maximilian Vorstellungen machen und ihren Sohn sehen. Der Kaiser läßt sie aber in einen Wagen setzen und zwingt sie, abzureisen. Darauf wendet sich die Mutter um Hilfe an den Staatssekretär der Vereinigten Staaten, der durch Frankreich intervenieren läßt. »Direkt«, erklärt ihr Seward, »kann ich bei der sogenannten kaiserlichen Regierung in Mexiko wegen des Raubes Ihres Sohnes nicht einschreiten, weil wir keine Beziehung zu ihr pflegen.«

Bazaine hat indessen die zur Zufriedenheit Maximilians arbeitenden Generale Osmont und Friant dem Wunsch seines Kaisers gemäß aufgefordert, auf ihre Ministerwürde zu verzichten oder aber ihre Stellen im Expeditionskorps niederzulegen. Die beiden treten daraufhin von ihren Ministerstellen zurück.

Maximilian ist zornig und empört. Hat er endlich einmal zwei gute und ergebene Helfer, so werden sie ihm genommen. Er beklagt sich brieflich bitter bei Napoleon. Aber dieser Schritt bleibt wirkungslos. Die Juaristen sind bereits bis an den Eingang des Tales von Mexiko vorgedrungen, und man ist schon genötigt, in der Hauptstadt ständig Kavallerie für den Sicherungsdienst bereitzuhalten. Die zurückmarschierenden Franzosen bleiben jedoch auf Grund stillschweigenden Übereinkommens von den Juaristen unbehelligt.

Unter solchen Verhältnissen erwartet Maximilian sehnsüchtig eine Nachricht von Charlotte. Am 1. Oktober kommt die europäische Post. Sie bringt zwei Briefe der Kaiserin, darunter den vom 22. August aus Paris, der von ihrer Abreise berichtet und die Worte enthält: »Dies beweist Dir, daß ich nichts erreicht habe.« Überdies kündigt Charlotte mittels Kabeldepesche ihre Rückkehr für Mitte November an. Maximilian ist tief enttäuscht, nun ist auch diese so innig gehegte Hoffnung zunichte geworden. Der Kaiser fühlt, daß man der Öffentlichkeit etwas über das Ergebnis der Reise erwähnen muß, da er aber nichts Ungünstiges sagen will, läßt er in der offiziellen Zeitung nur den allgemeinen Satz einrücken: »Die Kaiserin hat nach den eingelaufenen Nachrichten die verschiedenen Angelegenheiten ihrer Mission beendet und kehrt demnächst zurück.« *Wie* ersteres geschehen ist, diese Deutung bleibt dem Leser überlassen. Damit ist es aber nicht genug. Der 1. Oktober hat auch noch Napoleons Unglückspost gebracht. Der läßt nun jede Rücksicht Maximilian gegenüber fallen, brutal erklärt er:

»Es ist mir sehr peinlich, aber die Zeit der halben Maßregeln ist vorüber, nunmehr kann ich Mexiko unmöglich auch nur noch einen Taler oder einen Mann geben. Wenn Euer Majestät meinen, sich mit eigenen Kräften halten zu können, werden die Truppen vereinbarungsgemäß bis 1. Januar 1867 bleiben, bei Abdankung rate ich zu einem Manifest mit der Erklärung der unüberwindlichen Hindernisse, die zur Entsagung zwingen, dann soll noch in Anwesenheit der französischen Truppen eine Nationalversammlung irgendeine Regierung wählen, die einigermaßen Gewähr für Bestand bietet. Wir dürfen uns nicht in Illusionen wiegen«, schließt Napoleon seinen nach Maximilians Wort »merkwürdigen Brief«.

Auf den Kaiser macht das einen niederschmetternden Eindruck. Erst jetzt erkennt er klar die Größe der Niederlage, die Charlotte erlitten hat. Er studiert das Schreiben auf das genaueste mit seinem schlauen Freunde Pater Fischer.

Bazaine gegenüber ist Napoleon noch deutlicher:

»Beenden Sie die Expedition möglichst bald und ›irgendwie‹! Eine etwa eingesetzte Regierung muß aber die finanziellen Forderungen Frankreichs und die Wahrung der Rechte seiner Untertanen garantieren. Senden Sie aber vorläufig die Truppen nicht zurück, bevor nicht die allzu siegessicheren Kräfte des Juarez noch einen Denkzettel erhalten haben.«

Pater Fischer macht sich indes an den schwankenden Kaiser heran, und sein Einfluß steigt in Kürze ungeheuer: »Ich rate Euer Majestät, den Abzug der französischen Armee, deren Intervention ich seit jeher für ein Unglück gehalten habe, nicht mehr hintanzuhalten und sich an den Präsidenten der Vereinigten Staaten zu wenden. Ein Nationalkongreß soll über die künftige Staatsform Mexikos beschließen. Es wird sich alles einrichten lassen.«

Der ehemalige mexikanische Generalkonsul in Wien, Herzfeld, ein wahrer Freund seines Fürsten, der ihm noch aus der Zeit gemeinsamer Reisen zur See in Treue ergeben ist, rät im Gegensatz zu Pater Fischer, rundweg abzudanken und Mexiko zu verlassen. Die Lage sei viel zu verfahren, nirgends biete sich ein günstiger Ausblick, Ehre, ja Leben des Kaisers stünden auf dem Spiel. Der Pater dagegen ist ein Werkzeug der Geistlichkeit und der konservativen Partei; diese wirkt durch ihn auf den Monarchen, und so spielt Fischer nunmehr die entscheidende Rolle in Mexiko. Der kleine, einst wegen mannigfaltiger Verfehlungen entlassene bischöfliche Sekretär fühlt sich sozusagen als Gebieter über Wohl und Wehe von Millionen von Menschen. Der Einfluß, den der Kaiser ihm einräumt, übersteigt jedes Maß; dies stolze Gebäude muß aber wie ein Kartenhaus zusammenfallen, wenn Maximilian Mexiko verläßt: dann kommt die Gegenpartei ans Ruder, und Pater Fischer muß das Weite suchen. So ist er entschlossen, alles aufzubieten, um den Kaiser zum Bleiben zu bewegen; seine Überredungskunst, seine Intelligenz und seine Energie kommen ihm bei seinem Vorhaben zustatten. Zudem vertritt er ja Maximilians innersten Wunsch, wenn nur irgend möglich zu bleiben und die Krone zu behalten.

Eloin berät den Kaiser aus Europa ähnlich wie Fischer: »Befragen Euer Majestät das von der französischen Pression befreite mexikanische Volk, ob es Ihr Verbleiben wünscht. Wenn nicht, so können Euer Majestät mit Ehren nach Europa zurückkehren und dann bei den dort eintretenden Ereignissen die Rolle spielen, die Ihnen, Sire, gebührt. Denn Kaiser Franz Joseph ist entmutigt, das Volk verlangt öffentlich seine Abdankung, alle Sympathien sind Euer Majestät zugewandt, und auch Venetien gedenkt seines einstigen Generalgouverneurs.« Maximilian liest diesen höchst intimen und geheimen Brief, der unter anderem auch peinliche Einzelheiten über Napoleon enthielt, zuerst in – amerikanischen Zeitungen! Das Schreiben war abgefangen und sofort mit Behagen veröffentlicht worden. In Paris sowohl wie insbesondere in Wien erregt der Brief Eloins peinliche Überraschung. Alles verschwört sich gegen den gequälten Monarchen.

Maximilian schwankt zwar noch hin und her, will den englischen Gesandten und andere fragen, aber im allgemeinen ist er schon dafür gewonnen, sein zukünftiges Schicksal einer Nationalversammlung anheimzustellen und die »freie Entscheidung der Nation mit Ruhe und Würde« in dem von Veracruz nicht allzu weit entfernten Orizaba abzuwarten. Dort sollen sich alle Getreuen, Fischer an der Spitze, versammeln, dahin sollen auch die Wertsachen der Kaiserin geschafft werden. Insgeheim hofft er, von Fischer darin bestärkt, daß der Spruch dieser Versammlung für ihn persönlich ein Triumph sein wird.

»Spricht die Nation«, schreibt er am 5. Oktober seiner Gemahlin, »für das Kaiserreich, so gehen wir mit *legitimer freier* Kraft in die Hauptstadt zurück und weihen und opfern uns für immer dem Lande; will die Nation eine andere Regierung, so ziehen wir uns würdevoll zurück mit dem reinen, erhebenden Bewußtsein, unsere Pflicht redlich getan zu haben. Über das Weitere wird Gott urteilen, und seinem Willen unterwerfe ich mich vertrauensvoll. In wenigen Wochen hoffe ich Dich, mein Lebensglück, an mein wundes Herz zu drücken! Dein Dir ewig treuer Max.«

Dem Kaiser Napoleon antwortet er ausweichend, sein Gewissen gestatte ihm nicht, einen entscheidenden Entschluß zu fassen. Kein Wort von Empörung oder Entrüstung; im Gegenteil: von lebhaften Sympathien und unbestreitbarer Anhänglichkeit spricht der Brief. Freilich, aufrichtig ist er nicht, er zeigt nur, daß Maximilian immer noch einen persönlichen Bruch mit Napoleon zu vermeiden sucht.

Auf Bazaine haben die scharfen Weisungen Napoleons tiefen Eindruck gemacht, er beginnt so etwas wie Teilnahme für Maximilian zu empfinden, er weiß ja genau, welches Schicksal den Kaiser erwartet, wenn dieser allein zurückbleibt. In gewissem Sinne fühlt er sich auch nicht unschuldig daran, hat er doch selbst Napoleon geraten, Maximilian rücksichtslos fallenzulassen. Jetzt aber sieht er die Katastrophe vor sich. Zwiespältig sind seine Empfindungen, zwiespältig ist auch sein Benehmen in der nun folgenden kritischen Zeit.

XVI

WAHNSINN IN ROM

Während Maximilian sich mit all den tausend Sorgen und Gefahren in Mexiko herumschlägt, sinnt und sinnt seine tapfere Frau trotz des Mißerfolges in Paris, wie sie ihrem Gemahl nützlich sein könnte. Freilich, Frankreich verachtet sie nun. Ist sie in Saint Nazaire bei der Ankunft über das Ausbleiben eines glänzenden Empfanges enttäuscht gewesen, findet sie nun bei der Rückreise alles Gepränge, Truppenspalier und Musik einfach verächtlich. Sie kann es nicht erwarten, dem verhaßten Lande den Rücken zu kehren. Nun läßt sie mit Freude die wildromantischen Naturbilder beim Übergang über den Mont Cenis an sich vorüberziehen, die so sehr an die großartigen Landschaften Mexikos erinnern. An der italienischen Grenze angelangt, atmet sie erleichtert auf, daß sie nun endlich das Land verläßt, in dem »Er« lebt und die Atmosphäre mit seiner Schlechtigkeit verpestet. Bei der Durchfahrt durch Piemont sieht sie die Soldaten aller Gegenden Italiens unter einer Fahne vereint, und die Begeisterung der jungen Nation, die vor der Verwirklichung ihrer so sehr ersehnten Einheit steht, ist ihr ein Zeichen von Glaube und Kraft.

»Ob man wohl daran, daß dieser Menschenverderber jetzt Österreich hat siegen lassen, um die zukunftsreiche italienische Nation wenn möglich im Keime zu ersticken, erkennt, woran man mit diesem Napoleon ist«, denkt sie bei sich. Überall in Italien wird Charlotte herzlich und zuvorkommend empfangen. Wären sie und Maximilian nicht Österreicher gewesen, sie wären wegen ihrer liberalen Ansichten, ihrer Ritterlichkeit und ihrer echten, tiefen Sympathie für das italienische Volk damals in der Lombardei und in Venetien vergöttert worden. Man wußte sehr genau, daß sie im

Gegensatz zu Franz Joseph standen, aber was half es? Man mußte doch in ihnen die Vertreter der Fremdherrschaft erblicken. Freilich, daß sie dann 1859 von Kaiser Franz Joseph aus Italien förmlich weggejagt wurden, hatte die Sympathien der Italiener für das Paar nur gesteigert. Jetzt, fern jeder Politik, nach der Niederlage Österreichs bei Königgrätz, an der Schwelle der Erfüllung der Hoffnungen auf endliche Einigung Italiens, hat man nur Mitleid und Sympathie für das mexikanische Kaiserpaar. Überall wird Charlotte umjubelt, aber die Aufregungen und Anstrengungen der Reise haben sie arg mitgenommen. Sie will ausruhen und macht von Mailand aus einen Abstecher nach dem Comersee, in die herrliche Villa ihres verstorbenen Vaters, des ersten Belgierkönigs. Die Vergangenheit taucht wieder vor ihr auf, als sie unter dem Lorbeer und Oleander jenes gottbegnadeten Erdenflecks eintrifft, wo sie dereinst ihre Flitterwochen verbracht hat. Kaum ist sie angelangt, so schreibt sie ihrem Gatten:

»Innig geliebter Max!

Aus diesem Lande so vieler Erinnerungen des Glückes und Genusses, der besten Jahre unseres Lebens, denke ich an Dich beständig und sende Dir diese Zeilen. Alles tut hier von Dir atmen, *Deinen* Comersee, den Du so gerne hattest, habe ich vor Augen mit seiner blauen Ruhe, alles ist dasselbe, nur Du bist drüben weit, weit, und beinahe zehn Jahre sind vorüber! Und doch, es kommt mir wie gestern vor, und diese Natur spricht mir nur von ungetrübtem Glück, nicht von Schwierigkeiten und Enttäuschungen. Alle Namen, alle Begebenheiten treten aus lang unbenützten Winkeln meines Gehirnes wieder hervor, und ich lebe in unserer Lombardei von neuem, als ob wir sie nie verlassen hätten, ich lebe in zwei Tagen diese zwei Jahre wieder, die uns so teuer waren.

Ich möchte Dich nur hier sehen, die Leute sind so freundlich. Heute früh hörte ich die Messe am Grabe von San Carlo und besuchte den Dom, der in einem Nu sich mit Menschen füllte, es war nicht Neugierde, sondern dankbare Liebe, und hier in meinem Schlafzimmer fand ich, wahrscheinlich eigens hingestellt, Dein jugendliches Gesicht mit der Inschrift Governatore generale del Regno Lombardo-Veneto ... Hoffentlich, lieber Schatz, daß Du mit mir zufrieden sein wirst, denn ich habe ununterbrochen gearbeitet, für die Zwecke, die Du mir angegeben hast ... Jetzt ist Mondschein und Gesang, es ist unaussprechlich schön.«

Die herrliche Natur, die Liebe, mit der man sie im schönen Italien allseits umgibt, die kurze Ruhe tun der Kaiserin wohl, ihre Nerven beruhigen sich, die Aufregungszustände lassen nach. Längeres Ausruhen hätte dennoch dringend not getan, aber ihres Herzens Unrast, die Sorge um den Gemahl, der nach wie vor lebendige Ehrgeiz vertragen die Idylle nicht länger. Nach wenigen Tagen tritt sie die Reise nach Schloß Miramar an. Sie gestaltet sich zu einem Triumph, überall auf italienischem Boden huldigt man ihr, auch dort, wo noch österreichische Truppen stehen. Die italienische Trikolore, der mexikanischen so ähnlich, flattert über der auf den Bahnhöfen versammelten Auslese der Jugend Italiens. In einer Ansprache spielt Charlotte auf die drei Farben der beiden Reiche an, da antwortet ein garibaldinischer General: »O ja, Kaiser Maximilian würde ganz Europa mit sich reißen.« Keiner macht ein Hehl daraus, daß man sehr wohl weiß, um wieviel wärmere Gefühle Maximilian der italienischen Nation entgegengebracht hat als sein kaiserlicher Bruder.

Wo noch Österreicher in Garnison stehen, entbieten auch sie Charlotten kaiserliche Ehren. Begeistert meldet sie ihrem Gemahl nach dem fernen Mexiko: »Das Königreich Italien entsteht in wunderbarer Art, und was frappiert, ist das Aufgehen der Revolution in einem neuen, kräftigen Nationalgeist. Keine komprimierten, zusammengezogenen Gesichter mehr, alles natürlich freundliche ... Meiner Ansicht nach wird Italien eine große Macht. Der König kam eigens nach Padua, um mich zu begrüßen. Er gefiel mir besser, als ich es erwartet, und bat mich, Dir zu sagen, wie dankbar er sei für Deine Güte für ihn, wie er Dich liebhatte. Er ist ein Mann von Herz, glaubt fest an Italien und spielt darin eine wirkliche Rolle, mehr als man glaubt. Ich zähle ihn zu den besseren Souveränen, die es in Europa gibt, weil er für das Volk Liebe hat ... Österreich und Italien erweisen alle souveränen Ehren. Also wetteifert das alte und das junge Europa in Aufmerksamkeiten für die Gemahlin des mexikanischen Kaisers. Erbeten war nichts, aber verbeten auch nichts, denn es ist nützlich, daß die Mächte in Europa sich vor einer mexikanischen Herrscherin beugen.«

Nach stürmischer Überfahrt von Venedig kommt die Kaiserin im Hafen von Triest an, wo die Flotte, die unter Tegetthoffs Kommando die Schlacht von Lissa geschlagen, vor Anker liegt. In der kaiserlichen Marine ist Maximilian unvergessen. Nun fährt Charlotte unter brausenden Hurrarufen der auf den Schiffen in Parade aufgestellten Mannschaften mitten durch die Eskader durch. Sie begrüßt und beglückwünscht trotz strömendem Regen Tegetthoff auf dem Admiralschiff und freut sich, als dieser sie daran erinnert, daß ihr Gemahl der Flotte die Tüchtigkeit und den Willen zum Siege eingepflanzt hat.

Das Wiedersehen mit ihrem geliebten Miramar rührt die Kaiserin zu Tränen. Trotz all der landschaftlichen Herrlichkeiten Mexikos, die sie seither geschaut, bezaubert sie der Anblick des Schlosses von neuem. »Sei es Dir befriedigend zu wissen«, schreibt sie an Maximilian, »daß die Mexikaner über Miramar ganz weg[1] sind und daß ich es auch zum ersten Male vollkommen würdige.«

Wiederholt durchschreitet Charlotte alle Räume des Schlosses und freut sich wie ein Kind über jede Kleinigkeit. Im Eßzimmer ist das mexikanische Wappen mit der Kaiserkrone angebracht. Sie stutzt einen Augenblick davor, denn es ist mit Dornen umwunden. Das hat der einstige Leibarzt Jilek getan, der stets gegen die ferne Unternehmung gewesen ist.

»Denke Dir, Max, die Efeulaube beim Gartenhause ist ›ein Wunder der Welt‹ geworden, und die Fächerpalmen, Trauerweiden und der Pinienwald ebenso wie die Zedern sind jetzt ›wundergroß‹. Alle Welt staunt vor diesen zwei Werken des abwesenden Fürsten, die Schlacht bei Lissa und Schloß Miramar. Heute wird die siegreiche Eskader in Schlachtordnung, Tegetthoff à la tête auf dem Panzer ›Erzherzog Ferdinand Max‹, vor Miramar defilieren.

Sie hat den ersten Strahl auf Deine werdende Macht geworfen, auf Deine schwer erkaufte Selbständigkeit, sie hat die Küste gerettet, die Du so liebhattest, jetzt wird auch sie Österreich und Deinen Bruder ihrem Schick-

1 Von Miramar bezaubert.

sal überlassen. Ihre Mission ist vollendet. Die Deinige auch. Die Ehre des Hauses Österreich ist mit dem Namen eines ihrer letzten Siege [der Fregatte Novara] über das Atlantische hinaus. Sie geht hier unter mit der Sonne, um dort aufzuerstehen. Plus ultra lautet der Ruf Deiner Ahnen. Karl der Fünfte zeigte den Weg, Du hast ihm gefolgt. Bereue es nicht. Gott stand hinter ihm.«

So träumt wirr die Kaiserin.

Da reißt sie eine Anfrage des mexikanischen Gesandten in Wien jäh aus den farbenschillernden Bildern, die sie sich vorgaukelt. Er will wissen, ob er denn wirklich dem an ihn unter dem 25. Juli ergangenen Befehl nachkommen soll, namens des Kaisers alle mit Österreich abgeschlossenen Verträge zu kündigen und den Familienpakt für ungültig zu erklären. Die Kaiserin beschließt, zunächst den Sekretär Maximilians, Don José Blasio, der mit Weisungen unterwegs ist, abzuwarten.

Maximilian hat inzwischen die Reise seiner Frau und die spärlichen Nachrichten darüber mit sorgenvoller Spannung verfolgt. Am 17. August telegrafiert er noch unter dem Eindruck der Nachricht vom Falle Tampicos und der Ermordung des dortigen kaiserlichen Präfekten an Charlotte, das neue Ministerium mit den Franzosen Osmont und Friant funktioniere gut und die von Frankreich geforderte Zollstättenkonvention sei unterzeichnet. Doch klagt er darüber, daß Bazaine, trotz seines schriftlichen Versprechens, das Land zu pazifizieren, einen Ort nach dem andern räume und die Juaristen daher schon bei Veracruz und Jalapa kämpfen. Der Kaiser bittet, dies sofort Napoleon mitzuteilen.

Die Depesche erreicht die Kaiserin erst in Miramar und versetzt sie in höchste Aufregung. Nach langem Schwanken entschließt sie sich trotz allem, was vorgefallen, noch einmal an Napoleon zu schreiben und daran eine neuerliche Bitte um Hilfe zu knüpfen.

Gleichzeitig sendet sie Almonte einen Brief und bittet ihn, bei allen maßgebenden Männern in Frankreich den Umschwung in der Politik Maximilians zu verbreiten, die nur noch Energie im Innern und eine enge Allianz mit Frankreich nach außen vertrete. Aber kurz vor der Absendung dieser Schreiben und Zeitungen kommen ihr wieder Bedenken. Sie erinnert sich der tiefen Erniedrigung, die sie in Paris erlitten hat. Der Stolz bourbonischen Blutes, das von Mutterseite her in ihren Adern fließt, bäumt sich dagegen auf, sich noch einmal vor einem Manne aus der Parvenüfamilie der Bonaparte zu erniedrigen und etwas zu erbitten, worauf sie wohl ein gutes Recht hat, was man ihr aber schon einmal in harter Weise abgeschlagen. Die schon ausgefertigten Briefe bleiben liegen, doch der Entschluß hat sie neue Seelenkämpfe und Aufregungen gekostet.

Nun steht nur noch eine Möglichkeit offen, Hilfe und Unterstützung zu finden; man kann den Papst um seine Intervention bei Napoleon bitten. Schwer genug fällt ihr auch dieser Schritt bei den tiefgehenden Meinungsverschiedenheiten in der Regelung der kirchlichen Fragen zwischen Maximilian und der Kurie. Durch den belgischen Vertreter in Rom hat sie dort schon anklopfen lassen. Der Papst antwortet, er sei von den besten Absichten gegenüber der Kaiserin beseelt, die er sehr achte und schätze, wenn sie auch gewisse Maßnahmen nicht hätte verhindern können, die den Hl. Stuhl in größte Verlegenheit setzen. Doch werde er tun, was in seiner Macht stände, käme man ihm nur auch von der anderen Seite zu Hilfe.

Nun entscheidet sich Charlotte, den Versuch zu wagen. Schon auf der Reise durch Italien sind die traurigen Eindrücke, die sie in Paris gewonnen hatte, etwas verblaßt. Weit entfernt, an ein Aufgeben des Thrones zu denken, wiegt sie sich wieder in neuen Hoffnungen. Zu alledem kommt eine optimistische Kabeldepesche aus Mexiko über einen vorübergehenden Erfolg einer kaiserlichen Truppenabteilung. Sofort ziehen wieder stolze Hoffnungen in die Seele Charlottens ein. Sie vergißt, daß der Kaiser kurz vorher in einer Depesche von »detestabler militärischer Lage« gesprochen hat. Die Liebe zu ihrem Gemahl läßt die Dinge allzu schnell wieder in günstigem Lichte erscheinen. Sie ist tief ergriffen von einem seiner letzten Briefe. Weinend preßt sie die beigelegte Fotografie an ihre Lippen. Sie grübelt nach den Gründen, die Napoleon zur Mißachtung des Miramarvertrages geführt haben, obwohl sie behauptet, das Aufhören der französischen Hilfe geradezu als Glück zu empfinden. Nun ist sie wieder in ihren phantastischen, schon wirren Illusionen eingesponnen, die sie Maximilian mitteilt:

»Ich halte das Aufgeben der näheren Tutelle [Frankreichs] als ein großes

Glück und so groß, daß es für den Mangel an materieller Hilfe und Geld entschädigen kann. Auch die Vereinigten Staaten, weiß ich von sicherer Quelle, werden Dich anerkennen, sobald sie wissen, daß Du der selbständige Herrscher Mexikos bist, denn die Monroe-Doktrin hat gegen Kaiserreiche nichts einzuwenden. Die mexikanische Nation hört in dem Augenblick auf zu existieren, wo Du sie verläßt, und kann nicht mehr sich selbständig regieren. Juarez vertrat die nationale Frage nur bis zu Deiner Ankunft, seit der Zeit bist Du der Träger der Unabhängigkeit und der Autonomie aller Mexikaner, denn Du allein vereinigst in der Hand die Trikolore der Parteien, aus denen das Volk besteht, weiß die Geistlichkeit als katholischer Prinz, grün die Konservativen und rot die Liberalen. Niemand kann diese Elemente vermählen und regieren außer Dir, und ihr Sinn ist noch immer einzig und allein die Unabhängigkeit für die Mexikaner. Dir die Fahne, Du bist die Nation. El soberano, wie Juarez sagte.

Also klar sagen allen, ich bin der Kaiser, Präsident braucht niemand, ein Kaisersohn nennt sich nicht Präsident, und die Monarchie mit all ihrem notwendigen Respekt nach moderner Art einführen. Vor Dir muß man das Haupt beugen, denn die Republik ist eine Rabenmutter, wie der Protestantismus, und die Monarchie die Rettung der Menschheit, der Monarch ist der gute Hirt, der Präsident der Söldner, mithin ist alles gesagt. Ist die Aufgabe gelöst, die Mexikaner auf dieser Basis zu vereinigen, so ist alles gelöst, denn Geld wird man überall bekommen, Truppen braucht man wenig, wenn die Rebellion aufhört, und vor der Welt stehst Du da auf Dein Volk gestützt.

Gelingt dies alles, wie es Dir gelingen soll, so strömt die Emigration von Amerika und Europa herein, und *Du hast das schönste Reich in der Welt, denn Mexiko muß und wird erben im größeren Grade die Machtstellung Frankreichs.* Dies wird aber nur geschehen, bis es anfangs auf die Mexikaner konsolidiert ist. *In Europa werden jahrelange Konvulsionen entstehen. Österreich wird alle seine Länder verlieren.* Und keines dieser Reiche, Deutschland und Konstantinopel, Italien, Spanien, wird das sein, was Mexiko sein wird, wenn Du *allein* daran arbeitest, denn alles wird Dir helfen, was den Freund [Napoleon] scheute. Seine Mission ist in Amerika vollendet...

Du bist der Erbe seiner Größe in beiden Hemisphären."

Das ist ein Ausflug in Traumland, weit, weit von der Wirklichkeit. Nicht schlechtes Deutsch allein ist es, das den Sinn verwirrt, der Geist schwankt auf und ab in tollem Zickzack. Noch aber folgt er im großen einer bestimmten Richtung. Verachten muß sie, was man in den Zeitungen liest, daß nun, da Venetien von Österreich abgetreten wird, vorübergehend dort ein selbständiger Staat gegründet werden soll, mit Ferdinand Max an der Spitze, wenn er aus Mexiko zurückkehrt:

»Innig geliebter Schatz! Die Sachen gehen sehr gut, wie es scheint. Die vortrefflichen Nachrichten von Mexiko, wo Du Dich, und es wird allgemein anerkannt, so viel ausgezeichnet hast, nützen der Sache unendlich ... Mit diesem französischen Dampfer geht, wie es heißt, General Castelnau samt einem Brief von *ihm* [Napoleon] an Dich. Wie ich vermute, ist dieses Schreiben der jetzigen Lage Venetiens nicht fremd ... Die aber beide Ozeane beherrschende Lage [Mexikos] könnte man schwerlich für eine versumpfte Stadt [Venedig] und eine steuerausgesaugte Bevölkerung austauschen, die sich kaum zu zwei Millionen aufschwingt, ein Bild des Elends im reichen Italien und im gesunkenen Europa.

Was wird es denn sein, wenn unter amerikanische Mächte auch neue entspringen, dann *können wir ja zu unseren Willen Staaten ändern und Könige ernennen!* Wir stehen jetzt mit unserem Kontinent in solcher Fülle der Jugend und Zukunft da, daß wir von hier nur mehr die Zivilisation brauchen und die Menschen, und wir stehen auf einer der Welt unbekannten Höhe. Alles in Europa sieht wie ein Spielzeug dagegen aus. Man versteht erst die Kleinheit und Schwäche davon, wenn man drüben war ...«

Wirr im tollen Ehrgeiz bewegen sich die Gedanken Charlottens. Eine Kaiserkrone gegen ein venetianisches Dogentum austauschen? Nimmermehr. Der nach Mexiko gesandte Flügeladjutant Napoleons, General Castelnau, hat aber ganz andere Aufträge.

Charlotte ist durch eine Depesche Maximilians, der ihr dringend ans Herz legt, noch in Rom ihr Glück zu versuchen, fieberhaft erregt. Der Sekretär Maximilians, Blasio, rät dasselbe, und die Reise nach Rom wird beschlossen. Der Papst ist die letzte Hoffnung. Vor dem schweren Bittgang feiert sie aber noch den 17. September, den Jahrestag der Unabhängigkeitserklärung Mexikos, im Schlosse von Miramar mit Glanz und Pracht. Sie präsidiert wieder wie einst vor der Abreise einem Bankett in strahlender Schönheit mit einem glücklichen Ausdruck im Gesicht und einem herrlichen Diadem im Haar. Wer sie so sieht, glaubt nicht im entferntesten, welch furchtbare Zeit sie eben in Paris verbracht und welch erschütterndes Los die nächste Zukunft ihr bereiten wird.

Wegen Choleragefahr in den Häfen muß die Reise auf Umwegen stattfinden. Blasio und der Schatzbeamte Kuhacsevich fahren voraus, um der Kaiserin Quartier zu machen und alle Wege zu ebnen. Am 18. September fährt Charlotte mit Bahn und Postwagen nach Bozen. Während der Fahrt grübelt sie unausgesetzt, die Ungewißheit über den Ausgang ihrer neuen Bittfahrt quält, die Strapazen der Reise ermüden sie. Ja, in Paris hat sie Mißerfolg gehabt, aber das geheiligte mächtige Haupt der Christenheit, das könnte und würde noch helfen. Neue Hoffnung belebt ihr Herz. Doch wie, wenn auch dieser letzte Versuch mißlingt? Wie eine heiße Welle durchglüht es sie, und Angst schnürt ihre Kehle zu. Und wie immer, wenn sie in Furcht und Pein ist, wenden sich ihre Gedanken Napoleon zu.

Er, ja er würde sicherlich auch in Rom seine Helfershelfer haben, die Kaiserin ausspähen, ihr vielleicht gar nach dem Leben trachten. Wahrscheinlich hat er schon in ihre nächste Umgebung einen Verräter eingeschmuggelt, der sie töten soll. Jenen Blasio etwa, der kam ja aus Paris, oder einen anderen? Mißtrauisch mustert sie ihre Begleiter.

In Bozen stellen sich deutliche Zeichen schwerer Beklemmungen ein. Plötzlich läßt sie den mitfahrenden mexikanischen Minister Castillo zu sich rufen:

»Ich will die Reise nach Rom nicht fortsetzen, ich fühle mich unwohl; wahrscheinlich hat man mir Gift eingeflößt. Um Gottes willen, verdoppeln Sie Ihre Wachsamkeit.« Schon will man alle Vorbereitungen rückgängig machen, da erklärt die Kaiserin plötzlich: »Was heißt denn das? Wann fahren wir endlich weiter?«

Ein Sonderzug bringt Charlotte nach Mantua. Dort steht noch österreichische Garnison. Hundertein Kanonenschüsse begrüßen die Kaiserin. Die Truppen sind ausgerückt, und eine ungeheure Menschenmenge drängt sich, Charlotte von Mexiko zu sehen. Sie nimmt von ihrem Hotel den Vorbeimarsch der Truppen ab, und am Abend ist die Stadt in ein Lichtermeer getaucht. Österreicher und Italiener wetteifern, die Fürstin zu feiern, die beiden Nationen trotz deren bitteren Haders lieb und sympathisch ist.

Auf dem ganzen Weg vom Po bis nach Rom wird die Kaiserin warm begrüßt, es gibt überall Paraden, Musik, Kanonendonner.

All das zerstreut sie ein wenig, obgleich die wohlgemeinten Feierlichkeiten mit Anstrengungen verbunden sind. Drei Stunden vor Rom läßt der Papst sie begrüßen. Die Ewige Stadt will sie schon in Foligno mit einem Diner bewillkommen, aber Charlotte kann daran nicht teilnehmen. Heftige Nervenzuckungen und Herzklopfen haben sie befallen. Spät nachts kommt der Zug in der Hauptstadt an. Trotz der vorgerückten Stunde erwarten sie einige Kardinäle in ihrer scharlachroten Pracht. Nobelgarde und päpstliche Gendarmerie sowie eine Kürassiereskorte stehen bereit. Es regnet in Strömen. Die Kaiserin entsteigt schwarz gekleidet, gespenstisch bleich und tief erschöpft dem Zuge. Unter Fackelschein fährt sie mit ihrem Gefolge zum Grand Hotel. Das Ganze macht eher den Eindruck eines prächtigen, nächtlichen Leichenbegängnisses als den des Empfanges einer jugendschönen Kaiserin.

Am nächsten Tage jedoch erwacht Charlotte bei herrlichem Sonnenschein frisch gekräftigt aus dem Schlummer. Begierig, etwas von der Ewigen Stadt zu sehen, die sie bisher nur immer im Fluge besucht, außerstande aber auch, in der inneren Erregung, die nicht mehr von ihr weicht, zu Hause zu bleiben, schlägt sie den Rat des Arztes, sich für die kommenden Anstrengungen zu schonen, in den Wind und streift mit ihrer Hofdame del Barrio durch die Straßen Roms. Sie fährt auf den Monte Pincio, besieht sich von hier das schöne Bild der einstigen Herrin des Weltalls und kehrt gegen Mittag ermüdet und infolge der furchtbaren Hitze schweißgebadet ins Hotel zurück.

Für den Nachmittag ist der Besuch des Kardinals Giacomo Antonelli angesagt. Er ist der Minister des Äußern, und sein Wort gilt fast soviel wie das des Papstes, der sich nun vornehmlich nur mit geistlichen Dingen beschäftigt. Sein Besuch bedeutet ungefähr das gleiche wie jene erste Visite der Kaiserin Eugenie bei Charlotte in Paris. Wie diese damals ihrem Gemahl das Peinliche der der Kaiserin zu erteilenden Absage ersparen wollte, so beabsichtigt in Rom Antonelli das gleiche zugunsten des Heiligen Vaters. In Purpurtalar und Purpurmantel fährt er vor dem Hotel vor; die Menge segnend, schreitet er die Stiege hinan, an deren oberster Stufe ihn die Kaiserin empfängt. Eine volle Stunde bleibt er bei ihr; er hält ihr alle Sünden vor, die sich ihr Gemahl der Kirche gegenüber hat zuschulden kommen lassen, um der erregten Kaiserin zu erklären, weshalb das Konkordat nicht zustande kam.

Da ist es schwer, die Bitte um eine Intervention bei Napoleon III. anzubringen, und doch geschieht es. Der Kardinal aber weicht aus. Er hat keine Lust, es mit dem Kaiser der Franzosen zu verderben, dessen Truppen in Rom die letzten Stützen des vom italienischen Einigungsgedanken umbrandeten und bedrohten Kirchenstaates sind und die man immer noch zurückzuhalten hofft. Er versichert, der Papst habe die besten Absichten, er segne sie, er wünsche ihr das Beste, im übrigen erklingt auch da das historische »non possumus«.

Antonelli will die Kaiserin dazu bringen, während des bevorstehenden Empfanges beim Heiligen Vater nicht von Politik zu sprechen. Er weiß im voraus, daß sie höchstens gute Wünsche und ein Versprechen hören wird, »das möglichste« tun zu wollen. Charlotte aber denkt nicht daran, solch eine Verpflichtung auf sich zu nehmen. Bedrückt kehrt sie in ihre Gemächer zurück. Sie sucht sich jetzt mit dem Gedanken zu trösten, daß ja nicht Antonelli, sondern der Papst das letzte Wort habe. Der nicht zu besiegende Optimismus, das Hoffen vor dem offenen Grabe, verläßt sie nicht. Könnte sich nicht in letzter Stunde alles zum Guten wenden?

Äußerlich verrät nichts die Sorgen, die auf der Kaiserin lasten. Der römische Hochadel, die Diplomaten, die Spitzen der Geistlichkeit und der Behörden machen ihre Aufwartung. Von früh bis spät kommt die Kaiserin nicht zur Ruhe. Ein Empfang jagt den anderen, dazwischen finden Verhandlungen mit der Konkordatskommission statt.

Für den 27. September, elf Uhr vormittags, ist die Audienz Charlottens beim Papst angesagt. Sehr aufgeregt besteigt sie den vierspännigen Galawagen, der sie, von Kürassieren eskortiert, durch eine ungeheure Menschenmenge hindurch in den Vatikan bringt. Dort empfängt man die Kaiserin mit den höchsten Ehren. Vom Fuß der großen Stiege bis hinauf an den Thronsaal stehen die päpstlichen Garden in ihrer schimmernden, von keinem Geringeren als Michelangelo entworfenen Pracht. Im Thronsaal erwartet der Papst, umgeben von den Würdenträgern der Kirche, die Kaiserin und ihr Gefolge. Als Charlotte sich zum Fuß des Papstes niederbeugen will, hindert dieser sie sanft daran und gestattet ihr nur, den Ring zu küssen. Nach Erteilung des päpstlichen Segens zieht sich das beiderseitige Gefolge zurück, und der Heilige Vater geleitet die Kaiserin in einen anstoßenden Raum, um mit ihr allein zu sprechen.

Vor Aufregung zitternd, überreicht Charlotte das von ihr entworfene Konkordatsprojekt. Mit gütigen Worten redet Pius IX. ihr zu. Aber im Kern der Sache bleibt er fest. »Ich kann keine Entscheidung treffen«, meint er, »ohne daß der mexikanische Episkopat dazu Stellung nimmt. Die Intervention bei Napoleon aber muß ich ablehnen. Die ist unmöglich und würde auch zu nichts führen.« In steigender Erregung hat die Kaiserin zugehört. Ihre letzten Hoffnungen sind dahin. Ihr Sinn verwirrt sich. Mühsam versucht sie noch die nüchterne Wirklichkeit mit ihrer Traumwelt zu verbinden. Ihr Geist jagt hin und her zwischen Furcht und Hoffnung, Angst und Vertrauen. Plötzlich fährt sie auf: »Euer Heiligkeit, helfen Sie mir. Alle, die mit mir kamen, alle, die draußen vor der Türe warten, trachten mir nach dem Leben. Sie wollen mich vergiften auf Napoleons Geheiß.«

Der Papst sieht erschrocken die mit verstörten Blicken zu seinen Füßen kniende, weinende Frau. Nun wird es ihm mit einem Male klar; er hat eine Wahnsinnige vor sich. Erschreckt ruft er nach Kardinälen und Prälaten. Sie eilen herbei und umringen die Arme. Da, mit einem Male, strafft sich ihre Gestalt. Unsagbaren Hochmut in ihren Zügen, verläßt sie finster und schweigsam das Gemach des Papstes und kehrt im Wagen ins Hotel zurück. Dort angelangt, herrscht sie ihre Umgebung kurz an:

»Ziehen Sie sich alle sofort zurück. Ich werde allein auf meinem Zimmer speisen.«

Dann schließt sie sich in ihre Gemächer ein. Der aufwartende Diener findet das Zimmer verschlossen. Erst nach langer Zeit wird ganz langsam und vorsichtig ein Spalt in der Tür geöffnet, das schnell aufgetragene Mahl bleibt aber unberührt. Am Abend befiehlt die Kaiserin plötzlich: »Alle Wachen und Musiken sofort zurückziehen. Ich will keine Ehren mehr.«

Verstört betrachtet das Gefolge das gänzlich veränderte Wesen der Kaiserin.

Am folgenden Tage wird aus dem Vatikan angefragt, wie es um das Befinden der Kaiserin steht. Sie hat eine gute Nacht verbracht, ist vollkommen frisch und heiter aufgestanden und hat normal gefrühstückt, als ob nichts geschehen wäre. Auf diese Nachricht hin entschließt sich der Papst zum Gegenbesuch, aber mit dem Vorsatz, ihn möglichst kurz zu gestalten. Pius IX. erscheint im Hotel, alles spielt sich rasch und in äußerst zeremonieller Höflichkeit ab, von Politik wird nicht gesprochen. Charlotte ruft das ganze Gefolge herbei, um des Papstes Segen entgegenzunehmen. Sie fühlt sich in gewissem Sinne geschützt und ruhig, solange der Heilige Vater anwesend ist: »Ich bitte Euer Heiligkeit inständig, oft in den Vatikan kommen zu dürfen, vielleicht gleich morgen vormittag.«

»Aber natürlich, sooft Sie wollen, Majestät.«

Begütigend redet ihr Papst Pius IX. zu. Kaum hat er das Hotel verlassen, so zeigt die Kaiserin wieder höchstes Mißtrauen gegen ihre Umgebung. Um keinen Preis will sie trotz argem Durste ein Glas Wasser trinken, das ihr die Hofdame kredenzt. Am Abend hat sie zu einem Diner geladen. Sie erscheint, zeigt sich ganz ruhig, verweigert aber jede Speise. Sie läßt sich bloß einen Teller mit Orangen und Nüssen bringen. Jede einzelne Frucht untersucht sie genau, ob die Schalen auch wohl sicher noch völlig unberührt sind. Kaum hat sie das festgestellt, so schlingt sie die Früchte mit Heißhunger und ganz und gar nicht wie eine Kaiserin hinunter.

Am folgenden Tag, dem 30. September sechs Uhr morgens, erwacht Charlotte vor brennendem Durst. Hat sie doch tags vorher aus Angst, den Getränken könnte Gift beigemengt sein, nichts Flüssiges zu sich genommen. Nun läßt sie Frau del Barrio rufen und fährt mit dem nächstbesten Fiaker zur Fontana Trevi. Dort neigt sie sich zum Bassin und trinkt gierig

Wasser aus dem angeketteten Becher. An den Wagen zurückgekehrt, gibt sie plötzlich dem Kutscher Befehl, zum Vatikan zu fahren. Es ist noch lange nicht acht Uhr, und erst um diese Zeit sollen die päpstlichen Hofwagen sie im Hotel abholen. Frau del Barrio bemüht sich, dies der Kaiserin klarzulegen, aber Charlotte will nicht hören.

»Majestät, Sie können ja gar nicht zu Seiner Heiligkeit, es fehlt ja der vorgeschriebene Schleier.« »Ach, das tut nichts; Sie wissen doch, daß Kaiser und Kaiserinnen die Etikette selbst vorschreiben und nicht gewöhnt sind, sich einer anderen zu unterwerfen.«

Charlotte, die bisher stets sanft, freundlich und korrekt war, sagt dies in schneidendem, eisigem Ton. Es bleibt bei ihrem Befehl. Man fährt in den Vatikan. Dort angekommen, verlangt Charlotte ungestüm zum Papst geführt zu werden. Peinlich überrascht betrachtet man sie und ihre für einen solchen Besuch unpassende Kleidung. Seine Heiligkeit hat kaum erst die Morgenmesse beendet und noch nicht gefrühstückt, aber was soll man tun? In höchster Erregung besteht die Kaiserin auf ihrem Willen. Man eilt zum Papst, zwei Ärzte verkleiden sich schnell als Kammerherren. Pius IX. entschließt sich, Charlotte zu empfangen. Kaum hat die Kaiserin, in Schwarz gekleidet, das Gemach des Papstes betreten, so wirft sie sich ihm tränenüberströmt zu Füßen: »Euer Heiligkeit, ich flehe Sie an, lassen Sie mein Gefolge verhaften. Alle wollen mich vergiften. Im Hotel bin ich überhaupt nur von Spionen Napoleons umgeben.«

Mitleidig und begütigend spricht der Papst der Unglücklichen zu. Sie erhebt sich, wird ruhiger, spricht ganz vernünftig über mexikanische Angelegenheiten. Da tritt ein Kammerherr in das Gemach und meldet, das Frühstück stehe bereit. Pius IX. lädt sie dazu ein. Ein Leuchten geht über die Züge der heißhungrigen Kaiserin. Man setzt sich zu Tisch, Schokolade wird gebracht. Auch vor die Kaiserin stellt man eine Tasse des duftenden, heißen Getränks. Mißtrauisch betrachtet sie den daraus aufsteigenden Dampf. Plötzlich steckt sie drei Finger in die Tasse. »Nein, nein, das Getränk ist vergiftet. Ich will lieber Hungers sterben, als es anrühren.«

Der Papst läßt eine neue Tasse bringen, da ruft plötzlich Charlotte: »Eine Katze, ich will eine Katze.« Ratlos sehen sich die Kammerherren an.

»Eine Katze«, schreit die Kaiserin noch einmal auf, und wirklich, man bringt eine solche in das Gemach. Die Kaiserin läßt das Tier aus der zweiten Tasse trinken und beobachtet es genau, ob es sich nicht vergiftet, dann leert sie in ihrem Hunger seelenruhig und unbedenklich die erste Tasse.

Nun beginnt sie mit dem Papst zu sprechen. Lang und breit über die Lage in Mexiko, über das Konkordat und die Rolle Frankreichs. Sie merkt nicht, daß Pius IX. immer unruhiger wird. Die Stunde der allgemeinen Audienzen hat geschlagen, und er fühlt sich in der Nähe der Kranken unbehaglich. Endlich erhebt er sich und verläßt das Gemach. Nun will man die Kaiserin wieder in ihr Hotel bringen. Sie aber erklärt, den Vatikan auf keinen Fall zu verlassen, denn vor dem Eingang warten schon die Mörder auf sie. Alles bemüht sich, der unglücklichen Frau zuzureden – umsonst. Schließlich gibt man ihr in allem nach. Kardinal Antonelli fährt in das Hotel der Kaiserin, läßt die von ihr als »Vergifter« bezeichneten Personen sofort in ein anderes Hotel übersiedeln und telegrafiert dem Grafen von Flandern nach Brüssel, er möge augenblicklich nach Rom kommen, der Geisteszustand seiner Schwester, der Kaiserin Charlotte, sei verwirrt. Die Unglückliche verlangt inzwischen, in die päpstlichen Gärten gehen zu dürfen, und läßt sich vom Monsignore Majordomus Wasser geben, wobei sie fortgesetzt Furcht vor Gift äußert. Dann will man ihr die vatikanische Bibliothek zeigen.

»Gut, aber Seine Heiligkeit muß mich begleiten.«

Pius IX. kommt wirklich, und erst als sich die Kaiserin in eines der Prachtwerke vertieft, gelingt es dem Papst, sich wieder zu entfernen, ohne daß Charlotte es merkt. Gegen Mittag versucht man neuerdings, sie zur Heimkehr zu bewegen; umsonst. Sie will auch zur Mahlzeit im Vatikan bleiben. Kardinal Antonelli und Frau del Barrio leisten ihr Gesellschaft. Sie nimmt sich Speisen auf den Teller, rührt sie aber nicht an. Aufmerksam beobachtet sie die Hofdame beim Essen, und nachdem diese ein paar Bissen hinuntergewürgt, will Charlotte nur aus ihrem Teller speisen. Sonst zeigt sie sich aber ganz vernünftig, spricht viel, ja sogar heiter und witzig. Schließlich gelingt es dem ihr zugeteilten Gendarmerieobersten Bossi, sie durch Anwendung von List um $^1/_2$8 Uhr abends ins Hotel zu bringen.

In ihrem Zimmer angekommen, zeigt sie sich zunächst ziemlich ruhig. Da merkt sie plötzlich, daß die Schlüssel zu den zwei Türen fehlen, die zu den Zimmern mit Straßenfenstern führen, während das der Kaiserin auf eine Gartenterrasse geht. Sie regt sich darüber furchtbar auf, verläßt um zehn Uhr abends heimlich ihr Zimmer, eilt neuerdings in den Vatikan und bittet und fleht dort, man möge sie doch im Palaste übernachten und nicht in steter Todesfurcht mitten zwischen Mördern nächtigen lassen. Im Vatikan herrscht größte Verlegenheit. Seit Menschengedenken hat dort keine Frau Aufnahme gefunden, doch die Kaiserin schreit herzzerreißend:

»Ich werde die Nacht auf den Fliesen des Ganges verbringen, wenn man mir kein Gemach anweist.«

Die päpstlichen Kammerherren, die Ärzte, die Lakaien sprechen ihr zu, beschwören sie, nichts nützt. »Ich lebe mein Leben«, erklärt sie, »was geht mich Etikette an? Ich fühle mich nur beim Heiligen Vater geborgen und nur hier sicher.«

Pius IX. gibt endlich Befehl, in der Bibliothek zwei Betten aufzuschlagen, eines für die Kaiserin, eines für Frau del Barrio. Kostbare Möbel, schwere silberne Leuchter, erlesene Teppiche verwandeln den ernsten Raum im Nu in ein prunkvolles Schlafgemach. Charlotte, die nichts gegessen und kaum getrunken hat, ist zu Tode erschöpft. Man trägt sie förmlich in ihr Bett, an dessen Kissen Frau del Barrio nachtsüber Wache hält. Tiefer, versöhnender Schlaf umfängt den wirren Geist der Kaiserin.

Am folgenden Tage wiederholt sich dasselbe Spiel. Man plant, sie zu einer Spazierfahrt zu bewegen und sie in deren Verlauf wieder ins Hotel zu bringen. Aber sie weigert sich, das ihr vom Papste angebotene Gefährt zu besteigen. Bei der Mahlzeit ist sie ängstlich besorgt, nur die Speisen anzurühren, die für den Papst selbst bestimmt sind, alle anderen, für sie eigens bereiteten, weist sie zurück. Überzeugt, daß sie in Kürze einem Giftmord erliegen wird, schreibt sie Abschiedsbriefe und testamentarische Verfügungen. Sie wünscht nach ihrem Tode »nicht sekkiert, nicht ausgestellt«, sondern auf die einfachste Art in der Peterskirche, möglichst nahe dem Apostelgrab, beigesetzt zu werden. Charlotte vermacht Maximilian ihr ganzes Vermögen und ihren ganzen Schmuck und bittet nur, ihren Brüdern

Andenken zu geben. In wenigen, erschütternden Zeilen gedenkt sie ihres Gemahls.

»Rom, den 1. Oktober 1866

Innig geliebter Schatz!

Ich nehme von Dir Abschied, Gott ruft mich zu sich. Ich danke Dir für das Glück, das Du mir stets gegeben hast.

Gott segne Dich und mache Dir die ewige Seligkeit gewinnen.

Deine Dir treue Charlotte.«

Auch dem Papst schreibt die unglückliche Frau und erbittet »an der Schwelle des Todes« den Segen Seiner Heiligkeit. Nachdem gegen Abend des 1. Oktober alle diese Schriftstücke ausgefertigt und unterschrieben sind, versucht man, Charlotte neuerdings aus dem Vatikan zu schaffen.

Kardinal Antonelli ersinnt eine List. Ganz in der Nähe ist das Kloster des hl. Vinzenz. Die dortigen Schwestern sollen die Kaiserin zum Besuch des Waisenhauses einladen. Die Oberin erscheint, bringt ihr Anliegen vor, und Charlotte sagt zu, nachdem sie der Nonne den Handschlag abgenommen hat, daß sie dort an Leib und Leben nicht bedroht würde. Auf der Fahrt dahin verbirgt die Kaiserin ihr Gesicht. Der Besuch im Kloster geht anfangs glatt vor sich, liebenswürdig spricht sie mit den Waisenkindern. Da begeht die Schwester Oberin die Unvorsichtigkeit, Charlotte auch in die Küche zu führen. Man bietet ihr von einer eben bereiteten Speise an. Aber auf dem Löffel ist ein kleiner Fleck. »Gift, Gift«, schreit sie, »hab' ich es doch rechtzeitig bemerkt!«

Mitten in der Küche sinkt sie in die Knie:

»Ich danke dir, gütiger Gott im Himmel, daß du mich errettet hast.«

Da sieht die heißhungrige Frau, die seit vierundzwanzig Stunden so gut wie nichts gegessen hat, in einem großen Topf ein Stück Fleisch. Noch ehe man sie daran hindern kann, fährt sie blitzschnell mit dem ganzen Arm in das siedende Wasser, reißt ein Stück Fleisch heraus und verschlingt es heißhungrig, während sich Arm und Mund mit Brandblasen bedecken. »Nur so«, ruft sie, »kann ich nun endlich meinen Hunger stillen, denn das ist nicht vergiftet.« Erst dann merkt sie den rasenden Schmerz, den die Brandwunden verursachen. Eine wohltuende Ohnmacht umfängt sie, man holt Verbandzeug herbei, betreut die Wunden und schafft dann die Unglückliche schleunigst in den Wagen. Die Gardinen werden heruntergelassen, und die Pferde ziehen an. Durch den Ruck erwacht die Kaiserin aus ihrer Ohnmacht. Sofort reißt sie die Vorhänge von den Fenstern.

»Hilfe, Hilfe!« ruft sie, »man will mich auf den Richtplatz bringen.«

Inzwischen ist eine Zwangsjacke besorgt worden. Man wirft sie der Kaiserin über, und im Galopp entführt man sie der auf der Piazza zusammenströmenden neugierigen Volksmenge. Das Gefolge ist indessen im Hotel zusammengetreten und hat beschlossen, einen Arzt der Kaiserin nach Mexiko zu entsenden, um Maximilian über die Erkrankung seiner Gemahlin zu berichten. Angstvoll erwartet man die Ankunft des Grafen von Flandern und des herbeigerufenen Grafen Bombelles aus Miramar.

Den 2. und 3. Oktober verbringt die Kaiserin düster vor sich hinbrütend in ihren Gemächern, nur in Gesellschaft ihrer Kammerfrau, auf die sich ihr Mißtrauen noch nicht erstreckt. Das sonstige Gefolge zeigt sich auf Geheiß des Arztes überhaupt nicht mehr.

Das Essen ist nach wie vor die große Sorge. Die Kammerfrau muß es vor den Augen der Kaiserin auf einem Spirituskocher selbst bereiten und jedesmal einige Bissen vor ihr genießen. Drei lebende Hühner sind an einem Fuße des Tisches angebunden, und die unglückliche Kammerfrau muß sie selbst vor Charlotte nach und nach schlachten, zerteilen und kochen. Zudem ist auch hier eine Katze vorhanden, die von jeder Speise kosten muß.

Im übrigen beschäftigt sich die Kaiserin damit, Dekrete zu verfassen, in denen sie die Mitglieder ihres Gefolges wegen Verrates und Mordabsicht zu entlassen erklärt. Aus dem Vatikan hat sie ein Glas mitgenommen, mit dem sie, von ihrer Kammerfrau geleitet, täglich zu einem anderen öffentlichen Brunnen der Stadt eilt, um dort zu trinken.

Am 5. Oktober erhält sie ein Schreiben des Papstes. Pius IX. stellt das ihm gelegentlich der ersten Audienz von der Kaiserin überreichte Konkordatsprojekt zurück und versucht, die arme Unglückliche zu beruhigen:

»Majestät,

Ich lege das Projekt bei, das Euer Majestät mir übergeben haben, und freue mich, wenn Sie das Glas bei sich behalten. Ich bete jeden Tag zu Gott, damit Ihre Seelenruhe zurückkehre und Er Ihnen gewisse Anwandlungen von Mißtrauen benehme, die Sie nur in steter Erregung leben lassen. Ich segne Sie von Herzen.

Pius IX.«

Der Zustand der Kaiserin wird jedoch immer bedrohlicher. Sie schläft nicht mehr, aus Angst, während der Ruhe überfallen zu werden. Unruhig und nervös, bald leise, bald heftig vor sich hinsprechend, geht sie in ihrem Gemach auf und ab. Furchtbar gräbt sich die Krankheit in ihre Züge ein: hektische Röte färbt ihre Wangen, tief liegen die Augen in den Höhlen, unheimlich flackernd und unstet ist ihr Blick. Sie beginnt, ihre äußere Erscheinung zu vernachlässigen, duldet nicht mehr, daß man ihr das Haar ordne, und sieht in jedem Zahn des Kammes einen mörderischen Dolch. Zuweilen kommen Stunden, in denen sie wieder vernünftig spricht und handelt, nur die Gedanken an Vergiftung verlassen sie auch in diesen kurzen Pausen kaum noch. Die Kammerfrau, die unausgesetzt um ihre unglückliche Herrin geblieben, ist am Zusammensinken, sie erträgt die fortgesetzten Aufregungen nicht mehr. Man sieht sich nach einem Ersatz um, doch scheut man sich, der Wahnsinnigen eine Fremde zuzuführen, noch mehr aber, eine der verdächtigen Damen des Gefolges mit der Pflege zu betrauen.

Am 7. Oktober spricht Charlotte noch ganz vernünftig über Mexiko, über den Empfang in Rom und die ihr bezeigten Sympathien sowie über den Tod zweier bekannter Mexikaner. Beide sind eines natürlichen Todes gestorben, doch auch von ihnen glaubt die Kaiserin, sie wären ermordet worden. In der Nacht geht sie noch in Begleitung des tags zuvor eingetroffenen Grafen Bombelles auf den Bahnhof, um ihren Bruder, den Grafen von Flandern, zu erwarten. Erschüttert begrüßt dieser seine arme Schwester. Als er tags darauf bei ihr weilt, springt sie plötzlich vom Sessel auf und gibt Befehl, ein silbernes Herz zu kaufen. Dann läßt sie darauf in italienischer Sprache die Worte gravieren: »Der heiligen Maria in Dankbarkeit dafür, daß sie mich am 28. September vor Lebensgefahr bewahrt hat. Charlotte, Kaiserin von Mexiko.« Sie läßt es sodann als Weihegabe in der Peterskirche aufstellen. Am Nachmittag des 8. Oktober besucht das gewesene Königspaar von Neapel, das in Rom weilt, die Kaiserin. Es mahnt sie, ruhig zu sein und ohne Furcht zu essen und zu trinken. »Gebt lieber selbst gut acht, daß ihr nicht auch vergiftet werdet«, gibt Charlotte zur Antwort.

In der Nacht zum 9. bleibt der Graf von Flandern im Zimmer seiner Schwester, die sich nicht zu Bett legt.

Nun bringt der Graf seine kranke Schwester ohne weiteren Zwischenfall nach Miramar. Das Herz der Menschheit, wie Charlotte sagt, Rom, und das Hirn der Menschheit, Paris, hatten die Kaiserin zurückgestoßen; von Altar und Thron verlassen, von der ungeheuren Verantwortung bedrückt, die sie mit ihrem verhängnisvollen Rat an ihren Gemahl auf sich genommen, ist sie der Wucht der Enttäuschung erlegen.

Vor nur zwei Jahren ist sie von jenem Schloß an der Adria ausgezogen in blühender Schönheit, in Kraft und Freude, von hohen Idealen beseelt; nun kehrt sie zurück, umnachteten Geistes, gebrochen in der Blüte ihrer Jahre.

Im Schloß Miramar will sie aber nicht bleiben: »Ich muß sofort nach Wien und Brüssel, um dort zu versuchen, etwas für meinen Mann zu erreichen.« Klare Augenblicke, in denen sie die gefährliche Lage ihres Gatten erkennt, wechseln mit geistiger Umnachtung ab. Da man sie natürlich nicht abreisen läßt, versucht sie wiederholt, ohne Mantel und Hut zu fliehen, und muß immer erst mit Gewalt daran gehindert werden. Täglich erwartet sie die Rückkehr Maximilians, ja einmal fragt sie ganz unvermittelt: »Warum kommt denn der Kaiser nicht rechtzeitig zum Diner?«

Der fixe Gedanke, alles sei darauf aus, sie zu vergiften, verläßt sie nicht mehr. Immer wieder kommt sie auf das Thema zurück. »Keine berühmte Persönlichkeit ist noch eines natürlichen Todes gestorben, meine Eltern, Palmerston, der Prinzgemahl Albert, alle sind durch Gift beseitigt worden. Und Napoleon befiehlt alle diese Morde, oder sollte es Maximilian sein? Trachtet etwa er mir nach dem Leben? Ach ja, damals schon hat er mich nach Yukatan gesandt, um mich dort ermorden zu lassen.« »Aber Majestät«, reden ihr die Ärzte zu, »was denken Sie, das ist doch alles ein Märchen.«

»Wirklich, wirklich«, schluchzt sie vor Freude laut auf und fällt dem Irrenarzt um den Hals. »Gott sei Dank.« Wie mit einem Schlag fühlt sie sich von diesem Alp befreit.

Am 4. November ist ihr und Graf Bombelles' Namenstag. Sie empfängt ihn, ohne sich im geringsten daran zu erinnern, daß sie ihn so oft beschuldigt hat, sie vergiften zu wollen. »Meinen herzlichen Glückwunsch«, und Charlotte streckt dem Grafen die Hand entgegen. Über Gratulationen und Geschenke freut sie sich wie ein Kind. Doch schon am Abend, als die Kaiserin, die Gäste und die Ärzte sich dem Gartenhaus nähern, wo vier Musiker stehen, die zur Feier des Namenstages vor Charlotte ein von ihr gewünschtes Streichquartett aufführen sollen, erbebt die Kranke plötzlich und sieht in den Musikern verdächtige Leute, die ihr ans Leben wollen. Von da an verschlechtert sich das Befinden der Kaiserin wieder, das Mißtrauen wächst mit jedem Tag, die meisten Personen im Schloß werden beargwöhnt, darunter ein alter, langjähriger Bedienter, weil er schwarze Ringe um die Augen hat. Alle scheinen gedungen zur Ausführung »einer neuen Abfangerei«, wie die arme Kranke sagt. In Weibern, die an der Quelle bei Mora waschen, in Arbeitern auf der Straße, kurz in jedermann sieht sie auf Geheiß Maximilians gedungene Spione. Die Kaiserin beginnt sich wieder zu weigern, Wasser zu trinken, weil ihr Gemahl ihr einst erzählt hat, in Orizaba sei damit einmal ein Vergiftungsversuch an ihm verübt worden. Sie fährt sogar Dr. Jilek heftig an, was diesen nötigt, ihr mit größter Strenge und selbst mit Drohungen ihr Benehmen zu verweisen. Doch auch dies Vorgehen hat keinen Erfolg. Die Kranke beruhigt sich nur scheinbar und aus Furcht, und die Bitterkeit ihrer Bemerkungen zeigt, daß sie an ihrem Wahne festhält.

Es ist nicht möglich, sie zu irgendeiner ruhigen, fortdauernden Beschäftigung anzuhalten, sie ist aller Dinge, die sie betreibt, mochte sie malen, Klavier spielen oder lesen, sehr bald überdrüssig und bringt es daher in nichts zu etwas, das ihr Freude gemacht und zur Fortsetzung angeeifert hätte. Nur die Politik erregt ihr Interesse immer noch in hohem Maße, doch darf begreiflicherweise gerade diese um so weniger betrieben werden, als sie bei der Kranken eine mystische und prophetische Färbung annimmt, wobei ihr Gemahl stets die hervorragendste Rolle spielt. Immer steht die Offenbarung Johannis vor ihrer Seele. Dürers grauenvolle Darstellung der apokalyptischen Reiter schwebt ihr Tag und Nacht vor Augen.

Charlottens Erkrankung ist hoffnungslos, ihrem in Mexiko in angst- und sorgenvoller Erwartung harrenden Gemahl kann dies nicht mehr verheimlicht werden. Der bittere Kelch wird bis an den Rand gefüllt, Maximilian muß ihn bis zur Neige leeren.

XVII

DIE LETZTEN ZUCKUNGEN DES KAISERREICHES

Die Erlebnisse mit der Kaiserin Charlotte trafen den Kaiser Napoleon doch tiefer, als man glaubt, er hört auch von anderer Seite Klagen über Bazaine. Im Expeditionskorps hat der Marschall wenig Freunde, und die Intrigen der Generale gegen ihn hören nicht auf. Nun regt sich in Napoleon das Gewissen. Vielleicht hat diese unglückliche Frau, die er in Paris so hart angelassen hat, doch recht, und sein Marschall drüben hat die ohnehin dornenvolle Unternehmung durch eigene Schuld völlig verfahren. Napoleons Flügeladjutant Castelnau, ein Freund Douays, hat dem Kaiserpaar so manchen Bazaine belastenden Brief zugänglich gemacht. Den will der Monarch nun nach Mexiko senden, damit er dort nach dem Rechten sehe. Er versichert zwar brieflich Bazaine seiner fortdauernden Gewogenheit und daß *er* verantwortlich bleibe, aber er gibt gleichzeitig dem rangjüngeren General Castelnau Vollmacht, gegebenenfalls auch Bazaines Befehle aufzuheben, ja ihn sogar zur Rückkehr nach Frankreich zu veranlassen. Er soll Maximilian darüber aufklären, daß es ihm mit dem Aufhören der Hilfe im kommenden Frühjahr Ernst sei, ihn im Sinne der Thronentsagung beeinflussen und sodann für eine den französischen Interessen möglichst günstige neue Regierung zu sorgen.

Castelnau trifft am 12. Oktober in Veracruz ein. »Napoleon hat wohl versprochen«, erklärt er den ihn empfangenden Mexikanern, »die Truppen bis Ende 1867 zu belassen, aber unter ganz anderen Voraussetzungen. Jetzt hat sich die Lage in Europa so verändert, daß Frankreich gezwungen ist, seine Kräfte beisammen zu halten.« Von der Union und ihren Drohungen, einem der Hauptgründe für die Abberufung, ist keine Rede mehr.

Nach der kurzen Besprechung in Veracruz macht sich Castelnau auf die Reise, um Bazaine und den Kaiser aufzusuchen. Maximilian, der eben wieder an Wechselfieber daniederliegt, hat indessen am 18. Oktober Telegramme aus Europa bekommen, wonach Kaiserin Charlotte in Begleitung von Ärzten in Miramar eingetroffen ist. Die furchtbare Wahrheit ist nicht ganz klar ausgesprochen, nur von der Berufung des Wiener Arztes Dr. Riedel nach Miramar ist die Rede. Maximilian fragt seinen Leibarzt, ob er einen Doktor dieses Namens kenne.

»Es ist der Direktor der Wiener Irrenanstalt«, antwortet Basch ahnungslos.

Damit ist alles gesagt. Diese schauerliche Wahrheit erschüttert den durch Krankheit geschwächten Monarchen. Die beiden Gatten liebten einander aufrichtig, und Maximilian verliert überdies seine vertraute Freundin und Stütze in der schwersten Zeit. Charlotte hat ihn ja nur zum Bleiben bewogen, weil sie in Paris und Rom Hilfe schaffen wollte, nun muß er die Hoffnung auf einen Erfolg der Reise endgültig begraben. Jetzt erst hört der erschütterte und tief bekümmerte Kaiser auf Herzfelds Rat, der immer dringender bittet, Maximilian solle das Land verlassen. Noch am Abend des 18. Oktober wird der Entschluß dazu gefaßt, der Kommandant der im Hafen von Veracruz liegenden österreichischen Korvette wird verständigt, die Reisevorbereitungen beginnen, und Maximilian schreibt an Bazaine, er begebe sich nach Orizaba, da seine Gesundheit eines milderen Klimas bedürfe. Der Ort liegt im letzten Drittel der großen Straße nach Veracruz. Nun wird an Frau Iturbide geschrieben, sie könne ihren Sohn wiederhaben. Es ist klar, Maximilian verläßt das Land.

Die Vorgänge am kaiserlichen Hof erregen in den konservativen Kreisen der Hauptstadt Bestürzung. Diese werden von Pater Fischer, der nun alle seine Zukunftspläne wanken sieht, auf dem laufenden erhalten. Kaiser Maximilian hat dem Pater seine Absichten mitgeteilt, und der Jesuit ist darüber empört, daß man ihn nicht vorher zu Rate gezogen hat.

»Euer Majestät können doch das Land unmöglich verlassen, ohne für das Schicksal des belgischen und österreichischen Korps zu sorgen, ohne die tausendfältigen Angelegenheiten zu ordnen, ohne für Ihre Anhänger

St. Peter und der Vatikan in Rom.
Aquarell von Rudolf von Alt.

Maximilian von Mexiko wird das Todesurteil verkündet.
Ölgemälde von Jean Paul Laurens.

Hinrichtungsstätte Kaiser Maximilians mit dem Exekutionskommando.

In geistiger Nacht.
Letzte photographische Aufnahme der Kaiserin Charlotte.

irgend etwas getan zu haben. Es entspricht weder der Ehre noch der Würde eines Kaisers, auf diese Weise zu – fliehen.« Wieder dieses böse Wort. Es wird fortwährend gebraucht und verfehlt nie seine Wirkung. Der Kaiser wird nachdenklich, aber der furchtbare Eindruck der geistigen Erkrankung der Kaiserin behält die Oberhand. Er bleibt beim Entschluß zur Abreise nach Orizaba. Fischer gibt sich jedoch nicht so schnell geschlagen. An jenem Ort will sich der Monarch noch längere Zeit aufhalten, da wird sich immer noch Gelegenheit bieten, Einfluß zu gewinnen. Die konservativen Minister reichen ihre Entlassung ein. Fischer aber redet ihnen zu, sie brauchten bei dem Charakter des Kaisers ihre Sache noch lange nicht verloren zu geben, wenn er auch augenblicklich schwer entmutigt sei. Sie entschließen sich daraufhin, zu bleiben.

Indes wird eine Kundgebung des Kaisers entworfen: »Die Kämpfe und Widerstände im Lande haben eine Eintracht unmöglich gemacht, mein Lebensglück ist durch die Krankheit der Kaiserin zerstört, meine Kraft ist geschwächt, und ich will als ehrlicher und loyaler Mann nicht länger eine Situation hinausziehen, die bei weiterer Dauer die auf Mexiko lastenden Übel nur verschärfen muß. Es wird eine Regentschaft berufen werden, die bis zur Entscheidung des Kongresses regieren muß.« Aber noch zögert Maximilian mit der Veröffentlichung.

Moralisch und physisch gebrochen, tritt er am 20. Oktober die Reise nach Orizaba an. Nun drücken ihn besonders die scharfen Gesetze gegen seine politischen Gegner. Bazaine soll sofort alle Standgerichte und jede Art politischer Verfolgung, wie die Feindseligkeiten überhaupt, einstellen.

In einer der Übernachtungsstationen kreuzen sich die Reisewagen Maximilians und Castelnaus. Der General erbittet eine Audienz. Der Kaiser aber läßt sich entschuldigen: sein Arzt verbiete ihm, Besuche zu empfangen. Er ist zum Abdanken entschlossen, unwohl und niedergeschlagen und hat keine Lust, einen General jenes Mannes zu sehen, der ihn verraten und verlassen hat. Castelnau, der sich ein wenig als das andere Ich seines Herrn fühlt, ist aufs schwerste beleidigt, und die Folge ist eine tiefe Abneigung gegen Maximilian, ebenso wie gegen Bazaine. Enttäuscht fährt Castelnau zur Hauptstadt ab, sieht aber, daß kurz vorher der »so kranke Kaiser« leichten

Schrittes seinen Wagen besteigt, den sechs weiße Maultiere ziehen. Diese aber werden Maximilian auf der nächsten Station gestohlen. Jeder betrachtet das Ende des Kaiserreiches als sicher und läßt alle Rücksicht fallen. Indessen ist der über die verächtliche Behandlung empörte Castelnau in Mexiko eingetroffen. Der Mann ist kaum ein paar Tage im Lande, da urteilt er schon in der schärfsten Weise über Maximilian und seine Regierungsweise: »Er ist kein Empereur, sondern ein ›empireur‹, seine schwache Intelligenz, sein unentschiedener Charakter lassen alles befürchten. Er ist jedesmal begeistert, wenn er uns Franzosen unangenehm sein kann; und wenn es jemanden gibt, der uns mehr haßt als er, so ist es die Kaiserin Charlotte. Und dabei ist das Land gelehrig, leicht zu regieren, es verlangt nur einen Herrn.«

Bazaine empfängt den jungen Brigadegeneral mit den unbeschränkten Vollmachten, der über ihn, den Marschall von Frankreich, gestellt wird, mit gemischten Gefühlen. Doch er ist vor allem ein gehorsamer Soldat. Es liegt nicht in seinem Charakter, sich gegen solch ein zweifellos verletzendes Vorgehen seines Herrschers zu empören. Er empfängt den Flügeladjutanten in allen Formen, nur einigermaßen verlegen, und verschließt den Unmut in seinem Innern.

Sechs Tage nach seiner Ankunft schickt Castelnau Napoleon den ersten ausführlichen Bericht: »Der Kaiser ist ein Mann, von dem alles zu fürchten ist. Die mexikanische Armee ist nichts wert, und wenn sich Maximilian darauf versteift, zu bleiben, so kann man sich leicht vorstellen, was das Ende sein wird. Fast das ganze Land bis auf zwei Straßen ist in der Hand des Juarez, dessen Macht und Ansehen täglich steigen. Wenn Euer Majestät das Land verlassen, ist dieser Mann der Herr der Lage. Maximilian kann nur abdanken. Man muß aber für eine Regierung sorgen, sonst wird alles in den Sturz des Kaiserreiches hineingerissen werden.«

Der Kaiser ist indessen in Orizaba eingetroffen. Dort haben die Konservativen einen festlichen Empfang improvisiert. Der Jesuit Fischer hat die Reise des Kaisers künstlich verlängert und alles eingefädelt: Er kennt die Empfänglichkeit des Kaisers für angebliche Äußerungen der Volksliebe, gerade im jetzigen Augenblick muß seiner Eitelkeit und seinem Wunsche nach Volkstümlichkeit geschmeichelt werden, um ihn doch noch zu einer Änderung seines Entschlusses zu bewegen.

Der Plan gelingt: als Maximilian von dem ihm zugedachten Empfang hört, befiehlt er seiner französischen Eskorte, ohne die er wohl niemals heil nach Orizaba gelangt wäre, zurückzubleiben und begibt sich zu Pferde, nur vom engsten Gefolge begleitet, in die Stadt, wo ihn die Konservativen mit demonstrativem Jubel empfangen. Von Haus aus war er bestrebt, sich öffentlich möglichst wenig von Franzosen umgeben zu zeigen, um die nationalen Gefühle der Mexikaner nicht zu verletzen. Jetzt, da ihn Frankreich im Stiche läßt, hat er natürlich noch weit mehr Grund dazu.

Auch Hauptmann Pierron ist nicht mitgenommen worden. Er hat die neuen Räte des Kaisers, Herzfeld und Fischer, eifersüchtigen Haß fühlen lassen. Von Mexiko aus will er noch mit Depeschen Maximilian weiter beeinflussen. Der Mann ist ein Intrigant, bald steht er auf der Seite Bazaines, bald auf der Castelnaus und will jeden von den beiden Generalen glauben machen, nur ihm allein sei er ergeben.

Nun steht die Frage des künftigen Regimes im Vordergrunde, denn auch der festliche Empfang in Orizaba hat den Kaiser noch nicht endgültig von seinem Entschluß abgebracht, vom Schauplatz abzutreten. Die Reisevorbereitungen nehmen ihren Fortgang. Kiste auf Kiste mit dem Privateigentum des Kaisers und mit dem Geheimarchiv wandert auf die österreichische Fregatte, deren Kapitän aufgefordert wird, Kohlen zu nehmen und sich bereitzuhalten.

Herzfeld bestärkt den Kaiser auch weiterhin in seinem Vorhaben; er ist nach Mexiko gekommen, um seinen kaiserlichen Freund, von dem er nur Wohltaten empfangen, dem er dankbar ist und den er liebt, vor dem drohenden Untergang retten zu helfen. Er hat die Lage noch gefahrdrohender vorgefunden, als er sie von Europa aus beurteilt hat, und seine Anstrengungen unter dem Eindruck der Hiobsbotschaften aus Paris und Rom noch verdoppelt. Bisher hat Maximilian auf ihn gehört. Das veranlaßt Pater Fischer, dem ungebetenen Gast nun entgegenzutreten; der Jesuit ist entschlossen, Herzfeld auszuschalten, und dringt in den Kaiser, ihn vorauszusenden, um »die Wege für die Rückreise zu bereiten«.

Der Kaiser beginnt in der Tat wieder zu schwanken; er fragt allerlei Leute aus seiner Umgebung nach ihrer Meinung. So den Leibarzt Dr. Samuel Basch, der ihm rät, nichts überstürzt zu tun. Basch kennt den Kaiser noch nicht zur Genüge und bedenkt nicht, daß jeder neue Aufschub bei dem Wankelmut Maximilians und seinem innersten Wunsch, an der Herrschaft zu bleiben, eine Gefahr für den Entschluß selbst bedeutet. Auch der Museumsdirektor Bilimek wird gefragt, kurz, alle Welt soll Ratschläge geben, wo doch nur einer allein sich über alles klarwerden und dann bestimmt und unwiderruflich seinen Entschluß kundgeben und ausführen muß – Maximilian selbst. Pater Fischer nennt die Abreise immer wieder ostentativ »Flucht«. Nun beginnt das zu wirken. Der Kaiser denkt daran, wie peinlich ihm die Rückkehr in die Heimat sein wird, und zieht sich plötzlich von Herzfeld zurück. Er willigt in dessen Absendung in die Heimat; Pater Fischer weiß es so einzurichten, daß der Kaiser Herzfeld nicht mehr zu Gesicht bekommt. Resigniert und unglücklich, aber ohne zu ahnen, wer die Fäden in der Hand hat, tritt der treue Mann die Rückreise an. Noch von Habana aus will er den Kaiser beschwören und schreibt an – Fischer!

»Hochwürdigster Herr!

Ich hoffe, daß Sie dieses Schreiben nicht mehr auf mexikanischem Boden trifft. – Jede Stunde Verzug wird zur furchtbarsten Gefahr. – Die Vorwände, unter welchen der Kaiser zurückbleibt, sind nichtig. *Fort, fort aus diesem Lande, das in wenigen Wochen der Schauplatz blutigsten Bürgerkrieges wird.* Von allen Seiten stürmt es. – Die Yankees fallen ein. – Drängen Sie den Kaiser fort um jeden Preis. – Ich habe Seiner Majestät gehorcht, weil meine Gegenwart nutzlos, ja schädlich wurde. – Ich bekam den Kaiser nicht mehr zu Gesichte; wußte nichts mehr, war plötzlich in Ungnade, ohne nur entfernt das geringste verschuldet zu haben. Nur die Freiheit und Sicherheit des Kaisers beschäftigen mich. – Ihnen ist nun die Vollendung des Werkes von der Vorsehung beschieden. – Retten Sie den armen edlen Gebieter – Österreich, Europa, das Kaiserliche Haus wird es Ihnen danken. Seien Sie fest. – Lassen Sie sich nicht von Mexiko aus beeinflussen – ... Retten Sie den Kaiser, den Menschen. Ich erwarte in New York die Nachricht der

Abreise. Unterstützen Sie mich, verteidigen Sie mich gegen ungerechte Anschuldigungen, wie ich es Ihnen gegenüber immer getan. Wissen Sie, daß ich von den Franzosen verhaftet werden sollte – das dankte ich Pierron. – Leben Sie wohl und gedenken Sie in Freundschaft Ihres

ergebenen Freundes Herzfeld.«

Pater Fischer liest den Brief mit stillem Lächeln und legt ihn zur Seite. Diesen Mann zu täuschen, ist ihm wohl gelungen. Er sieht nun in der Abwesenheit Herzfelds und in einer mittlerweile eingetretenen Besserung im körperlichen Befinden des Kaisers ein gutes Zeichen. Auch wird Fischer am 30. Oktober zur Hilfskraft des Oberstkämmerers ernannt und ihm die Regelung aller persönlichen Angelegenheiten des Kaisers anvertraut. Noch aber ist er nicht am Ziel seiner Wünsche. Maximilian schreibt nach wie vor Abschiedsbriefe nach allen Seiten, die fast sämtlich mit den Worten beginnen: »Im Begriffe, mich von unserem geliebten Vaterlande zu trennen, usw.« Schon ist das Telegramm an seine Mutter abgefaßt, das meldet, er habe sich nach schwerem und rührendem Abschied von Mexiko nach Europa eingeschifft. Es bleibt allerdings noch ebenso liegen, wie ein Schreiben an Bazaine, das den Abtransport des österreichischen und belgischen Korps und verschiedene andere mit der Abreise zusammenhängende Angelegenheiten betrifft.

Bazaine glaubt immer noch, daß Maximilian das Land verläßt. Was für eine Regierung soll er dann nach Napoleons Wünschen in Mexiko einrichten? Ein Verhandeln mit Juarez hält er für unmöglich und unehrenhaft. Er versucht, die Präsidentschaft verschiedenen liberalen Führern des Juarez anzubieten, um sie zu diesem in Gegensatz zu bringen, aber ohne Erfolg.

Die Anhänger des Präsidenten erringen einen militärischen Erfolg nach dem andern und werden immer kühner. Auch die österreichische Legion muß eine schwere Schlappe hinnehmen. Seit dem Rücktritt des Generals Thun ist sie sich selbst überlassen, jeder und keiner kommandiert sie. Die Franzosen machen nicht mehr mit und schonen sich. Niemand hat mehr Achtung vor ihnen, sogar in der Hauptstadt Mexiko beginnt jede Rücksicht zu schwinden. In einem dortigen Theater wird ein Stück aufgeführt, in dem Napoleon, Maximilian, Juarez und die beiderseitigen Anhänger auftreten. Während den Juaristen applaudiert wird, schleudert man den beiden Kaisern und ihren Paladinen, insbesondere aber Napoleon, Beschimpfungen und Todesdrohungen entgegen. Bazaine verlangt sofortige Schließung des Theaters und Absetzung des Polizeiministers. Die Behörden nehmen solche Eingriffe in ihre Rechte von seiten eines Mannes, der auf dem Sprunge ist, das Land zu verlassen, mit Empörung auf.

Das sind die nächsten Folgen des Aufbruches des Kaisers. Wieder sieht man in den brechenden Balken eines zusammenstürzenden Regimes Charakter, Grundsätze und Ansichten dahinschwinden wie Schnee an der Sonne. Eide, Treue, Anhänglichkeit, Unbestechlichkeit, Tapferkeit, wo bleiben sie? Zu Tausenden fällt man ab, spielt man doppeltes Spiel, nur wenige Tapfere und Treue halten bis zum letzten Augenblick aus, bewahren Kopf und Ehre hoch.

In Orizaba merkt aber Maximilian sehr wenig von alledem. Hat ihm schon der Empfang lebhafte Freude bereitet, so tun das herrliche Klima und die landschaftliche Schönheit ein übriges. Der Kaiser erholt sich zusehends und beginnt wieder Mut zu schöpfen. Die konservativen Minister verdoppeln ihre Anstrengungen, Maximilian zurückzuhalten. Sie erinnern ihn an seine bei der Feier des Unabhängigkeitsfestes gesprochenen Worte, daß ein Habsburger im Augenblick der Gefahr nicht fliehe, sie erinnern ihn an den in Miramar geschworenen Eid. Was würde die Welt, was die Geschichte sagen, wenn der Kaiser ihn nicht hielte? Sie reden Maximilian vor, die Mißstimmung des Volkes gegen die Franzosen steige mit jedem Tage, während sich die Beweise der Anhänglichkeit an seine erhabene Person von Tag zu Tag mehrten. »Wenn Euer Majestät uns verlassen«, sagen sie, »wäre das ein schreckliches Unglück für die Bevölkerung.« Maximilians Haß gegen die Franzosen nimmt zu. Ein Brief aus Mexiko von Pierron schürt ihn noch mehr: »Man hat mich die letzten Entschließungen des Kaisers Napoleon wissen lassen. Sie schreiben kategorisch vor, Euer Majestät von seiten der Behörden jede Hilfe, welcher Art immer, zu versagen. Man scheint sehnlichst zu wünschen, daß Euer Majestät sich entfernen und abdanken und auf dieser Basis mit den Vereinigten Staaten verhandeln. Ja, man ließ durchblicken, man würde selbst vor einer noch ausgesprocheneren Maßnahme nicht zurückschrecken.«

Also die Franzosen, die ihn im Stiche lassen und von denen er gar nichts mehr will, wagen auch jetzt noch, ihm zu drohen, wenn er nicht tut, was sie wünschen. Nun will ihnen Maximilian zeigen, daß er allein noch zu befehlen hat. Des Kaisers Stimmung ist gebessert, er durchstreift die schöne Umgebung von Orizaba mit umgehängter Botanisierbüchse, interessiert sich für Tiere und Pflanzen und verkehrt viel mit dem englischen Gesandten, der ihn darin bestärkt, die Flinte nicht ins Korn zu werfen. Denn jetzt, wo die Franzosen außer Landes gehen, liegt die Sache anders. Da wird England vielleicht überragenden Einfluß auf Maximilian gewinnen, und das kann für die Stellung dieses Staates in Mittelamerika nur von Vorteil sein. Der englische Gesandte schreibt daher einen »privaten« Brief an Pater Fischer, der eine Abdankung als einen unnötigen, übereilten Schritt bezeichnet. Das ist Wasser auf dessen Mühle; er eilt sogleich zum Kaiser und legt ihm das Schreiben des Gesandten vor. Schon verschiebt Maximilian seine Abreise von Orizaba um einige Tage. Pater Fischer sieht darin ein günstiges Zeichen, vergnügt reibt er sich die Hände, er will und muß siegen.

Pierron kommt ihm mit einer falschen Nachricht zu Hilfe. Er schreibt, der Gesandte Österreichs sei beauftragt, Maximilian zu verständigen, daß man ihm das Betreten seiner Heimat untersagen werde, wenn er auf seinem Anrecht auf eine eventuelle Nachfolge in Österreich bestehe. Der Schritt erfolgt nicht, aber Maximilian zweifelt nicht daran, daß der Mitteilung irgend etwas zugrunde liegt. Das erhöht das Mißbehagen, das er an und für sich schon empfindet, wenn er an seine Heimkehr nach Österreich denkt. Wenn trotzdem Pater Fischer seinen Willen noch immer nicht ganz durchgesetzt hat, so hat das seinen Grund darin, daß dem Kaiser in letzter Zeit bedenkliche Mitteilungen über ihn zugekommen sind. Insbesondere die sogenannten Erfolge in Rom zeigen sich als gänzlich erlogen. So schwankt der Kaiser noch immer, ob er bleiben oder gehen soll, als dem Pater mit einem Male zwei neue mächtige Verbündete erwachsen.

Die Generale Marquez und Miramon, Konservative reinsten Wassers und daher seinerzeit, als Maximilian noch mit den Liberalen zu regieren suchte, unter dem Vorwande diplomatischer Missionen nach Europa verbannt, sind nun, da die Konservativen am Ruder sind, von dort zurückgekehrt. Sie sind zwar über die wahre Lage gar nicht unterrichtet, bemühen sich aber sogleich auch im Interesse ihrer Partei, den Kaiser zum Bleiben zu bewegen.

Alle Franzosen sind aus der Umgebung des Kaisers verbannt, die nun fast durchweg franzosenfeindlich ist. Das Kommando der österreichischen Legion hat inzwischen der tapfere Oberst von Kodolitsch übernommen, der erreichen will, daß das ganze österreichische Korps freiwillig bei seinem Kaiser ausharre. Unter den Mannschaften freilich gärt es bedenklich. Eine Deputation will sogar die Bitte um Auflösung des Korps an den Kaiser stellen. Der Brief eines Stabsoffiziers zeigt, wie man die Lage in der Legion beurteilt: »Der Kaiser befindet sich in Orizaba von lauter Abenteurern und Schwindlern umgeben, dermalen ganz in Händen der klerikalen Partei, deren Generale Miramon und Marquez ihm mit trügerischen Hoffnungen schmeicheln. Der Kaiser ist unschlüssig, was er tun soll; den Franzosen, mit denen er sich überworfen hat, zum Trotz will er an einem Tag nach Mexiko zurückkehren, am anderen Tag will er sich einschiffen, alles dies vermehrt die hier herrschende Konfusion – nach meiner Meinung wäre es am besten, er ginge, der Fall des Kaiserreiches kann wohl verzögert, jedoch nicht verhindert werden; denn der Kaiser hat es mit allen Parteien verdorben.«

Zu guter Letzt wählt Maximilian den Ausweg aller ihrer selbst wenig sicheren Naturen, wenn sie vor einem schweren Entschluß stehen. Er will vor der endgültigen Abdankung noch die Stimmen des »Rates« hören; daher ergeht am 18. November die Einladung an Bazaine, alle Minister und den Staatsrat zu einer Konferenz in Orizaba zu berufen, die über die künftige Regierung beraten soll. Aber Bazaine kommt nicht, und nur dreiundzwanzig durchweg Konservative finden sich in Orizaba ein. Maximilian begrüßt die Versammlung schriftlich, gibt die Gründe für seinen Entschluß, abzudanken an, spricht aber zum Schluß seine Bereitwilligkeit aus, sich seinem Vaterland, falls es zum Wohle Mexikos gereiche, doch noch aufzuopfern. Er übersieht die Haltung der Bevölkerung, die wieder in Gleichgültigkeit zurückfällt. Oft lüftet er zuerst den Hut, um von ein paar schmutzigen Leuten, die herumstehen, einen Gruß zu bekommen. Trotz der Zusammensetzung der Versammlung stimmen elf von den dreiundzwanzig Mitgliedern für gänzliche Abdankung. Aber Maximilian kann die Krone nicht lassen. Herzfeld ist in Ungnade gefallen, weil er zu sehr zur Rückkehr drängte, Fischer, der für das Bleiben ist, hat an Einfluß gewonnen, und nun hört Maximilian von den andern zwölf mit Wonne Schmeicheleien, Versprechungen und irreführende Beteuerungen.

An dem österreichischen Gesandten Freiherrn von Lago hat er keine Stütze. Dieser Mann, der das Verhältnis der beiden Brüder zueinander kennt, berichtet immer nur hämisch über Maximilian nach Hause, der Kaiser sei physisch und moralisch unfähig, entscheidende Entschlüsse zu fassen, und beschäftige sich in so kritischer Zeit damit, Schmetterlinge zu fangen. Des langen und breiten bespricht er die Anspielungen Eloins in dessen aufgefangenem Brief bezüglich der österreichischen Thronfolge. Er weiß genau, wie empfindlich man in Wien in diesen Dingen ist. Zudem ist der Gesandte persönlich furchtsam bis zur Lächerlichkeit. Er fühlt den Boden unter seinen Füßen brennen, und es beseelt ihn nur der einzige Gedanke, wie er sich für seine Person am besten aus diesem zusammenstürzenden Haus retten kann. Maximilian ist noch im Lande, da rät Lago seinem vorgesetzten Minister schon, ihn abzuberufen und einen dem Juarez genehmeren Mann nach Mexiko zu schicken.

Bei solchen Leuten kann sich also Maximilian keinen Rat holen. In diesem entscheidenden Augenblick trifft ein Brief des Gutierrez de Estrada aus Paris ein.

»Welcher General«, schreibt er vom sicheren Europa aus, »verläßt in der Stunde der Schlacht seine Befehlshaberstelle über das Heer aus einem privaten Grunde, welcher Natur er auch immer wäre? Die Kaiserin hat ihre Gesundheit dargebracht, wie sie auch gerne ihr Leben geopfert hätte, alle Welt ist sich in der Bewunderung darüber einig und würde Euer Majestät Beifall klatschen, wenn Sie den gleichen Opfermut zeigen. Dann würde es einen glorreichen Sieg geben und die Kaiserin vielleicht gesund wieder an Euer Majestät Seite zurückkehren können. Wenn aber trotzdem alles mißlingt, dann haben Sie, Sire, das Bewußtsein, alle menschlichen Mittel angewandt und Ihre Ehre ebenso wie die Euer Majestät erhabenen Stammes gewahrt zu haben.«

Der Appell an die Ehre, das Erinnern an die Kaiserin ist der Geistesart des Kaisers teuflisch geschickt angepaßt. Er verfehlt seine Wirkung nicht, ja er gibt den Ausschlag. Noch am Vormittag des 28. November wurden Abschiedsschreiben an die Gesandten Mexikos in Europa aufgesetzt, am Nachmittag desselben Tages schon faßt er den endgültigen Entschluß, doch zu bleiben. Er macht sich Notizen für die zu erlassenden Kundgebungen: »Die Macht in die Hände Fremder abdizieren, das wäre Verrat, und fliehen, das tut kein Habsburger, also Proklamation und freier Kongreß.« Dann formuliert er »Bedingungen, unter denen ich bleibe«: Man muß die »Schlingen der Franzosen« loswerden. Eine Armee muß aufgestellt, Geld herbeigeschafft, kein weiteres Blut darf vergossen werden. Als ob die Konservativen oder wer immer solche »Bedingungen« zu erfüllen imstande gewesen wären! Es wiederholt sich dasselbe Spiel von einst. Auch vor der Kronannahme hat Maximilian Bedingungen aufgestellt, und als sie sich nicht erfüllten, galt es ihm gleich. Maximilian erklärt sich zu jedem Opfer bereit, ja, er versichert in seinem Idealismus, falls sich die Nation für die republikanische Staatsform entscheiden sollte, den erwählten Präsidenten als ersten Bürger beglückwünschen zu wollen. In einer Proklamation erklärt nun der Kaiser, er mache sein Verbleiben vom Spruch des Nationalkongresses abhängig. »Das ist bitter«, meint Freiherr von Lago, »eines Souveräns wenig würdig, man kann sich doch unmöglich gleichsam von seinen Untertanen ›ballotieren‹ lassen.« Doch der Entschluß ist gefaßt, und das Schicksal nimmt seinen Lauf. Bazaine freut sich zwar, daß dieser junge Flügeladjutant Castelnau, der da gerade erst seine Nase nach Mexiko hineingesteckt hat und ihn, den Marschall, wie er bald erfährt, schon in Paris anschwärzt, nicht imstande war, allein Maximilian zum Rücktritt zu bewegen. Nun schließt Bazaine mit der Expedition gänzlich ab. »Der Kaiser erklärt«, meldet er nach Paris, »daß er sich mit seinen eigenen Hilfsmitteln halten wird; unsere Rolle ist zu Ende, es bleibt nur übrig, uns so schnell wie möglich zurückzuziehen. Verlassen wir also Mexiko so bald wie möglich.«

Er läßt dabei im Verein mit dem General Castelnau Maximilian in einer Note sagen, es sei unmöglich, daß sich das Kaiserreich mit eigenen Mitteln halte. Der Kaiser ist aber schon viel zu sehr gegen die Franzosen eingenommen. Er hört nicht mehr auf sie, sondern nur noch auf die mexikanischen Minister und Pater Fischer. Die aber feiern ihren Sieg in Orizaba mit einem kleinen, intimen Champagnerfest. In New York hat man sich schon gefreut, daß Maximilian das Land verlasse, und die Union ernennt wieder einen Gesandten, der mit Juarez über die Bildung einer neuen Regierung verhandeln soll. In Veracruz aber erfährt der Diplomat den Entschluß Maximilians, zu bleiben, und kehrt in die Heimat zurück. Die Stimmung der Union gegen den Kaiser ist schlechter denn je, während Pater Fischer ihm fortwährend einzureden versucht, ein Spezialgesandter an den Präsidenten werde eine Verständigung erreichen können.

General Castelnau meldet Maximilians Entscheidung sogleich telegrafisch nach Paris. Die Ausfälle gegen ihn in seinem nachfolgenden Bericht zeigen die durch den Nichtempfang und den neuesten Entschluß erregte Wut des kaiserlichen Adjutanten. Napoleon III. gerät in hellen Zorn, er läßt noch am 13. Dezember an Castelnau kabeln, man solle alle Franzosen, auch die Fremdenlegion und das österreichische und belgische Korps, soweit es deren Wille wäre, heimbefördern. Damit bricht Napoleon den Vertrag von Miramar und nimmt dem Kaiser nach den Zolleinkünften und den wenigen ihm ergebenen Franzosen nun auch alle fremden Soldaten.

Der gleiche Befehl geht an Bazaine. Die Folge ist, daß nun alle Rücksicht auf den Kaiser aufgegeben wird. Das Kriegsmaterial, das man nicht bis nach Frankreich schleppen will, wird nicht den Kaiserlichen übergeben, sondern vernichtet. Den Franzosen wäre es freilich lieber gewesen, Maximilian hätte mit ihnen das Land verlassen, schon weil man Napoleon dann den Vorwurf ersparen kann, er hätte ihn im Stich gelassen. Kein Mexikaner gehorcht mehr einem Franzosen. In den Zollhäfen wird nun von diesen *und* von den Mexikanern der Zoll eingehoben. Das österreichische und das belgische Korps werden aufgelöst.

Noch wollen General Castelnau und Dano, der französische Gesandte, versuchen, persönlich Maximilian zum Rückzug zu veranlassen. Endlich kommen sie vor, aber der Kaiser bleibt fest. Er entschließt sich, nach Mexiko zurückzukehren, aber nicht nach dem Palast, aus dem seine Sachen überdies schon ausgeräumt sind, weil ihm der Gedanke unerträglich ist, daß er vielleicht durch die eine Tür das Palais wird verlassen müssen, während der Präsident durch die andere hereintritt.

Die Konservativen lassen Maximilian nun nicht mehr aus ihren Fängen. General Marquez ist ihm mit tausend Mann aus der Hauptstadt entgegengezogen. In einem höchst bescheidenen Landhaus eines eingewanderten Schweizers nächst dem Schloß von Chapultepec quartiert sich der Kaiser ein. Da erscheint Bazaine vor ihm. In ernsten Worten, aus denen aufrichtiges Mitleid spricht, stellt der Marschall Maximilian vor Augen, daß nun nach Napoleons Befehl zur Rückkehr aller Truppen keinerlei Hoffnung mehr bleibe. »Ziehen Sie sich doch noch rechtzeitig zurück, Majestät.«

Maximilian gesteht zu, daß ihn die Konservativen vielleicht verraten, und doch will er noch warten, bis er volle Gewißheit hat. Der Grundfehler Maximilians ist es, sich stets bei anderen Personen Ratschläge zu holen, dann aber doch zu tun, was seinen Herzenswünschen entspricht. In Wirklichkeit sind ihm die Konservativen so unsympathisch wie zuvor. Die liberalen und philanthropischen Ideen sind noch immer in ihm lebendig. Das wissen die mißtrauischen Konservativen sehr gut, aber jetzt brauchen sie ihn, sonst ist es mit ihnen zu Ende.

Nun müssen sie auch wirklich versuchen, die versprochenen Machtmittel herbeizuschaffen, sonst nützt ihnen auch die Person des Kaisers nichts. Die Anhänger der drei Generale Miramon, Marquez und Mejia sammeln sich um ihre Chefs. Die so gebildeten drei Häuflein werden stolz Armeekorps genannt. Drei schneidige Offiziere der österreichischen Legion formieren je ein Regiment. Auf dem Papier steht so eine Armee von 30.000 Mann, die den Kräften der Juaristen schätzungsweise nur wenig unterlegen ist. Nun sagt man Maximilian stolz, sein Kaiserreich beruhe nur noch auf eigener Kraft. Maximilian kann aber diesen »Triumph« nicht voll genießen. Fieber verhindert ihn, am Ministerrat teilzunehmen, und es quält ihn der

Gedanke an seine dem Wahnsinn verfallene Gemahlin. Da trifft am 12. Januar 1867 ein Telegramm aus Wien ein, wonach Kaiserin Charlotte physisch und moralisch völlig wiederhergestellt sein solle. Der Kaiser freut sich unsagbar darüber, aber nach wenigen Tagen folgt das Dementi, und die Enttäuschung erschüttert die Nerven des Kaisers nur noch mehr.

Der Plan einer Nationalversammlung ist utopisch, das weiß jedermann, aber Maximilian klammert sich so sehr daran, daß man schließlich, um ihm zu gefallen, eine »Junta« einberuft, die wiederum nur aus dem Ministerium und aus konservativen Notabeln besteht. Es ist eine reine Komödie. Von dreiunddreißig Anwesenden stimmen siebzehn, darunter Pater Fischer, für das Verbleiben, acht enthalten sich der Stimme. Maximilian wird nun gemeldet, die Junta habe für sein Verbleiben gestimmt. Erfreut und bedingungslos nimmt der Kaiser die »Entscheidung« an. Diesmal hat Bazaine der Versammlung beigewohnt, grollend verläßt er sie, über sich selbst erbost, daß er überhaupt der Aufforderung, an einem so plumpen Schwindel teilzunehmen, gefolgt ist. Überdies hat er in dieser franzosenfeindlichen Versammlung eine überaus peinliche Rolle gespielt.

Der Kaiser ist nun nur noch Gefangener der Konservativen, sie halten jeden von ihm fern, von dem sie fürchten müssen, daß er ihm zur Abdankung zurede. So auch den österreichischen Gesandten Lago, schon weil sie wissen, wie gern er selbst wegmöchte. Da sie nach der Haltung Bazaines in der Versammlung sehen, daß der Marschall für ihre Pläne eine Gefahr bedeutet, arbeiten sie mit aller Kraft darauf hin, das Verhältnis zwischen Kaiser und Marschall zu vergiften. Noch einmal warnt Bazaine vor der perfiden Parteifraktion, die Maximilian nur einer Ära fürchterlichen Unglücks entgegenführe:

»Bis zum letzten Augenblick, Sire, bin ich bereit, den Rufen, die Euer Majestät an mich ergehen lassen, Folge zu leisten, und immer geneigt, meine Bemühungen mit Ihren Wünschen in Übereinstimmung zu bringen.«

Noch am selben Abend erhält Bazaine seinen Brief mit einem Schreiben Pater Fischers zurück, des Inhalts, der Kaiser habe ihn beauftragt, dem Marschall zu sagen, er könne nicht zugeben, daß jemand in solchen Ausdrücken von seinen Ministern spreche. Falls Bazaine seine Worte nicht zurückziehe, wolle Seine Majestät in Zukunft mit dem Marschall keinerlei direkte Beziehungen mehr haben.

Der Plan der Konservativen ist gelungen, Pater Fischer hat seine teuflische Rolle mit Erfolg gespielt, die letzte Gefahr ist beseitigt. Nun ist Maximilian nur noch ein Spielball der Fischer, Marquez und Genossen.

Inzwischen hat das französische Expeditionskorps seine Versammlung beendet. Sie ist in stillschweigendem Einverständnis mit den Juaristen fast reibungslos vor sich gegangen. 26.000 Mann französischer Truppen und die Mehrzahl der Österreicher und Belgier schicken sich an, das Land endgültig zu verlassen.

Am 5. Februar 1867 marschiert der Marschall an der Spitze seiner Truppen aus der Hauptstadt ab. Kaiser Maximilian hat ihm sogar die Abschiedsaudienz verweigert. Er beobachtet, hinter einem Vorhang versteckt, den Abmarsch und sagt wie erleichtert zu seiner Umgebung: »Nun bin ich endlich frei.« Nur über den Erzbischof ist er empört, der den Marschall bis zum Tore begleitet, als wäre er »sein Kaplan«. Der hohe Geistliche sieht aber weiter als sein Herr. Er fühlt das Unwetter kommen, entsagt am gleichen Tage seiner Würde und bringt sich in Sicherheit.

Die konservativen Generale, Miramon an der Spitze, sind indessen überzeugt, daß nichts den Entschluß des Kaisers, in Mexiko zu bleiben, mehr festigen würde, als ein militärischer Erfolg. Juarez ist inzwischen mit seinem Regierungsapparat bis nach Zacatecas, näher zur Hauptstadt, vorgegangen. Seine Generale schieben sich von allen Seiten konzentrisch gegen diese vor. Mendez, Mejia sowie Marquez kämpfen mit den Resten der konservativen Streitkräfte gegen sie. Miramon hat inzwischen seine Truppen durch energische Werbung auf 4000 Mann gebracht und will damit einen kühnen Handstreich auf Zacatecas ausführen, um sich vielleicht der Person des Präsidenten zu bemächtigen und so den Republikanern einen vernichtenden Schlag zu versetzen. Es gelingt ihm tatsächlich, durch einen geschickten Gewaltmarsch die Stadt und ihre Besatzung völlig zu überraschen. Alles flieht Hals über Kopf, und Juarez wäre um ein Haar der nachsetzenden, jedoch zu sehr ermüdeten kaiserlichen Kavallerie in die Hände gefallen.

Die Nachricht von dem Erfolg Miramons führt die Hoffnungen Maximilians wieder bis zu den Sternen. Die beinahe geglückte Gefangennahme des Präsidenten veranlaßt ihn zu dem Befehl, in einem künftigen solchen Fall solle Juarez wohl abgeurteilt, der Richtspruch aber nicht vor seiner Genehmigung vollstreckt werden. Nun kann Maximilian wieder seiner Familie in Wien in überlegenem Tone schreiben und braucht sich nicht vor seiner Mutter bloßzustellen, die sich, durch die steten absichtlich prahlerischen Berichte Maximilians getäuscht, von der wahren Lage der Dinge keine richtige Vorstellung macht:

»Ich kann nur vollständig billigen«, schreibt Erzherzogin Sophie, »daß Du in Mexiko geblieben bist, denn so hast Du den *Anschein* vermieden, wegpraktiziert worden zu sein, und nun, da Dich so viel Liebe, Teilnahme und Anerkennung und wohl auch die Angst vor der Anarchie *nach* Dir, in Deinem neuen Lande zurückhält, kann ich mich nur darüber freuen und innig wünschen, daß die Reichen im Lande Dein Bleiben und Ausharren möglich machen.«

Erzherzog Karl Ludwig schreibt am selben Tag einen Brief an Maximilian: »Daß Du Dich hast erbitten lassen, im Lande zu bleiben, daran hast Du wohlgetan. Solange Du kannst, nur bleiben, nur ausharren in Deiner jetzigen Stellung. Das Attachement, das Dir von allen Seiten im Lande gezeigt wird, muß Dir sehr wohltun in Deinem Unglück.«

Das war eine Anspielung auf die Erkrankung Charlottens, Franz Joseph bleibt im Hintergrund. Er läßt nur seine Verwandten so schreiben, wie er zweifellos damals auch gedacht hat.

Nun rächt sich das stete Bestreben Kaiser Maximilians, seine Angehörigen in Wien über den wahren Zustand des Landes Mexiko zu täuschen und ihnen immer ein großes, mächtiges Kaisertum vorzugaukeln. Aus den Briefen und Ratschlägen spricht nichts anderes als grenzenlose Unkenntnis der wahren Verhältnisse in Mexiko; nie und nimmer hätte das Mutterherz der Erzherzogin Sophie sonst so empfunden.

Die Freude über den Erfolg von Zacatecas dauert nicht lange. Der Juaristengeneral Escobedo, an dem Miramon bei seinem Vorstoß kühn vorbeigezogen war, greift den kaiserlichen General am 1. Februar 1867 seinerseits überraschend an. Diesmal ist es an den Soldaten Miramons, in blinder Flucht davonzueilen. Geschütze, Tausende von Gefallenen und die kaiserliche Kriegskasse sind die Beute. Juarez hat Befehl gegeben, gegen alle Anhänger des Kaisers grausam vorzugehen, in der wohlberechneten Absicht, dessen Anhang dadurch zu erschrecken und zum Abfall zu veranlassen. Escobedo läßt mehr als hundert Mann standrechtlich erschießen. Auch Miramons Bruder wird, obwohl ihm im Kampfe beide Füße zerschmettert wurden, auf einen Stuhl gezerrt und beim Licht einer Kerze erschossen. Die wohlberechnete Grausamkeit verfehlt ihren Eindruck nicht. Mühsam rettet Miramon den Rest seiner Truppen nach Queretaro. Auch Marquez hat eine Niederlage erlitten, und Mejia ist krank. Diese Nachrichten stürzen Maximilian wieder aus allen seinen Himmeln, und tiefe Niedergeschlagenheit kehrt zurück. Von all den gemachten Versprechungen wird keine eingelöst, auch Geld bekommt man nicht zu sehen, und vom Nationalkongreß ist überhaupt nicht mehr die Rede. Wo bleibt all das, wovon Pater Fischer in Orizaba stets in so süßlich-salbungsvollem Ton gesprochen hat? Maximilian hat auch von dem Bankett gehört, bei dem Pater Fischer damals dem Champagner so reichlich zugesprochen hat, daß er tags darauf Maximilian nicht auf der Rückreise begleiten konnte. Nun ist der Einfluß Fischers im Sinken, auch seine Stunde schlägt, wie die all seiner Vorgänger.

Maximilian spricht nun endlich ohne jeden Rückhalt mit dem Ministerpräsidenten von der Hoffnungslosigkeit der Lage. Doch bittet er ihn um einen Rat! Das heißt den Bock wieder zum Gärtner machen. Nun kann nur der Kaiser selbst und kein noch so wohlmeinender Freund, am wenigsten aber ein interessierter Parteimann, für ihn entscheiden. Der Minsterrat sieht aber nun selbst ein, daß das Kaiserreich sich nicht mehr halten kann. Die Konservativen sind nur noch bestrebt, die Interessen der Partei und der Geistlichkeit sicherzustellen, und Maximilian soll in direkten Verhandlungen mit Juarez eine allgemeine Amnestie für alle Anhänger des Kaisertums und die Wahrung der materiellen Interessen erreichen. Dies kann aber nur geschehen, wenn der Kaiser überhaupt noch eine Macht darstellt, mit der man Verhandlungen pflegt. Darum rät man Maximilian, in einer sehr kaisertreuen Stadt – etwa Queretaro – an die Spitze seiner treuen Generale und möglichst vieler Truppen zu treten und durch die Übernahme des Oberbefehls der Uneinigkeit der Unterführer ein Ende zu machen, um so noch einen achtungsgebietenden Verhandlungspartner darzustellen.

Neuerdings rät man ihm, zu Pferde zu steigen, seine Feldherrneigenschaften zu entfalten und zu zeigen, daß seine Persönlichkeit da, wo ein Bazaine gescheitert und niemand sonst aus und ein wußte, doch der Lage Herr werden kann. Die Spekulation auf den romantischen, ehrgeizigen Sinn des Kaisers hat Erfolg. Maximilian entschließt sich, allerdings nur mit zwiespältigen Empfindungen, zum Zug nach Queretaro, immer mit dem Wunsch im Herzen, noch in letzter Stunde einen Ausgleich mit dem Gegner zu finden. Für die Konservativen, die nun einsehen, daß die Tage ihrer Herrschaft gezählt sind, bedeutet das Verbleiben des Kaisers im Lande eine Lebensfrage. Sie suchen zu retten, was zu retten ist, und brauchen den Kaiser dazu, ihren Rückzug zu decken. In der Hauptstadt aber, so urteilen sie, würde er in Kürze von den Europäern endgültig davon überzeugt werden, daß er das Land verlassen müsse. Darum also möglichst rasch fort mit dem Kaiser aus der Residenz! Mit Vorbedacht redet man ihm ein, die fremden Truppen müßten jetzt, wo er gänzlich freier mexikanischer Herrscher sei, gegenüber den national-mexikanischen zurückgestellt werden; dies werde überall einen guten Eindruck machen. Maximilian fügt sich mit einem gewissen Vabanque-Gefühl und einer vagen Empfindung, es könne vielleicht noch ein Wunder geschehen, das den Dingen im letzten Augenblick eine glückliche Wendung gibt.

Da kommt in letzter Stunde am 13. Februar eine Nachricht von dem auf dem Rückmarsch zur Küste begriffenen Bazaine: »Noch kann ich Euer Majestät die Hand reichen und Ihnen zu sicherer Heimkehr verhelfen. In wenigen Tagen wird dies nicht mehr möglich sein.« Aber die Depesche kommt zu spät, der französische Gesandte kann sie nicht mehr überreichen. Der Kaiser hat am selben Tage in aller Stille Mexiko verlassen.

Nun werden das französische Expeditionskorps und der Rest der Legionen eingeschifft, und als letzter verläßt Marschall Bazaine den Boden Mexikos. Obwohl er immer nur auf Befehl gehandelt hat und vom ersten bis zum letzten Tage der treue, ja vielleicht zu peinlich genaue Vollstrecker der Befehle seines Herrn gewesen, paßt es Napoleon für den Augenblick, den gegen den Marschall intrigierenden Generalen Douay, Castelnau usw. nachzugeben. Er braucht einen Sündenbock für das verfehlte mexikanische Abenteuer, um die Mißstimmung der Bevölkerung Frankreichs darüber von sich selbst und seiner Gemahlin abzulenken. In seinem Innern weiß er genau, daß Bazaine nur ein gehorsamer Soldat war, und nimmt sich vor, ihn bei nächster Gelegenheit wieder zu einer großen Rolle auszuersehen. Der Kaiser der Franzosen muß hinnehmen, daß Maximilian nun vor aller Welt mit ihm völlig bricht. Der mexikanische Gesandte in Paris wird abberufen, kein Diplomat darf mehr Frankreichs Gebiet berühren oder einen französischen Dampfer benützen. Napoleon III. versucht bei der Eröffnung des gesetzgebenden Körpers dem Fehlschlag nur noch ein Mäntelchen umzuhängen.

»Ein unglückliches Zusammentreffen verschiedener widriger Umstände hat den Versuch der Wiederaufrichtung eines uralten Kaiserreichs zunichte gemacht. Die Regeneration eines Volkes zugleich mit der Absicht, dem französischen Handel unermeßliche Zukunftsaussichten zu eröffnen, war die Grundidee. An dem Tage aber, da mir unsere Opfer größer schienen als die Interessen, die uns auf die andere Seite des Ozeans riefen, habe ich aus eigenem Antrieb die Rückberufung unseres Armeekorps beschlossen.«

Diese Worte sollen die Wahrheit verdecken, daß der von der Union geübte Zwang und die Furcht vor kriegerischen Verwicklungen in Europa die vornehmlichen Beweggründe dieses Entschlusses gewesen. Kaiser Maximilians Name aber kam in der Ansprache gar nicht mehr vor ...

XVIII

DIE KATASTROPHE

Das Kaiserreich gebietet nun eigentlich nur noch in vier Städten: Mexiko, Puebla, Veracruz und Queretaro. Die kaiserlichen Generale Miramon und Mejia sowie Mendez sind nach Queretaro abgerückt, wo sie insgesamt 9000 Mann, allerdings ziemlich gemischter kaiserlicher Truppen, befehligen.

Mexiko wird von den wenigen verbliebenen Europäern und einigen Tausend bunt zusammengewürfelten Mexikanern verteidigt. Die Juaristen in der Stärke von etwa 26.000 Mann marschieren vorerst in drei voneinander getrennten Kolonnen auf die in Queretaro vereinigte kaiserliche Hauptmacht zu, ohne sich um die Residenz Mexiko allzusehr zu kümmern. Sie sind aus dem kaiserlichen Lager selbst mit Nachrichten ausgezeichnet bedient und gehen von der richtigen Erwägung aus, daß nach einem Siege über Maximilians Hauptarmee die Residenz und die Macht im Lande ihnen von selbst zufallen werde. An Kampfwert sind allerdings auch die Truppen des Juarez höchst verschieden, und man muß daher auf beiden Seiten mit oft überraschenden Gefechtsergebnissen rechnen. Die Konservativen geben dem General Marquez als ihrem Vertrauensmann den Auftrag, Maximilian von Mexiko nach Queretaro zu bringen. Geldmangel verzögert einen Augenblick den Abmarsch, der am 13. Februar stattfindet. Auch die Kaiserin hat ihre Reise nach Europa an einem 13. begonnen, selbst für den Vorurteilslosen ein merkwürdiges Spiel des Zufalls. 1500 Mann, darunter nur wenige Europäer, begleiten den Kaiser. Unter diesen ragt der Prinz Felix Salm-Salm hervor, ein zu Duell und Kampf stets bereiter, einst schuldenhalber aus der deutschen Armee ausgetretener und nach Amerika ausgewanderter Abenteurer. Eine junge, schöne, ebenso abenteuerlustige und kühne Kunstreiterin war seine Frau geworden. Maximilian ist zwar den berechnenden Ratschlägen, keine Europäer mitzunehmen, im allgemeinen gefolgt, sehnt sich aber doch in seinem Innern nach dem Verkehr mit solchen und freut sich daher, daß der tapfere Salm Mittel und Wege gefunden hat, mitzugehen.

Auf dem Marsch kommt es zu kleinen Gefechten. Dabei begibt sich der Kaiser immer an den bedrohten Punkt, er weiß, daß nichts Soldaten mehr anspornt, als wenn der oberste Führer ihre Gefahren teilt. Maximilian exponiert sich, wo er kann, Ehrgefühl und angeborene Ritterlichkeit stellen ihn bei jeder Gefahr in die vorderste Linie.

Am 19. Februar langt der Kaiser in Queretaro an. Ein Städtchen von 40.000 Einwohnern, liegt es, von einem Kranz von Hügeln umgeben, in von einem Flüßchen durcheilten Tal. Nur der östliche Teil mit dem Kloster de la Cruz, einer Art Zitadelle mit Häusern von festungsartigem Bau, liegt auf einem die Stadt beherrschenden Hügel. Östlich davon erhebt sich ganz isoliert der Cerro de la Campana. Der Ort ist geradezu eine Falle für eine Armee, die zu schwach ist, die im weiten Kreise die Stadt umspannenden, unbefestigten Hügel besetzt zu halten. Doch nicht militärische Gründe, sondern politische Erwägungen haben zur Wahl der Stadt geführt. Sie war immer eine Hochburg der Konservativen.

Ein großartiger Empfang ist vorbereitet. Menschenmassen, Truppenspalier, Begrüßungsansprachen, Festgottesdienst, nichts fehlt. Die Generale Mejia und Miramon, die trotz manchem Rückschlag hohen militärischen Ruf genießen, begrüßen den Kaiser aufs wärmste. All das verfehlt seinen Eindruck nicht. Maximilian ist gerührt und begeistert. Der Enthusiasmus, die von Tausenden gesungene Hymne, das Defilieren der Truppen und deren stürmische Freudenbezeigungen bewegen ihn tief. Der Jubel ist aufrichtig und keine Komödie. Gleich aber kommt das bittere Ende nach. Es fehlt an Geld, um diese braven Leute zu besolden.

Dazu kommt die Uneinigkeit der Generale untereinander. Da ist zunächst der ehrliche und tapfere Miramon, einst Präsident der Republik, ein noch junger Mann von sechsunddreißig Jahren mit großem militärischen Ruf, doch in Wirklichkeit geringen Feldherrntalenten; dann Mejia, der fünfundzwanzig Jahre lang der Sache der Konservativen treu gedient hat, einfach und tapfer, nur nach Indianerart grausam. Marquez, der Typus des skrupellosen mexikanischen Parteiführers, schlau, berechnend, unaufrichtig, intrigant. Endlich der tapfere, energische Mendez, auch er nicht frei von Grausamkeit, sonst aber ein ehrlicher, einfacher und überzeugt konservativer Soldat.

Das sind mit Maximilian die fünf »magischen M« des Trauerspiels von Queretaro. Man kann die Generale einander nicht unterordnen, so stellt sie Maximilian nebeneinander unter seinen Befehl. Gerade den unverläßlichsten von ihnen aber, den General Marquez, zieht er an wichtigste Stelle, als Chef des Stabes, in seine unmittelbare Nähe.

Unter den Unterführern, die Maximilian mitgebracht, ragt der Oberst Lopez hervor, ein durchaus europäisch anmutender Offizier von schöner Gestalt mit angenehmen Gesichtszügen und feinen Umgangsformen, immer elegant und ausgezeichnet beritten. Er gehört schon seit 1864 Maximilians Umgebung an, ist damals bei der Ankunft des Kaiserpaares in Mexiko am Schlage der Diligence geritten und hat sich die Zuneigung des Kaisers erworben, obwohl er bei seinen Kameraden nicht beliebt ist. Am 24. Februar 1867 beruft Maximilian einen Kriegsrat ein. Dergleichen pflegt meist dann zu geschehen, wenn der Führer kein Feldherr und ohne Entschlußkraft ist. Schon Friedrich der Große lehrt, daß, wenn viele zusammenkommen und »deliberieren«, allemal die Mehrzahl, das heißt die Dummen und Schwachen, die Oberhand behalten.

Miramon gibt den einzig richtigen Rat, mit der vorläufig in Queretaro konzentrierten, jeder einzelnen der anmarschierenden feindlichen Kolonnen überlegenen Truppenmacht vorzugehen und die Juaristen noch vor ihrer Vereinigung zu schlagen. Marquez dagegen empfiehlt, die Konzentrierung des Feindes ungehindert geschehen zu lassen, um, durch die aus Mexiko heranziehenden europäischen Truppen verstärkt, ihn dann »auf einmal« zu vernichten. Maximilian hätte vielleicht auf des Miramon guten Rat gehört, aber seine geheime Absicht, den Frieden durch direkte Unterhandlungen mit Juarez und Verständigung und Versöhnung der Parteien herbeizuführen, wirkt lähmend. Dazu paßt besser das Marquezsche Abwarten. Der Kaiser beauftragt einen Agenten, mit Juarez in Verbindung zu treten. Der Präsident ist aber fest entschlossen, die Lage allein durch die Macht des Schwertes zu entscheiden. Er will nur Maximilian hinhalten, bis seine Armeen vereint sind und nicht eine vereinzelt übermächtig angefallen werden kann. Immer noch denkt der Kaiser an den Kongreß, der sich doch längst als Utopie herausgestellt hat. Der würgende Geldmangel zwingt ihn zu drängenden Bittschreiben an die Minister in Mexiko. Sie sollen die kaiserlichen Pferde, Wagen usw. möglichst schnell verkaufen, damit wenigstens die Dienerschaft bezahlt werden kann. Nur eine Zwangsanleihe bei der Bevölkerung in Queretaro kann sonst noch Geld für die Truppen schaffen.

Indessen rücken die Juaristengenerale Escobedo und Corona näher an die Stadt heran. Der erstere ist Oberkommandant des mexikanischen Heeres und hegt insgeheim den Ehrgeiz, einmal zur Präsidentschaft zu gelangen. Vierzig Jahre alt, mit großem schwarzen Bart, hat er ein finsteres, strenges Aussehen. Er sowie die übrigen Führer haben Befehl, rücksichtslos, ja mit Grausamkeit gegen die noch verbliebenen Anhänger des Kaisers vorzugehen, um jedermann die Lust zu benehmen, an dessen Seite zu treten.

Noch könnte Maximilian sich überraschend auf eines der beiden Korps werfen; während er sich aber alle Entbehrungen eines Feldzugs auferlegt, sein Hauptquartier zunächst auf dem Hügel Cerro de la Campana aufschlägt, dort unter freiem Himmel, in eine Decke gehüllt, schläft und bei Tage unermüdlich seine Truppen besichtigt, zögert er mit dem Entschluß zu einer befreienden Tat und läßt die kostbare Zeit in der Hoffnung auf eine Verständigung und Versöhnung verstreichen. Die seiner ganzen Natur innewohnende angeborene Güte kann sich trotz aller bösen Erfahrungen nicht zum Verständnis durchringen, daß Parteienhaß überall, insbesondere aber in Mexiko, keine Vernunft kennt.

So haben Escobedo und Corona Zeit, sich in aller Ruhe vor Queretaro zu vereinigen und die Stadt mit etwa 25.000 Mann einzuschließen. Truppen wie Generale sind freilich sehr zusammengewürfelt, einer ist ein früherer

Herrschaftskutscher, ein anderer ein Maultiertreiber. Die Infanterie trägt meist als einzige Kleidung ein Hemd, eine weite baumwollene Hose und Sandalen und hat sehr wenig Munition. Ihre Zahl reicht gerade aus, um die Höhen rings um den Ort in dünner Linie zu besetzen, ohne genügende Reserven dahinter aufstellen zu können. So haben Ausfälle gute Erfolgsaussichten. Der Schleier der Belagerungstruppen ist überall leicht zu durchstoßen. Um den Kaiserlichen aber die Lust, mit der Außenwelt in Verbindung zu treten, zu benehmen, lassen die Juaristen jeden, der sich durch die Linie schleichen will, wenn sie ihn zu fassen bekommen, ohne Gnade an den nächsten Baum knüpfen. An Stellen, die man passieren muß, um nach Mexiko zu gelangen, kann man unglückliche kaiserliche Soldaten mit zerschmettertem Schädel an einem Lasso an den Füßen aufgehängt sehen. Dieser Anblick wirkt abschreckender auf die Anhänger Maximilians als alles andere.

Der Kaiser verlegt indessen sein Hauptquartier vom Freilager in das Kloster de la Cruz. Ein Angriff Escobedos, wobei Prinz Salm aufs tapferste eingreift und mit eigener Hand ein Geschütz erbeutet, wird unter schweren Verlusten abgewiesen. Anstatt aber einen sofortigen Gegenangriff anzusetzen, der den Feind in schwere Bedrängnis geführt hätte, setzt sich der Kaiser zu Pferd, reitet hinaus in die vorderste Truppenlinie und berauscht sich an den Zurufen der Mannschaft »Viva el Emperador«. Salms Vorschlag, zum Angriff überzugehen, wird in einer neuen Beratung überstimmt. Man wartet weiter. Geld, Verpflegung und Fourage beginnen zu mangeln, und die Munitionsvorräte schmelzen dahin.

Ein neuer Kriegsrat am 20. März führt zu einem bedenklichen Entschluß. General Marquez, der Chef des Stabes, beginnt sich in der belagerten Stadt unbehaglich zu fühlen. Da man von Mexiko keinerlei Unterstützung bekommt und auch die europäischen Regimenter ausbleiben, redet er dem Kaiser ein, seine konservativen Minister in der Hauptstadt seien »alte Weiber«, es fehle dort an einem energischen und umsichtigen General, der Ordnung mache und der in Queretaro kämpfenden Armee, die bisher gänzlich vernachlässigt wurde, finanzielle und militärische Hilfe brächte. Die Generale Mejia und Miramon gewinnt Marquez dadurch, daß er ihnen

Verstärkungen in Aussicht stellt, die er selbst aus Mexiko heranbringen will. Dem Kaiser führt er überdies vor Augen, daß nur die Errichtung einer diktatorialen Gewalt und die Ernennung eines treuen Generals zum Ministerpräsidenten, womit er sich selbst meint, die Dinge noch im letzten Augenblick zum Guten wenden können.

Der Kriegsrat beschließt, den General Marquez mit 1000 Reitern nach der Hauptstadt zu entsenden. Dieser soll zunächst dort Ordnung machen und dann mit der gesamten Garnison und allen zur Verfügung stehenden Verstärkungen in den Rücken des bei Queretaro stehenden Feindes vorstoßen. Diese Vorschläge entsprechen völlig den Ansichten des Kaisers; voller Freude stimmt er ihnen zu, ernennt Marquez zum »lieutenant de l'empire«, gibt ihm weitestgehende Vollmachten, entläßt auf seinen Vorschlag die meisten Minister und betraut ihn mit der Bildung eines neuen Kabinetts. Kurz, er gibt die Leitung der Dinge ganz in die Hände jenes Generals, den er einst, als er nach Mexiko kam, aus Angst vor dessen Ehrgeiz und Ränkesucht nach dem Heiligen Grab und nach Konstantinopel entsendet hatte, um ihn fernzuhalten. In so kurzer Zeit hat Marquez das Vertrauen des Kaisers völlig wiederzugewinnen gewußt. Der General hat alle Möglichkeiten bedacht, auch die, daß Maximilian fällt oder gefangen wird. Für diesen Fall läßt er sich vom Kaiser zum Regenten einsetzen, so daß dessen eventuelles Unglück ihn kaltlassen kann. Maximilian ist nur noch eine Figur im Spiele dieses politischen Hasardeurs. Er gibt seinem Stabschef einige erklärende Zeilen für Pater Fischer mit: »Marquez geht nach Mexiko, um zugleich meine wahren Freunde zu stützen und zu schützen. Gott mit Ihnen, wir sind hier trotz allen Schwierigkeiten zufrieden und guten Mutes und kränken uns nur bitter über das Vorgehen der schwachen, alten Perücken in Mexiko, die aus lauter Angst und Miserabilität offenen Verrat treiben. Hoffentlich auf baldiges frohes Wiedersehen.«

Kaiser Maximilian ist zwar inzwischen auf viele Schliche des Paters gekommen und auch darauf, daß der brave geistliche Herr mehrere kleine Kinder hat, aber jetzt gilt ihm schon alles gleich. Er hätte ihn am liebsten wieder bei sich gehabt, er ist schon daran gewöhnt, von zweideutigen Elementen umgeben zu sein.

Marquez marschiert schließlich mit 1200 Mann der besten Reiter aus Queretaro ab, während die Besatzung den Feind durch einen Ausfall in entgegengesetzter Richtung beschäftigt. Wohlbehalten gelangt er nach Mexiko. Während die Verteidiger so auf etwa 7000 Mann zusammenschrumpfen, steigt die Truppenzahl der belagernden Juaristen auf 40.000 an. Bei einem Verhältnis von mehr als eins zu fünf ist der Ausgang, wenn kein Entsatz kommt, gewiß. Aber Maximilian hat nun wieder eine Hoffnung, an die er sich klammern kann: die Rückkehr des General Marquez mit großen Verstärkungen. Diese Aussicht nährt seine Illusionen in der nächsten Zeit und hält den Kaiser aufrecht, dessen Gesundheitszustand sich infolge der Aufregungen und Strapazen und der immer schlechter werdenden Ernährung merklich verschlimmert.

Indessen hegt man in Europa Sorge für die Person des Kaisers. Fürst Metternich soll im Auftrag der Wiener Regierung von Napoleon formelle Zusicherungen zu erlangen suchen. Der Kaiser der Franzosen antwortet ihm: »Es ist selbstverständlich, daß ich alle Garantien biete, wenn der Kaiser mit meinen Truppen Mexiko verläßt, nach deren Abtransport aber kann ich bedauerlicherweise nichts mehr für ihn tun. Maximilian hat sich von der Hauptstadt entfernt und sich an die Spitze von Banden gestellt, und so wird er notwendigerweise die Folgen seines Verhaltens tragen müssen. Das entbehrt wohl der Größe nicht, aber birgt Gefahren in sich, vor denen ich ihn nicht bewahren kann.«

Wiederholt bittet Metternich den Kaiser, doch auf den Schutz des Mannes bedacht zu sein, der es ihm zuzuschreiben hat, daß er jetzt in tausend Gefahren stehe, aber das nützt nichts. Napoleon ist nun machtlos in Amerika. Auch der österreichische Gesandte in Washington erhält Befehl, die Intervention der amerikanischen Regierung bei Juarez zu dem Zwecke zu erbitten, daß die Person des Kaisers Maximilian respektiert werde. In der Union hat dessen von persönlicher Tapferkeit zeugende Haltung Sympathie erweckt, darum wird dem Ersuchen Folge gegeben, doch Juarez ist auch der Union gegenüber eifersüchtig auf die Wahrung seiner Selbständigkeit bedacht und gibt eine ausweichende, wenn auch höfliche Antwort.

Am 24. März unternehmen die Juaristen wieder einen starken Angriff auf die Stadt Queretaro, der neuerlich mit wahrem Heldenmut abgewiesen wird, doch hat die Besatzung dabei viel Munition verbraucht und große Verluste erlitten, so daß der Sieg die Verteidiger erheblich schwächt.

General Mendez, der in scharfem Gegensatz zu Miramon steht, dringt in den Prinzen Salm, den Kaiser zum Verlassen Queretaros zu bewegen, da hier nur Ehre und Leben einzubüßen sind. Salm aber ist optimistischer und flößt dem Kaiser, dessen unzertrennlicher Begleiter er geworden, stets von neuem Mut ein. Außer mit Salm verkehrt der Kaiser nun auch viel mit Lopez und läßt sich häufig von diesem allein auf seinen zahlreichen Gängen in die Truppenlinien begleiten. Die Mannschaften, die nicht gewohnt sind, ihre höchsten Führer so oft in ihren Reihen zu sehen, empfinden über des Kaisers Verhalten und über seine besorgten Fragen, ob sie ihre Löhnung und Menage auch pünktlich erhalten, wahrhafte Rührung. Ihre persönliche Anhänglichkeit an den Monarchen wächst mit jedem Tage, und wo er erscheint, erschallt das »Viva el Emperador«, so daß schließlich die Generale das Rufen verbieten, das die Aufmerksamkeit des Feindes auf die Anwesenheit des Kaisers lenkt.

Als Maximilian am 30. März Generale, Offiziere und Mannschaften zusammenruft, um Tapferkeitsmedaillen zu verteilen, da tritt plötzlich der rangälteste General Miramon aus der Reihe, schreitet auf den Kaiser zu und heftet ihm namens des Heeres die gleiche Auszeichnung, die er eben seinen Soldaten verliehen, an die Brust, da er sie mehr als jeder andere verdiene. Die kurze Szene bewegt den Kaiser aufs tiefste und läßt ihn die tausend Mühen und Sorgen, ja den furchtbaren Ernst der Lage für den Augenblick völlig vergessen.

Am ersten April unternehmen die Belagerten einen Ausfall, um ihre Verteidigungsstelle an einem Punkte zu verbessern, aber er schlägt fehl und bringt nur schwere Verluste. Das grausame Verhalten des Feindes, der Gefangene niedermacht und ihre Leichen durch den Fluß in die Stadt schwemmen läßt, wirkt überdies demoralisierend auf die kaiserliche Besatzung. Angstvoll blickt Maximilian nach General Marquez aus.

Der Tag, da er mit den Verstärkungen zurückkehren sollte, ist längst vorüber, er kommt nicht nur nicht, er läßt auch nichts von sich hören.

Schon beginnt Maximilian an der Treue des Generals zu zweifeln, Lebensmittel und Munition werden knapper und knapper.

Trotz all dieser Sorgen wird der 10. April, der Jahrestag des Empfanges der Abordnung in Miramar und der Annahme der Krone, festlich begangen. Drei Jahre sind seit jenem Tage verflossen, keiner von denen, die damals dem Kaiser ihre Ergebenheit beteuert hatten, steht jetzt an seiner Seite. Die Truppen des Landes, das ihn angeblich durch jene Vertreter flehentlich gebeten hat, nach Mexiko zu kommen und die Herrschaft zu übernehmen, belagern ihn und die letzten Anhänger einer machtlosen Partei in einer kleinen Stadt. Napoleons Marschall und seine Truppen, auf die Maximilian so sehr gebaut, sind vom Schauplatz verschwunden, das französische Kaiserpaar hat seine Hände von ihm abgezogen. Und die Kaiserin wahnsinnig! Das ist das Ergebnis dreijähriger unablässiger und bestgemeinter Bestrebungen. Auch die bei der Feier gewechselten schönen Ansprachen können solch trübe Bilder nicht verscheuchen.

Des Kaisers neuester Ratgeber ist Salm, seine wachsende Intimität mit Maximilian wird allgemein bemerkt. Er ist wohl ein Abenteurer, doch ein tapferer und treuer Mann, nur seine Intelligenz ist nicht groß, und er durchschaut die wahre Lage nicht. Die mexikanischen Generale sind auch verschiedener Meinung. Vor allem Miramon und Mendez. Dieser behauptet, Miramon verrate den Kaiser auch, und seine Ratschläge führten geradezu zum Untergang. Das letztere ist schon richtig, aber verräterische Absicht ist nicht dabei:

»Verhaften Sie Miramon, Majestät«, rät Mendez, »brechen Sie dann mit mir und Mejia in die Berge der Sierra Gorda durch und gewinnen wir so wieder Bewegungsfreiheit. Andernfalls können wir darauf zählen, daß wir alle erschossen werden.« Maximilian nimmt den Vorschlag nicht ernst: »Sie sehen zu schwarz, Mendez, noch ist nicht alles verloren, der Plan sieht viel zu sehr nach Flucht aus.«

Noch immer will Maximilian nicht freiwillig nachgeben, wenn er seine Herrschergewalt nicht einem Kongreß übergeben kann, er beharrt auf seiner vorgefaßten Meinung. So war es vor der Kronannahme mit der Bedingung der Unterstützung durch die Seemächte, ebenso mit dem Konkordat, so mit dem Vertrauen auf Napoleon und nun mit dem Nationalkongreß. »Sind die Leute stützig und schwer zu etwas zu vermögen, so bin ich noch stütziger und schwerer von meinen Vorsätzen abzubringen.«

Maximilian will nun Salm nach Mexiko senden, um dort nach dem Rechten zu sehen. So kann es nicht weitergehen, die Besatzung von Queretaro ißt nur noch Pferdefleisch und hat kaum noch Munition. Marquez soll gegebenenfalls verhaftet, alle Truppen zur Hilfe herangeführt werden. Salm versucht am 17. April durchzubrechen, aber nun geht das nicht mehr. Der Feind ist zu sehr erstarkt. Salm muß den Plan aufgeben. Der Kaiser ist enttäuscht, doch hofft er noch, daß es ihm später einmal gelingen werde, durchzukommen. Er gewinnt ihn immer lieber, teilt ihn dem Hauptquartier zu und ernennt ihn zum Flügeladjutanten.

So kritisch stehen die Dinge. In Wien aber, im Schoß der kaiserlichen Familie, ist man in einer trotz aller Irreführungen nun schon ganz unbegreiflichen Sorglosigkeit. In einem acht Seiten langen, vom 10. April 1867 datierten Briefe des Erzherzogs Karl Ludwig an Kaiser Max, der ganz so geschrieben ist, als wäre er an einen für einige Wochen verreisten Bruder gerichtet, wird von der Gesundheit der Kaiserin Elisabeth, von Unterhaltungen, vom Burgtheater, von Praterfahrten und sonstigem gleichgültigen Zeug geschrieben, als säße Maximilian in einem Luxushotel und solle nur über alltägliche Neuigkeiten unterrichtet werden. Auf der letzten Seite jedoch, kurz vor der Abschiedsfloskel, stehen ein paar Worte, die tiefer greifen:

»Wieviel denke ich an Dich! Gott beschütze Dich, sei mit Dir und erleuchte Dich, daß es Dir gelingen möge, Dich in Deinem Reich zu erhalten.«

Der Briefschreiber scheint keine Ahnung von der furchtbaren Lage seines Bruders zu haben.

In Queretaro nehmen die Entbehrungen indes zu; der Kaiser selbst erhält sein Stückchen tägliches Brot nur noch von Nonnen aus einem nahen Kloster gespendet, die hiezu Hostienmehl verwenden. Unter den Truppen zeigen sich bald bedenkliche Symptome der Zersetzung. Eine Anzahl von Offizieren unter Führung eines Generals fordert den General

Mejia auf, mit dem Feinde in Kapitulationsverhandlungen einzutreten. Obwohl die Rädelsführer sofort verhaftet werden, muß man besorgen, daß sich die Bewegung mit der zunehmenden Verschlimmerung der Lage ausbreitet. Auf die Dauer können auch die vom Kaiser angewandten zahlreichen Mittelchen, wie Ordensauszeichnungen, Verleihung von Inhabernamen an die einzelnen Truppenkörper und dergleichen mehr, nicht viel helfen. Noch aber ist der überwiegende Teil der Garnison tapfer und treu, und wenn die erwartete Hilfe aus Mexiko kommt, ist nach Maximilians Meinung alles zu retten.

Mit der erhofften Unterstützung aber ist es übel bestellt. Marquez ist nicht ganz der Verräter, für den man ihn hält, sondern hat die Absicht gehabt, zuerst das belagerte Puebla zu befreien und dann, durch dessen Garnison verstärkt, zum Entsatz Queretaros zu schreiten. Er marschiert allerdings zuerst zu langsam auf Puebla, weshalb der Juaristengeneral Porfirio Diaz einen Generalsturm auf die Stadt wagt: Puebla fällt, die Garnison ergibt sich. Die freigewordene juaristische Armee wendet sich gegen den zu spät eintreffenden Marquez, dessen Truppen sich auf die böse Nachricht hin auflösen und zumeist haltlos nach Mexiko zurückfliehen. Die Niederlage macht in Mexiko tiefsten Eindruck, nun ist es mit dem Entsatz von Queretaro nichts, in der Hauptstadt gibt jeder die kaiserliche Sache völlig verloren. Maximilian erfährt am 22. April die Niederlage, hält sie aber vorläufig geheim.

Am selben Tag erscheint ein Parlamentär der Liberalen. Er fordert zur Kapitulation auf und erklärt, daß dem Kaiser freier Abzug bewilligt werde. Für die Sicherheit seiner Anhänger wird aber keine Gewähr geleistet, und darauf will Maximilian nicht eingehen. Der Kampf geht weiter. Noch einmal führt der Mut der Kaiserlichen und ihre durch die stolze Haltung Maximilians gehobene Begeisterung zu einem Versuch, aus der Falle auszubrechen. Am 27. April wird ein starker Angriff angesetzt, eine feindliche Linie gänzlich geworfen, einundzwanzig Geschütze und viele Fahnen und Gefangene sind die Beute. Mühsam kann Escobedo mit Aufbietung aller Reserven nach angstvollen Stunden eine neue Front herstellen, aber der Sieg bleibt unausgenützt, obwohl die Lage der liberalen Armee eine Zeitlang höchst kritisch ist. Miramon aber meint, nun könne man sich immer noch durchschlagen, wenn man ernstlich wolle. Maximilian hat sich dabei wiederholt in der tollkühnsten Weise der Gefahr ausgesetzt, und nur mit Mühe gelingt es seiner Umgebung, ihn aus der gefährdetsten Zone herauszubringen. Als sich immer mehr zeigt, daß Miramons Ansicht falsch ist, redet man dem Kaiser zu, sich mit einer Eskorte durchzuschlagen. Der aber weist dies mit dem Hinweis auf seine militärische Ehre zurück, die ihm gebiete, bei seinen Getreuen auszuharren.

Maximilian ist sich inzwischen über den Ernst der Lage klargeworden. Lebensmittel und Munition gehen zur Neige, auf Verstärkung kann man schon längst nicht mehr hoffen, sein Gesundheitszustand verschlechtert sich von Tag zu Tag, immer düsterer und sorgenvoller wird die Stimmung. Der Kaiser ist des langen Kampfes müde, seine Nerven ertragen die steten Aufregungen nicht mehr, er verlangt nach einem Ende, nach Ruhe und Frieden. Doch sieht er keinen Ausweg und ersehnt nur noch eine mitleidige Kugel. In den ersten Maitagen wird es allen klar: der Kaiser sucht den Tod. Stundenlang verharrt er an Orten, wo kurz vorher Leute gefallen sind; kummervoll geht er rastlos die Linien ab, ohne auf Salms Warnungen zu hören.

»Wenn ich falle«, meint er, »wird der Stadt und ihren Bewohnern kein so trauriges Geschick bevorstehen, wie wenn ich sie verlasse. Mein häusliches Glück ist zerstört, in der Heimat erwarten mich nur unerfreuliche Dinge. Des Lebenskampfes müde, habe ich keinen Ehrgeiz und keine Hoffnungen mehr.« Die Lage in der Stadt wird immer schlechter. Die Wasserleitung ist vom Feinde abgeschnitten, die Bevölkerung leidet bittere Not, und Mangel an Sold und Verpflegung läßt die auf 5000 Mann zusammengeschmolzene Besatzung in ihrer Treue wanken.

Indessen hat der Oberst Lopez den Grafen Salm als Ratgeber abgelöst, er erweckt in Maximilian den Glauben, daß es glücken könnte, doch noch mit Juarez und den Liberalen zu einer Verständigung zu gelangen. Lopez sieht ein, daß die Dinge so nicht weitergehen können, daß alle und mit ihnen auch er selbst verloren sind, wenn nicht noch im letzten Augenblick eine friedliche Lösung gefunden wird.

Anscheinend hat Lopez von liberaler Seite dahingehende Andeutungen erhalten. Mißtrauisch sehen die konservativen Generale, wie sich Maximilian mehr und mehr an Lopez hält und daß er sogar beabsichtigt, ihm das Oberkommando zu verleihen. Sie haben den Mann nie gemocht und fürchten, daß er sie verraten werde, um den Kaiser und sich allein zu retten. So gehen sie zu Maximilian, erklären ihm, daß Lopez schon einmal im Jahre 1847 wegen Ungehorsams aus dem Heere ausgestoßen worden sei und überhaupt eine höchst anrüchige Persönlichkeit wäre. Hat Lopez anfangs daran gedacht, für alle Pardon zu erringen und sich an der Verweigerung dieser Forderung bisher gestoßen, so glaubt er nun auf die andern keine Rücksicht mehr nehmen zu müssen. Nur sich und den Kaiser, der immer sein Wohltäter war, will er retten. Die Generale reden Maximilian zu, noch einen Ausfall zu wagen, man wählt dafür den 10. Mai. Aber Lopez macht dem Monarchen Hoffnung auf eine nahe bevorstehende Verständigung; der Kaiser verzögert den Angriff und setzt für den 14. einen Kriegsrat ein, der erst endgültig beschließen soll. Am 13. abends begibt sich Lopez hinter Maximilians Rücken ins feindliche Lager und beginnt dort Verhandlungen. Der Kriegsrat von Queretaro bestimmt tags darauf, der Durchbruch solle um Mitternacht vom 14. auf den 15. erfolgen. Alle Vorbereitungen werden getroffen. Gegen elf Uhr nachts erscheint Lopez beim Kaiser und bleibt allein mit ihm in vertrautem Gespräch. Maximilian verleiht dem Obersten die Tapferkeitsmedaille und bittet ihn um eine befreiende Kugel, falls er der Gefangenschaft nicht entrinnen kann. Lopez aber stellt ihm vor Augen, es sei alle Aussicht vorhanden, zu einer ehrenvollen, für den Kaiser und seine Armee ebenso wie für die Stadt und ihre Bewohner glimpflichen Verständigung zu gelangen. Das ist im allgemeinen zu optimistisch, aber Lopez muß es dem Kaiser so sagen, will er ihn dazu bewegen, den geplanten Ausfall auf die nächste Nacht zu verschieben.

Kurz nach der Unterredung mit Maximilian begibt sich der Oberst neuerdings heimlich zu Escobedo ins Hauptquartier. Er wird wie am Tage vorher empfangen und zum Oberkommandanten geführt. Dieser hat schon in der ersten Unterredung mit Lopez die verzweifelte Lage der Kaiserlichen, die ihm schon aus zahlreichen Meldungen von Überläufern bekannt ist, bestätigt gefunden, und danach richtet er seine Haltung ein. Nun ist nur noch von bedingungsloser Kapitulation die Rede, und schließlich bedroht man auch Lopez persönlich, wenn er nicht auf die Seite der Liberalen träte und ihnen das Kloster Cruz, dessen Besatzung er befehligt, ausliefere. Für den Fall aber, daß Lopez sich gefügig zeige, wird ihm persönliche Sicherheit und Freiheit gewährleistet und versprochen, Maximilian Gelegenheit zum Entkommen zu geben. Escobedo erwägt dabei, daß die Gefangennahme des Kaisers für Juarez eine Verlegenheit bedeuten und ihm dieser vielleicht nur Dank wissen würde, wenn man Maximilian stillschweigend entweichen ließe. Lopez geht auf den Vorschlag Escobedos ein. Für die konservativen Führer, die ihn verleumdeten und anschwärzten, hat er nichts mehr übrig. Escobedo gibt ihm zu verstehen, er solle dafür sorgen, daß der Kaiser sich rechtzeitig entferne, man werde ihm dabei kein Hindernis in den Weg legen, wenn man auch kein bestimmtes Versprechen zu geben imstande sei. Vorausgesetzt natürlich, daß Lopez den Liberalen, wie besprochen, alles andere in die Hände spiele.

Der Oberst ist einverstanden und begibt sich sogleich in die Cruz, um seine Vorbereitungen zu treffen. Er sorgt dafür, daß Wachen und Geschütze an den Zugängen beseitigt werden. Indessen hat Escobedo den Befehl gegeben, sich in aller Stille für drei Uhr früh zur Besetzung der Cruz und der Stadt bereitzuhalten. Um diese Zeit ist Lopez schon zurückgekehrt und setzt sich mit den liberalen Führern an die Spitze der Kolonne.

Als diese an die kaiserliche Linie gelangt, gibt sich der Verräter den Schildwachen, die noch geblieben sind, zu erkennen; sie senken die Waffen und werden sogleich gefangengenommen. Auf ähnliche Weise werden auch die anderen Posten überrascht, so daß die Juaristen in das kaiserliche Hauptquartier gelangen, ohne auch nur einen Schuß abzugeben.

Inzwischen hat sich der Kaiser, der nach der Unterredung mit dem Obersten Lopez noch bis ein Uhr nachts aufgeblieben ist, zu Bette gelegt, ohne jedoch vor Aufregung Schlaf finden zu können. Um halb drei Uhr früh befällt ihn eine so heftige Kolik, daß er den Leibarzt Dr. Basch wekken läßt, der eine Stunde bei ihm verbleibt. Erst dann findet der Kaiser für kurze Zeit Schlaf.

Da, etwa um halb fünf Uhr früh, tritt Lopez, kurz nachdem er die Kerntruppen des Feindes in das kaiserliche Hauptquartier geführt, in das Zimmer des Prinzen Salm und ruft mit verstörtem Gesicht: »Schnell, retten Sie das Leben des Kaisers, der Feind ist schon in der Cruz.« Dann schlägt er ohne nähere Erklärung die Tür zu und eilt fort. Etwa den gleichen Warnruf erhält Maximilians Privatsekretär Blasio durch einen Mitverschworenen des Lopez. Blasio begibt sich sogleich zu Maximilian, weckt ihn und unterrichtet ihn über die Lage. Ganz verwirrt und leichenblaß von der so schlecht verbrachten Nacht, aber verhältnismäßig ruhig, erhebt sich der Kaiser, kleidet sich an und zieht den Säbel. Während Maximilian die Treppe hinabsteigt, kommt Prinz Salm, faßt den Monarchen in seiner Aufregung am linken Arm und ruft: »Majestät, es ist die allerhöchste Zeit, der Feind ist da.«

Als der Kaiser mit vier Begleitern aus dem Portal des Hauses tritt, versperren ihm plötzlich juaristische Soldaten den Weg. Da treten Oberst Lopez und ein liberaler Führer vor, weisen die Leute zurecht und sagen: »Sie dürfen passieren, es sind einfache Bürger.«

So kam man offenbar dem Lopez gegebenen Versprechen nach, Maximilian die Flucht zu ermöglichen. Aber die Gedanken des Kaisers gelten nun nicht seiner eigenen Sicherheit, sondern dem Schicksal seiner beiden treuen Kampfgenossen Miramon und Mejia, die er suchen läßt, um ihnen zu sagen, er begebe sich auf den Cerro de la Campana, sie sollten mit möglichst viel Truppen nachfolgen. Maximilian weist auch das Anerbieten, ihm ein sicheres Versteck anzuweisen, zurück. Er will sich in der Stunde der Gefahr nicht verbergen.

Je ernster sein Schicksal wird, desto mehr wächst die Gestalt des Kaisers. Sein Ehrgefühl, sein Stolz diktieren ihm alle seine Handlungen. In Bewunderung, doch auch banger Ahnungen voll, folgen ihm seine Getreuen auf den Glockenhügel.

In der Stadt herrscht indessen beispiellose Verwirrung; allenthalben sind die Liberalen eingedrungen, und die kaiserlichen Truppen ergeben sich oder gehen zum Feinde über. Plötzlich erklingen als Siegeszeichen der Juaristen alle Glocken in der Stadt durch die Morgenluft des strahlend schönen Tages. Überall hört man im Chor das Spottlied auf die Kaiserin, »Mama Carlotta«, singen. Tränen treten Maximilian in die Augen. Mittlerweile sammeln sich Offiziere und Reiter der Kaiserlichen auf dem Cerro um ihren Herrn. Miramon ist beim Versuch, Widerstand zu leisten, im Gesicht verwundet worden und liegt im Hause eines Freundes danieder. Mejia dagegen hat sich am Cerro eingefunden. Schon rücken von allen Seiten feindliche Truppen gegen die auf dem Hügel haltende kaiserliche Gruppe vor. Maximilian wendet sich zu Mejia mit der Frage, ob es noch eine Möglichkeit gebe, sich durchzuschlagen. Der General macht eine verzweifelte Handbewegung: »Unmöglich.«

»Salm«, wendet sich der Kaiser an seinen getreuen Adjutanten, »jetzt eine glückbringende Kugel.« Aber Salm gehorcht nicht, und auch der Feind feuert nicht mehr. Nochmals wendet sich Maximilian verzweifelt an Mejia, ob es denn gar keinen Ausweg mehr gebe. Wieder muß der tapfere Indianer verneinen.

Rasch läßt der Kaiser noch zwei Päckchen mit wichtigen Papieren verbrennen, darunter eine Aufforderung, die ein Teil des ungarischen Adels nach dem unheilvollen Ausgang der Schlacht von Königgrätz an ihn gerichtet hat, heimzukehren und für seinen der Situation nicht gewachsenen Bruder die Zügel der Regierung zu übernehmen. Dann befiehlt er, die weiße Fahne auf dem Cerro zu hissen, und sendet zu Escobedo, um ihm zu melden, daß er sich ergebe. Der Hügel ist inzwischen vom Feinde eng umschlossen worden. In der Stadt nimmt das Feuer allmählich ab. Auf seinen Säbel gestützt, erwartet Maximilian ruhig das Herankommen eines feindlichen Offiziers, der sich an der Spitze seines Stabes nähert. Höflich tritt General Echegarray dem Kaiser entgegen: »Euer Majestät sind mein Gefangener.« Maximilian nickt nur: »Ich bin nicht mehr Kaiser, da sich meine Abdankungsurkunde bereits in den Händen des Staatsrates befindet.« Ruhig und gefaßt, umringt von einem Schwarm kaiserlicher und republikanischer Offiziere, reitet Maximilian dem feindlichen Oberkommandanten Escobedo entgegen, der soeben mit großem Gefolge herannaht. Seine Offiziere umringen den Kaiser. Sodann reiten alle nach dem Cerro de la Campana zurück, wo man von den Pferden steigt. Maximilian schnallt seinen Säbel ab und reicht ihn Escobedo, der ihn nach kurzem Zögern und in sichtlicher Verlegenheit seinem Adjutanten übergibt.

Sodann lädt Escobedo den Kaiser ein, in ein rasch aufgerichtetes Zelt einzutreten, eine Zeitlang stehen sich die beiden Männer schweigend gegenüber. Maximilian erwartet, Escobedo werde das Wort ergreifen. Als dies nicht geschieht, beginnt der Kaiser tiefernst und mit fester Stimme zu sprechen.

»Ich habe bereits im März abgedankt und bitte, daß kein Blut mehr vergossen wird. Falls dies aber doch nötig sein sollte, so soll man mein Leben nehmen und sich damit begnügen. Andernfalls bitte ich, da ich nur den Wunsch habe, Mexiko zu verlassen, an irgendeinen Einschiffungsplatz gebracht zu werden. Behandeln Sie aber meine Leute gut, denn sie haben sich in schwerer Zeit treu und tapfer bewährt.«

Escobedo antworte ausweichend: »Ich werde Ihre Wünsche meiner Regierung getreulich berichten, muß aber deren Entscheidungen abwarten und werde bis dahin Sie und alle Ihre Offiziere und Anhänger als Kriegsgefangene behandeln.« Darauf entfernt sich Escobedo und befiehlt dem General Riva Palacio, den Kaiser in die Cruz zurückzubringen, was auf einem Umwege taktvoll geschieht. Als Maximilian dort vom Pferde steigt, schenkt er es dem General in Anerkennung seines rücksichtsvollen Benehmens.

So ist denn Queretaro nach einundsiebzigtägiger tapfer geführter Verteidigung gefallen, der Kaiser mit allen seinen Getreuen gefangen. Überall in der Stadt wehen die feindlichen Farben.

XIX

MAXIMILIANS LETZTER GANG

In der Cruz angekommen, überwältigt der Schmerz für einen Augenblick den Kaiser. Weinend umarmt er den ihn betreuenden Leibarzt Dr. Basch. Er faßt sich aber bald wieder. »Wenigstens wurde nicht viel Blut vergossen.« Doch die erlittenen Aufregungen haben seinen geschwächten Körper stark mitgenommen. Er legt sich zu Bett, genießt aber nur wenig Ruhe, denn fortwährend kommen neugierige juaristische Offiziere. Nach zwei Tagen bringt man Maximilian und seine Begleitung aus der Cruz nach dem ehemaligen Nonnenkloster Teresitas. Die Räume, die er bezieht, sind zunächst vollkommen kahl und leer und werden erst nach seinem Eintreffen mit den allernotwendigsten Einrichtungsstücken versehen.

Die Bevölkerung der Stadt Queretaro zeigt sich den neuen Siegern gegenüber sehr zurückhaltend. Der Kaiser hat sich bei allen Bürgern trotz der Leiden, die sie während der Belagerung durchgemacht haben, durch den Zauber seiner Persönlichkeit, seinen Edelmut und seine wahrhaft fürstliche Haltung Sympathien erworben, die ihm auch im Unglück treu bleiben. Seit der Einnahme der Stadt sieht man zahlreiche Damen nur noch in Schwarz gekleidet. Bei der Besetzung des Hauptquartiers sind des Kaisers Effekten, namentlich Wäsche und Kleidungsstücke, zum Teil gestohlen worden. Der aller Geldmittel entblößte Monarch ist sogar genötigt, Escobedo um Nahrung zu bitten. Sobald man in der Stadt davon erfährt, senden ihm Damen täglich wohlzubereitete Speisen und versehen ihn reichlich mit Wäsche und allem Notwendigen, so daß Maximilian scherzend sagt, er habe in seinem Leben nie so viel Leibwäsche besessen wie im Gefängnis. Die Marktweiber der Stadt senden dem Kaiser in den ersten

Tagen der Gefangenschaft Früchte und Gemüse. Ein deutscher Kaufmann stellt ihm Geld zur Verfügung.

Diese sympathischen Eindrücke werden durch eine neue Hiobsbotschaft gestört. Escobedo hat alle kaiserlichen Offiziere aufgefordert, sich binnen 24 Stunden zu ergeben, sonst würden sie bei Gefangennahme auf der Stelle niedergemacht. General Mendez hielt sich trotzdem verborgen, nun hat man ihn entdeckt und ohne jede weitere Verhandlung erschossen. Als Verräter hätte er von rückwärts gerichtet werden sollen, doch im letzten Augenblick wandte er sich jäh um, da er als tapferer Soldat mit dem Blick gegen den Feind sterben wollte. Der erste Gerichtete aus den Reihen der Kaiserlichen, eine bange Nachricht für alle übrigen! Aber Mendez hat seinerzeit in Befolgung jenes unsinnigen kaiserlichen Dekretes zwei angesehene liberale Führer erschießen lassen, und es ist offenbar, daß man aus Rache gegen ihn besonders hart verfuhr.

Seine Umgebung wollte dem Kaiser die traurige Nachricht verheimlichen, aber die Juaristen teilen sie ihm selbst mit. Am nämlichen Tage, dem 19. Mai 1867, trifft Prinzessin Agnes Salm, die Gemahlin des Flügeladjutanten, von San Luis Potosi kommend, in Queretaro ein. Die tapfere und tatkräftige Frau war dort mit dem Präsidenten Juarez zusammengekommen und auf die Nachricht von der Gefangennahme des Kaisers und ihres Gemahls nach der eingenommenen Stadt geeilt. Sie hat ein eigentümliches Geschick, sich überall einzuführen und durchzusetzen, wobei ihr Name und Schönheit sehr zustatten kommen. Es gelingt ihr auch, zu Escobedo zu gelangen, der ihr die Erlaubnis zum Besuch Maximilians und ihres Gemahls gibt.

Der Oberstkommandierende ist seinem hohen Gefangenen gegenüber in einer schwierigen Lage. Geht er gegen den Kaiser rücksichtslos oder gar grausam vor, so lädt er sich vor aller Welt eine schwere Verantwortung auf; läßt er Schonung walten, so kann dies seine Volkstümlichkeit und damit seine Aussichten auf die Präsidentenwürde, die er insgeheim anstrebt, gefährden. Inmitten einer nach dem Blut des Kaisers dürstenden militärischen Umgebung zieht er es daher vor, die Verantwortlichkeit für das Los des fürstlichen Gefangenen durchaus Juarez zu überlassen und sich darauf zu beschränken, die Befehle der republikanischen Regierung mit peinlicher Genauigkeit zu erfüllen.

Gleich in den ersten Tagen hat Escobedo dem Kaiser im Gefängnis einen kurzen Besuch abgestattet. Maximilian erhält die Erlaubnis, ihn zu erwidern. Im offenen Wagen, ohne jegliche Bewachung, nur von Prinz und Prinzessin Salm begleitet, fährt er nach der in der Nähe der Stadt gelegenen Hazienda, wo Escobedo wohnt.

Maximilian tritt in dessen Zimmer: »Guten Tag, General! Ich bitte, mir zu gestatten, mit allen europäischen Offizieren und Truppen das Land zu verlassen. Ich verpflichte mich dagegen, offiziell abzudanken und feierlich zu versprechen, mich nie mehr in die politischen Angelegenheiten Mexikos einzumischen. Im übrigen bitte ich um Milde, um Vergebung der republikanischen Regierung für alle einstigen Anhänger des Kaiserreiches.« Escobedo hat ihn schweigend angehört. Er hat inzwischen scharfe Befehle bekommen. Ohne dem Kaiser einen Platz anzubieten, antwortet er sehr kurz und zurückhaltend: »Ich werde alle Ihre Vorschläge dem Präsidenten Juarez zur Entscheidung übermitteln, ich empfehle mich Ihnen.« Damit war die Unterredung beendet und Maximilian kehrt in sein Gefängnis zurück. Juarez aber verweigert den Bitten des Kaisers das Gehör und ist entschlossen, den Gegner, um dessentwillen er bis an die äußersten Grenzen seines Vaterlandes hat fliehen müssen, die Rache des Siegers fühlen zu lassen. Auf Befehl des Präsidenten wird die Bewachung, die bisher jeden Besuch beim Kaiser zuließ, schärfer gehandhabt. Für strengen Gewahrsam ist der bisherige Aufenthalt ungeeignet, und so bringt man Maximilian in das Kloster Capuchinas, wo allerdings die für ihn bestimmten Räume noch nicht frei gemacht sind. Der dortige Befehlshaber, ein erbitterter Gegner des Kaisers, läßt ihn die Nacht in der ehemaligen Totengruft des Klosters verbringen. Der Aufenthalt ist um so grauenvoller, als man Maximilian dorthin auch Nachrichten aus der Residenz des Juarez zukommen läßt, die seine Hoffnungen erheblich herabstimmen müssen. Später bringt man Maximilian, Miramon und Mejia in nebeneinandergelegene Zellen, deren Türen offenstehen. Vor jeder zieht ein Wachtposten auf. Die Zelle des Kaisers, sechs Schritt lang und vier breit, mit rotem Ziegelboden, enthält ein

Feldbett, an dessen Kopfende ein Kruzifix hängt, und ein Mahagonitischchen, das zwei silberne Leuchter trägt. Ein zweiter Tisch und mehrere Sessel vervollständigen die Einrichtung. Kruzifix und silberne Leuchter sind ein böses Omen, denn in Mexiko pflegt man diese Gegenstände nur dem Tode geweihten Gefangenen in die Zelle zu geben.

Zudem hat Juarez mittlerweile angeordnet, ein kriegsgerichtliches Verfahren gegen den Monarchen und die Generale Miramon und Mejia einzuleiten. Das ändert die Sachlage völlig. Die drei Gefangenen werden fürderhin als Verbrecher behandelt, für die nach den ihnen zur Last gelegten Taten nur das vom Präsidenten Juarez erlassene Gesetz vom 25. Januar 1862 in Betracht kommt. Dieses untersagt nicht nur den Mexikanern bei Todesstrafe, der fremden Intervention in Mexiko in irgendeiner Weise Vorschub zu leisten, sondern bedroht auch die Fremden mit Tod, die sich gegen die Unabhängigkeit Mexikos vergehen.

In Maximilian kämpft in diesen Tagen der natürliche Erhaltungstrieb mit dem Wunsch, seine Ehre zu wahren. Immer noch hofft er, Juarez werde nicht zum Äußersten schreiten, er bittet ihn, ihm eine Frist zu gewähren, damit er Verteidiger aus Mexiko berufen und seine Privatangelegenheiten ordnen könne. In einem Telegramm ersucht er den »Herrn Präsidenten« um eine persönliche Unterredung, um sich mit ihm insbesondere über das Schicksal Mexikos zu besprechen, und erklärt sich sogar bereit, sich trotz seiner Krankheit zu Juarez zu begeben. Dieser billigt ihm die verlangte Frist zu, verweigert aber die Zusammenkunft und läßt ihn durch Escobedo kurz auffordern, alles, was er zu sagen habe, im Laufe des Prozesses vorzubringen.

Für den Indianer Juarez ist es ein Triumphgefühl, daß der stolze Abkömmling eines der ältesten und angesehensten Herrscherhäuser Europas, zu dessen Vorfahren der Unterdrücker des Indianerstammes und Besieger des alten Aztekenreiches, Karl V., zählt, nun ihn, den aus verachteter und geknechteter Rasse stammenden Mann, demütig um eine Zusammenkunft bittet. Schon aus diesem Grund ist auf Gnade nicht zu hoffen.

Eine Begegnung mit dem Kaiser kann für Juarez eine Quelle von Verlegenheiten sein, da er fest entschlossen ist, seinen Gefangenen gegenüber keine Milde walten zu lassen. Es soll vor der Welt dargetan werden, welche Folgen eine Einmischung in die Angelegenheiten Mexikos für alle hat, die ein solches Wagnis unternehmen. Maximilian ruft nun den preußischen und den österreichischen Gesandten, die sich bisher völlig passiv verhalten haben, nach Queretaro, um mit ihnen zu besprechen, was man zu seiner Rettung tun könne. Die Höfe in Europa zeigen sich von der Nachricht, daß Maximilian gefangen und sein Leben bedroht sei, betroffen. Nun beeilen sie sich alle, bei der Unionsregierung eine Intervention durchzusetzen. Das geschieht auch auf diplomatischem Wege, aber so langsam und mit so viel Reibungen, bis es zu spät ist. Vom Ausland ist für Maximilian nichts mehr zu hoffen.

Der Kaiser denkt nun an den letzten Ausweg, an Flucht. Salm hat schon mehrmals seine ganze Überredungskunst aufgeboten, um den Kaiser dazu zu bewegen. Jetzt erst gelingt es ihm, seine Einwilligung unter der Bedingung zu erhalten, daß Miramon und Mejia in den Fluchtplan einbezogen werden. Das ist zwar eine sehr edle Regung, sie stellt aber die Ausführung um so mehr in Frage, als man bei den bisherigen Vorbereitungen die Person des Kaisers allein im Auge hatte. Salm ist es schon gelungen, Offiziere und Bewachungsmannschaften mit Geld zu bestechen. In Maximilian keimt neue Lebenshoffnung auf; er denkt daran, nach geglückter Flucht zunächst nach London und dann nach Miramar zu gehen, um die Geschichte seiner Regierung zu schreiben; auch erwägt er weite Reisen nach Neapel, Griechenland und der Türkei, um den Verlegenheiten in Österreich ausweichen zu können. Während er solche Luftschlösser baut, fällt ihm ein, daß er den Gesandten in Mexiko geschrieben hat, sie sollten sich nach Queretaro begeben. Was würden diese sagen, wenn sie ihn dort nicht mehr anträfen und erführen, daß der Kaiser geflüchtet sei? Maximilians überfeines Ehrgefühl läßt ihm keine Ruhe, vielleicht können die Gesandten ihm auch ohne Flucht zur Freiheit verhelfen. Vielleicht ist es besser, dergleichen gar nicht erst zu versuchen; wie unwürdig wäre es, wenn etwa der geflüchtete Kaiser von Mexiko ereilt und wieder eingebracht würde. Auch hat er Bedenken wegen seiner äußeren Erscheinung. Der geteilte blonde Bart, in ganz Mexiko nur ihm allein eigen und überall bekannt, muß ihn verraten, selbst wenn er ihn, wie man ihm rät, im Nacken abbinden würde. Abschneiden aber will er ihn nicht, es wäre ihm dann in der Freiheit peinlich gewesen, plötzlich ohne Bart zu erscheinen. Solche und ähnliche Erwägungen gehen dem Kaiser durch den Kopf.

In der Nacht zum 3. Juni soll der Fluchtversuch durchgeführt werden. Je näher die Stunde kommt, desto mehr Bedenken steigen dem wankelmütigen Kaiser auf. Da kommt eine Depesche, daß die Verteidiger und die Gesandten aus Mexiko abgegangen sind. Das entscheidet. Maximilian will bleiben, er läßt Salm kommen: »Man soll die Flucht aufschieben. Auf einige Tage mehr oder weniger kommt es doch nicht an.«

»Aber Majestät«, beschwört ihn Salm, »alles ist schon vorbereitet, die Wächter sind gewonnen. Nie kehrt eine so gute Gelegenheit wieder.«

Maximilian aber verharrt bei seiner Weigerung. Verzweifelt verläßt ihn Salm. Er denkt, die liberale Regierung sähe es vielleicht immer noch gern, wenn sie der Verlegenheit der Urteilsfällung durch die Flucht des Kaisers enthoben wäre. So aber läßt man den günstigen Augenblick wieder ungenützt verstreichen.

Am 3. Juni treffen der preußische Gesandte und die Verteidiger in Queretaro ein. Sie erhalten die Erlaubnis, Maximilian zu besuchen. Die Verteidiger erkennen sofort, daß ein Prozeß, wenn es dazu kommt, nur mit dem Todesurteil enden kann. So entschließen sie sich, zu Juarez zu reisen, um ihn um Gnade zu bitten. Inzwischen treffen auch der österreichische Gesandte Lago, der Belgier und der italienische Gesandte Marchese Curtopassi in Queretaro ein. Trotz der Widerspenstigkeit des Kaisers versuchen seine Anhänger, das Ehepaar Salm an der Spitze, doch noch eine Flucht zu ermöglichen. Dazu will man die beiden Obersten, denen die Bewachung anvertraut ist, mit hohen Summen bestechen. Bargeld ist aber keines vorhanden, und die Zeit drängt, da schon für den 12. Juni die erste Verhandlung des Kriegsgerichtes festgesetzt ist. Die beiden Offiziere lassen sich, ob nur scheinbar, ist schwer zu entscheiden, auf Verhandlungen ein. Als Maximilian ihnen Wechsel anbietet, verlangen sie die Gegenzeichnung durch europäische Gesandte. Der Kaiser bittet Lago darum. Der aber, nach wie vor um sein liebes Ich zärtlich besorgt, weicht aus, meint, der Fluchtversuch habe keine Aussicht auf Gelingen, die Obersten wollten ihn und seine Kollegen nur kompromittieren. Lago und die Gesandten schwanken zwischen Ehrenpflicht und Furcht hin und her, bald unterschreiben sie, dann schneiden sie ihre Unterschrift von den Papieren wieder ab.

Ganz anders die Prinzessin Salm! Sie ist in heroischer Weise bestrebt, dem Kaiser mit allen erdenklichen Mitteln zu helfen. Des einen Obersten scheint sie schon sicher, nur der andere, Palacio, der allerdings ihre Schönheit bewundert, ist noch zweifelhaft.

»Geleiten Sie mich abends nach Hause«, sagt sie zu ihm. Er tut es, und sie führt ihn geradewegs in ihr Schlafzimmer.

»Geben Sie mir Ihr Ehrenwort, Oberst, daß Sie niemandem etwas von dem, was Sie jetzt hören und erleben, sagen werden.« Zögernd reicht der Mann ihr die Rechte.

»Ich biete Ihnen hunderttausend Pesos, Oberst, wenn Sie an unserem Befreiungsplan teilnehmen.« Palacio schweigt überrascht, da geht sie noch weiter: »Genügt Ihnen die Summe nicht? Nun, Oberst, hier stehe ich.« Und die schöne Prinzessin beginnt sich zu entkleiden. Aufs tiefste bestürzt eilt Palacio der Tür zu; sie ist verschlossen.

»Öffnen Sie sofort, Prinzessin«, ruft er, »meine Ehre ist doppelt im Spiele.« Die halbbekleidete Prinzessin rührt sich nicht.

»Wenn Sie nicht sofort öffnen«, brüllt der Oberst, »springe ich durch das Fenster auf die Straße.«

»Aber beruhigen Sie sich doch«, ruft sie, die Tür aufschließend, »und vor allem erinnern Sie sich an ihr früher gegebenes Ehrenwort.«

Palacio eilt davon. Mit dem Fluchtplan steht es schlecht. Maximilian, der diesmal ernstlich gehofft hat, ist bitter enttäuscht. Oberst Palacio ist noch in der Nacht zum 14. Juni zu Escobedo geeilt und hat ihm alles gemeldet. Die Folge ist, daß die Gesandten und die Prinzessin Salm augenblicklich aus Queretaro ausgewiesen werden. Juarez sendet der Union eine Note, in der er die Gründe auseinandersetzt, warum er den Kaiser nicht als Kriegsgefangenen behandeln kann und die Urheber des nach der Abreise der Franzosen zwecklos fortgeführten Bürgerkrieges bestrafen muß.

Für den 12. ist die erste Gerichtsverhandlung angesetzt; der Schauplatz ist das städtische Theater; auf der Bühne sollen Gerichtshof und Angeklagte, in Parkett und Logen Zuhörer und Neugierige sitzen. Die letzte Szene des Kaiserdramas soll buchstäblich im Theater spielen. Das ist Maximilian zu viel:

»Ich werde auf keinen Fall auf der Bühne erscheinen und bis zum letzten Atemzug dagegen Widerstand leisten. Überdies bin ich doch krank und kann mich kaum rühren.«

Nach langem Hin und Her läßt Escobedo davon ab, den Kaiser auf die Bühne zerren zu lassen. Miramon und Mejia aber müssen dem Befehl Folge leisten. Schon die rein militärische Zusammensetzung des Kriegsgerichtes zeigt, was zu erwarten steht. Über einen ehemaligen Kaiser, einen einstigen Präsidenten der Republik und einen hochangesehenen, in unzähligen Schlachten siegreichen General urteilen ein Stabsoffizier als Vorsitzender und sechs junge Hauptleute. Maximilian hat man schon vorher einem eingehenden Verhör unterzogen. Dreizehn Anklagepunkte werden ihm vorgehalten:

»Vor allem haben Sie sich zum Hauptwerkzeug der französischen Intervention hergegeben, dadurch den Frieden, die Freiheit und die Unabhängigkeit Mexikos angetastet, sich mit Gewalt der Souveränität bemächtigt und widerrechtlich über Gut und Blut der Bewohner verfügt. Unzählige Mexikaner haben Sie durch ein barbarisches Dekret zum Tode führen lassen, dann selbst nach dem Abzug der Franzosen den Bürgerkrieg fortgesetzt und damit unsagbares Unglück über das Land gebracht.«

»Ich weigere mich«, erwidert Maximilian, »auf all diese Anklagen auch nur einzugehen, es handelt sich um politische Fragen, für die ein Kriegsgericht nicht zuständig ist.«

So endet die fruchtlose Verhandlung.

Die Verurteilung Maximilians ist nunmehr zu einem politischen Akt von höchster Wichtigkeit geworden, neben dem seine Person für Juarez federleicht wiegt. Der Präsident fürchtet vor allem, von seinen Landsleuten getadelt zu werden, wenn er Milde walten läßt. Auch kann der begnadigte Kaiser zurückkehren und den Versuch machen, die verlorene Krone wiederzuerlangen, wie es einst Iturbide getan. Man kennt die wechselnden

Stimmungen und die unbelehrbare Romantik des Kaisers im gegnerischen Lager zu gut und weiß, daß die erlittene Niederlage in dessen ehrliebendem Herzen zeitlebens als ein der Tilgung harrender Fleck auf seiner Ehre brennen wird. Auch denkt Juarez daran, wie hartnäckig Maximilian sich seinerzeit geweigert hat, das Land zu verlassen, und glaubt sich bei dem Charakter des Kaisers gegen alle Möglichkeiten vorsehen zu müssen. Alle Versprechungen, die er abgibt, kann er später für erpreßt erklären.

Die Verurteilung des Monarchen bietet dem stolzen Indianer überdies die einzigartige Gelegenheit, allen europäischen Herrschern symbolisch einen Faustschlag ins Gesicht zu versetzen, der ebenso dem monarchischen Prinzip wie Europa gilt, das sich vermessen hat, in die Geschicke Mexikos einzugreifen. Auch der Union kann man durch Ablehnung der von ihr erbetenen Gnaden für Maximilian zeigen, daß man entschlossen ist, sich auch von ihrer Seite keinerlei Einmischungen gefallen zu lassen. So ist denn der Tod des Kaisers ganz unabhängig von der Farce des Kriegsgerichtes unwiderruflich beschlossen.

Überlegen lächelnd nimmt Juarez die Erklärung des preußischen Gesandten entgegen, im Verein mit den übrigen Staaten Europas, ja vielleicht selbst mit der Union, die Unabhängigkeit und Freiheit Mexikos zu garantieren, falls der Präsident Maximilian freigibt. Er weidet sich nur an der Demütigung Europas, selbst Garibaldi, der in einem Manifest die mexikanische Nation zu ihrem glänzend geführten Freiheitskampf beglückwünscht, dabei aber um Schonung Maximilians bittet, macht keinen Eindruck.

Nun ist die schöne Prinzessin Salm aus Queretaro auch nach San Luis Potosi gekommen, wirft sich vor Juarez auf die Knie und fleht unter Tränen um das Leben des Kaisers. Der Präsident ist einen Augenblick von so viel Treue gerührt, dann aber werden seine Züge wieder hart:

»Es tut mir weh, Madame, Sie auf den Knien vor mir zu sehen; allein wenn alle Könige und Königinnen Europas an Ihrer Stelle wären, könnte ich sein Leben nicht schonen. Ich bin es nicht, der es nimmt; es ist mein Volk und das Gesetz, und wenn ich deren Willen nicht tun würde, so nähme das Volk sein Leben und das meinige dazu.«

Das ist zum Fenster hinausgesprochen und wälzt mit eitler Betonung der Ohnmacht der Monarchen Europas die Schuld für das zu vergießende edle Blut auf eine Gesamtheit, auf ein unpersönliches, ungreifbares Etwas – das Volk.

Ebensowenig Erfolg ist einer aus zweihundert Frauen bestehenden Deputation beschieden. Auch das herzzerreißende Flehen der Frau Miramons, die mit ihren kleinen Kindern um das Leben ihres Gatten bittet, vermag Juarez nicht zu erweichen. Das Herz des Aztekenabkömmlings bleibt hart, von seiner Seite ist Rettung nicht zu erhoffen.

Maximilian macht sich auch keine Illusionen mehr. Aber wenn sein Leben erlischt, so soll die Welt wenigstens sehen, daß ein Habsburger aufrecht und tapfer zu sterben versteht. Das zur höchsten Vollendung ausgebildete Ehrgefühl erhebt sich im Charakter des Kaisers in den letzten Tagen zu antiker Größe. Immer noch, auch jetzt, da er gleichsam die Vorbereitungen der Henker von seiner Zelle aus beobachten kann, denkt er zunächst an die Tapferen, die um seinetwillen kämpften, an seiner Seite standen und nun um seinetwillen leiden. »Wollen Sie alles aufbieten«, schreibt er an Baron Lago, »um die österreichischen Offiziere und Soldaten, die noch in Mexiko sind, zu retten und nach Europa zu schaffen.«

Kaum hat er dies niedergeschrieben, da bringt man ihm die falsche Nachricht, seine Gemahlin sei in Miramar gestorben. Mit zitternder Hand fügt er dem Brief an Lago am 15. Juni das Nachwort bei: »Soeben erfahre ich, daß meine arme Frau von ihren Leiden erlöst ist. Diese Nachricht, sosehr sie mein Herz zerschmettert, ist doch anderseits für mich im jetzigen Augenblick von unnennbarem Troste. Ich habe nur noch einen Wunsch auf Erden, daß mein Leichnam an der Seite meiner armen Frau bestattet werde, womit ich Sie, bester Baron, als Vertreter Österreichs beauftrage.«

Indessen hat das Kriegsgericht getagt. Drei Stimmen für Tod, drei für lebenslängliche Verbannung. So hat denn der junge vorsitzende Stabsoffizier zu entscheiden. Leichten Herzens spricht er es aus: Tod.

So ist auch der Prozeß unglücklich ausgegangen. Fluchtmöglichkeit gibt es keine mehr. Der preußische Gesandte ist unverrichteter Dinge, von tiefstem Mitleid für den Kaiser erfüllt, nach Queretaro zurückgekehrt.

Maximilian erträgt die Qualen der letzten Tage trotz der an ihm zehrenden Krankheit mit Fassung. Die Nachricht vom Tode seiner Frau ist wieder als zweifelhaft erklärt worden, darum schreibt er unter zahlreichen Abschiedsbriefen auch an sie für den Fall, daß sie die Gesundheit wiedererlangen sollte: »So viele Ereignisse, so viele unerwartete Schläge haben meine Hoffnungen zerstört, der Tod ist für mich nur eine glückbringende Befreiung, ich werde glorreich als Soldat fallen, wie ein besiegter, aber nicht entehrter König. Wenn Deine Leiden zu schwer sind und Gott Dich bald zu mir abberuft, dann werde ich die Hand des Herrn segnen, die so schwer auf uns gelastet hat. Adieu, Charlotte, adieu. Dein armer Maximilian.«

Der Kaiser hat vom Spruch des Kriegsgerichtes gehört und bestellt sein Haus:

»Meine letzten Wünsche betreffen nur noch meinen Körper, der bald von allen Schmerzen befreit sein wird, und dann meine Anhänger, die mich überleben werden. Der Arzt Dr. Basch wird meine Leiche nach Veracruz überführen lassen. Es ist mein Wille, daß dies ohne jede Feierlichkeit und Prunkentfaltung vor sich gehe und daß auf dem Schiff, das meine Leiche nach Europa bringen soll, keine besondere Zeremonie stattfindet. Ich erwarte den Tod mit Ruhe und wünsche deshalb, daß auch um meinen Sarg Ruhe sei. Sollte sich das Gerücht über das Ableben meiner armen Frau nicht bewahrheiten, so soll meine Leiche vorläufig irgendwo beigesetzt werden, bis die Kaiserin mit mir im Tode vereint ist.«

Ein inspizierender Offizier findet sich indes in der Zelle ein. »Bitte«, spricht ihn Maximilian an, »lassen Sie nur gute Schützen für die Hinrichtung auswählen. Sie sollen nicht auf meinen Kopf schießen, aber mein Herz gut und sicher treffen. Denn es paßt sich nicht für einen Kaiser, sich in Todeszuckungen auf dem Boden herumzuwälzen.«

Der Leibarzt Dr. Basch ist Tag und Nacht bei Maximilian. Er sieht mit tiefem Schmerz den »lebendigen Toten« die Vorbereitungen für sein Ende treffen. Die wenigen Gegenstände, die der Kaiser noch besitzt, verteilt er unter seine Verwandten und Freunde. Für den 16. Juni ist der Vollzug des Urteils angesetzt. Um elf Uhr vormittags erscheint ein General in Begleitung eines Obersten und einer Abteilung Soldaten und liest dem Kaiser ebenso wie Miramon und Mejia das Todesurteil vor. Um drei Uhr nachmittags soll die Hinrichtung stattfinden. Die letzten Stunden verrinnen mit letztwilligen Verfügungen und Gesprächen des Kaisers mit dem Geistlichen und den beiden Verteidigern. Die Verurteilten haben gebeichtet und kommuniziert. Der Kaiser ist ganz ruhig. Nur eine ihm eigentümliche Bewegung, das Wegstreichen des Bartes aus dem Gesicht, die er heute häufiger als gewöhnlich vornimmt, verrät die Anspannung seiner Nerven.

Da schlägt es vom Turm drei. Niemand ist noch gekommen, die Verurteilten abzuholen, obwohl man draußen Bewegung und Kommandorufe hört. Eine Viertelstunde nach der andern verrinnt unter qualvollem Warten. Endlich um vier Uhr erscheint Oberst Palacio mit einem Telegramm aus San Luis in der Hand. Ein Hoffnungsstrahl geht über die bleichen Züge des Kaisers. Das kann nur die Begnadigung sein. Es ist aber bloß ein Aufschub von drei Tagen, das einzige Zugeständnis, zu dem sich Juarez herbeigelassen hat. Tiefe Enttäuschung durchschauert den Kaiser; er empfindet den Aufschub peinlich; wenn es durchaus sein muß, so soll das Unvermeidliche rasch geschehen. Dennoch regt sich in seinem Innern noch eine schwache Hoffnung. Vielleicht bringen die folgenden Tage oder sogar Stunden gute Kunde. Während aber Maximilian die Hoffnung nur leise in seinem Herzen aufglimmen läßt, sieht ihn Salm schon gerettet, und selbst Oberst Palacio und andere Liberale halten den Aufschub für den ersten Schritt zur Begnadigung. Nun beschließt der preußische Gesandte als Ältester des diplomatischen Korps noch einen letzten Versuch. »Herr Präsident«, telegrafiert er an Juarez, »die Verurteilten sind, da sie unmittelbar vor der Hinrichtung zu stehen glaubten, nun moralisch schon zum Tode geführt worden. Ich bitte Sie, lassen Sie sie nicht zum zweitenmal sterben. Ich beschwöre Sie im Namen der Menschlichkeit und des Himmels, anzubefehlen, daß man nicht mehr an ihr Leben gehe, und wiederhole Ihnen nochmals, daß ich gewiß bin, daß mein Souverän, Seine Majestät der König von Preußen, und alle Monarchen Europas, durch die Bande des Blutes mit dem gefangenen Fürsten verwandt, nämlich sein Bruder, der Kaiser von Österreich, seine Cousine, die Königin von Großbritannien, sein Schwager, der König der Belgier und seine Cousine, die Königin von Spanien, wie die Könige von Italien und Schweden, sich leicht verständigen werden, um seiner Exzellenz dem Herrn Benito Juarez alle Garantien zu geben, daß keiner der Gefangenen je zurückkehren und mexikanisches Gebiet betreten wird.«

Das ist sehr gut gemeint, aber es ist nicht glücklich, Juarez vor Augen zu führen, daß ein Wink von ihm genügt, den »Cousin Europas« allen Monarchen der Alten Welt zum Trotz vom Leben zum Tod zu befördern.

Wenn der dreitägige Aufschub etwa der Ausdruck eines Schwankens des Präsidenten gewesen war, so hat er während dieser Zeit seine Härte wiedergewonnen. Das Telegramm des preußischen Gesandten bestärkt ihn in seinem Wunsch, ganz Europa eine Lehre zu geben.

Nun läuft auch ein Telegramm von Maximilian selbst ein: »Ich erbitte die Begnadigung der Generale Miramon und Mejia und wünsche das einzige Opfer zu sein.« Aber auch der Edelmut Maximilians rührt den Präsidenten nicht. Alle Briefe und Telegramme werden ablehnend beantwortet. Alle Hoffnung schwindet dahin, der Kaiser rüstet zum Tode. Das Bewußtsein, stets nur Gutes gewollt zu haben, die auch in seinem Verteidigungsmemoire angeführte Erwägung, daß man ihm doch den guten Glauben nicht absprechen könne, stärkt ihn in diesen schweren Stunden und gibt ihm die Kraft, sein Schicksal heldenmütig zu tragen. Die Nachricht vom Tode der Kaiserin wird endgültig dementiert. Nun bittet Maximilian den Palastpräfekten von Miramar mit herzlichen Abschiedsworten brieflich, er möge an der Seite seiner armen Gemahlin treu und redlich ausharren. Endlich empfiehlt er der kaiserlichen Familie in Wien die Witwen seiner beiden Leidensgenossen und richtet die Mahnung an Juarez: »Mein Blut möge das letzte sein, das vergossen wird. Lassen Sie fortan den Geist der Versöhnung walten, Herr Präsident, um dem unglücklichen Lande Frieden und Ruhe wiederzugeben.«

General Escobedo, dem Mejia einmal das Leben gerettet hat, erinnert sich dessen und verspricht, seinen ganzen Einfluß aufzubieten, um ihn aus seiner Lage zu befreien. Mejia gibt dem Edelmut seines Kaisers in nichts nach. Obwohl ihm seine junge, heißgeliebte Gattin eben erst ein Kind geschenkt hat, erklärt er, eine Begnadigung nur für den Fall annehmen zu wollen, daß auch der Kaiser und Miramon gerettet würden. Als Escobedo sich außerstande erklärt, dies alles zu erreichen, ruft Mejia aus: »Gut, dann erschieße man mich mit Seiner Majestät!«

Am Vorabend der Hinrichtung – der Kaiser schläft bereits – erscheint Escobedo, um sich von ihm zu verabschieden. Maximilian wird geweckt, spricht einige Minuten mit dem General, gibt ihm sein Bild mit eigenhändiger Unterschrift und legt ihm ans Herz, sich für die Wohlfahrt Mexikos einzusetzen.

So kommt der Morgen des 19. Juni 1867 heran. Strahlend geht die Sonne auf, blauer Himmel überspannt das weite Tal.

Bis drei Uhr früh hat der Kaiser traumlos geschlafen, dann erhebt er sich, und Pater Soria liest eine stille Messe für ihn und seine beiden Mitverurteilten. Tief erschüttert sehen die wenigen noch verbliebenen Anhänger des Kaisers die drei dem Tode geweihten Männer in den heiligen Augenblicken der Wandlung das Knie beugen und den ihnen in Rührung gespendeten Segen entgegennehmen. Die Zeugen dieser Szene schluchzen laut auf, und der Kaiser ist es, der sie mit dem Hinweis auf Gottes unerforschlichen Ratschluß zu beruhigen sucht. Dann zieht er seinen Trauring vom Finger, übergibt ihn Dr. Basch zugleich mit einem Rosenkranz und einem Skapulier, das er einst von seinem Beichtvater Pater Soria erhalten hat. Basch soll die Gegenstände mit des Sohnes letzten Grüßen der Erzherzogin Sophie bringen; die kleine Madonnenmedaille, die ihm einst Kaiserin Eugenie mit dem Wunsch gegeben hat, sie möge ihm Glück bringen, bestimmt er der Kaiserin von Brasilien.

Bis zum letzten Augenblick denkt der Kaiser an alle ihm Nahestehenden. Dann tritt er vor die Zellen der beiden Generale: »Sind Sie bereit, meine Herren? Ich bin schon fertig.« Maximilian umarmt sie. »Bald sehen wir uns im Jenseits wieder.« Miramon ist ruhig und gefaßt wie der Kaiser, Mejia, durch Krankheit und den Gedanken an seine junge Gattin geschwächt, kann sich kaum auf den Füßen halten.

Der Kaiser, in schwarzem Zivilanzug, geht die Treppen hinunter, bleibt auf der letzten Stufe stehen, sieht die Natur in ihrer vollen Pracht und ruft:

»Welch ein herrlicher Tag, ich habe mir stets gewünscht, in strahlender Sonne zu sterben.«

Dann werden die Wagen bestiegen, die die Verurteilten zur Richtstätte, dem Cerro de la Campana, führen. Es ist der Ort, wo man den Kaiser gefangengenommen hat. Eine starke Abteilung Kavallerie und Infanterie begleitet die Wagen, unmittelbar dahinter marschiert das Exekutionskommando. Tiefe Stille herrscht überall, wo der Zug vorbeikommt. Türen und Fenster von Queretaro sind zum Zeichen der Trauer geschlossen, die wenigen Leute in den Straßen sind schwarz gekleidet und zeigen tiefernste Mienen. Man sieht Frauen weinen, die mit ansehen, wie Mejias junges Weib mit dem Säugling in den Armen und entblößten Brüsten wehklagend dem Zug nachläuft und erst durch die Bajonette der Soldaten davon abgehalten wird, sich an den Wagen zu klammern, der ihren Gatten hinwegführt.

Hochaufgerichtet geht Maximilian die hundert Schritte den Hügel hinauf, aufrecht neben ihm auch Miramon, nur Mejia, kaum mehr seiner Sinne mächtig, muß geschleppt, fast getragen werden. Oben stehen die Truppen auf drei Seiten formiert, die vierte ist durch eine niedere Steinmauer abgesperrt. Dorthin werden die Gefangenen geführt und mit dem Gesicht gegen die Stadt Queretaro gestellt, die friedlich im Sonnenschein daliegt.

Den Truppen, deren man augenscheinlich nicht ganz sicher ist, wird ein scharfer Befehl vorgelesen, daß jeder, der zugunsten des Kaisers die Hand rührt, augenblicklich mit erschossen wird. Schweigend verharren die wenigen Zuschauer. Der Kaiser sieht sich wie suchend um, ob keiner seiner Freunde anwesend sei. Sein Platz ist ihm in der Mitte zwischen den beiden Generalen angewiesen.

Da wendet er sich an Miramon: »General, ein Tapferer muß auch angesichts des Todes von seinem Monarchen geehrt werden, gestatten Sie, daß ich Ihnen den Ehrenplatz überlasse.« Mit diesen Worten läßt er ihn in die Mitte treten. Dann zu Mejia: »General, was auf Erden nicht belohnt wird, wird es gewiß im Himmel.«

Die zur Abgabe der Todessalven bestimmten Mannschaften treten an. Der Offizier, der den Befehl zum Feuern zu erteilen hat, stammelt, offenbar von peinlichen Gefühlen bewegt, zum Kaiser gewendet einige Worte, die wie eine Entschuldigung klingen. Maximilian dankt für das Mitleid: »Sie sind Soldat, Sie müssen gehorchen.« Dann gibt er jedem der ihm gegenüberstehenden Soldaten eine Goldunze, mit der Bitte, sie möchten gut zielen. Er tritt auf seinen Platz zurück, wischt den Schweiß von der Stirne, gibt Taschentuch und Hut seinem getreuen Diener Tüdös, damit er sie seiner Mutter und seinen Brüdern in die Heimat bringe. Dann erhebt Maximilian die Stimme. Erschaudernd vernehmen alle Umstehenden klar und deutlich die spanischen Worte: »Ich vergebe allen, bitte, daß auch mir alle vergeben, und wünsche, daß mein Blut, das nun vergossen wird, dem Lande zum Wohl gereichen möge. Es lebe Mexiko, es lebe die Unab . . .«

Da senkt der kommandierende Offizier den erhobenen Säbel, sieben Schüsse krachen, und Kaiser Maximilian fällt, mit dem Gesicht voran, leise das Wort »hombre«[1] flüsternd, von fünf Schüssen durchbohrt zu Boden. Leichtes Zucken verrät, daß noch Leben in ihm ist. Der Offizier, der den Befehl zum Feuern gegeben, eilt zu dem Körper des Gefallenen, wendet ihn mit der Waffe um und zeigt mit der Säbelspitze stumm auf das Herz des Kaisers. Ein Soldat gibt aus nächster Nähe einen Schuß auf die bezeichnete Stelle ab, der die Kleider des unglücklichen Monarchen zum Glimmen bringt und ihm den Tod gibt.

Nach Maximilian kommt die Reihe an Miramon, der aufrecht, mit weithin schallender Stimme jeden Vorwurf von Verräterei von sich weist und Mexiko sowie den Kaiser leben läßt. Mejia vermag nur noch ganz schwach »Es lebe Mexiko, es lebe der Kaiser!« zu rufen, dann kommt auch dieses Tapferen letzter Augenblick. So sind der Kaiser und seine beiden treuen Paladine gefallen. Freund und Feind zieht vor dieses Habsburgers Art zu sterben den Hut; er hat nur das Gute und Hohe gewollt. Für sein Irren zahlt er mit seinem Leben. Die ihn aber so weit gebracht, sehen in sicherer Ferne dem Ausgang des Dramas zu. Wenig später steht Juarez in Queretaro an der einbalsamierten Leiche Maximilians. Des Indianers Härte und Zähigkeit haben über das weiche, von Ehrgeiz getragene und von Idealen

1 Spanischer Ausruf: Menschensohn, Christus.

durchwärmte Gemüt Maximilians gesiegt. Der Erfolg ist auf des Präsidenten Seite, die Sympathie, das Mitgefühl, ja die Bewunderung aller Herzen sind auf seiten des Kaisers, der so mannhaft in den Tod gegangen ist.

Aber Juarez ficht das nicht an. Nun ist er unbestrittener Herr seines Landes und bleibt es auch.

Inzwischen ist in Europa, während sich das Schicksal Maximilians vollendet, nach den kriegerischen Ereignissen des Jahres 1866 scheinbar wieder Ruhe eingetreten. In Paris lebt man wieder im Taumel kaiserlicher Größe, feiert prunkende Feste und berauscht sich an dem glänzenden Erfolg der Weltausstellung, die Napoleon III. für das Jahr 1867 angesetzt hat, um durch eine solch prächtige, alles Dagewesene weit übertreffende Veranstaltung die außenpolitischen Mißerfolge etwas zu verwischen. Paris ist wieder der Mittelpunkt Europas, ja der Welt; Tausende und aber Tausende pilgern nach der Stadt an der Seine. Zahlreiche Fürsten Europas, sogar der Zar und der König von Preußen, besuchen Paris als Gäste Napoleons, um die von 52.000 Ausstellern beschickte Schau über die Herrlichkeiten der Welt, die in unzähligen auf dem Marsfeld emporgeschossenen Palästen und Kiosken aufgestellt sind, auf sich wirken zu lassen.

Bei alledem vergißt man nicht das Vergnügen. Die »Großherzogin von Gerolstein«, Offenbachs berühmte Operette, verdreht aller Welt den Kopf, die Walzer von Strauß laden zum Tanz, in allen Botschaften, auch der österreichischen, werden glänzende Bälle gegeben, auf denen sich Fürstlichkeiten aus aller Herren Länder drängen. Schon weiß man, daß Kaiser Maximilian ein Gefangener ist; aber Mexiko ist weit und die Festesfreude nahe. Man glaubt nicht an den Ernst seiner Lage, ebenso wie man auch in Washington die ganze Angelegenheit mit einer gewissen Lässigkeit behandelt. Noch am 17. Juni hat der amerikanische Unterstaatssekretär Seward bei einem Diner auf der österreichischen Gesandtschaft über Kaiser Max geäußert: »Sein Leben ist gerade so sicher wie das meine und das Ihre.«

In Paris ist es nicht viel anders. Man hofft auf guten Ausgang, man hat aber doch Sorge. Die Potemkinschen Dörfer der großen Ausstellung können wohl die Welt über die Schwäche des Kaisertums hinwegtäuschen, aber Napoleons quälendes Gewissen nicht ganz beruhigen. Am 11. Juni hat der Zar, am 14. der König von Preußen Paris verlassen. Das französische Kaiserpaar ist in diesen Tagen von bösen Ahnungen gequält. Es ist schwer bedrückt, Maximilian keine Hilfe bringen zu können. Napoleon weiß sich keinen Rat, er bittet Österreichs Minister des Äußern, auf ihn zu zählen, wenn er irgendeine Möglichkeit sähe, wie man helfen könne.

Am 30. Juni wollen Napoleon und die Kaiserin in Anwesenheit aller noch in Paris weilenden Fürstlichkeiten feierlich die den Ausstellern zuerkannten Preise verteilen. Da trifft nachts vorher die telegrafische Nachricht ein: »Kaiser Maximilian erschossen!« Eugenie ist eben im Begriff, sich für die Feierlichkeit anzukleiden, als man ihr dies mitteilt. Schreckensbleich eilt sie, einer Ohnmacht nahe, in das Kabinett ihres Gemahls. Soll man die Preisverteilung absagen? Oder mit wundem Herzen Unkenntnis heucheln? Noch ist die Möglichkeit gegeben, daß die Kunde falsch ist. Das Kaiserpaar entschließt sich, die Feierlichkeit abzuhalten. Während die Kaiserin in äußerster Selbstbeherrschung den Preisträgern die goldenen und silbernen Medaillen mit huldvollem Lächeln darreicht, verfolgt sie der Gedanke an den Toten. Mit Mühe führt sie ihre Aufgabe zu Ende. Kaum in die Tuilerien zurückgekehrt, versagen ihre Kräfte.

Tags darauf läßt sich die bittere Wahrheit nicht mehr verbergen. Nun kommt von allen Seiten die Bestätigung der Schreckensnachricht. Mitten im Trubel der Feste wird Paris plötzlich in Trauer versetzt. Mit einem Male sieht auch der Urteilslose, wohin das mexikanische Abenteuer geführt hat. Tausende französischer Soldaten haben ihr Leben gelassen, Hunderte Millionen sind ausgegeben worden, und der Schützling Napoleons muß auf der Schlachtbank enden. Die vertrauensvollen Pariser Zeichner der mexikanischen Anleihen verlieren ihr Geld, die Gutierrez, Hidalgo und Genossen freilich haben sich ihrer Anteile schon längst entledigt. Im Nu ist der Taumel verflogen, alle Feierlichkeiten werden abgesagt, und die fremden Festgäste verlassen die Stadt. Herbe Kritik richtet sich gegen Napoleon. Thiers nennt ihn geradezu den einzigen und wahren Urheber des Verbrechens. »Er wird sich von diesem Fluch«, ruft er, »nicht mehr erheben. Diese Gewalttat erledigt ihn in der Achtung Frankreichs.«

In England geht das Wort von dem »archduke«, der der »archdupe« Napoleons gewesen, von Mund zu Mund. Der Kaiser muß auch mit einem schweren politischen Schaden, der ernsten Entfremdung Österreichs, in einer Zeit rechnen, da Frankreich von Preußen bedroht ist.

In Wien ist die Bestürzung nicht nur am Kaiserhofe, wo insbesondere Erzherzogin Sophie sich vor Schmerz über die Hinrichtung ihres Sohnes kaum fassen kann, sondern auch in der Bevölkerung, bei der Maximilian so beliebt gewesen, ungeheuer. Alle, die vor dem Abenteuer einst gewarnt haben, erinnern an ihre Worte, und auch die Leute, die einst dem neuen Kaiser zugejubelt, wollen jetzt alles vorhergesehen haben. Das französische Kaiserpaar sendet ein Beileidstelegramm und spricht den Wunsch aus, einen Kondolenzbesuch abzustatten. Kaiser Franz Joseph, der das traurige Ende noch am gefaßtesten hingenommen hat, vertritt die Ansicht, daß die Pietät hinter der Staatsraison zurücktreten muß, und erwidert, er erwarte Napoleons und Eugeniens Besuch. Nur die Mutter Maximilians kommt über ihren Schmerz nicht hinweg, zu hart hat es sie getroffen: »Ich bin nicht imstande, im jetzigen Augenblick das französische Kaiserpaar zu sehen.«

Auch fürchten Napoleon und Eugenie, in Wien möglicherweise feindseligen Kundgebungen zu begegnen. So wird Salzburg als Schauplatz der Zusammenkunft bestimmt, die an einem sonnenhellen Tage, am 18. August 1867, dem Geburtsfest Franz Josephs, stattfindet. Die ganze Welt spricht von dem ersten Zusammentreffen der beiden schönsten Kaiserinnen Europas, und die Leute erörtern die Frage, welcher von den beiden, wenn sie nebeneinander stehen, die Palme der Schönheit gebühre. Napoleon und Franz Joseph sprechen in den ersten Augenblicken von Maximilian und der Trauer um ihn, bald aber drängen politische Fragen die peinliche Erinnerung in den Hintergrund. Man spricht von Deutschland, vom Orient, von Kreta, von tausend wichtigeren Dingen... Unterdessen trägt die »Novara«, dasselbe Schiff, auf dem einst ein stolzes Paar mit tausend Hoffnungen ausgezogen, Maximilians Sarg, mit der rot-weiß-roten Kriegsflagge bedeckt, der Heimat zu...

XX

IN GEISTIGER NACHT

Fiebernd träumt in Miramar eine Unglückliche: Maximilian nun Herr der Erde, Souverän des Weltalls! Vor ihm neigen sich alle, selbst Er, der Vergifter dort im Babel Paris.

Nur zu ihm, zu ihm! – Wie? Warum nicht? – Laßt mich zu ihm. – Kein Schiff? Ich gehe zu Fuß!

Max hat mich vergiften lassen wollen, weil ich ihm keinen Thronfolger gebar – lieber, liebster Max, ich werde für Dich schreiben, für Dich arbeiten, hingehen, dem Staatsrat präsidieren – ob auch die uns töten wollen?

Heute ist ein herrlicher Sonntag. Man muß Mama Sophie schreiben! So lange kein Brief von Max? Man muß doch wieder fragen.

Ein wenig müde und abgespannt ist man, sonst geht es gut heute. Wie schön das Klavier, wie interessant das Buch – was nur die Leute haben? Sie sind so scheu und so merkwürdig. Sollte mit Max etwas sein? Wollen sie etwas verheimlichen?

Um die Kranke herrscht helle Verzweiflung. Herren und Damen des Gefolges wissen sich einer Wahnsinnigen gegenüber nicht zu benehmen. Aber ist sie wahnsinnig? Tage und Wochen ist sie ganz normal. Dann freilich.

Kein Wasser! Nein, nur kein Wasser. Das ganze Meer ist vergiftet. Darum schmeckt's ja so bitter, so salzig. – Die Geschichte der Heiligen? Ja, interessant, unglaublich diese Wunder. – Oder ist Griechenlands Krone besser? Ihr wißt ja, dort in Amerika griechische Heilige. – Man wollte ein Konkordat. Da ist es nun. Ja, ja, endlich. Ein Triumph, ein Triumph, »*Ihn*« zu ärgern.

Das muß man Tante Grünne schreiben, der guten. Man muß hin zu Max, um es ihm zu sagen. Drüben durch den Garten schleichen zu ihm, freilich, Juarez lauert am Gitter auf. – Ob wohl Dürers Reiter mir ihr Pferd geben? Ja, die Pest vielleicht oder den Tod? Max, Max, hilf mir!

Wo ist Frau von Barrio? Man hat sie vergiftet. Sie soll sofort zu mir kommen. – Männer, nur Männer überall. Feinde, Vergifter, Schufte, Napoleons, lauter Napoleons. Man ist verlassen, verlassen. – Nichts essen, alles ist vergiftet. Man magert ab, ist nur noch Haut und Knochen …

Ein Oberst erscheint vor Kaiser Franz Joseph in Wien, aus Brüssel von der belgischen Königin gesandt. Marie Henriette lädt ihre unglückliche Schwägerin zu sich, sie will sie hegen und gesundpflegen. Der Kaiser überlegt, eine furchtbare Verlegenheit, ein schauerliches Memento weniger. Weg, nur weg, die Kranke dem kaiserlichen Kreise entrücken. Ja, Charlotte gehört zu ihrer Familie. Franz Joseph stimmt zu.

Im August 1867 bringt man sie nach Schloß Tervueren in Beglien. Es ist gerade ein lichter Augenblick, alles geht glatt. Sie kommt gut an, dann findet sie sich nicht zurecht. Bald aber fühlt sie sich wohler. Maximilian ist freilich tot, noch aber weiß sie's nicht, obwohl sie drei Viertel der Zeit ganz verständig ist. Da plötzlich läßt sie weinend die Königin rufen, stürzt ihr zu Füßen:

»Man hat mich am Ärmel gepackt, man soll mit Gewalt nach Miramar zurück. Nein, nein, nicht, nicht! – Ruhe ist hier. Gut speisen ist es mit Max täglich bei Tisch. Heute kam man zu spät, er saß schon da. Komisch, er fiel auf einmal auf seinen Teller wie eine Puppe. Schön ist Max! Die Uniform, ja, unser schönes, großes Reich. Anders als das arme Europa.

Man ist wahnsinnig, mein Herr, wahnsinnig oder gesund? Gesund, gesund! Man speist, man liest, Ruhe ist ringsumher, nötig nach all dem Jammer. Danke, Marie Henriette, Du bist so gütig, eine Freundin! – Nicht wahr, es ist alles gut? Man fühlt sich wohl und munter, man verträgt einen Puff.«

Am 20. Januar 1868 ist unter Glockengeläute Maximilians irdische Hülle in die Kapuzinergruft eingezogen. Soll man es Charlotte sagen? Muß man es nicht? Aber einer solchen Kranken? Ist sie es denn noch? Seit Wochen ist sie ganz normal, täglich erklingt die süße Weise von Gounods Ave Maria am Klavier. Nur einmal hat sie, als die Melodie den höchsten Ton erklomm, plötzlich die Tasten in tausend Stücke geschlagen und sich die Finger verletzt, dann konnte sie auf einmal nicht weiterspielen. Merkwürdig. Das war nur eine kleine Erinnerung. Nun ist aber seit langem alles wieder gut, und sie soll sogar wieder die heilige Kommunion nehmen. Nun ja, man *muß* es sagen. Der Erzbischof soll es tun, der wird den richtigen Ton treffen:

»Majestät, Kaiser Max ist in die ewige Seligkeit eingegangen. In Ehren gefallen ist er, nun weilt er zunächst dem Throne des Allerhöchsten. Heldenhaft war sein Tod.«

Entgeistert blickt sie ihn an. Weinend fällt sie Marie Henriette um den Hals. Ihren Frieden mit dem Himmel machen, beichten, ja, beichten will sie.

Mitten in der Nacht läßt sie die Königin wieder holen. Nein, sie kann *doch* nicht beichten. – Wie geht es Max? Daß er nur morgen bei Tisch nicht zu spät kommt. Schläft er jetzt? Warum ist er nicht hier am Bett. Ah, er ist krank, oh, wie schön.

»Beruhige dich, mein Kind.«

Sie wird auch wieder ruhig. Volle Gesundheit? Man hat sie erträumt, und nun? Marie Henriette gibt die Hoffnung nicht auf. Vielleicht steht es doch besser, als man glaubt. Nun, da der Schock vorüber ist, Gott sei Dank, es ist gesagt, und sie tobt nicht, sie hat es ganz gut ertragen, oder vielleicht zu gut? Manchmal aber weint sie, will nur tiefe Trauer tragen, dann lacht sie wieder über den schwarzen Tand. Sie ist ruhiger, abgeklärter, sieht häufig Tante Grünne, die Freundin aus Kindertagen. Aber letzthin bei Tisch trat diese herein, wollte wohl die Speisen vergiften, oder gar schon die Wirkung sehen? Man hat es ihr aber gezeigt, der bezahlten Verbrecherin, dieser Dirne von *»Ihm«*. Man ist auf der Hut, man weiß, was sie und alle wollen.

Heute ist der Jahrestag der Kronannahme. Der tote Max lebt. Er herrscht und hat Juarez erschossen, da liegt er, der tolle Indianer, hat man es ihm nicht immer gesagt?

Dieser böse Teller mit den Giftflecken am Rand, zur Erde mit ihm. Pfui, im Weinglas ist lauter Blut! Hei, wie es im Spiegel klirrt. – Um Gottes willen, man ist über und über mit Blut bespritzt. Ein Attentat, man will uns töten.

Ja, ja, der Mann mit der Fratze aus St. Cloud oder Chapultepec. Ja dort, die balsamische Luft, die herrlichen Zedern, die Kolibris, der Sonnenschein über den Schneebergen.

Man wird wieder ruhig, man schreibt ganz vernünftige, natürliche Briefe. Kein Wort ist unklar. Alles rein sachlich noch im März 1869, dann aber ist man wieder »décousu« im Schreiben, verletzt sich mit der Feder. – Nun hat man nur noch einen dicken blauen Bleistift. Wozu denn auch schreiben, handeln muß man, siegen, zu Pferde steigen, nicht fliehen. Regieren ist Beruf und Pflicht, hassenswert schöne.

Marie Henriette hat sie bisher zuweilen auch zu ihr nach Schloß Laeken kommen lassen, nun geht es nicht mehr. Der Geist wandelt in völliger Nacht, immer seltener findet ein Lichtstrahl dahin seinen Weg. In jedem Augenblick ist ein tätlicher Angriff zu befürchten. Im Mai 1869 muß sie zurück nach Schloß Tervueren, umgeben von Ärzten und Irrenwärtern. Dorthin kommen der König von Belgien und sein Bruder zu Besuch. Sie werden gemeldet. Aber man will nichts wissen, man flieht, was man laufen kann, in die äußerste Ecke des Parkes, Ärzte und Bediente hinterdrein. Niemand sehen, niemand. Alle bringen sie Gift, wie Salz und Brot auf silbernem Teller.

Mühsam und widerstrebend wird sie zurückgeführt ins Zimmer. Dort hängt ein Bild Maximilians an der Wand. Eine Landschaft auch und ein Schlachtenbild. Auf dem Schreibtisch ein großes hölzernes Lineal. Sie reißt sich los, stößt mit dem Holz in die Landschaft, zerschlägt die Lampe, wirft das Schlachtenbild zu Boden. Nur vor Maximilians Porträt eine tiefe Verneigung, wie bei Hofe, ja, genauso tief. Doch sonst, alles splittert!

»Aber Majestät, von allen Kaiserinnen, die ich kenne, sind Sie die einzige, die so etwas tun.« Sofort wird sie ruhig, nimmt Haltung und Würde an.

Ein Sturm braust vorbei, der Deutsch-Französische Krieg vom Jahre 70, nah vorbei an den Mauern von Tervueren, aber bald weit, weit davon. Kein Laut, kein Kanonendonner dringt bis dahin. Man weiß nichts. Krieg, ja, der war einmal, in Mexiko, aber nun ist er längst vorbei. – Jetzt lebt und herrscht man da ruhig und in Frieden, und alles ist schön ringsum, bis auf die dumme Vase da. Krach, am Boden in tausend Scherben, wie herrlich!

Jahr um Jahr verrinnt, da kommt der 3. März 1879 heran. Man lebt nun im ersten Stock des Schlosses, dessen Fenster mit feinen Drahtgittern abgeschlossen sind. Unter dem Balkon ein Lokal zum Reinigen und Aufbewahren der Wäsche. Der Schloßhauptmann ist nicht da, ein Karnevalsfest hält ihn fern, aber es ist kalt und feucht, und die Wäsche will nicht trocknen, der Ofen, in dem die Plätteisen glühen, wird stark überheizt. Als die Arbeit fertig ist, brennt er noch fort, die hölzerne Tafelung beginnt zu glimmen, es wird heißer und heißer. Langsam schwelt das Feuer, es wird morgens halb sechs. Türen und Fenster werden geöffnet, der Wind braust durch die Läden und schürt die Flamme in dem kleinen Raum. Im Nu platzen die Fensterscheiben, die Flamme bricht sich Bahn nach außen, ergreift Fenster und Türen, frißt sich über den Holzgang durch. Die Diener schlagen Alarm, die Hofdame, Frau Moreau, springt auf, stürzt, ohne sich anzukleiden, nur in einen Regenmantel gehüllt, durch den aufsteigenden Rauch hinüber ins Schlafgemach der Kranken.

Diese ist eben tränenden Auges aufgewacht, ist erschrocken und sehr mißtrauisch. – Und doch, es ist gut warm, ein Licht, fast ein Feuer, wie schön die Flamme züngelt, wie nah. Wie sie knistert und leuchtet! Was wollt Ihr! Laßt mich. Heraus aus dem Bett? Wie schön, laßt mich doch. Nein, keine Strümpfe, keine Schuhe. Bleiben will ich, bleiben, hört Ihr? – Wie sie ziehen, wie sie zerren. Eine Majestät stoßen? Auf die Knie mit Euch, verbeugt Euch, wie es sich gehört. Was tut Ihr? Ihr tut mir ja weh. Schaut, wie die rote Farbe an dem Vorhang hinaufklettert. Wie, was? Gewalt, ein Überfall, ermorden, wegschleppen wollt Ihr mich?

»Das sollte nicht sein!« ruft sie, »das sollte nicht sein!« »Aber Euer Majestät haben doch selbst befohlen, an einen anderen Ort gebracht zu werden.«

Ja, das ist etwas anderes; Kleider läßt man sich umwerfen, Schuhe will man um keinen Preis.

Indessen greift das Feuer um sich, näher und näher lecken die Flammen, heißer und heißer wird ihr Atem. Erstickend verdichtet sich der Rauch, schnell, schnell, der Arzt ist herbeigeeilt. Mit sanfter Gewalt wird sie in einen weiten Mantel gehüllt und trotz Widerstand über die schon glimmende Stiege in den Garten gebracht. Dort angelangt, sieht man schon den ganzen linken Trakt des Schlosses wie eine Fackel zum Himmel lodern.

Ah, wie schön, sagt sie bewundernd. – Es ist ernst – sehr ernst, eine herrliche Flamme.

Sie will bleiben, weitersehen, aber der Arzt drängt. Nun plötzlich beginnt sie zu begreifen, das Schloß, die Sachen, die Bilder, alles vernichtet, die Mörder, die Vergifter haben es angezündet – o mein Gott, Hilfe, zurück. Maximilian ist ja noch im Schlosse. Ich gehöre zu ihm – es ist ja so schön rot, so schön feurig, so warm da drüben.

Was wollt Ihr denn? Wohin bringt Ihr mich? In dieses dumme, armselige Gartenhaus, ins Schloß will ich, wie es einer Kaiserin gebührt, zu Max, er ist schon angekleidet und wartet im Thronsaal, und hier, dieses elende Zeug, dieses kleine Loch, diese häßlichen Möbel.

Sie greift nach einer Bürste, die auf der Kommode liegt, und schleudert sie ins Fenster, wirft ein Tischchen um mit Sachen darauf, den Sessel dazu, und schlägt alles kurz und klein in wenigen Sekunden Alleinseins.

Ihr schnürt mich ja so, was tut Ihr denn? Das Kleid ist zu eng, ich kann mich kaum rühren darin. – Weich und eng ist das Krönungskleid, das geht ja nicht, ich kann nicht mehr. – Marie Henriette, Marie Henriette, komm doch!

Die Königin eilt herbei. Sie kommt vom Schlosse, das nun schon völlig ein Raub der Flammen geworden ist.

Langsam kommt die Kranke zur Ruhe. Zum Glück fragt sie nicht nach den Bildern, Schriften, Kunstgegenständen, nach den wenigen Dingen aus Mexiko, heiligen Erinnerungen, all den Kleidern und all der Wäsche. Verbrannt, verschüttet, gleich dem kleinen, täglich gebrauchten Schmuck. Nur der große ist zum Glück in Brüssel gerettet, andere werden sich dereinst daran freuen.

Sie hat sich beruhigt, hat die Zwangsjacke ablegen dürfen und geht wieder ganz ruhig unweit des brennenden Schlosses neben Marie Henriette im Park spazieren. Da steht plötzlich ein offener Phaeton. Seit Jahr und Tag hat sie keinen geschlossenen Wagen bestiegen, aber auch in den offenen will sie nur sehr ungern hinein. Mühsam und mit List wird sie hineingelockt, rasch entschlossen bindet Marie Henriette unter dem Vorwand, man müsse sich vor Erkältung schützen, die Taille mit einem Plaid fest an die Eisenstäbe des leichten Wagens. Die Königin der Belgier jagt die ungarischen Falbenjucker in großer Eile nach Laeken.

Da kommt das Gefährt an neugebauten Kasernen vorbei. Die Soldaten grüßen ihre Königin mit der Hand am Schirm. Die Kranke ahmt es nach und legt die freie Linke an die Stirne. Eine gewagte Sache, doch man kommt gut nach Laeken. Da sieht sie sich um und sagt etwa fünfzigmal: Ah ja, das ist es wohl. Wir finden da einige Erinnerungen wieder.

Der König hat seine unglückliche Schwester schon lange nicht gesehen. Nun kann er den Anblick nicht recht ertragen, in Laeken kann sie nicht bleiben. Darum wird möglichst schnell ein neuer Ort gewählt, das Schloß Bouchout, ein quadratischer Bau aus dem zwölften Jahrhundert mit vier Ecktürmen, an drei Seiten von einem Teich umgeben. Wieder übersiedelt man mit Marie Henriette, sonst wäre alles furchtbar schwierig, ja ohne Gewalt unmöglich. Ungern gewöhnt man sich an die neue Umgebung. Manchmal, in lichten Augenblicken, ist man ganz Kaiserin. Stolz und hochaufgerichtet reicht man die Hand zum Kusse, dann wieder erscheint man klein und gebückt, armselig wie eine Bettlerin. Die Augen liegen tief in den Höhlen, haben unheimlichen Glanz, einstige Schönheit mischt sich mit wirrem Ausdruck. Obwohl sie früher oft wochenlang kein Wort gesprochen, ist die Kranke nun in Bouchout mitteilsamer, duldet Schlafgenossinnen, speist sogar mit den Herren und Damen vom Dienst an einem Tisch. Allerdings spricht sie mehr mit sich selbst über die Mörder und Vergifter, die da rechts und links sitzen.

Sie spielt sogar zuweilen mit Marie Henriette vierhändig ganz fehlerfrei ein schwieriges Musikstück. Nur das Altwerden verträgt sie nicht. Heute hat sie ein weiß gewordenes Haar entdeckt, weg damit. Sie rauft sich dabei ganze Büschel der dunklen Haare mit aus. Schon ist sie teilweise ganz kahl geworden.

»Laß dir die Haare ganz kurz scheren«, rät Marie Henriette, »dann kann kein weißes Haar aufkommen.« Mühsam muß sie bei der Toilette gehindert werden, sich ein Leid anzutun. Tätig ist sie aber fast immer, kaum einen Augenblick ruht und rastet sie, hastig wird Musik betrieben, hastig auch der Pinsel über die Leinwand geführt. Ganz gut manchmal, doch auch so, wie es heute manche Leute tun, die gesund zu sein behaupten. Meßgewänder, Strickereien und Decken fertigt sie mit eigener Hand. – Einmal, ja, da zerreißt sie die Arbeit, an der sie sich monatelang gemüht. Aber das muß schon so sein. Das kommt so manchmal über einen. Wechselnde Stimmungen zeigt man. Ruhig und ergeben, ganz Kaiserin, traurig, alles begreifend.

»Ja, mein Herr, achten Sie nicht darauf, wenn man nicht vernünftig ist, man ist alt, mein Herr, man ist blöde, man ist toll. Immer noch lebt die Wahnsinnige, mein Herr, Sie sind bei einer solchen!«

Diese dummen Bücher. Man muß sie zerreißen, zur Erde die Teller! Wozu hängen die Bilder so hoch? Krach, da sind sie schon tiefer.

Nicht wahr, man ist immer noch schön? Ja, Schönheit ist unsterblich, sie wirkt auch auf alle Menschen, besonders wenn man Kaiserin ist. Nicht wahr, die Spitzen da, sie stehen gut, es blinkt der Diamant an der Hand, der schönen, wächsernen, erhabenen Hand.

Sie spricht mit sich selbst. Heiter ist es heute, nicht wahr, ha, ha, ha. Schöne Bänder hat man auf Kleid und Schuh. Will man nicht Karten spielen? Ja, aber nur gewinnen, nur gewinnen, verloren hat man schon genug. Oder nicht? Was ist das? Muß immer jemand verlieren, wenn man spielt? Gewinnen spielen will ich. – Ha, ha, ha, mein Herr. Sie sind ungebildet. Können Sie Englisch, Französisch, Deutsch, Italienisch oder Spanisch vielleicht? Wie dort im Königreich Sachsen.

Ja, mein Herr, man hat einen Gemahl gehabt, einen Kaiser oder einen König, eine große Partie hat man gemacht, ja, dann, mein Herr, kam der Wahnsinn. – Diese Kanaille, dieser große Napoleon, der gewaltige Herrscher, mag er sterben, mag er sterben.

Wo bleibt Marie Henriette so lange? Man sieht sie nicht mehr. Ein Tag wie der andere, Monat um Monat, Jahr um Jahr bleibt sie aus.

Wie? Lärm vor den Toren, ein Krieg? Hier, hier in Mexiko? Ein Krieg aller gegen alle? Hei, wie es donnert, wie es kracht und blitzt. Ein Weltkrieg, ach! Nun siegt Max, nun wird Nord und Süd, Amerika und Europa ein einziges Reich, und *Er, Er* wird vernichtet. Seine Hauptstadt ins Meer geschwemmt.

Wer hilft uns denn da? Was ist das? Es dauert ja so lange? Ach, das ist ja nur ein Traum, ein wirrer, blutiger, schöner, langer Traum.

Die Wellen branden an das Schloß, aber die breiten Mauern halten sie ab, sie dringen nicht ein, auch ein Weltkrieg stört die Ruhe einer kranken Kaiserin nicht, darf sie nicht stören.

Er geht vorbei, wird mit anderen Mitteln weitergeführt. Und immer noch lebt man, greisenhaft, klein, gebückt. Man hat nur noch zwei große irre Augen. Aber immer noch eitel und kokett auf die schwarze Seide, auf die Spitze links an der Schulter. Freilich, man scheint älter zu sein, älter als damals, als man heiratete. Aber nicht um viel, nur um einige siebzig Jahre. Rings sind viele gestorben, Marie Henriette sah man ein Vierteljahrhundert nicht mehr. Muß man auch sterben? Miserere mei Deus!

Ah, was ist das? Es wird so schwarz, wer löscht denn das Licht? Das Dunkel lastet so schwer auf dem Herzen. Max, Max, nein, jetzt, jetzt, so leicht – so strahlend – Engelsstimmen erklingen. – Ah, sie rufen »Viva el em-pe-ra-dor, viva Car-lot- . . .«

Zeitungsnotiz: Meysse, 19. Januar 1927. Heute morgen, sieben Uhr, ist im Schlosse zu Bouchout Ihre Majestät, die verwitwete Kaiserin Charlotte von Mexiko, geborene Prinzessin von Belgien, im 87. Lebensjahr gestorben. Sie überlebte ihren 1867 in Queretaro standrechtlich erschossenen Gemahl in geistiger Umnachtung nahezu sechzig Jahre. Die hohe Verblichene wird in der Schloßkirche zu Laeken nächst der letzten Ruhestätte ihrer Königinmutter beigesetzt.

In der Kapuzinergruft aber harrt Maximilian noch heute der Erfüllung seines letzten Wunsches!

VERZEICHNIS DER ABBILDUNGEN

Bildnachweis:
Sämtliche Abbildungen stammen aus dem Bildarchiv der Österreichischen Nationalbibliothek.